财务报表涉税分析

李先琴 / 著

图书在版编目(CIP)数据

财务报表涉税分析 / 李先琴著. ——上海：立信会计出版社，2018.5
ISBN 978-7-5429-5779-5

Ⅰ.①财… Ⅱ.①李… Ⅲ.①税收会计-会计报表-会计分析 Ⅳ.①F810.62

中国版本图书馆 CIP 数据核字(2018)第 092058 号

策划编辑　　张巧玲
责任编辑　　赵志梅
封面设计　　南房间

财务报表涉税分析

出版发行	立信会计出版社	
地　　址	上海市中山西路 2230 号　邮政编码　200235	
电　　话	(021)64411389　传　真　(021)64411325	
网　　址	www.lixinaph.com　电子邮箱　lxaph@sh163.net	
网上书店	www.shlx.net　电　话　(021)64411071	
经　　销	各地新华书店	
印　　刷	河北鑫兆源印刷有限公司	
开　　本	787 毫米×1092 毫米　1/16	
印　　张	19.5	
字　　数	432 千字	
版　　次	2018 年 5 月第 1 版	
印　　次	2018 年 5 月第 1 次	
书　　号	ISBN 978-7-5429-5779-5/F	
定　　价	69.00 元	

如有印订差错，请与本社联系调换

前　言

《中华人民共和国税收征收管理法》第二十五条规定：纳税人必须依照法律、行政法规规定或者税务机关依照法律、行政法规的规定确定的申报期限、申报内容如实办理纳税申报，报送纳税申报表、财务会计报表以及税务机关根据实际需要要求纳税人报送的其他纳税资料。

《中华人民共和国税收征收管理法》规定税务稽查有检查企业纳税人的账簿、记账凭证、报表和有关资料的权利。因此企业的财务报表是税务机关在税收管理和检查中获得的第一手会计资料，企业的财务报表与凭证、账簿相比更能够总括地反映企业的财务状况、经营成果和现金流量，本书主要通过报表项目的结构分析、趋势分析、财务比率分析以及企业财务报表和所得税纳税申报表之间的逻辑关系分析，找出企业可能存在的涉税风险，为税务稽查、纳税评估、大企业税收管理等提供方向性指导。

由于报表分析只是发现疑点，最终是否存在问题必须实地核查才能落实，而且因报表使用者的角度不同，可能会有不同的结果，因此报表分析没有唯一的正确的答案，再加上本人水平有限，书中疏漏之处在所难免，恳请读者指正。同时，感谢多年以来提供案例交流的学员，是他们使我的教学更贴近实际。

特 别 说 明

  本书所涉及的不同年度的案例均来源于实际工作,为了真实反映税收检查的成果及经验,本色表现实务中的税收检查数据,本书对以往年度财务报表及数据未按照最新报表格式统一进行更改,因而存在不同会计年度报表不一致的情况,但不影响读者对报表的阅读及涉税分析方法的理解。

  特此说明!

目 录

第一章 财务报表简介 ... 1

第一节 资产负债表简介 ... 1
一、资产负债表的定义 ... 1
二、资产负债表的格式 ... 2
三、资产负债表的作用及局限性 ... 3
四、资产负债表的编制 ... 5

第二节 利润表简介 ... 9
一、利润表的定义 ... 9
二、利润表的格式 ... 9
三、利润表的作用 ... 10
四、利润表的局限性 ... 12
五、利润表的编制 ... 12

第三节 现金流量表简介 ... 17
一、现金流量表的编制基础 ... 17
二、现金流量表的作用 ... 18
三、现金流量的分类 ... 19
四、现金流量表的编制 ... 20

第四节 所有者权益变动表简介 ... 28
一、所有者权益变动表的作用 ... 28
二、所有者权益变动表的编制 ... 28

第五节 财务报表附注简介 ... 31
一、附注的重要性 ... 31
二、披露内容 ... 31

第二章 财务报告涉税分析概述 ... 34

第一节 财务报告分析的目标 ... 34
一、债权人 ... 34
二、投资人 ... 34
三、经理人员 ... 34
四、政府机构有关人士 ... 35

第二节　财务报告涉税分析的方法 …… 35
一、比较分析法 …… 35
二、比率分析法 …… 36
三、因素分析法 …… 36
第三节　财务报告涉税分析的一般步骤 …… 37
一、收集企业和同行业的数据资料 …… 37
二、阅读注册会计师的审计报告 …… 41
三、阅读财务报表附注 …… 49

第三章　资产负债表涉税分析 …… 63
第一节　资产负债表主要项目涉税分析 …… 63
一、资产类报表项目涉税分析 …… 63
二、负债和所有者权益类报表项目涉税分析 …… 136
三、所有者权益项目涉税分析 …… 168
第二节　资产负债表结构分析 …… 185
一、资产结构分析 …… 185
二、负债结构分析 …… 190
三、股东权益结构分析 …… 191
第三节　资产负债表财务比率分析 …… 192
一、反映企业偿债能力的比率 …… 195
二、反映营运能力的比率 …… 198
三、其他涉税评估指标 …… 200
四、财务指标分析在运用中存在的问题 …… 201

第四章　利润表分析 …… 202
第一节　利润表主要项目涉税分析 …… 202
一、营业收入 …… 202
二、营业成本 …… 212
三、税金及附加 …… 213
四、销售费用 …… 215
五、管理费用 …… 219
六、财务费用 …… 226
七、资产减值损失 …… 232
八、公允价值变动收益 …… 235
九、投资收益 …… 235
十、资产处置收益 …… 242
十一、其他收益 …… 243

十二、营业外收支…………………………………………………… 250
　第二节　利润表结构分析………………………………………………… 251
　　一、企业利润构成分析…………………………………………… 251
　　二、收入结构分析………………………………………………… 254
　　三、成本结构分析………………………………………………… 254
　第三节　利润表财务比率分析…………………………………………… 256
　　一、企业盈利能力指标分析……………………………………… 256
　　二、利润表评估指标分析………………………………………… 257

第五章　现金流量表涉税风险分析……………………………………………… 260
　第一节　现金流量表主要项目涉税风险分析…………………………… 260
　　一、经营活动的现金流量………………………………………… 260
　　二、投资活动的现金流量………………………………………… 262
　　三、筹资活动的现金流量………………………………………… 265
　第二节　现金流量表结构分析…………………………………………… 269
　　一、现金流入结构分析…………………………………………… 271
　　二、现金流出结构分析…………………………………………… 272
　第三节　现金流量表财务比率分析……………………………………… 273
　　一、企业收益质量分析…………………………………………… 273
　　二、偿债能力指标………………………………………………… 274

课后练习……………………………………………………………………………… 276

课后练习参考答案…………………………………………………………………… 298

主要参考文献………………………………………………………………………… 302

第一章　财务报表简介

　　企业财务报告,是指企业对外提供的反映企业某一特定日期财务状况和某一会计期间经营成果、现金流量的文件。企业会计准则下财务报告包括资产负债表、利润表、现金流量表、所有者权益变动表和报表附注。

　　企业财务报表按编报期间的不同,可以分为中期财务报表和年度财务报表,月度、季度、半年度报表都属于中期财务报表;企业财务报表按编报主体的不同,可以分为个别报表和合并报表。个别报表指以单个的独立法人作为会计主体的财务报表,它是编制合并报表的基础,是合并报表的对称。合并报表是集团公司中的母公司编制的报表,将母子公司形成的企业集团作为一个会计主体,综合反映企业集团整体财务状况、经营成果和现金流量的报表。它将其子公司的会计报表汇总后,抵销关联交易部分,得出站在整个集团角度上的报表数据。由于我国实行的是法人企业所得税,母子公司都是独立的法人,是分别独立纳税的,而合并报表这个会计主体反映了母子公司整个集团的经济业务,因此在对母公司的税收检查中,税务人员应重点分析母公司的个别报表,本书也是针对个别报表展开涉税分析的,不过税务人员可以通过个别报表和合并报表之间的逻辑关系,来发现母子公司是否可能存在关联交易。例如:甲企业(母公司)2016年个别资产负债表中"其他应收款"的余额为12亿元,但是合并资产负债表中"其他应收款"的余额为2亿元,这说明了什么问题? 这说明了母公司有巨额的应收子公司的款项,由于属于内部资金往来,在编合并报表时进行了抵销,造成了合并报表中"其他应收款"的余额小于个别报表中的余额,而母子公司的关联交易一直属于税收检查的关注重点。

第一节　资产负债表简介

一、资产负债表的定义

　　资产负债表是反映企业在某一特定日期(如月末、季末、年末)全部资产、负债和所有者权益情况的会计报表,它表明权益在某一特定日期所拥有或控制的经济资源、所承担的现有义务和所有者对净资产的要求权。它是一张揭示企业在一定时点财务状况的静态报表。

资产负债表是根据资产、负债、所有者权益之间的相互关系，按照一定的分类标准和一定的顺序，把企业在一定日期的资产、负债、所有者权益各项目予以适当排列，并对日常工作中形成的大量数据进行高度浓缩整理后编制而成的。

二、资产负债表的格式

资产负债表的格式主要有账户式资产负债表和报告式资产负债表两种。

（一）账户式资产负债表

账户式又称为水平式，其结构分为左、右两方，其资产项目按一定顺序列示于报表的左方，负债和股东权益项目列示于报表的右方，一般按求偿权先后顺序排列，报表左、右两方总额相等。其优点是资产、负债和权益的恒等关系一目了然。

《企业会计准则第 30 号——财务报表列报》规定，我国的资产负债表采用账户式。根据财务报表信息列报的可比性要求，财务报表至少应当提供所有列报项目上一个会计期间的比较数据。资产负债表要填列"年初余额"和"期末余额"两栏。

表 1-1　　　　　　　　　　　　账户式资产负债表

资产	期末余额	年初余额	负债和所有者权益	期末余额	年初余额
流动资产 　货币资金 　应收款项 　存货 　其他 流动资产合计 非流动资产 　长期投资 　固定资产 　无形资产 　其他资产 非流动资产合计			负债 　流动负债 　长期负债 负债合计 所有者权益 　实收资本 　资本公积 　其他综合收益 　盈余公积 　未分配利润 所有者权益合计		
资产总计			负债和所有者权益总计		

（二）报告式资产负债表

报告式又称垂直式，其资产、负债、股东权益项目自上而下排列，所有资产类项目按一定顺序列示报表上部，其次列为负债，最后列示股东权益。其优点是便于编制比较式资产负债表，可在一张表中，平行列示连续的若干期资产负债表，而且使用括弧旁注方式标明某些特殊事项，缺点是资产和权益之间的恒等关系并不一目了然。许多国家的企业实务中采用报告式。

表 1-2　　　　　　　　　报告式资产负债表的两种格式

"资产"="权益"式	"资产－负债=所有者权益"式
资产： 　流动资产 　　长期投资 　固定资产 　无形资产和其他资产	资产： 　流动资产 　　长期投资 　固定资产 　无形资产和其他资产
资产总计	资产总计
负债 　流动负债 　长期负债 　负债合计 所有者权益 　实收资本 　资本公积 　其他综合收益 　盈余公积 　未分配利润 所有者权益合计	减：负债 　流动负债 　长期负债 　负债合计 所有者权益 　实收资本 　资本公积 　其他综合收益 　盈余公积 　未分配利润 所有者权益合计

三、资产负债表的作用及局限性

(一) 资产负债表的作用

1. 分析企业的财务状况

通过资产负债表可以了解企业拥有或者控制的经济资源,通过"资产总计"可以了解企业的总资产规模有多大,在行业中地位如何？在总资产中流动资产有多少？非流动资产有多少？企业的资产结构是否合理？通过负债合计占总资产的比,可以分析企业的财务负担如何？负债的比重越大,说明企业的财务负担越重,税务人员应考虑企业的付税能力和持续经营能力。通过企业的"实收资本(股本)""资本公积"可以了解企业股东的财务实力,通过"留存收益"可以了解企业以前年度的获利情况,有的企业"盈余公积"在资产负债表中始终为0,说明这个企业很可能没有上交过企业所得税,因为"盈余公积"是按照税后净利润的一定比例提取的,这个企业很可能是连续亏损或者尚未弥补完亏损的的企业,对常亏不倒的企业,税务机关应注意其可能存在涉税风险；如果企业资产负债报表中的未分配利润为"负"数,说明企业会计上有累计未弥补的亏损,应注意是否能够在所得税税前补亏。

2. 分析企业的偿债能力

偿债能力是指其以资产偿付债务的能力,短期偿债能力主要体现在资产的流动性上。所谓流动性是指资产转换成现金或负债到期清偿所需的时间。企业拥有或者控制的经济资源,包括流动资产、固定资产及其他资产。企业的流动资产,除现金及银行存款可随时偿还负债外,其余流动资产变现越快,其流动性越强,偿债能力也越强。长期偿债能力是指以全部资产偿付全部债务的能力,负债占资产的比重越低,企业的长期偿债能力越强;反之,若资不抵债,则企业缺乏长期偿债能力。

3. 分析企业的应税能力

一个企业利润表上有什么样经济利益的流入,规模应该有多大,必须结合企业拥有的经济资源进行分析,企业拥有的经济资源决定了企业能够生产出什么产品,能够带来什么样的经济利益,决定了企业的产能规模有多大,进一步决定了企业的收入规模。如果企业资产负债表中有"长期股权投资""持有至到期投资""可供出售金融资产"等投资资产,但是利润表中没有"投资收益",我们会怀疑企业可能存在隐瞒"投资收益"的问题;如果企业的总资产规模在行业中排名领先,但是收入规模却非常小,或者固定资产规模大幅增加,但是企业的营业收入与以前年度相比却是持平的或者下降的,则企业存在隐瞒收入、多计成本费用的可能性较大,必须作进一步检查。

(二) 资产负债表的局限性

(1) 资产负债表是以历史成本为报告基础的,它不反映资产、负债和所有者权益的现行市场价值,企业的资产按取得成本计价,负债按发生时交易的资产或劳务的价格或约定的金额计量,而且一经入账,就不再考虑市价的变动。历史成本的优点是以事实为依据,便于验证,且"有据可查"。在币值稳定的情况下,所提供的会计信息无疑是客观、可靠和有用的,然而,由于通货膨胀的影响,账面上的原始成本与编表日的现时价值已相去甚远。例如,10年前购入的房屋,价格已涨了好几倍,甚至几十倍,但报表上仍以10年前购入的成本扣除累计折旧后的净额列报,难免不符合实际,削弱对报表使用者的作用。又如,账面上已资不抵债的企业,在清算时,有可能不仅债权人能收回全部债权,而且所有者在分配剩余财产时还能有所收获等。此类事例在实际工作中并不少见。

(2) 货币计量是会计的一大特点,会计信息主要是能用货币表述的信息,因此,资产负债表难免遗漏许多无法用货币计量的重要经济资源和义务的信息。如企业的人力资源(包括人数、知识结构和工作态度),也不包括企业市场拓展情况、生产流程组织、固定资产在全行业的先进程度,企业所承担的社会责任(如退休金和职工家属的医疗费支出)等。诸如此类的信息对决策均具有影响力,然而因无法数量化,或至少无法用货币计量,现行实务并不将其作为资产和负债纳入资产负债表中。因此,报表使用人应尽可能地通过其他信息渠道来弥补财务报表的局限性。

此外,财务报表仅仅只能列示用货币计量的经济项目,由于货币本身的价值会随着时间或其他因素的影响而上下波动,所以,货币单位难以保持自己"标准价值单位"的质量特征,尤其是在通货膨胀下,货币迅速贬值,物价持续上涨,此时,即使企业不从事任何业务,也会由于货币本身价值变化形成企业的损益。由于会计报表是以币值稳定和历史成本为原则作为基础编制的,如果仅仅将报表内的数据简单加减,据以进行决策,就会导致决策者严重失误。

(3) 信息的预估性。资产负债表是会计日常核算的继续和总结,它所反映的内容是遵循会计基本假设、基本准则和会计制度的规范形成的。例如,根据持续经营假设、会计分期假设、配比原则和实现原则等,资产负债表的信息包括了许多估计数,如坏账准备、固定资产累计折旧和无形资产摊销,分别基于对坏账百分比、固定资产使用年限和无形资产摊销期限等因素的估计。此外,诸如预提修理费用、或有负债等均需估计。估计的数据难免主观,从而影响信息的可靠性。

(4) 理解资产负债表的含义必须依靠报表阅读者的判断。资产负债表有助于解释、评价和预测企业的长短期偿债能力和经营绩效,然而此表本身并不直接披露这些信息,而要靠报表使用者自己加以判断。各家企业所采用的会计政策可能完全不同,所产生的信息当然有所区别,简单地根据报表数据评价和预测偿债能力以及经营绩效,并据以评判优劣,难免有失偏颇。所以,要理解资产负债表的含义并作出正确的评价,并不能仅仅局限于资产负债表信息本身,而要借助其他相关信息。

(5) 资产负债表是一张静态报表,反映的是某一时点的财务状况,不能反映会计期间内资产的增减变化情况。例如,企业资产负债表上年年初余额和期末余额都没有长期股权投资,不代表企业年度中间没有股权投资业务,企业可以年度中间投资,年度中间收回,而资产负债表上1月1日和12月31日这两个时点没有余额是正常的,因此不能因为在资产负债表中没有股权投资,就认定利润表上没有投资收益是正常的,还应该结合现金流量表进一步分析。

四、资产负债表的编制

(一) 企业会计准则下资产负债表的内容和格式(见表 1-3)

表 1-3   资产负债表

会企 01 表

编制单位: 年 月 日   单位:元

资产	期末余额	年初余额	负债和所有者权益 (或股东权益)	期末余额	年初余额
流动资产:			流动负债:		
货币资金			短期借款		
以公允价值计量且其变动计入当期损益的金融资产			以公允价值计量且其变动计入当期损益的金融负债		
衍生金融资产			衍生金融负债		
应收票据			应付票据		
应收账款			应付账款		
预付款项			预收款项		
应收利息			应付职工薪酬		
应收股利			应交税费		
其他应收款			应付利息		

(续表)

资产	期末余额	年初余额	负债和所有者权益（或股东权益）	期末余额	年初余额
存货			应付股利		
划分为持有待售的资产			其他应付款		
一年内到期的非流动资产			划分持有待售的负债		
其他流动资产			一年内到期的非流动负债		
流动资产合计			其他流动负债		
非流动资产：			流动负债合计		
可供出售金融资产			非流动负债：		
持有至到期投资			长期借款		
长期应收款			应付债券		
长期股权投资			其中：优先股		
投资性房地产			永续债		
固定资产			长期应付款		
在建工程			专项应付款		
工程物资			预计负债		
固定资产清理			递延收益		
生产性生物资产			递延所得税负债		
油气资产			其他非流动负债		
无形资产			非流动负债合计		
开发支出			负债合计		
商誉			所有者权益（或股东权益）：		
长期待摊费用			实收资本（或股本）		
递延所得税资产			其他权益工具		
其他非流动资产			其中：优先股		
非流动资产合计			永续债		
			资本公积		
			减：库存股		
			其他综合收益		
			盈余公积		

(续表)

资产	期末余额	年初余额	负债和所有者权益（或股东权益）	期末余额	年初余额
			未分配利润		
			所有者权益(或股东)合计		
资产总计			负债和所有者权益（或股东权益）总计		

（二）企业会计准则下资产负债表的编制方法

资产负债表的各项目均需填列"年初余额"和"期末余额"两栏。资产负债表"年初余额"栏内各项数字，一般应根据上年年末资产负债表的"期末余额"栏内所列数字填列。如果当年度资产负债表规定的各个项目的名称和内容同上年度不相一致，则按编报当年的口径对上年年末资产负债表各项目的名称和数字进行调整，填入本表"年初余额"栏内。

资产负债表的"期末余额"栏内各项数字，填列方法如下。

1. 根据总账科目余额填列

"应收股利""应收利息""固定资产清理""递延所得税资产""短期借款""应付股利""其他应付款""应付票据""应交税费""应付利息""股本""资本公积""盈余公积""其他综合收益"等项目，应根据有关总账科目的余额填列。

有些项目则需要根据几个总账科目余额计算填列："货币资金"项目，需根据"库存现金""银行存款""其他货币资金"3个总账科目的期末余额合计数填列；"其他非流动资产""其他非流动负债"项目，应根据有关科目的期末余额分析填列。

2. 根据明细科目余额计算填列

应收账款和预收账款；应付账款和预付账款等。

应收账款和预收账款是在销货过程中产生的，这两个科目的余额在借方，反映的是"应收款"的性质，余额在贷方，反映的是"预收款"的性质，所以在编制资产负债表时"应收账款"和"预收账款"科目的借方余额合计减去坏账准备后的金额填入报表中的应收账款，"应收账款"和"预收账款"科目的贷方余额合计填入报表中的预收款项。

应付账款和预付账款是在采购过程中产生的，这两个科目的余额在借方，反映的是"预付款"的性质，余额在贷方，反映的是"应付款"的性质，所以在编制资产负债表时"应付账款"和"预付账款"科目的借方余额合计填入报表中的预付款项，"应付账款"和"预付账款"科目的贷方余额合计填入报表中的应付账款。

3. 根据总账科目和明细科目余额分析计算填列

长期应收款、可供出售金融资产、持有至到期投资、长期借款、长期应付款等。

由于非流动资产和非流动负债会随着时间的推移，会转化为1年内到期收回或1年内需要偿还的流动资产或流动负债，所以非流动资产和非流动负债应根据总账和明细账分析填列，把其中1年内到期的非流动资产作为流动资产项目："1年内到期的非流动资产"列示；把其中1年内到期的非流动负债作为流动负债项目："1年内到期的非流动负债"列示;余额作为非流动资产和非流动负债列示。

"长期应收款"项目,由于"长期应收款"项目反映的是具有融资性质的销货业务,考虑了资金的时间价值,因此"长期应收款"项目应当根据"长期应收款"总账科目余额,减去"未实现融资收益"总账科目余额,再减去所属相关明细科目中将于1年内到期的部分和坏账准备填列。

"长期应付款"项目,由于"长期应付款"项目反映的是具有融资性质的分期付款购买固定资产或者融资租赁等业务,考虑了资金的时间价值,因此"长期应付款"项目应当根据"长期应付款"总账科目余额,减去"未确认融资费用"总账科目余额,再减去所属相关明细科目中将于1年内到期的部分填列。

4. 根据科目余额减去备抵后的净额填列

根据企业会计准则规定,资产负债表中的各项资产一定要反映资产的净值。所以需要折旧、摊销或者提减值准备的,应按其账面净值填列。如资产负债表中的"可供出售金融资产""长期股权投资""在建工程"等项目,应根据"可供出售金融资产""长期股权投资""在建工程"等科目的期末余额减去"可供出售金融资产减值准备""长期股权投资减值准备""在建工程减值准备"等科目余额后的净额填列;"固定资产"项目,应根据"固定资产"科目期末余额减去"累计折旧""固定资产减值准备"科目余额后的净额填列;"无形资产"项目,应根据"无形资产"科目期末余额减去"累计摊销""无形资产减值准备"科目余额后的净额填列;"生产性生物资产"项目应根据"生产性生物资产"科目期末余额减去"生产性生物资产累计折旧""生产性生物资产减值准备"科目余额后的净额填列等。

5. 综合运用上述方法分析填列

存货是企业为了生产和销售所储备的物资,存货需根据"材料采购""在途物资""原材料""周转材料""库存商品""委托加工物资""发出商品"等总账科目期末余额加上"材料成本差异"科目的借方余额或减去"材料成本差异"科目的贷方余额,再减去"库存商品进销差价""存货跌价准备"备抵科目余额后的净值填列。

【例1-1】 某公司2016年年末部分科目余额如表1-4所示。

表1-4　　　　　　　　　　　部分科目余额表　　　　　　　　　金额单位:元

科　目	期末余额	科　目	期末余额
库存现金	500	库存商品	80 000
银行存款	200 000	生产成本	30 000
其他货币资金	50 000	材料成本差异(借方余额)	6 000
应收账款(明细借方余额)	80 000	持有至到期投资	100 000
应收账款(明细贷方余额)	5 000	其中:一年内到期的持有至到期投资	40 000
预付账款(明细借方余额)	40 000	应付账款(明细借方余额)	20 000
预付账款(明细贷方余额)	3 000	应付账款(明细贷方余额)	90 000
材料采购	7 000	预收账款(明细借方余额)	30 000

(续表)

科　目	期末余额	科　目	期末余额
原材料	120 000	预收账款(明细贷方余额)	70 000
周转材料	90 000	长期借款	300 000
		其中：一年内到期的长期借款	150 000

要求：根据上述资料，说明资产负债表有关项目填列的金额。

货币资金＝500＋200 000＋50 000＝250 500(元)

应收账款＝80 000＋30 000＝110 000(元)

预付款项＝40 000＋20 000＝60 000(元)

存货＝7 000＋120 000＋90 000＋80 000＋30 000＋6 000＝333 000(元)

持有至到期投资＝100 000－40 000＝60 000(元)

一年内到期的非流动资产＝40 000(元)

应付账款＝3 000＋90 000＝93 000(元)

预收款项＝5 000＋70 000＝75 000(元)

长期借款＝300 000－150 000＝150 000(元)

一年内到期的非流动负债＝150 000(元)

第二节　利润表简介

一、利润表的定义

利润表是反映企业一定会计期间(如月度、季度、半年度或年度)生产经营成果的会计报表。企业一定会计期间的经营成果既可能表现为盈利，也可能表现为亏损，因此，利润表也被称为损益表。它全面揭示了企业在某一特定时期实现的各种收入，发生的各种费用、成本或支出，以及企业实现的利润或发生的亏损情况。

利润表是根据"收入－费用＝利润"的基本关系来编制的，其具体内容取决于收入、费用、利润等会计要素及其内容。利润表项目是收入、费用和利润要素内容的具体体现。利润表的列报必须充分反映企业经营业绩的主要来源和构成，有助于使用者判断净利润的质量及其风险，有助于使用者预测净利润的持续性，从而作出正确的决策。

二、利润表的格式

利润表通过一定的表格来反映企业的经营成果。由于不同的国家或地区对会计信息要求不完全相同，利润表的结构也不完全相同。但目前比较普遍的利润表的结构有单步式利润表和多步式利润表两种。

(一)单步式利润表的结构和内容

单步式利润表将所有收入和费用、成本分别汇总列示，然后将收入减去费用、成本得出本期利润或亏损。采用单步式利润表,利润表分为营业收入和收益、营业费用和损失、净收益三部分。营业收入和收益包括销售收入、营业外收入和特别收入等;营业费用和损失包括商品支出、工资支出、折旧费用、利息支出等;净损益是两者计算的结果。单步式利润表对于营业收入和一切费用支出一视同仁,不分彼此先后,不像多步式利润表中必须区分费用和支出与收入配比的先后层次。由于单步式利润表所表示的都是未经加工的原始资料,所以便于会计报表使用者理解。其基本格式如表 1-5 所示。

表 1-5　　　　　　　　　　　　　　单步式利润表

编制单位:　　　　　　　　　　　　年　月　　　　　　　　　　　　单位:元

项目	本期金额	上期金额
一、收入 二、费用 三、净利润		

(二) 多步式利润表

在我国,利润表采用多步式,多步式利润表通过对当期的收入、费用、支出项目按性质加以归纳,按利润形成的环节列示一些中间性利润指标,分步计算企业的利润(或亏损)。多步式利润表的优点在于,便于对企业利润形成的渠道进行分析,明了盈利的主要因素,或亏损的主要原因,使管理更具有针对性。同时也有利于不同企业之间进行比较,还可以预测企业未来的盈利能力。

其基本格式如表 1-6 所示。

表 1-6　　　　　　　　　　　　　　多步式利润表

编制单位:　　　　　　　　　　　　年　月　　　　　　　　　　　　单位:元

项目	本期金额	上期金额
一、营业收入 二、营业利润 三、利润总额 四、净利润 五、其他综合收益 六、综合收益总额 七、每股收益		

三、利润表的作用

利润额的高低及其发展趋势,是企业生存与发展的关键,也是企业投资人及税务机关及其他利害关系人关注的焦点。因此利润表的编制与披露对信息使用者是至关重要的。具体来说,利润表的作用主要表现在以下几个方面。

(一) 可据以评价和预测企业的经营成果和获利能力

经营成果通常指以营业收入、其他收入抵扣成本、费用、税金等的差额所表示的收益信息。利润表分项列示了企业在一定会计期间因销售商品、提供劳务、对外投资等所取得的各种收入以及与各种收入相对应的费用、损失并将收入与费用、损失加以对比结出当期的净利润。这一将收入与相关的费用、损失进行对比,结出净利润的过程,会计上称为配比。其目的是为了衡量企业在特定时期或特定业务中所取得的成果,以及为取得这些成果所付出的代价,为考核经营效益和效果提供数据。通过利润表可以反映企业一定会计期间的收入实现情况,如实现的营业收入有多少,实现的投资收益有多少,实现的营业外收入有多少等;可以反映一定会计期间的费用耗费情况,如耗费的营业成本有多少,营业税费有多少,销售费用、管理费用、财务费用各多少,营业外支出有多少等;可以反映企业生产经营活动的成果,即净利润的实现情况,据以判断资本保值、增值情况。

经营成果是一个绝对值指标,可以反映企业财富增长的规模。获利能力是一个相对值指标,它指企业运用一定经济资源(如人力、物力)获取经营成果的能力,这里,经济资源可以因报表用户的不同需要而有所区别,可以是资产总额、净资产,可以是资产的耗费(成本或费用),还可以是投入的人力(如职工人数)。因而衡量获利能力的指标包括资产收益率、净资产(税后)收益率、成本收益率以及人均实现收益等指标。经营成果的信息直接由利润表反映,而获利能力的信息除利润表外,还要借助于其他财务报表和注释附表才能得到。通过比较和分析同一企业在不同时期,或不同企业在同一时期的资产收益率、成本收益率等指标,能够揭示企业利用经济资源的效率;通过比较和分析收益信息,可以了解某一企业收益增长的规模和趋势。一般情况下,企业收益增长的规模与资产增长的规模趋势是相同的,如果一个企业总资产在不断增加,但是企业的利润总额却不断下降,或者微利经营,就要注意企业存在涉税问题的可能性比较大,一定要进一步检查。

(二) 可据以评价和预测企业的偿债能力

偿债能力是指企业以资产清偿债务的能力。利润表本身并不提供偿债能力的信息,然而企业的偿债能力不仅取决于资产的流动性和资本结构,也取决于获利能力。企业在个别年份获利能力不足,不一定影响偿债能力,但若一家企业长期丧失获利能力,则资产的流动性必然由好转坏,资本结构也将逐渐由优变劣,陷入资不抵债的困境。因而一家数年收益很少,获利能力不强甚至亏损的企业,通常其偿债能力不会很强。

债权人和管理部门通过分析和比较收益表的有关信息,可以间接地解释、评价和预测企业的偿债能力,尤其是长期偿债能力,并揭示偿债能力的变化趋势,进而作出各种信贷决策和改进企业管理工作的决策,如维持、扩大或收缩现有信贷规模,应提出何种信贷条件等。管理部门则可据以找出偿债能力不强的原因,努力提高企业的偿债能力,改善企业的公关形象。税务人员可以预测企业的持续经营能力,并关注由此产生的税收问题。

(三) 可据以评价和考核管理人员的绩效,并作出经营决策

企业管理人员比较前后期利润表上各项收入、费用、成本及收益的增减变动情况,并查考其增减变动的原因,可以较为客观地评价各职能部门,各生产经营单位的绩效,以及这些部门和人员的绩效与整个企业经营成果的关系,以便评判各部门管理人员的功过得失,及时作出采购、生产销售、筹资和人事等方面的调整,使各项活动趋于合理。

企业管理人员比较和分析收益表中各种构成要素,可知悉各项收入、成本、费用与收益之间的消长趋势,发现各方面工作中存在的问题,揭露缺点,找出差距,改善经营管理,

努力增收节支,杜绝损失的发生,作出合理的经营决策。

(四) 企业利润表是所得税申报的基础

企业所得税申报表主表第一部分就是利润总额的计算,企业所得税申报表上的"营业收入""营业成本""税金及附加""公允价值变动损益"等项目数据完全来源于企业的利润表,企业所得税申报表上的利润总额与利润表上的利润总额是相等的,企业应纳税所得额的计算是在利润总额的基础上,通过纳税调整得来的,很多企业为了不交税、少交税,会千方百计地对利润表造假,因此利润表上的每个项目都属于税收检查的重点,当然也必须结合其他的财务报表和相关信息才能落实其真实性。

四、利润表的局限性

(1) 由于采用货币计量,许多管理当局的努力,对公司的获利能力有重大帮助或提升,却无法可靠量化,因而无法在利润表中列示,如企业形象和顾客满意度的提升。

(2) 由于用历史成本计价,所耗用的资产按取得时的历史成本转销,而收入按现行价格计量,进行配比的收入与费用未建立在同一时间基础上,因而使收益的计量缺乏内在的逻辑上的统一性,使成本无法得到真正的回收,使资本的完整不能从实物形态或使用效能上得到保证。在物价上涨的情况下,无法区别企业的持有收益及营业收益,常导致虚盈实亏、虚利实分的现象,进而影响企业持续经营能力。

(3) 许多费用必须采用估计数,如坏账费用、产品售后服务成本、折旧年限及残值、或有损失等,企业不同会计估计的选择会影响利润的可比性。由于一般公认会计原则允许企业采用不同的会计方法,如存货计价可以按照按先进先出法、加权平均法、个别认定法,投资性房地产后续计量可以按成本模式或公允价值计量模式,不同的会计政策选择会使不同公司收益的比较受到影响。

五、利润表的编制

(一) 企业会计准则下利润表的内容和格式(见表 1-7)

表 1-7   利润表

编制企业: 年 月   会企 02 表
                                                      单位:元

项　　目	本期金额	上期金额
一、营业收入		
减:营业成本		
税金及附加		
销售费用		
管理费用		
财务费用(收益以"—"号填列)		
资产减值损失		

(续表)

项　目	本期金额	上期金额
加：公允价值变动收益（损失以"－"号填列）		
投资收益（损失以"－"号填列）		
其中：对联营企业和合营企业的投资收益		
资产处置收益（损失以"－"号填列）		
其他收益		
二、营业利润（亏损以"－"号填列）		
加：营业外收入		
减：营业外支出		
三、利润总额（亏损以"－"号填列）		
减：所得税费用		
四、净利润（净亏损以"－"号填列）		
（一）持续经营净利润（净亏损以"－"号填列）		
（二）终止经营净利润（净亏损以"－"号填列）		
五、其他综合收益：		
（一）以后会计期间不能重分类进损益的其他综合收益		
1. 重新计量设定受益计划净负债或净资产导致的变动的税后净额		
2. 按照权益法核算的在被投资单位以后会计期间不能重分类进损益的其他综合收益中所享有的份额的税后净额	……	
（二）以后会计期间在满足规定条件时将重分类进损益的其他综合收益		
1. 按照权益法核算的在被投资单位以后会计期间在满足规定条件时将重分类进损益的其他综合收益中所享有的份额的税后净额		
2. 可供出售金融资产公允价值变动形成的利得或损失的税后净额		
3. 持有至到期投资重分类为可供出售金融资产形成的利得或损失的税后净额		
4. 现金流量套期工具产生的利得或损失中属于有效套期的部分的税后净额		
5. 外币财务报表折算差额的税后净额	……	
其他综合收益税后净额		
六、综合收益总额		
七、每股收益		
（一）基本每股收益		
（二）稀释每股收益		

(二) 企业会计准则下利润表的填列

新会计准则颁布以前利润表的栏目是"本期数"与"本年累计数",而新准则颁布后,《企业会计准则——应用指南》中"利润表"格式中给出了"本期金额"和"上期金额"两栏,但没有对"本期"和"上期"的所属期间作出解释。在实际执行过程中,有关税务机关要求企业按《企业会计准则——应用指南》给出的"本期金额"和"上期金额"填报利润表,但对所属期间同样没有作出明确规定或规定不一致。"本期金额"有填年初至本月月末累计数的,有填本月数的,也有填本季数的;"上期金额"有填上年年初至上年同期月末累计数的,有填本年上月数的,有填本年上季数的,也有填上年同月数的。企业按各自理解的期间填报的利润表各级税务机关都予以受理,广大会计人员感到困惑。《企业会计准则第32号——中期财务报告》第三章第12条规定,对利润表来说,中期利润表要填列本年1月1日至中期期末的各对应项目累计数,年度利润表要填列本年1月1日至12月31日的各对应项目累计数。这也应该是利润表"本期金额"栏的所属期间,因此"上期金额"应当填列企业上年1月1日至上年同期期末各对应项目的累计数,"上期金额"即上年同期金额。如果上年度利润表与本年度利润表的项目名称和内容不一致,应对上年度利润表项目的名称和数字按本年度的规定进行调整,填入本表。本表中项目的"本期金额"根据损益类科目的发生额分析填列。

(1) "营业收入"项目,根据"主营业务收入"科目的发生额和"其他业务收入"科目的发生额合计数分析填列。

(2) "营业成本"项目,根据"主营业务成本"科目的发生额和"其他业务成本"科目的发生额合计数分析填列。

(3) "税金及附加"项目,根据"税金及附加"科目的发生额分析填列。

(4) "销售费用"项目,根据"销售费用"科目的发生额分析填列。

(5) "管理费用"项目,根据"管理费用"科目的发生额分析填列。

(6) "财务费用"项目,根据"财务费用"科目的发生额分析填列,如果是利息收入以"—"号填列。

(7) "资产减值损失"根据"资产减值损失"科目的发生额分析填列,冲回资产减值损失时,以"—"号填列。

(8) "公允价值变动损益"根据"公允价值变动损益"科目的发生额分析填列,如为净损失,该项目以"—"号填列。

(9) "投资收益"项目,反映企业以各种方式对外投资所取得的收益。该项目应根据"投资收益"科目的发生额分析填列。如为投资损失,该项目用"—"号填列。

(10) "资产处置收益"项目,反映企业出售划分为持有待售的非流动资产(金融工具、长期股权投资和投资性房地产除外)或处置组时确认的处置利得或损失,以及处置未划分为持有待售的固定资产、在建工程、生产性生物资产及无形资产而产生的处置利得或损失。债务重组中因处置非流动资产产生的利得或损失和非货币性资产交换产生的利得或损失也包括在该项目内。该项目应根据在损益类科目新设置的"资产处置损益"科目的发生额分析填列;如为处置损失,以"—"号填列。

(11)"其他收益"项目,反映计入其他收益的政府补助等。该项目应根据在损益类科目新设置的"其他收益"科目的发生额分析填列。

(12)"营业利润"项目,反映企业实现的营业利润。如为亏损,本项目以"一"号填列。营业利润＝营业收入－营业成本－税金及附加－销售费用－管理费用－财务费用－资产减值损失±公允价值变动收益(损失)±投资收益(损失)±资产处置收益＋其他收益。

(13)"营业外收入"项目,反映企业发生的营业利润以外的收益,主要包括债务重组利得、与企业日常活动无关的政府补助、盘盈利得、捐赠利得等。该项目应根据"营业外收入"科目的发生额分析填列。

(14)"营业外支出"项目,反映企业发生的营业利润以外的支出,主要包括债务重组损失、公益性捐赠支出、非常损失、盘亏损失、非流动资产毁损报废损失等。该项目应根据"营业外支出"科目的发生额分析填列。

(15)"利润总额"项目,反映企业实现的利润。如为亏损,该项目以"一"号填列。

(16)"所得税费用"项目,反映企业应从当期利润总额中扣除的所得税费用。该项目应根据"所得税费用"科目的发生额分析填列。

(17)"净利润"项目,反映企业实现的净利润。如为亏损,该项目以"一"号填列。

其中"(一)持续经营净利润"和"(二)终止经营净利润"行项目,分别反映净利润中与持续经营相关的净利润和与终止经营相关的净利润;如为净亏损,以"一"号填列。该两个项目应按照《企业会计准则第42号——持有待售的非流动资产、处置组和终止经营》的相关规定分别列报。

(18)"其他综合收益"项目,反映企业根据企业会计准则规定未在损益中确认的各项利得和损失扣除所得税影响后的净额。"其他综合收益"项目应当根据其他相关会计准则的规定分为下列两类列报:

第一,以后会计期间不能重分类进损益的"其他综合收益"项目,主要包括重新计量设定受益计划净负债或净资产导致的变动、按照权益法核算的在被投资单位以后会计期间不能重分类进损益的其他综合收益中所享有的份额等。

第二,以后会计期间在满足规定条件时将重分类进损益的"其他综合收益"项目,主要包括按照权益法核算的在被投资单位以后会计期间在满足规定条件时将重分类进损益的其他综合收益中所享有的份额、可供出售金融资产公允价值变动形成的利得或损失、持有至到期投资重分类为可供出售金融资产形成的利得或损失、现金流量套期工具产生的利得或损失中属于有效套期的部分、外币财务报表折算差额等。

(19)"综合收益总额"项目,反映企业净利润与其他综合收益的合计金额。

(20)"每股收益"项目,包括基本每股收益和稀释每股收益两项指标,反映普通股或潜在普通股已公开交易的企业,以及正在公开发行普通股或潜在普通股过程中的企业的每股收益信息。

【例1-2】 A公司为工业制造企业,增值税一般纳税人,适用17%的增值税税率,售价中不含增值税。商品销售时,同时结转成本。2016年11月30日损益类有关科目的余额如表1-8所示。

表 1-8　　　　　　　　　　　损益类有关科目余额　　　　　　　　　　单位:元

科目名称	借方余额	科目名称	贷方余额
主营业务成本	35 000 000	主营业务收入	50 000 000
税金及附加	600 000	其他业务收入	11 100 000
其他业务成本	7 800 000	投资收益	600 000
销售费用	500 000	营业外收入	500 000
管理费用	1 000 000		
财务费用	160 000		
营业外支出	300 000		

2016 年 12 月,A 公司发生的主要业务如下：

(1) 销售商品一批,增值税专用发票上注明售价 3 000 000 元,增值税 510 000 元,该批商品的实际成本为 2 400 000 元,款项尚未收到。

(2) 用银行存款支付本月发生的管理费用 200 000 元和销售费用 100 000 元。

(3) 提取固定资产折旧费 240 000 元,其中生产用固定资产折旧 150 000 元,企业行政管理部门使用固定资产折旧 90 000 元。

(4) 计提应支付短期借款利息 50 000 元。

(5) 计提本月应交城市维护建设税及教育费附加 100 000 元、房产税、车船税、印花税、土地使用税 100 000 元。

(6) 分配本月发放的工资 1 500 000 元,其中生产工人工资 790 000 元,车间管理人员工资 100 000 元,行政管理部门人员工资 200 000 元,销售人员工资 410 000 元。

(7) 本期可供出售金融资产公允价值上升 1 000 000 元。

(8) 该公司适用所得税税率为 25%,假定本年度无纳税调整事项,无以前年度未弥补亏损。

要求：编制 A 公司 2016 年度利润表(见表 1-9)。

表 1-9　　　　　　　　　　　　　　利润表
编制单位:A 公司　　　　　　　　　　　2016 年　　　　　　　　　　　　单位:元

项　目	本期金额	上期金额
一、营业收入	64 100 000	(略)
减:营业成本	45 200 000	
税金及附加	1 000 000	
销售费用	1 010 000	
管理费用	1 290 000	
财务费用	210 000	
资产减值损失	0	

(续表)

项目	本期金额	上期金额
加：公允价值变动收益（损失以"一"号填列）	0	
投资收益（损失以"一"号填列）	600 000	
二、营业利润（亏损以"一"号填列）	15 990 000	
加：营业外收入	500 000	
减：营业外支出	300 000	
三、利润总额（亏损总额以"一"号填列）	16 190 000	
减：所得税费用	4 047 500	
四、净利润（净亏损以"一"号填列）	12 142 500	
五、其他综合收益：		
（一）以后会计期间不能重分类进损益的其他综合收益		
其中：重新计量设定受益计划净负债或净资产导致的变动的税后净额		
按照权益法核算的在被投资单位以后会计期间不能重分类进损益的其他综合收益中所享有的份额的税后净额		
（二）以后会计期间在满足规定条件时将重分类进损益的其他综合收益		
其中：按照权益法核算的在被投资单位以后会计期间在满足规定条件时将重分类进损益的其他综合收益中所享有的份额的税后净额		
可供出售金融资产公允价值变动形成的利得或损失的税后净额	750 000	
持有至到期投资重分类为可供出售金融资产形成的利得或损失的税后净额		
现金流量套期工具产生的利得或损失中属于有效套期的部分的税后净额		
外币财务报表折算差额的税后净额		
其他综合收益税后净额	750 000	
六、综合收益总额	12 892 500	

第三节　现金流量表简介

一、现金流量表的编制基础

现金流量表是指反映企业一定会计期间现金和现金等价物流入和流出的报表。现金流量表以现金和现金等价物为基础编制，划分为经营活动、投资活动和筹资活动，按照收付实现制原则编制,将权责发生制下的盈利信息调整为收付实现制下的现金流量信息。

(一) 现金

现金是指企业库存现金以及可以随时用于支付的存款。不能随时用于支付的存款不属于现金。现金主要包括:

(1) 库存现金。库存现金是指企业可以随时用于支付的现金,也就是"库存现金"科目核算的内容。

(2) 银行存款。银行存款是指企业存放在银行或其他金融机构随时可以用于支付的存款,与目前企业会计核算中"银行存款"科目核算的内容基本一致,它不包括不能随时支取的定期存款,但提前通知金融企业便可支取的定期存款,应包括在现金范围内。

(3) 其他货币资金。其他货币资金是指企业存在银行有特定用途的资金,包括外埠存款、银行汇票存款、银行本票存款等,与目前企业会计核算中"其他货币资金"科目核算的内容一致。

(二) 现金等价物

现金等价物是指企业持有的期限短、流动性强、易于转换为已知金额现金、价值变动风险很小的投资。期限短,一般是指从购买日起3个月内到期。现金等价物通常包括3个月内到期的短期债券投资。权益性投资变现的金额通常不确定,因而一般不属于现金等价物。企业应当根据具体情况,确定现金等价物的范围,一经确定不得随意变更,如改变划分标准,应视同会计政策变更。企业确定现金等价物的原则及其变更,应在会计报表附注中进行披露。

二、现金流量表的作用

(1) 现金流量表能够说明企业一定期间内现金流入和流出的原因。现金流量表将现金流量划分为经营活动、投资活动和筹资活动所产生的现金流量,并按照流入现金和流出现金项目分别反映。例如,企业当期从银行借入 5 000 000 元,偿还银行利息 30 000 元,在现金流量表的筹资活动产生的现金流量中分别反映"借款收到的现金 5 000 000 元"和"偿付利息支付的现金 30 000 元"。因此,通过现金流量表能够清晰地反映企业现金流入和流出的原因,即现金从哪里来,又用到哪里去。这些信息是资产负债表和利润表所不能提供的。

(2) 现金流量表能够说明企业的偿债能力和支付股利的能力。投资者投入资金、债权人提供企业短期或长期使用的资金,其目的主要是为了获利。通常情况下,报表阅读者比较关注企业的获利情况,并且往往以获得利润的多少作为衡量标准。企业获利多少在一定程度上表明了企业具有一定的现金支付能力。但是,企业一定期间内获得的利润并不代表企业真正具有偿债或支付能力。在某些情况下,虽然企业利润表上反映的经营业绩很可观,但经营活动、投资活动和筹资活动带来的现金流量很少,不能偿还到期债务;还有些企业虽然利润表上反映的经营成果并不可观,但却有足够的现金流量,企业的偿付能力很强。

(3) 现金流量表可以用来分析企业未来获取现金的能力。现金流量表反映企业一定期间内的现金流入和流出的整体情况,说明企业现金从哪里来,又运用到哪里去。现金流量表中的经营活动产生的现金流量,代表企业运用其经济资源创造现金流量的能力;投资活动产生的现金流量,代表企业运用资金产生现金流量的能力;筹资活动产生的现金流量,代表企业筹资获得现金流量的能力。通过现金流量表及其他财务信息,可以分析企业未来获取或支付现金的能力。例如,企业通过银行借款筹得资金,从本期现金流量表中反映为现金流入,但却意味着未来偿还借款时要流出现金。又如,本期应收未收的款项,在本期现金流量表中虽然没有反映为现金的流入,但意味着未来将会有现金流入。

(4) 现金流量表提供一定时期现金流入和流出的动态财务信息,表明企业在报告期内由经营活动、投资和筹资活动获得多少现金,企业获得的这些现金是如何运用的,能够说明资产、负债、净资产变动的原因,对资产负债表和利润表起到补充说明的作用。现金流量表是连接资产负债表和利润表的桥梁。例如,税务人员可以通过资产负债表上资产的变动情况,结合现金流量表,分析资产可能的来源或去向,通过利润表上收入的规模和现金流量的配比分析,分析企业是否可能存在隐瞒收入的问题。

(5) 现金流量表能够提供不涉及现金收支的重大投资和筹资活动的信息。现金流量表除了反映企业与现金有关的投资和筹资活动外,还通过补充资料(附注)方式提供不涉及现金的投资和筹资活动方面的信息,使会计报表使用者或阅读者能够全面了解和分析企业的投资和筹资活动。例如,企业是否有非货币性资产对外投资的问题,是否有非货币性资产抵债的问题,是否有债务转为资本的问题。这些特殊业务都是税务人员必须重点关注的问题。

三、现金流量的分类

现金流量准则将现金流量分为三类,即经营活动产生的现金流量、投资活动产生的现金流量、筹资活动产生的现金流量。

(一) 经营活动产生的现金流量

经营活动是指企业投资活动和筹资活动以外的所有交易和事项,包括销售商品、提供劳务、经营性租赁、购买货物、接受劳务、制造产品、广告宣传、推销产品、交纳税款等。需要说明的是,各类企业由于行业特点不同,对经营活动性质的确认可能会存在一定的差异。对商业银行而言,经营活动主要包括吸收存款、发放贷款、同业存放、同业拆借等。对于保险公司而言,主要包括取得保费收入、发生理赔支出等业务。企业在编制现金流量表时,应根据自己的实际情况,对现金流量进行合理的归类。

(二) 投资活动产生的现金流量

投资活动是指企业长期资产的购建以及不包括在现金等价物范围内的投资及其处置活动。长期资产是指固定资产、无形资产、在建工程、其他资产等持有期限在 1 年或者一个营业周期以上的资产。投资活动的现金流量包括取得或收回权益性证券的投资,购买或收回债券投资,购建和处置固定资产、无形资产和其他长期资产等。作为现金等价物的投资属于现金自身的增减变动,如购买还有 1 个月到期的债券等,属于现金内部各项目转换,不会影响现金流量净额的变动。通过现金流量表中反映的投资活动产生的现金流量,可以分析企业通过投资获取现金流量的能力,以及投资产生的现金流量对企业现金流量净额的影响程度。

(三) 筹资活动产生的现金流量

筹资活动是指导致企业资本及债务规模和构成发生变化的活动。这里所说的资本,既包括实收资本(股本),也包括资本溢价;这里所说的债务,指对外举债,包括向银行借款、发行债券以及偿还债务等。通常情况下应付账款、应付票据等属于经营活动,不属于筹资活动。通过现金流量表中筹资活动产生的现金流量,可以分析企业筹资的能力,以及筹资产生的现金流量对企业现金流量净额的影响程度。

四、现金流量表的编制

(一) 企业会计准则下现金流量表的内容和格式(见表1-10)

表1-10　　　　　　　　　　现金流量表

编制单位:　　　　　　　　　年　月　　　　　　　　　会企03表
单位:元

项　目	本期金额	上期金额
一、经营活动产生的现金流量		
销售商品、提供劳务收到的现金		
收到的税费返还		
收到其他与经营活动有关的现金		
经营活动现金流入小计		
购买商品、接受劳务支付的现金		
支付给职工及为职工支付的现金		
支付的各项税费		
支付其他与经营活动有关的现金		
经营活动现金流出小计		
经营活动产生的现金流量净额		
二、投资活动产生的现金流量		
收回投资收到的现金		
取得投资收益收到的现金		
处置固定资产、无形资产和其他长期资产收回的现金净额		
处置子公司及其他营业单位收到的现金净额		
收到其他与投资活动有关的现金		
投资活动现金流入小计		
购建固定资产、无形资产和其他长期资产支付的现金		
投资支付的现金		
取得子公司及其他营业单位支付的现金净额		
支付其他与投资活动有关的现金		
投资活动现金流出小计		
投资活动产生的现金流量净额		
三、筹资活动产生的现金流量		
吸收投资收到的现金		
借款收到的现金		
收到其他与筹资活动有关的现金		
筹资活动现金流入小计		

(续表)

项 目	本期金额	上期金额
偿还债务支付的现金		
分配股利、利润或偿付利息支付的现金		
支付其他与筹资活动有关的现金		
筹资活动现金流出小计		
筹资活动产生的现金流量净额		
四、汇率变动对现金及现金等价物的影响		
五、现金及现金等价物净增加额		
加:期初现金及现金等价物余额		
六、期末现金及现金等价物余额		

(二) 现金流量表的编制

1. 经营活动的现金流量

1) 销售商品、提供劳务收到的现金

本项目反映企业因销售商品、提供劳务而实际收现的价款及销项税额。具体包括:本期销售商品、提供劳务收到的现金,以及前期销售商品、提供劳务本期收到的现金和本期预收的款项,减去本期销售本期退回的商品和前期销售本期退回的商品支付的现金。需要注意的是:企业销售材料和代购代销业务收到的现金,也在本项目反映。本项目根据"主营业务收入""其他业务收入""应交税费""库存现金""银行存款""其他货币资金"等科目的发生额分析填列。

2) 收到的税费返还

本项目反映企业收到返还的各种税费,如收到的增值税、所得税、消费税、关税和教育费附加返还款等。本项目应根据"其他收益""库存现金""银行存款"等科目的发生额分析填列。

3) 收到的其他与经营活动有关的现金

本项目反映企业除上述各项外,收到的其他与经营活动有关的现金,如罚款收入、违约金收入、经营租赁收到的租金、流动资产损失中有人赔偿的收入、接受捐赠收入等。本项目应根据"营业外收入""其他业务收入""库存现金""银行存款""其他货币资金"等科目的发生额分析填列。

4) 购买商品、接受劳务支付的现金

本项目反映企业购买材料、商品,接受劳务实际支付的现金,包括支付的价款以及与价款一并支付的增值税进项税额,具体包括:本期购买商品、接受劳务支付的现金,以及本期支付前期购买商品、接受劳务的未付款项和本期预付款项,减去本期发生的购货退回收到的现金。本项目根据"原材料""库存商品""在途物资""材料采购""预付账款""应交税费""库存现金""银行存款""其他货币资金"等科目的发生额分析填列。

5) 支付给职工以及为职工支付的现金

本项目反映企业实际支付给职工的现金以及为职工支付的现金,包括本期实际支付给职工的工资、奖金、各种津贴和补贴等,以及为职工支付的其他费用,但是不包括支付的离退休人员的各项费用和支付给在建工程人员的工资等。支付的离退休人员的各项费用,包括支付的统筹退休金以及未参加统筹的退休人员的费用,在"支付其他与经营活动有关的现金"项目中反映;支付的在建工程人员的工资,在"购建固定资产、无形资产和其他长期资产所支付的现金"项目中反映。本项目根据"应付职工薪酬""库存现金""银行存款"等科目的发生额分析填列。

6) 支付的各项税费

本项目反映企业按规定支付的各项税费,包括本期发生并支付的税费,以及本期支付以前各期发生的税费和预交的税金,如支付的教育费附加、矿产资源补偿费、印花税、房产税、土地增值税、车船税、预交的企业所得税等。不包括计入固定资产价值、实际支付的耕地占用税、车辆购置税等,企业支付的耕地占用税、车辆购置税本项目在"购建固定资产、无形资产和其他长期资产所支付的现金"项目中反映。本项目应根据"应交税费""税金及附加""管理费用""所得税费用""库存现金""银行存款"等科目的发生额分析填列。

7) 支付的其他与经营活动有关的现金

本项目反映企业除上述各项目外,支付的其他与经营活动有关的现金,如罚款支出、支付的差旅费、业务招待费、广告费、保险费等。本项目应根据"销售费用""管理费用""其他业务成本""营业外支出""库存现金""银行存款"等科目的发生额分析填列。

2. 投资活动的现金流量

1) 收回投资所收到的现金

本项目反映企业出售、转让或到期收回除现金等价物以外的短期投资、长期股权投资而收到的现金,以及收回长期债权投资本金而收到的现金。不包括长期债权投资收回的利息,以及收回的非现金资产。长期债权投资收回的利息,不在本项目中反映,而在"取得投资收益所收到的现金"项目中反映。本项目根据"交易性金融资产""可供出售金融资产""持有至到期投资""长期股权投资""库存现金""银行存款""其他货币资金"等科目的发生额分析填列。

2) 取得投资收益所收到的现金

本项目反映企业因股权性投资而分得的现金股利,从子公司、联营企业或合营企业分回利润而收到的现金,以及因债权性投资而取得的现金利息收入。股票股利不在本项目中反映。本项目根据"投资收益""应收股利""应收利息""库存现金""银行存款""其他货币资金"等科目的发生额分析填列。

3) 处置固定资产、无形资产和其他长期资产所收回的现金净额

本项目反映企业出售固定资产、无形资产和其他长期资产所取得的现金,减去为处置这些资产而支付的有关费用后的净额。处置固定资产、无形资产和其他长期资产所收到的现金,与处置活动支付的现金,两者在时间上比较接近,以净额反映更能反映处置活动对现金流量的影响,如处置固定资产、无形资产和其他长期资产所收回的现金净额为负数,则应作为投资活动产生的现金流量,在"支付的其他与投资活动有关的现金"项目中反映。由于自然灾害等原因所造成的固定资产等长期资产的报废、毁损而收到的保险赔偿收入,也在本项目中反映。本项目根据"固定资产清理""无形资产""生产性生物资产"

"库存现金""银行存款""其他货币资金"等科目的发生额分析填列。

4）收到的其他与投资活动有关的现金

本项目反映企业除上述各项目外，收到的其他与投资活动有关的现金，如已宣告未发放的股利、已到付息期尚未领取的利息收回等。本项目根据"应收股利""库存现金""银行存款"等科目的发生额分析填列。

5）购建固定资产、无形资产和其他长期资产所支付的现金

本项目反映企业购买、建造固定资产，取得无形资产和其他长期资产所支付的现金，包括购买机器设备所支付的现金及增值税款、建造工程支付的现金、支付在建工程人员的工资等现金支出，不包括为购建固定资产而发生的借款利息资本化部分，以及融资租入固定资产所支付的租赁费。为购建固定资产而发生的借款利息资本化部分，以及融资租入固定资产所支付的租赁费，应在"筹资活动产生的现金流量"项目中反映，不在本项目中反映。本项目应根据"在建工程""固定资产""研发支出""工程物资""生产性生物资产""库存现金""银行存款"等科目的发生额分析填列。

6）投资所支付的现金

本项目反映企业进行权益性投资和债权性投资所支付的现金，包括企业取得的除现金等价物以外的短期股票投资、短期债券投资、长期股权投资、长期债权投资支付的现金，以及支付的佣金、手续费等附加费用。企业购买债券的价款中含有债券利息的，以及溢价或折价购入的，均按实际支付的金额反映，企业购买股票和债券时，实际支付的价款中包含的已宣告但尚未领取的现金股利或已到付息期但尚未领取的债券利息，应在"支付的其他与投资活动有关的现金"项目中反映。本项目应根据"交易性金融资产""可供出售金融资产""持有至到期投资""长期股权投资""库存现金""银行存款""其他货币资金"等科目的发生额分析填列。

7）取得子公司及其他营业单位支付的现金净额

本项目反映企业购买子公司及其他营业单位购买出价中以现金支付的部分，减去子公司及其他营业单位持有的现金和现金等价物后的净额。本项目应根据"长期股权投资""库存现金""银行存款""其他货币资金"等科目的发生额分析填列。

8）支付的与其他投资活动有关的现金

本项目反映企业除上述各项目外，支付的其他与投资活动有关的现金，如企业买股票、债券时，买价中包含的已宣告未发放的股利，已到付息期尚未领取的利息，处置固定资产、无形资产和其他长期资产所收回的现金净额为负时在本项目反映。本项目根据"应收股利""应收利息""库存现金""银行存款""其他货币资金"等科目的发生额分析填列。

3. 筹资活动的现金流量

1）吸收投资所收到的现金

本项目反映企业以发行股票、债券等方式筹集资金实际收到的发行收入减去支付的佣金等发行费用后的净额。企业发行股票、债券等方式筹集资金而由企业直接支付的审计、咨询等费用，不在本项目中反映，而在"支付的其他与筹资活动有关的现金"项目中反映。本项目根据"股本""资本公积""应付债券""库存现金""银行存款"等科目的发生额分

析填列。

2）借款收到的现金

本项目反映企业举借各种短期、长期借款而收到的现金。本项目根据"短期借款""长期借款""库存现金""银行存款"等科目的发生额分析填列。

3）收到的其他与筹资活动有关的现金

本项目反映企业除上述各项目外，收到的其他与筹资活动有关的现金，如收到的融资租赁的租金等，如果价值较大的，应单列项目反映。本项目根据"库存现金""银行存款"等科目的发生额分析填列。

4）偿还债务所支付的现金

本项目反映企业以现金偿还债务的本金，包括：归还金融企业的借款本金、偿付企业到期的债券本金等。企业偿还的借款利息、债券利息，在"分配股利、利润或偿付利息所支付的现金"项目中反映，不在本项目中反映。本项目应根据"短期借款""长期借款""应付债券""库存现金""银行存款"等科目的发生额分析填列。

5）分配股利、利润或偿付利息所支付的现金

本项目反映企业实际支付的现金股利、支付给其他投资单位的利润或用现金支付的借款利息、债券利息。本项目根据"应付股利""应付利息""库存现金""银行存款"等科目的发生额分析填列。

6）支付的其他与筹资活动有关的现金

本项目反映企业除上述各项目外，支付的其他与筹资活动有关的现金。如支付的融资租入固定资产的租金、支付的发行股票、发行债券的审计费、咨询费等。本项目根据"管理费用""库存现金""银行存款"等科目的发生额分析填列。

（三）现金流量表补充资料的编制

1. 现金流量表补充资料的格式和内容（见表1-11）

表1-11　　　　　　　　　　　现金流量表补充资料　　　　　　　　　单位：元

补充资料	行次	本期金额	上期金额
1. 将净利润调节为经营活动现金流量：			
净利润			
加：资产减值准备			
固定资产折旧、油气资产折耗、生产性生物资产折旧			
无形资产摊销			
长期待摊费用摊销			
处置固定资产、无形资产和其他长期资产的损失（收益以"－"号填列）			
固定资产报废损失（收益以"－"号填列）			
公允价值变动损失（收益以"－"号填列）			

(续表)

补充资料	行次	本期金额	上期金额
财务费用(收益以"－"号填列)			
投资损失(收益以"－"号填列)			
递延所得税资产减少(增加以"－"号填列)			
递延所得税负债增加(减少以"－"号填列)			
存货的减少(增加以"－"号填列)			
经营性应收项目的减少(增加以"－"号填列)			
经营性应付项目的增加(减少以"－"号填列)			
其他			
经营活动产生的现金流量净额			
2. 不涉及现金收支的重大投资和筹资活动：			
债务转为资本			
一年内到期的可转换公司债券			
融资租入固定资产			
3. 现金及现金等价物净变动情况：			
现金的期末余额			
减：现金的期初余额			
加：现金等价物的期末余额			
减：现金等价物的期初余额			
现金及现金等价物净增加额			

2. 现金流量表补充资料的填列方法

经营活动产生的现金流量净额＝净利润＋不影响经营活动现金流量但减少净利润的项目－不影响经营活动现金流量但增加净利润的项目＋与净利润无关但增加经营活动现金流量的项目－与净利润无关但减少经营活动现金流量的项目。

1) 资产减值准备

包括坏账准备、存货跌价准备、长期股权投资减值准备、固定资产减值准备和无形资产减值准备、投资性房地产减值准备、商誉减值准备等。本期资产计提减值准备时，记入当期利润表中的"资产减值损失"项目，减少了净利润，但实际上并未影响经营活动现金流量，因此，应在净利润的基础上进行调整，当计提资产减值准备时，应将其加回到净利润中，若冲回以前年度计提的减值准备，应从净利润中将其扣除。本项目可根据"坏账准备""存货跌价准备""长期股权投资减值准备""投资性房地产减值准备""固定资产减值准备"和"无形资产减值准备"等科目的发生额分析计算填列。

2) 固定资产折旧、油气资产折耗、生产性生物资产折旧

固定资产折旧、油气资产折耗、生产性生物资产折旧是属于非付现的费用，企业计提

固定资产折旧时,有的计入管理费用等期间费用,有的计入制造费用。计入期间费用部分已列入了利润表,计入制造费用部分则可能通过销售成本列入利润表,也可能形成企业的存货。企业计提的固定资产折旧,并不影响经营活动现金流量,应在净利润的基础上将其全部加回。当计提的固定资产折旧费包含在存货中时,虽然未影响净利润,但是增加了存货,这里也将其加回,然后在"存货的减少(减:增加)"项目中再将其以相同净额扣除,形成自动平衡。本项目可根据"累计折旧""累计折耗"等科目的贷方发生额填列,或根据有关费用科目借方发生额中的折旧费计算填列。

3) 无形资产摊销

无形资产摊销时,有的计入管理费用,有的计入制造费用,计入期间费用部分列入利润表,计入制造费用部分则可能通过销售成本列入利润表,也可能增加期末存货,调整思路同"固定资产折旧",均应在净利润的基础上将其全部加回。本项目可根据"累计摊销"科目的贷方发生额分析计算填列,或根据"管理费用"和"其他业务成本"科目借方发生额中"摊销无形资产"等计算填列。

4) 长期待摊费用摊销

长期待摊费用摊销时,计入了管理费用或制造费用等。本项目的确定原理与固定资产折旧项目相同,应在净利润的基础上将其全部加回。本项目可根据"长期待摊费用"科目的贷方发生额填列。

5) 处置固定资产、无形资产和其他长期资产的损失(减:收益)

处置固定资产、无形资产和其他长期资产业务,不会影响经营活动产生的现金流量的增减变化,若导致净利润和经营活动产生的现金流量净额不一致,一定是这种业务影响了净利润,因此,应在净利润的基础上加回或扣除。本项目可根据"资产处置损益"科目的发生额分析计算填列。

6) 固定资产报废损失(减:收益)

固定资产报废损失计入了营业外支出,使净利润减少,但这部分损失并没有影响经营活动现金流量,所以应在调节净利润时加回。固定资产盘亏的处理,也会影响净利润,也应在净利润基础上加回。本项目可根据"营业外支出"科目的借方发生额中固定资产盘亏损失减去"营业外收入"科目的贷方发生额中固定资产处置收益的差额填列。如收益大于损失,则用"—"号填列。

7) 公允价值变动损失(减:收益)

公允价值变动损失使净利润减少,但这部分损失并没有影响经营活动现金流量,所以应在调整时加回。

8) 财务费用

本项目指的是"不属于经营活动的财务费用"。企业发生的财务费用可以分别归属于经营活动、投资活动和筹资活动。对属于经营活动产生的财务费用,若既影响净利润又影响经营活动现金流量的业务,则不需进行调整;若影响净利润但不影响经营活动现金流量的业务,应通过调整经营性项目本身完成,如应收票据贴现业务(不附追索权),计入财务费用的金额应通过调整"经营性应收项目的减少(减:增加)"项目完成。对属于投资活动和筹资活动产生的财务费用,只影响净利润,但不影响经营活动现金流量,应在净利润的基础上进行调整。也就是说,与投资活动和筹资活动有关的财务费用应全额考虑,与经营活动有关的财务费用不予考虑。本项目可根据"财务费用"科目的发生额分析计算填列。

9）投资损失（减:收益）

投资收益是因为投资活动所引起的,与经营活动无关。也就是说,本项目影响净利润的变化但不会影响经营活动现金流量。若为投资收益,调节净利润时应减去;若为投资损失,调节净利润时应加回。本项目不考虑投资计提减值准备影响的净利润。本项目可根据"投资收益"科目的发生额分析计算填列（损失－收益）,计算时不考虑投资计提减值准备影响的净利润。

10）递延所得税资产减少（减:增加）

本项目可根据"递延所得税资产"科目（期初余额－期末余额）的差额填列。

11）递延所得税负债增加（减:减少）

本项目可根据"递延所得税负债"科目（期末余额－期初余额）的差额填列。

12）存货的减少（减:增加）

存货的增减变动一般属于经营活动。存货增加,说明现金减少或经营性应付项目增加;存货减少,说明销售成本增加,净利润减少。所以在调节净利润时,应减去存货的增加数,或加上存货的减少数。在存在赊购的情况下,还应通过调整经营性应付项目的增减变动来反映赊购对现金流量的影响。若存货的增减变动不属于经营活动,则不能对其进行调整,如对外投资减少的存货,接受投资者投入的存货等业务。本项目可根据资产负债表中"存货"项目（期初余额－期末余额）的差额＋"存货跌价准备"科目（期初余额－期末余额）的差额填列。

13）经营性应收项目的减少（减:增加）

经营性应收项目主要是指应收账款、应收票据和其他应收款中与经营活动有关的部分（包括应收的增值税销项税额）等。经营性应收项目的增减变动一般属于经营活动。经营性应收项目增加,说明收入增加,净利润增加;经营性应收项目减少,说明现金增加。所以在调节净利润时,应减去经营性应收项目的增加数,或加上经营性应收项目的减少数。若经营性应收项目的增减变动不属于经营活动,则不能对其进行调整,如收到客户以固定资产抵债业务减少的应收账款等。

本项目可根据资产负债表中"应收账款""应收票据""预付款项""其他应收款"项目（期初余额－期末余额）的差额＋"坏账准备"科目（期初余额－期末余额）的差额填列。

14）经营性应付项目的增加（减:减少）

经营性应付项目主要是指应付账款、应付票据、应付职工薪酬、应交税费、其他应付款中与经营活动有关的部分（包括应付的增值税进项税额）等。经营性应付项目的增减变动一般属于经营活动。经营性应付项目增加,说明存货增加,最终导致销售成本增加,净利润减少。经营性应付项目减少,说明现金减少。所以在调节净利润时,应加上经营性应付项目的增加数,或减去经营性应付项目的减少数,若经营性应付项目的增减变动不属于经营活动,则不能对其进行调整,如债务重组业务中以固定资产抵债减少的应付账款等业务。

本项目可根据资产负债表中"应付账款""应付票据""预收款项""其他应付款""应付职工薪酬"(除在建工程人员)"应交税费"(除计入固定资产价值的税金)等项目(期末余额－期初余额)的差额之和填列。

第四节　所有者权益变动表简介

一、所有者权益变动表的作用

所有者权益变动表是反映公司本期(年度或中期)内到截至期末所有者权益变动情况的报表。2007年以前,企业所有者权益变动情况是以资产负债表附表形式予以体现的。新准则颁布后,要求上市公司于2007年正式对外呈报所有者权益变动表,所有者权益变动表将成为与资产负债表、利润表和现金流量表并列披露的第四张财务报表。

(一)由附表升为主表,体现了企业综合收益

根据全面收益的观点,企业的综合收益包括直接计入所有者权益的利得和损失加上最终属于所有者权益变动的净利润。

(二)反映结构性信息

反映各项交易和事项导致的所有者权益增减变动,以及所有者权益各组成部分增减变动的结构性信息。

(三)反映利润分配情况

净利润及其分配情况作为所有者权益变动的组成部分,通过所有者权益变动表可以了解企业的利润分配情况,企业不需要再编制利润分配明细表。

(四)反映会计调整事项

可以了解企业是否存在前期差错更正、会计政策变更会计事项,如果有前期差错更正会计事项,要注意企业是否涉及补税的问题,企业应补交的税收是否实际交纳？如果有会计政策变更会计事项,要注意变更以后的会计政策是否与税法一致,是否产生了新的纳税调整问题。

二、所有者权益变动表的编制

(一)所有者权益变动表的格式和内容(见表1-12)

(二)所有者权益变动表项目的填列方法

所有者权益变动表各项目均需填列"本年金额"和"上年金额"两栏。

所有者权益变动表"上年金额"栏内各项数字,应根据上年度所有者权益变动表"本年金额"内所列数字填列。上年度所有者权益变动表规定的各个项目的名称和内容同本年度不一致的,应对上年度所有者权益变动表各项目的名称和数字按照本年度的规定进行调整,填入所有者权益变动表的"上年金额"栏内。

表1-12 所有者权益变动表

单位:元

项目	本年金额									上年金额								
	实收资本(或股本)	资本公积	减:库存股	其他综合收益	盈余公积	未分配利润	其他	所有者权益合计	实收资本(或股本)	资本公积(或股本溢价)	减:库存股	其他综合收益	盈余公积	未分配利润	其他	所有者权益合计
一、上年年末余额																
1. 会计政策变更																
2. 前期差错更正																
二、本年年初余额																
三、本年增减变动金额(减少以"－"号填列)																
(一)净利润																
(二)直接计入所有者权益的利得和损失																
1. 可供出售金融资产公允价值变动净额																
2. 权益法下被投资单位其他所有者权益的变动																
3. 与计入所有者权益项目相关的所得税影响																
4. 其他																
上述(一)和(二)小计																

(续表)

项目	本年金额							上年金额						
	实收资本(或股本)	资本公积	减:库存股	其他综合收益	盈余公积	未分配利润	其他	所有者权益合计	实收资本(或股本)	资本公积(或股本溢价)	减:库存股	其他综合收益	盈余公积	未分配利润	其他	所有者权益合计
(三)所有者投入和减少资本																
1.所有者投入资本																
2.股份支付计入所有者权益的金额																
3.其他																
(四)利润分配																
1.提取盈余公积																
2.对所有者(或股东)的分配																
3.其他																
(五)所有者权益内部结转																
1.资本公积转增资本																
2.盈余公积转增资本																
3.盈余公积弥补亏损																
4.其他																
四、本年年末余额																

所有者权益变动表"本年金额"栏内各项数字一般应根据"实收资本（或股本）""资本公积""其他综合收益""盈余公积""利润分配""库存股""以前年度损益调整"科目的发生额分析填列。

第五节　财务报表附注简介

财务报表附注是对资产负债表、利润表、现金流量表和所有者权益变动表等报表中列示项目的文字描述或明细资料，以及对未能在这些报表中列示项目的说明等。财务报表附注可以使报表使用者全面了解企业的财务状况、经营成果和现金流量。

一、附注的重要性

（1）附注是财务报表不可或缺的组成部分，相对于报表而言，同样具有重要性。
（2）报表使用者了解企业的财务状况、经营成果和现金流量，应当全面阅读附注。

二、披露内容

（一）企业的基本情况
（1）企业注册地、组织形式和总部地址。
（2）企业的业务性质和主要经营活动。
（3）母公司以及集团最终母公司的名称。
（4）财务报告的批准报出者和财务报告批准报出日，或者以签字人及其签字日期为准。
（5）营业期限有限的企业，还应当披露有关其营业期限的信息。

（二）财务报表的编制基础
（1）会计年度。
（2）记账本位币。
（3）会计计量所运用的计量基础。
（4）现金和现金等价物的构成。

（三）遵循企业会计准则的声明
企业应当声明编制的财务报表符合企业会计准则的要求，真实、完整地反映了企业的财务状况、经营成果和现金流量等有关信息。

（四）重要会计政策和会计估计
重要会计政策的说明，包括财务报表项目的计量基础和在运用会计政策过程中所作的重要判断等。重要会计估计的说明，包括可能导致下一个会计期间内资产、负债账面价值重大调整的会计估计的确定依据等。

企业应当披露采用的重要会计政策和会计估计，并结合企业的具体实际披露其重要会计政策的确定依据和财务报表项目的计量基础，及其会计估计所采用的关键假设和不确定因素。

(五) 会计政策和会计估计变更以及差错更正的说明

企业应当按照《企业会计准则第 28 号——会计政策、会计估计变更和差错更正》的规定,披露会计政策和会计估计变更以及差错更正的情况。

(六) 重要报表项目的说明

企业应当按照资产负债表、利润表、现金流量表、所有者权益变动表及其项目列示的顺序,对报表重要项目的说明采用文字和数字描述相结合的方式进行披露。报表重要项目的明细金额合计,应当与报表项目金额相衔接。会计报表中重大项目主要有:

(1) 应收款项(不包括应收票据)及计提坏账准备的方法。

(2) 存货、投资核算的方法。

(3) 固定资产折旧方法、折旧年限和残值率。

(4) 无形资产计价和摊销的方法。

(5) 长期待摊费用的摊销方法。

(6) 收入的分类及金额。

(7) 所得税的会计处理方法等。

(七) 或有事项和承诺事项的说明

(1) 预计负债的种类、形成原因以及经济利益流出不确定性的说明。

(2) 与预计负债有关的预期补偿金额和本期已确认的预期补偿金额。

(3) 或有负债的种类、形成原因及经济利益流出不确定性的说明。

(4) 或有负债预计产生的财务影响,以及获得补偿的可能性;无法预计的应当说明原因。

(5) 或有资产很可能会给企业带来经济利益的,其形成的原因、预计产生的财务影响等。

(八) 资产负债表日后非调整事项的说明

每项重要的资产负债表日后非调整事项的性质、内容及其对财务状况和经营成果的影响无法作出估计的,应当说明原因。

(九) 关联方关系及其交易的说明

(1) 母公司和子公司的名称。

母公司不是该企业最终控制方的,还应当披露最终控制方名称。

母公司和最终控制方均不对外提供财务报表的,还应当披露母公司之上与其最相近的对外提供财务报表的母公司名称。

(2) 母公司和子公司的业务性质、注册地、注册资本(或实收资本、股本)及其变化。

(3) 母公司对该企业或者该企业对子公司的持股比例和表决权比例。

(4) 企业与关联方发生关联方交易的,应当在附注中披露该关联方关系的性质、交易类型及交易要素。交易要素至少应当包括:

① 交易的金额。

② 未结算项目的金额、条款和条件,以及有关提供或取得担保的信息。

③ 未结算应收项目的坏账准备金额。

④ 定价政策。

(5) 关联方交易应当分别关联方以及交易类型予以披露。

类型相似的关联方交易,在不影响财务报表阅读者正确理解关联方交易对财务报表影响的情况下,可以合并披露。

(十) 其他重大会计事项的说明

企业合并、分立;重要资产的转让或出售情况;重大投资、融资活动;合并会计报表的说明;其他有助于理解和分析会计报表的事项。

第二章 财务报告涉税分析概述

财务报告分析又称财务分析,是通过收集、整理企业财务会计报告中的有关数据,并结合其他有关补充信息,对企业的财务状况、经营成果和现金流量情况进行综合比较和评价,为财务会计报告使用者提供管理决策和控制依据的一项管理工作。

第一节 财务报告分析的目标

财务报表的使用人有许多种,包括权益投资人、债权人、经理人员、政府机构和其他与企业有利益关系的人士。他们出于不同目的使用财务报告,需要不同的信息,采用不同的分析程序。

一、债权人

债权人是指借款给企业并得到企业还款承诺的人,债权人关心企业是否具有偿还债务的能力。债权人分析财务报告的目标是:

(1) 公司为什么需要额外筹集资金。

(2) 公司还本付息所需资金的可能来源是什么。

(3) 公司对于以前的短期和长期借款是否按期偿还。

(4) 公司将来在哪些方面还需要借款。

二、投资人

投资人是指公司的权益投资人即普通股股东。普通股股东投资于公司的目的是扩大自己的财富。他们所关心的是包括偿债能力、收益能力以及投资风险等。投资人分析财务报告的目标是:

(1) 公司当前和长期的收益水平高低,以及公司收益是否容易受重大变动的影响。

(2) 目前的财务状况如何,公司资本结构决定的风险和报酬如何。

(3) 与其他竞争者相比,公司处于何种地位。

三、经理人员

经理人员是指被所有者聘用的、对公司资产和负债进行管理的个人组成的团体,有时称之为"管理当局"。企业的经营管理者进行财务报告分析的目的是综合的、多方面的。在分析过程中,他们关心的不仅仅是盈利能力,而更在于盈利的原因及过程,即要进行资产结构分析、营运效率分析、经营风险与财务风险分析以及企业发展前景预测等,通过各种分析,有助于检查企业内部各职能部门和单位完成财务计划指标的情况,考核各部门和单位的工作业绩,以便揭示财务管理中存在的问题,总结经验教训,提高管理水平。经理人员关心公司的财务状况、盈利能力和持续发展的能力,经理人员可以获取外部使用人无法得到的内部信息。他们分析财务报告的主要目的是改善财务报告。

四、政府机构有关人士

政府机构也是公司财务报表的使用人,包括税务部门、国有企业的管理部门、证券管理机构、会计监管机构和社会保障部门等。他们使用财务报告是为履行政府职能,需要了解公司纳税情况、遵守政府法规和市场秩序的情况以及职工的收入和就业状况。税务机关作为政府职能部门,通过对企业财务报告进行分析,有助于了解企业纳税的会计信息,揭露偷、漏税的现象,监督企业是否依法、及时、足额地交纳税金。

本书主要站在税务人员的角度来分析报表,在深入了解企业财务情况的基础上,分析企业可能存在的涉税问题,特别是对企业纳税评估、税务稽查提供一个方向性指导。

第二节 财务报告涉税分析的方法

财务报表分析的基本方法主要有比较分析法、比率分析法和因素分析法。

一、比较分析法

比较分析法主要有趋势分析法、横向比较和差异分析。

(一)趋势分析法

趋势分析法是在比较会计报表中用金额、百分比的形式,对每个项目的报告期金额与基期金额进行比较分析,编制比较会计报表,通过对报表中各项目的增减情况进行分析,以观察公司财务状况和经营成果的变化趋势,尤其对一些重要的和异常的项目,应进行重点分析。本书主要运用趋势分析法,以资产负债表为出发点,首先看资产的趋势变动,其次结合现金流量表分析资产可能的来源或去向,因为资产来源和去向不同可能会涉及不同的税收问题,然后再根据资产的趋势变动分析对企业产能和销售的影响,进一步结合利润表中的收入和利润规模进行分析,分析企业收入和利润的变动是否与预期相符,如果不符,则企业存在涉税问题的可能性比较大,必须进一步深入追查下去。

(二)横向比较

横向比较是企业的财务数据与同行业的平均水平、同行业的先进水平或竞争对手比较,找出企业存在的问题和差距;同时还可以通过企业的毛利率、税负率、存货周转率、能耗等评估财务指标与同行业相比、与预警值相比,发现企业可能存在的涉税问题。横向比较方法比较简单,关键是行业数据难以取得,或者预警值本身存在问题。

(三) 差异分析

差异分析主要是实际与预算比较,找出计划执行中存在的问题;同时通过实际与预算的差异比较,验证企业数据的真实性。但是很多企业并没有制定全面的预算,或者预算编制不合理。而对于一个持续经营的企业来讲,主管税务机关能够获得企业历年的财务报表数据,因此本书主要重点运用趋势分析法对企业的财务报表进行涉税分析。

二、比率分析法

比率分析法是以同一期财务报表上若干重要项目的相关数据相互比较,求出比率,用以分析和评价公司的经营活动以及公司目前和历史状况的一种方法,是财务分析最基本的工具。比率分析法有结构比率和相关比率。

(一) 结构比率

结构比率是计算部分占整体的比,通过结构比率分析可以了解企业的资产分布是否合理,是否符合行业特点;了解利润表中各项收入和利润的构成,分析收入的来源情况以及是利润的稳定性等;了解企业经营活动、投资活动、筹资活动等各项活动的资金流,分析企业所处的经营阶段或是否可能存在涉税问题。

(二) 相关比率

相关比率是报表不同项目之间的比,主要有偿债能力、盈利能力、营运效率、成长能力分析。本书重点讲解与纳税评估相关的财务指标。

三、因素分析法

因素分析法也是财务报表分析常用的一种技术方法,它是指把整体分解为若干个局部的分析方法,包括比率因素分解法和差异因素分解法。

(一) 比率因素分解法

比率因素分解法是指把一个财务比率分解为若干个影响因素的方法。例如,资产净利率可以分解为资产周转率和销售净利率两个比率的乘积。财务比率是财务报表分析的特有概念,财务比率分解是财务报表分析所特有的方法。在实际的分析中,分解法和比较法是结合使用的。比较之后需要分解,以深入了解差异的原因;分解之后还需要比较,以进一步认识其特征。不断比较和分解,构成了财务报表分析的主要过程。例如,甲企业上期资产净利率为10%,企业上期的销售净利率为5%,资产周转率为2,本期甲企业资产净利率为8.2%,其中销售净利率为4%,资产周转率为2.1,通过比率分解法可以知道企业本期资产净利率下降的原因主要是销售净利率下降引起的,要注意企业可能存在少计收入、多计成本费用的问题。

(二) 差异因素分解法

为了解释比较分析中所形成差异的原因,需要使用差异分解法。例如,产品材料成本差异可以分解为价格差异和数量差异。

差异因素分解法又分为定基替代法和连环替代法两种。

1. 定基替代法

定基替代法是测定比较差异成因的一种定量方法。按照这种方法，需要分别用标准值（历史的、同业企业的或预算的标准）替代实际值，以测定各因素对财务指标的影响。

2. 连环替代法

连环替代法是另一种测定比较差异成因的定量分析方法。按照这种方法，需要依次用标准值替代实际值，以测定各因素对财务指标的影响。

第三节　财务报告涉税分析的一般步骤

财务报告涉税分析应该包括以下几个步骤：第一，收集企业和同行业的数据资料；第二，阅读注册会计师的审计报告；第三，阅读财务报表附注；第四，阅读财务报表。

一、收集企业和同行业的数据资料

企业财务报告分析要求企业提供相关的数据资料，企业提供的数据资料越充分越详细，发现疑点的可能性越大，因此首先应该规范企业的申报。《企业所得税法》第五十四条规定：企业在报送企业所得税纳税申报表时，应当按照规定附送财务会计报告和其他有关资料。根据《企业会计准则》的规定：企业财务报告包括资产负债表、利润表、现金流量表、所有者权益变动表和报表附注，但是目前很多企业只报送了资产负债表和利润表，没有报送现金流量表，因为本书主要是通过不同报表项目之间的勾稽关系发现问题，因此如果企业没有提供现金流量表，会由于资料缺乏而减少发现疑点的可能性，因此我们必须规范企业的申报，要求企业按规定报送资料，如果是上市公司我们还可以通过在证监会指定的网站获取企业的资料，具体可以按照以下步骤操作，获得相关信息：

（1）在百度搜索"巨潮资讯网官网"（见图2-1）。

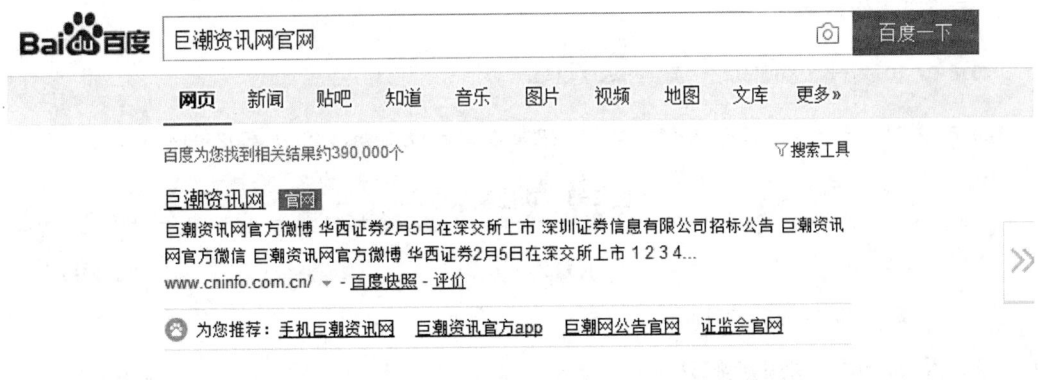

图 2-1　百度搜索"巨潮资讯网官网"

（2）进入"巨潮资讯网官网"，在右上角查询窗口输入上市公司股票代码或公司名称简拼，如图2-2所示。

图 2-2　股票代码输入窗口

（3）在功能模块中选择"定期报告"，可以查询到相关上市的财务报告和最新公告，如图 2-3 和图 2-4 所示。

2018-02-10　关于重大事项停牌的进展公告(242 k)

2018-02-03　关于与深圳市腾讯计算机系统有限公司签署《战略合作框架协议》的公告(269 k)

图 2-3　功能模块图示

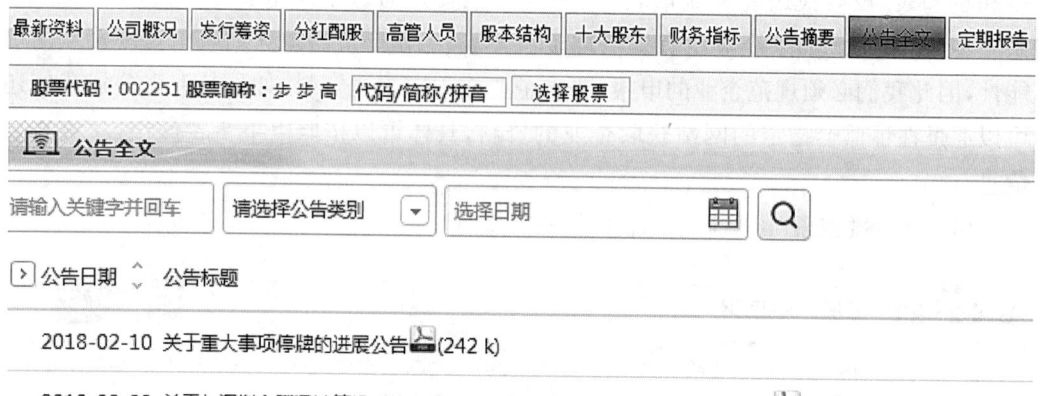

标题	公告时间
步步高：2016年年度报告(2931 k)	2017-04-11
步步高：2016年年度报告摘要(257 k)	2017-04-11
步步高：2015年年度报告摘要(271 k)	2016-04-22
步步高：2015年年度报告(2848 k)	2016-04-22

图 2-4　所选上市公司财务报告

我们可以拿企业给税务机关申报的资料与在该网站公开披露财务报告进行比对,实际工作中很多企业申报的数据与该网站的数据核对不符,主要原因是企业给税务机关申报的资料是未经审计的,而在网站公开披露的资料是经过审计以后的,所以税务人员一定要注意报表中的哪些项目是对不上的,注册会计师在审计过程中对哪些项目作了调整,是否涉及税收问题,同时我们还应该关注企业临时披露的重大事项,关注其中的涉税问题。

因为财务报表分析必须通过比较才能发现问题,因此必须收集同行业数据,对于行业数据的收集可以采用以下几种方式:

(1) 登录中国国家统计局网站查找相关数据,在网站首页可以看到最新发布的统计数据,也可以通过数据查询模块直接按关键词进行查询,如图2-5所示。

图2-5　中华人民共和国国家统计局官网

(2) 登录百度、谷歌、雅虎等搜索引擎,在文本框中输入相关关键词,如在百度网中输入"2014年中国煤炭行业",如图2-6所示。

(3) 也可以通过上市公司公开披露的资料,来了解企业所处行业的基本信息,如果想了解电力行业的资料,可以按照以下步骤进行:

① 在某证券交易软件中选择行业板块"电力"(见图2-7)。

② 所有电力行业的上市公司都会列示出来(见图2-8)。

③ 可以选择某家上市公司,进入该上市公司的基本资料,进行基本的财务分析,也可以通过"巨潮资讯网"下载其财务报告,了解更深入、详细的信息(见图2-9、图2-10)。

这样我们可以通过多家电力企业的财务指标了解电力行业的盈利情况、资产结构、周转效率,对整个电力行业有基本认识。

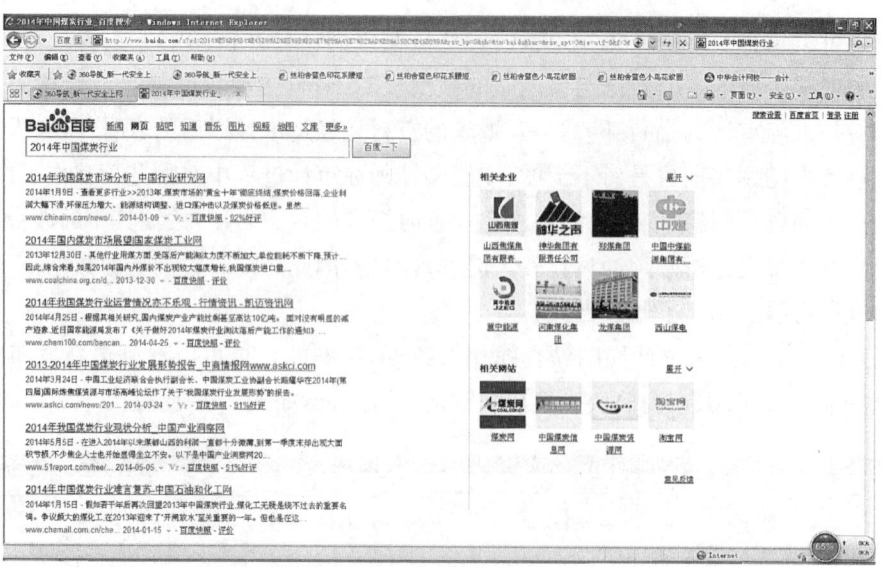

图 2-6　百度搜索"2014 中国煤炭行业"截图

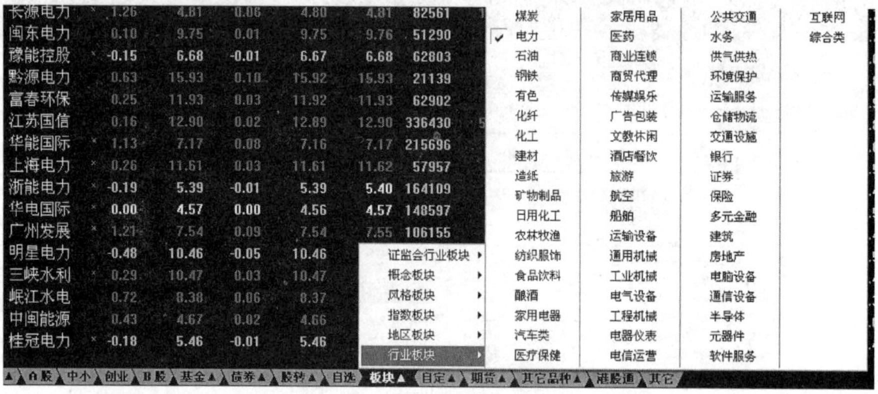

图 2-7　选择电力行业板块

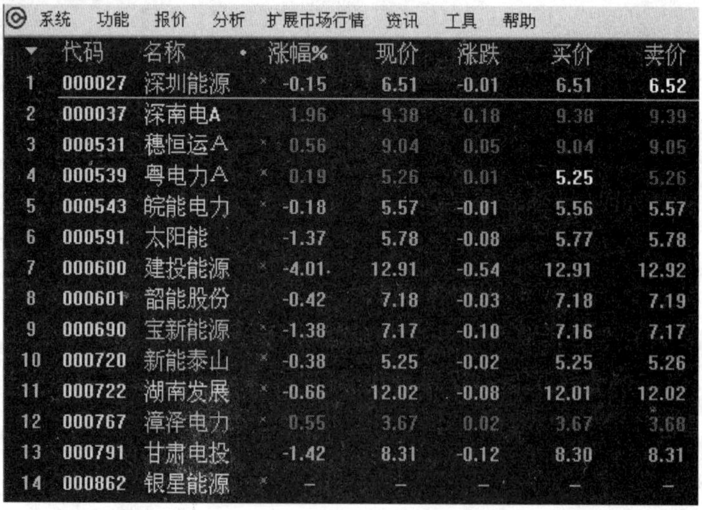

图 2-8　电力行业上市公司

第二章　财务报告涉税分析概述

22	001896	豫能控股	-0.15	6.68	-0.01	6.67	6.68	62803	524	-0.14
23	002039	黔源电力	0.63	15.93	0.10	15.92	15.93	21139	92	0.06
24	002479	富春环保	0.25	11.93	0.03	11.92	11.93	62902	339	0.17
25	002608	江苏国信	0.16	12.90	0.02	12.89	12.90	336430	5141	-0.14
26	600011	华能国际	1.13	7.17	0.08	7.16	7.17	215696	7	0.14
27	600021	上海电力	0.26	11.61	0.03	11.61	11.62	57957	40	-0.08
28	600023	浙能电力	-0.19	5.39	-0.01	5.39	5.40	164109	361	-0.18
29	600027	华电国际	0.00	4.57	0.00	4.56	4.57	148597	1	0.00
30	600098	广州发展	1.21	7.54	0.09	7.54	7.55	106155	241	0.27
31	600101	明星电力	-0.48	10.46	-0.05	10.46	10.47	51934	5	0.00
32	600116	三峡水利	0.29	10.47	0.03	10.47	10.48	217365	35	-0.09

图 2-9　选择电力行业某上市公司

☆财务分析☆　◇600021 上海电力　更新日期：2017-05-03◇　港澳资讯 灵通W7.0
★本栏包括【1.财务指标】【2.报表摘要】【3.异动科目】【4.环比分析】★

【1.财务指标】
【主要财务指标】

财务指标	2017-03-31	2016-12-31	2015-12-31	2014-12-31
审计意见	未经审计	标准无保留意见	标准无保留意见	标准无保留意见
净利润(万元)	7322.74	91645.74	133244.26	132564.06
净利润增长率(%)	-78.0356	-31.2197	0.5131	16.3208
营业总收入(万元)	446115.63	1604644.17	1700634.39	1610196.68
营业总收入增长率(%)	6.3270	-5.6444	5.6166	6.4120
加权净资产收益率(%)	0.7100	8.7700	13.3100	14.9600
资产负债比率(%)	71.6062	71.4634	69.7041	69.7337
净利润现金含量(%)	459.0403	437.5642	347.5537	203.0213
基本每股收益(元)	0.0342	0.4283	0.6227	0.6195
每股收益-扣除(元)	-	0.3922	0.4790	0.3041
每股收益-摊薄(元)	0.0342	0.4283	0.6227	0.6195
每股资本公积金(元)	1.8539	1.8539	1.9647	1.9647
每股未分配利润(元)	1.7249	1.6907	1.5515	1.2128
每股净资产(元)	4.8198	4.8089	4.7936	4.5611
每股经营现金流量(元)	0.1571	1.8741	2.1643	1.2578
经营活动现金净流量增长率(%)	-79.1010	-13.4068	72.0692	-21.8959

图 2-10　所选上市公司主要财务指标

二、阅读注册会计师的审计报告

如果企业的财务报表和内部控制是需要经过审计的，税务人员可以先看注册会计师的审计报告，参考注册会计师在审计中发现的问题，寻找税务检查的重点。

（一）企业财务报表审计报告

1. 财务报表审计意见类型

财务报表的审计意见类型有五种：标准的无保留意见、带强调事项段的无保留意见、保留意见、否定意见和无法表示意见。

1) 标准的无保留意见

无保留意见的审计报告是最普通的审计报告。据国外文献统计，注册会计师出具的审计报告90%以上都是无保留意见的审计报告，我国的比例可能低一些，主要与企业的质量有关。如果注册会计师认为会计报表符合合法性与公允性，没有在审计过程中受到限制，且不存在应当调整或披露而被审计单位未予调整或披露的重要事项时，应当出具无保留意见的审计报告；在决定出具无保留意见的审计报告时，如果认为审计报告不必附加任何说明段、强调事项段或修正性用语，注册会计师应当出具标准无保留意见的审计报告，即标准审计报告。

2) 带强调事项段的无保留意见

带强调事项段的无保留意见说明审计师认为被审计者编制的财务报表符合相关《企业会计准则》的要求，并在所有重大方面公允反映了被审计者的财务状况、经营成果和现金流量，但是存在需要说明的事项，如对持续经营能力产生重大疑虑及重大不确定事项等。

3) 保留意见

保留意见适用于被审计单位没有遵守国家发布的《企业会计准则》和相关会计制度的规定，或注册会计师的审计范围受到局部限制。

（1）发现的错报重要，只是个别重要会计事项的处理或个别重要财务报表项目的编制不符合《企业会计准则》及国家其他有关会计制度的规定，但财务报表的整体反映仍是公允的。从性质上看，虽然严重但不至于影响财务报表整体的公允反映；从金额上看，在不考虑错报性质的情况下，虽然个别报表项目存在重大错报，而且错报总额超过财务报表层次重要性水平，但不至于影响财务报表整体的公允反映。

（2）对重大事项的披露不符合要求：此时，虽然未披露事项重要，但只是个别事项不符合《企业会计准则》等会计法规的要求，并不影响财务报表整体的公允反映。

（3）审计范围受到局部限制：审计范围受到局部限制，导致注册会计师无法针对个别项目获取充分适当的审计证据，但不影响获取整个财务报表公允反映的审计证据，此时应发表保留意见。

4) 否定意见

只有当注册会计师确信会计报表存在重大错报和歪曲，以至会计报表不符合国家发布的《企业会计准则》和相关会计制度的规定，未能从整体上公允反映被审计单位的财务状况、经营成果和现金流量，注册会计师才出具否定意见的审计报告。注册会计师应当依据充分、适当的证据，进行恰当的职业判断，确信会计报表不具有合法性与公允性时，才能出具否定意见的审计报告。据文献统计，注册会计师很少出具否定意见的审计报告。

5）无法表示意见

只有当审计范围受到限制可能产生的影响非常重大和广泛,不能获取充分、适当的审计证据,以至无法确定会计报表的合法性与公允性,注册会计师才可出具无法表示意见的审计报告。无法表示意见不同于否定意见,它仅仅适用于注册会计师不能获取充分、适当的审计证据的情形。如果注册会计师发表否定意见,必须获得充分、适当的审计证据。无论无法表示意见还是否定意见,都只有在非常严重的情形下采用。

2. 企业财务报表审计报告

企业财务报表审计的标准无保留意见称为"标准意见",其他的意见类型通称为"非标准意见"。标准的审计意见类型有三段,而非标准的审计意见有四段,如果注册会计师发表的是"非标准意见的审计报告",在审计报告中"导致该意见的事项"中会指出出具非标准意见审计报告的原因,这一部分会指出企业存在的问题,或者审计人员审计范围受到限制的地方,应该作为我们税收检查的关注重点。

【例 2-1】 企业标准无保留审计意见的审计报告如下:

审 计 报 告

信会师报字〔2016〕第 310236 号

华闻传媒投资集团股份有限公司全体股东：

我们审计了后附的华闻传媒投资集团股份有限公司（以下简称贵公司）财务报表,包括 2015 年 12 月 31 日的合并及公司资产负债表、2015 年度的合并及公司利润表、合并及公司现金流量表、合并及公司所有者权益变动表以及财务报表附注。

一、管理层对财务报表的责任

编制和公允列报财务报表是贵公司管理层的责任。这种责任包括：(1)按照企业会计准则的规定编制财务报表,并使其实现公允反映；(2)设计、执行和维护必要的内部控制,以使财务报表不存在由于舞弊或错误导致的重大错报。

二、注册会计师的责任

我们的责任是在执行审计工作的基础上对财务报表发表审计意见。我们按照中国注册会计师审计准则的规定执行了审计工作。中国注册会计师审计准则要求我们遵守中国注册会计师职业道德守则,计划和执行审计工作以对财务报表是否不存在重大错报获取合理保证。审计工作涉及实施审计程序,以获取有关财务报表金额和披露的审计证据。选择的审计程序取决于注册会计师的判断,包括对由于舞弊或错误导致的财务报表重大错报风险的评估。在进行风险评估时,注册会计师考虑与财务报表编制和公允列报相关的内部控制,以设计恰当的审计程序。审计工作还包括评价管理层选用会计政策的恰当性和作出会计估计的合理性,以及评价财务报表的总体列报。

我们相信,我们获取的审计证据是充分、适当的,为发表审计意见提供了基础。

三、审计意见

我们认为,贵公司财务报表在所有重大方面按照企业会计准则的规定编制,公允反映了贵公司 2015 年 12 月 31 日的合并及公司财务状况以及 2015 年度的合并及公司经营成果和现金流量。

立信会计师事务所(特殊普通合伙)　　　中国注册会计师:谢　晖
　　　　　　　　　　　　　　　　　　　中国注册会计师:康跃华
　　　　中国·上海　　　　　　　　　　　二〇一六年三月二十四日

【例2-2】　企业保留意见的审计报告如下:

审 计 报 告

中准审字〔2014〕1087号

吉林紫鑫药业股份有限公司全体股东:

　　我们审计了后附的吉林紫鑫药业股份有限公司(以下简称"紫鑫药业")财务报表,包括2013年12月31日的合并及母公司资产负债表,2013年度的合并及母公司利润表、合并及母公司现金流量表和合并及母公司所有者权益变动表以及财务报表附注。

　　一、管理层对财务报表的责任

　　编制和公允列报财务报表是紫鑫药业的管理层的责任,这种责任包括:

　　(1)按照企业会计准则的规定编制财务报表,并使其实现公允反映。

　　(2)设计、执行和维护必要的内部控制,以使财务报表不存在由于舞弊或错误而导致的重大错报。

　　二、注册会计师的责任

　　我们的责任是在执行审计工作的基础上对财务报表发表审计意见。我们按照中国注册会计师审计准则的规定执行了审计工作。中国注册会计师审计准则要求我们遵守中国注册会计师职业道德守则,计划和执行审计工作以对财务报表是否不存在重大错报获取合理保证。

　　审计工作涉及实施审计程序,以获取有关财务报表金额和披露的审计证据。选择的审计程序取决于注册会计师的判断,包括对由于舞弊或错误导致的财务报表重大错报风险的评估。在进行风险评估时,注册会计师考虑与财务报表编制和公允列报相关的内部控制,以设计恰当的审计程序,但目的并非对内部控制的有效性发表意见。审计工作还包括评价管理层选用会计政策的恰当性和作出会计估计的合理性,以及评价财务报表的总体列报。

　　我们相信,我们获取的审计证据是充分、适当的,为发表审计意见提供了基础。

　　三、导致保留意见的事项

　　紫鑫药业存货中含有2011年内购入的野山参1 803根计8 172.38克,账面含税价值129 298 206.98元,虽已取得延边山参研究所出具的野山参鉴定证书,并由中国科学院北京基因组研究所单品抽样测试检验报告,但其中仍有部分未取得购买发票等合规入账凭证。虽然紫鑫药业本期有少量市场销售行为,但鉴于野山参货品的特殊性,目前尚无公开的令人信服的市场交易报价体系,亦无价值认定权威机构或部门,我们无法取得充分适当的审计证据以判定紫鑫药业对该等存货认定的恰当性。

四、保留意见

我们认为,除"三、导致保留意见的事项"段所述事项可能产生的影响外,紫鑫药业的财务报表在所有重大方面按照企业会计准则编制,公允反映了紫鑫药业2013年12月31日合并及母公司财务状况以及2013年度合并及母公司经营成果和现金流量。

中准会计师事务所(特殊普通合伙)   **中国注册会计师:×××**

                                                    中国注册会计师:×××

中国·北京   二○一四年二月二十四日

紫鑫药业的主管税务机关通过审计报告的阅读,应该知道2013年企业的存货成本扣除存在着涉税风险,存货必须属于税收检查的重点。

【例2-3】 企业无法表示意见的审计报告如下:

审 计 报 告

瑞华审字〔2017〕21040003号

沈机集团昆明机床股份有限公司全体股东:

一、无法表示意见

我们接受委托,审计沈机集团昆明机床股份有限公司(以下简称昆明机床公司)合并及公司财务报表,包括2016年12月31日的合并及公司资产负债表,2016年度的合并及公司利润表、合并及公司现金流量表、合并及公司股东权益变动表以及财务报表附注。我们不对后附的昆明机床公司合并及公司财务报表发表审计意见。由于"形成无法表示意见的基础"部分所述事项的重要性,我们无法获取充分、适当的审计证据以作为对合并及公司财务报表发表审计意见的基础。

二、形成无法表示意见的基础

1. 涉及存货的事项

我们在对昆明机床公司存货执行监盘程序时,发现公司存货账实不符问题。公司获知此问题后,即开展对2013年至2016年存货问题的自查。基于截至本审计报告日止昆明机床公司对2013年至2016年存货自查结果,如财务报表附注四第27条所述,昆明机床公司对与存货相关项目的前期会计差错在2016年度财务报表中进行了更正及披露。截至审计报告日,根据昆明机床公司提供的自查数据,各年末账外存货结存情况为:2013年年末账外存货结存金额1.28亿元;2014年年末账外存货结存金额1.76亿元;2015年年末账外存货结存金额1.22亿元;2016年年末账外存货结存金额6 366万元。我们对昆明机床公司提供的上述存货自查结果执行进一步审计程序,但由于昆明机床公司尚未提供更正后2013年及之后年度期末产成品结存与原财务列报差异事项的完整证据,且昆明机床公司尚未提供账外存货收发存资料或其他可靠的替代性证据,我们无法取得充分、适当的审计证据,证明账外存货流转及与此相关的经济业务的存在和完整性及金额的可靠性,从而无法确定存货更正数据的准确性及对2016年度财务报表的影响。

2. 涉及销售收入的事项

我们在对昆明机床公司收入执行审计程序时,发现销售收入存在虚计及跨期确认的问题,公司获知此问题后,即开展对2013年至2016年销售收入问题的自查。基于截至本审计报告日止昆明机床公司对2013年至2016年销售收入自查结果,如财务报表附注四第27条所述,昆明机床公司对与收入相关项目的前期会计差错在2016年度财务报表中进行了更正及披露。我们对昆明机床公司提供的与收入问题自查更正相关的往来款项追加包括函证在内的核实程序,以及对收入跨期问题追加实施截止测试程序。截至审计报告日,2016年年末回函不符应收账款1 237万元,未回函应收账款2 588万元;回函不符预收账款3 956万元,未回函预收账款4 363万元。我们无法取得充分、适当的替代证据,证明更正后应收账款和预收账款的真实及准确性,从而无法确定应收账款和预收账款更正数据对2016年度财务报表的影响。

3. 与重要子公司相关的事项

昆明机床公司子公司西安交大赛尔机泵成套设备有限责任公司(以下简称"西安赛尔公司"),截至2016年12月31日合并资产总额为2.31亿元,净资产为−3 235万元,2016年度合并营业收入为2 276万元,净利润为−6 588万元。我们在执行审计工作时,发现西安赛尔公司2016年账面记录以银行承兑汇票从第三方非金融机构取得借款662万元,以现金方式存入西安赛尔公司银行账户,部分所附凭据存在票据到期日等信息被涂改的痕迹。我们在执行审计工作时,发现孙公司长沙赛尔透平机械有限公司(以下简称"长沙赛尔公司")私设多个财务账套。针对上述问题,昆明机床公司成立专门小组对西安赛尔公司及长沙赛尔公司进行核查。但截至审计报告日,我们尚未获取昆明机床公司对于两家公司上述问题的核查结论,也无法执行进一步审计程序,无法合理判断两家公司存在问题对昆明机床公司合并财务报表的影响。

4. 中国证监会立案调查事项

昆明机床公司于2017年3月22日收到中国证监会《调查通知书》(云证调查字2017004号),因公司涉嫌信息披露违反证券法律法规,根据《中华人民共和国证券法》的有关规定,决定对公司立案调查。由于该立案调查尚未有最终结论,我们无法判断立案调查结果对昆明机床公司财务报表的影响程度。

三、管理层和治理层对财务报表的责任

昆明机床公司管理层(以下简称管理层)负责按照企业会计准则的规定编制财务报表,使其实现公允反映,并设计、执行和维护必要的内部控制,以使财务报表不存在由于舞弊或错误导致的重大错报。在编制财务报表时,管理层负责评估昆明机床公司的持续经营能力,披露与持续经营相关的事项,并运用持续经营假设,除非管理层计划清算昆明机床公司、停止营运或别无其他现实的选择。治理层负责监督昆明机床公司的财务报告过程。

四、注册会计师对财务报表审计的责任

我们的责任是按照中国注册会计师审计准则的规定,对昆明机床公司的合并及公司财务报表执行审计工作,以出具审计报告。但由于"形成无法表示意见的基础"部分

所述的事项,我们无法获取充分、适当的审计证据以作为发表审计意见的基础。按照中国注册会计师职业道德守则,我们独立于昆明机床公司,并履行了职业道德方面的其他责任。

瑞华会计师事务所(特殊普通合伙)　　　中国注册会计师(项目合伙人):×××
　　　　　　　　　　　　　　　　　　中国注册会计师:×××
中国·北京　　　　　　　　　　　　　二〇一七年四月二十四日

通过阅读昆明机床股份有限公司的审计报告,我们需要关注其存在的涉税问题。

(二) 内部控制审计报告

1. 内部控制审计意见类型

1) 无保留审计意见

发表无保留审计意见必须同时符合两个条件:

(1) 企业按照内部控制有关法律法规以及企业内部控制制度要求,在所有重大方面建立并实施有效的内部控制。

(2) 注册会计师按照有关内部控制审计准则的要求计划和实施审计工作,在审计过程未受到限制。

2) 带强调段的无保留意见

注册会计师认为财务报告内部控制虽不存在重大缺陷,但仍有一项或者多项重大事项需要提请审计报告使用者注意的,应在审计报告中增加强调事项段予以说明,该段内容仅用于提醒内部控制审计报告使用者关注,并不影响对财务报告内部控制发表的审计意见。

3) 否定意见

注册会计师认为财务报告内部控制存在一项或多项重大缺陷,除非审计范围受到限制,应对财务报告内部控制发表否定意见。注册会计师出具否定意见的内部控制审计报告中需包括重大缺陷的定义、重大缺陷的性质及其对财务报告内部控制的影响程度等内容。

4) 无法表示意见

注册会计师审计范围受到限制的,应当解除业务约定或出具无法表示意见的内部控制审计报告,在报告中指明审计范围受到限制,无法对内部控制有效性发表意见。注册会计师在已执行的有效程序中发现内部控制存在重大缺陷的,应当在"无法表示意见"的审计报告中对已发现的重大缺陷作出详细说明。

2. 内部控制审计报告

2016年年报审计,20家上市公司被出具否定意见的内部控制审计报告,通过阅读其内部审计报告,我们可以了解其内部控制存在的风险,其内部控制失效的地方也是我们税务检查的重点。

【例2-4】 *ST昆机,瑞华会计师事务所对其2016年度内部控制出具了否定意见的审计报告,其导致否定意见的事项段内容如下:

第一,公司层面内部控制重大缺陷。

如昆明机床公司2016年度财务报表附注四第27条所述,昆明机床公司对前期会计差错事项进行了追溯调整,阐述了2016年财务报表比较数据,对财务报表影响程度重大。昆明机床公司违反了《企业会计准则》的规定,以前年度财务报表存在对财务数据的不实陈述,并因涉嫌违反了信息披露的证券法律法规,目前正在被中国证监会立案调查。昆明机床公司于2016年12月31日未有效建立针对管理层舞弊及凌驾于内部控制之上的风险而设计的控制,对销售和发货、费用计提以及存货资产管理的会计系统控制和内部监督失效,导致未能有效识别在财务会计报告中存在的重大会计差错。

第二,与对子公司股权管理相关的内部控制重大缺陷。

我们在对昆明机床公司的重要子公司进行审计时,发现孙公司长沙赛尔透机械有限公司在系统中同时记录了多个账套。另外,我们发现子公司西安交大赛尔机泵成套设备有限责任公司账面记录了多笔将银行承兑汇票背书给第三方非金融机构并取得借款的业务,但所附凭据存在票据到期日被涂改的痕迹。同时,昆明机床公司未能有效执行对子公司股权的管理控制,导致保证公司投资安全完整的控制存在重大缺陷。

通过了解昆明机床的内部控制,我们应该把销售和发货、费用计提、存货以及对长沙赛尔透机械有限公司、西安交大赛尔机泵成套设备有限责任公司的股权投资作为重要风险点。

【例2-5】 天津磁卡,瑞华会计师事务所对其内部控制出具了否定意见的审计报告,其导致否定意见的事项段内容如下:

天津磁卡公司在2016年度年报编制过程中发现海南环球金卡有限公司等8家公司工商登记信息显示为其股东但账面并无相应的对外投资记录。天津磁卡公司除上述8公司工商登记资料外无法获得实际出资证据且在天津磁卡公司无法查得对外投资的账面记录。上述8家公司除广西津卡数码科技有限公司处于停业外,其他公司工商资料显示营业执照均已被吊销。

同时,天津磁卡公司发现账面无对外投资记录但拥有权益的联营企业天津银海环球信息技术有限公司,天津磁卡公司在对其进行初始投资时暂挂个人其他应收款,投资手续完成后经办人未通知天津磁卡公司及时进行账务处理,该事项的经办人均已离职,而相关控制制度的无效和文件的缺失,导致天津磁卡公司未能正确掌握对外投资的情况。天津磁卡公司虽指定了专门机构和人员对投资项目进行管理,并建立了投资业务的会计系统控制,但由于相关内部控制制度的执行无效,未能及时、准确地确认长期股权投资及相应的权益。有效的内部控制能够为财务报告及相关信息的真实完整提供合理保证,而上述重大缺陷使天津磁卡公司的内部控制失去这一功能。

通过阅读天津磁卡的内部控制审计报告,我们应该把天津磁卡的长期股权投资作为检查重点。

截至2017年4月30日,40家事务所共为3 136家上市公司出具了财务报表审计报告,其中,沪市主板1 225家,深市主板476家,中小企业板833家,创业板602家。从审计报告意见类型看,3 031家上市公司被出具了标准无保留意见审计报告,75家上市公司被出具了带强调事项段的无保留意见审计报告,20家上市公司被出具了保留意见的审计报告,10家上市公司被出具了无法表示意见审计报告。截至4月30日,40家事务所共为1 565家上市公司出具了内部控制审计报告,其中,沪市主板1 041家,深市主板457家,中小板55家,创业板12家。从审计报告意见类型看,1 480家上市公司被出具了标准无保留意见的审计报告,65家上市公司被出具了带强调事项段的无保留意见审计报告,20家上市公司被出具了否定意见的审计报告。

年报分析发现,部分上市公司在执行《企业会计准则》、内部控制规范和财务信息披露规则中存在的主要问题有:资产分类不正确,资产减值计提不充分,资产计量方法运用不恰当;收入确认与计量不符合《企业会计准则》和信息披露的规定;递延所得税、非经常性损益、政府补助相关的规定执行不到位;资产减值、持续经营、分部报告、会计政策等信息披露不充分,少数公司财务报告还存在文字表述、附注列示、数据计算、数字勾稽、内容关联方面的简单错误;内控评价报告和内控审计报告未严格遵守相关要求,内部控制缺陷披露不充分,内控信息与年报其他信息披露之间存在不一致等。

三、阅读财务报表附注

财务报表附注是对资产负债表、利润表、现金流量表和所有者权益变动表等报表中列示项目的文字描述或明细资料,以及对未能在这些报表中列示项目的说明等,可以使报表使用者全面了解企业的财务状况、经营成果和现金流量。财务报表附注的主要内容包括:公司的基本情况、财务报表的编制基础、遵循准则的申明、重要会计政策和会计估计、主要会计政策、会计估计变更及差错更正情况说明、主要会计报表项目注释、或有事项说明、资产负债表日后事项中的非调整事项、关联方关系及其说明及其他重大事项。税务人员可以通过财务报表附注的内容,了解企业的基本情况,企业重要的会计政策和会计估计,如果企业的会计政策和会计估计与税法不一致,应该作为税务检查的重点。如果企业没有提供报表附注,附注中列示的内容,也是税务人员应该在分析报表之前,首先收集的信息,对于上市公司,税务人员可以通过巨潮资讯网获取信息,对于其他企业,税务人员可以通过企业所得税年度申报表"A000000企业基础信息表"或者通过沟通的方式获得信息。

(一) 公司的基本情况

(1) 企业注册地、组织形式和总部地址。

(2) 企业的业务性质和主要经营活动,如企业所处的行业、所提供的主要产品或服务、客户的性质、销售策略、监管环境的性质等。

(3) 母公司以及集团最终母公司的名称。

(4) 财务报告的批准报出者和财务报告批准报出日。

了解公司的组织形式、母公司以及集团最终母公司的名称,是为了查找企业的实际控制人和关联方,为进一步查找关联交易提供线索。从所得税年度申报表"A000000企业的基础信息表"可以查到"企业前10位股东的名称"和所属行业明细代码。

表 2-1　　　　　　　　A000000　企业基础信息表

101 汇总纳税企业	□总机构(跨省)——适用《跨地区经营汇总纳税企业所得税征收管理办法》 □总机构(跨省)——不适用《跨地区经营汇总纳税企业所得税征收管理办法》 □总机构(省内) □分支机构(须进行完整年度纳税申报且按比例纳税)——就地缴纳比例＝　　　％ □分支机构(须进行完整年度纳税申报但不就地缴纳) □否			
102 所属行业明细代码			103 资产总额(万元)	
104 从业人数			105 国家限制或禁止行业	□是　□否
106 非营利组织		□是　□否	107 存在境外关联交易	□是　□否
108 上市公司		是(□境内　□境外)□否	109 从事股权投资业务	□是　□否
110 适用的会计准则或会计制度		企业会计准则(□一般企业　□银行　□证券　□保险　□担保) □小企业会计准则　　　　　　　　　　□企业会计制度 □事业单位会计准则(□事业单位会计制度　□科学事业单位会计制度 　　　　　　　　　　□医院会计制度　　　□高等学校会计制度 　　　　　　　　　　□中小学校会计制度　□彩票机构会计制度) □民间非营利组织会计制度　　　　　　□村集体经济组织会计制度 □农民专业合作社财务会计制度(试行)　□其他			
200 企业重组及递延纳税事项				
201 发生资产(股权)划转特殊性税务处理事项		□是		□否
202 发生非货币性资产投资递延纳税事项		□是		□否
203 发生技术入股递延纳税事项		□是		□否
204 发生企业重组事项		是(□一般性税务处理　□特殊性税务处理)　　□否		
204-1 重组开始时间		年　　月　　日	204-2 重组完成时间	年　　月　　日
204-3 重组交易类型	□法律形式改变	□债务重组　□股权收购	□资产收购　□合并	□分立
204-4 企业在重组业务中所属当事方类型	*	□债务人 □债权人	□收购方 □转让方 □被收购企业	□收购方 □转让方	□合并企业 □被合并企业 □被合并企业股东	□分立企业 □被分立企业 □被分立企业股东

300 企业主要股东及分红情况					
股东名称	证件种类	证件号码	投资比例	当年(决议日)分配的股息、红利等权益性投资收益金额	国籍 (注册地址)

(续表)

股东名称	证件种类	证件号码	投资比例	当年(决议日)分配的股息、红利等权益性投资收益金额	国籍（注册地址）
其余股东合计	—	—			—

了解企业的业务性质和主要经营活动，可以知道企业所属行业和经营范围，可以分析企业的资产结构和收入构成等是否符合企业的行业特点，因为企业的行业不同，资产的结构分布会相差很远。比如，对制造业来讲，存货一般会占到流动资产的50%左右，而房地产企业会更高，但是对从事广告代理和广告播映的企业来讲，存货很少或者余额为0，也是正常的。因此在对资产负债表进行结构分析时，必须首先了解企业所属行业，不然可能会得出错误的结论。

在了解企业所属行业的情况下，进一步了解公司的具体经营范围，可以知道企业具体有哪些方面的业务，可能会产生哪些方面的收入，并进一步落实企业是否在账上存在隐瞒某些方面收入的问题。

（二）财务报表的编制基础

财务报表的编制基础一般是持续经营，如果某企业的财务报表的编制基础不是持续经营，说明企业在报告年度的下一年度很可能关门注销，那么企业注销前的可能引发的一些税收问题，应该引起税务人员的关注。

（三）遵循准则的申明

如果企业会计核算执行的是《企业会计准则》，企业应当声明编制的财务报表符合《企业会计准则》的要求，真实、完整地反映了企业的财务状况、经营成果和现金流量等有关信息。以此明确企业编制财务报表所依据的制度基础。如果企业编制的财务报表只是部分地遵循了《企业会计准则》，附注中不得作出这种表述。

目前企业的会计核算采用的主要有《企业会计准则》《小企业会计准则》和《企业会计制度》，税务人员在查账之前，必须首先了解企业的会计核算，因为这三种会计核算基础，对同样的业务会有不同的会计处理，会进一步影响税收检查的思路。如果对执行《企业会计制度》的企业，我们在查账时发现企业有一笔无法支付的应付账款，记入"资本公积"科目，根据《企业会计制度》规定，企业无法支付的应付款记入"资本公积"科目，根据《企业所得税法》规定，无法支付的应付款要计入当期所得，而企业会计做账只能依据会计规定，因此根据企业的账务处理，我们不能定论企业是否存在涉税问题，这是会计与税法的差异，企业是否存在涉税问题，需要看所得税年度申报表"A105000纳税调整项目明细表"收入类调整"其他"项目有没有进行纳税调增,如果调增了就没有问题,如果没有调增,则说明企业存在涉税问题;如果对执行《企业会计准则》《小企业会计准则》的企业,在查账时发现企业有一笔无法支付的应付款,记入"资本公积"科目,则说明企业账上存在隐瞒收入的问题,因为按照《企业会计准则》《小企业会计准则》规定,无法支付的应付款应记入"营业外收入"科目。此外,还有很多规定不同的地方,如分期付款购买固定资产,《小企业会计准则》规定固定资产按照付款总额入账,与税法规定一致,而《企业会计准则》规定固定资产按照未来付款额的现值来入账,会产生会计与税法的差异,税务人员需要进一步关注产生的纳税调整问题。因此税务人员必须在查账之前落实企业会计核算所遵循的制度或准则。

落实企业会计核算所遵循的制度或准则可以通过与会计沟通,也可以通过所得税年度申报表"A000000 企业基础信息表"(见表 2-1),查看企业的选项,还可以通过企业提供的财务报表来进行判断,如果企业提供的利润表第一行是"主营业务收入"说明企业执行的是《企业会计制度》,如果企业提供的利润表第一行是"营业收入",则说明企业执行的是《企业会计准则》或《小企业会计准则》,由于《小企业会计准则》规定,企业不计提任何准备金。因此有"资产减值损失"项目的是执行的《企业会计准则》,否则执行的《小企业会计准则》。

(四) 重要会计政策和会计估计

1. 应收款项

企业在附注中会披露应收账款、其他应收款的核算方法,坏账准备计提的方法和比例,如果企业计提了坏账准备,应关注在企业所得税年度纳税申报表"A105000 纳税调整项目明细表"中的"资产减值准备金项目的调整"。

【例 2-6】 古井贡酒股份有限公司在 2016 年财务报表附注中披露的应收款项如下:

第一,坏账准备的确认标准。

本公司在资产负债表日对应收款项账面价值进行检查,对存在下列客观证据表明应收款项发生减值的,计提减值准备:①债务人发生严重的财务困难;②债务人违反合同条款(如偿付利息或本金发生违约或逾期等);③债务人很可能倒闭或进行其他财务重组;④其他表明应收款项发生减值的客观依据。

第二,坏账准备的计提方法。

其一,单项金额重大并单项计提坏账准备的应收款项坏账准备的确认标准、计提方法。

本公司将金额为人民币 200 万元以上的应收款项确认为单项金额重大的应收款项。

本公司对单项金额重大的应收款项单独进行减值测试,单独测试未发生减值的金融资产,包括在具有类似信用风险特征的金融资产组合中进行减值测试。单项测试已确认减值损失的应收款项,不再包括在具有类似信用风险特征的应收款项组合中进行减值测试。

其二,按信用风险组合计提坏账准备的应收款项的确定依据、坏账准备计提方法。

A. 信用风险特征组合的确定依据(见表 2-2)。

表 2-2　　　　　　　　　不同组合的确定依据

项目	确定组合的依据
账龄组合	账龄状态
关联方组合	本公司合并范围内公司

本公司对单项金额不重大以及金额重大但单项测试未发生减值的应收款项,按信用风险特征的相似性和相关性对金融资产进行分组。这些信用风险通常反映债务人按照该等资产的合同条款偿还所有到期金额的能力,并且与被检查资产的未来现金流量测算相关。

B. 根据信用风险特征组合确定的坏账准备计提方法(见表 2-3 和表 2-4)。

表 2-3　　　　　　　　不同组合计提坏账准备的计提方法

项目	确定组合的依据
账龄组合	账龄分析法
关联方组合	除非关联方无偿还能力,否则不计提坏账准备

表 2-4　　　　　账龄分析法计提坏账准备的组合计提方法

1年以内(含1年,下同)	应收账款计提比例	其他应收款计提比例
其中:6个月以内	1%	1%
7～12 个月	5%	5%
1～2 年	10%	10%
2～3 年	50%	50%
3 年以上	100%	100%

按组合方式实施减值测试时,坏账准备金额是根据应收款项组合结构及类似信用风险特征(债务人根据合同条款偿还欠款的能力)按历史损失经验及目前经济状况与预计应收款项组合中已经存在的损失评估确定。

其三,单项金额虽不重大但单项计提坏账准备的应收款项。

本公司对于单项金额虽不重大但具备以下特征的应收款项,单独进行减值测试,有客观证据表明其发生了减值的,根据其未来现金流量现值低于其账面价值的差额,确认减值损失,计提坏账准备。比如,应收关联方款项;与对方存在争议或涉及诉讼、仲裁的应收款项;已有明显迹象表明债务人很可能无法履行还款义务的应收款项等。

第三,坏账准备的转回。

如有客观证据表明该应收款项价值已恢复,且客观上与确认该损失后发生的事项有关,原确认的减值损失予以转回,计入当期损益。但是,该转回后的账面价值不超过假定不计提减值准备情况下该应收款项在转回日的摊余成本。

2. 存货

存货在附注中披露的内容包括:存货的分类;发出存货的计价方法;存货可变现净

值的确定依据及存货跌价准备的计提方法;存货的盘存制度;低值易耗品和包装物的摊销方法。《企业所得税法实施条例》规定企业发出存货的计价方法包括"先进先出法、加权平均法和个别认定法"。如果企业采用的是其他方法,要关注企业是否进行了纳税调整,如果企业选择"计划成本法"要注意企业材料成本差异的计算和分配是否正确,如果企业选择"零售价法"要注意商品进销差价是否在已销和未销产品之间进行了分配。同时还应关注企业是否计提存货跌价准备,如果计提存货跌价准备,应关注在企业所得税年度纳税申报表"A105000 纳税调整项目明细表"中的"资产减值准备金项目的调整"。

【例 2-7】 古井贡酒股份有限公司在 2016 年财务报表附注中披露的存货如下:

第一,存货的分类。

存货主要包括原材料及包装材料、自制半成品及在产品、产成品等。

第二,存货取得和发出的计价方法。

存货在取得时按实际成本计价,存货成本包括采购成本、加工成本和其他成本。领用和发出时按加权平均法计价。

第三,存货可变现净值的确认和跌价准备的计提方法。

可变现净值是指在日常活动中,存货的估计售价减去至完工时估计将要发生的成本、估计的销售费用以及相关税费后的金额。在确定存货的可变现净值时,以取得的确凿证据为基础,同时考虑持有存货的目的以及资产负债表日后事项的影响。

在资产负债表日,存货按照成本与可变现净值孰低计量。当其可变现净值低于成本时,提取存货跌价准备。存货跌价准备通常按单个存货项目的成本高于其可变现净值的差额提取。对于数量繁多、单价较低的存货,按存货类别计提存货跌价准备;对在同一地区生产和销售的产品系列相关、具有相同或类似最终用途或目的,且难以与其他项目分开计量的存货,可合并计提存货跌价准备。计提存货跌价准备后,如果以前减记存货价值的影响因素已经消失,导致存货的可变现净值高于其账面价值的,在原已计提的存货跌价准备金额内予以转回,转回的金额计入当期损益。

第四,存货的盘存制度为永续盘存制。

第五,低值易耗品和包装物的摊销方法。

低值易耗品于领用时按一次摊销法摊销;包装物于领用时按一次摊销法摊销。

3. 长期股权投资

长期股权投资披露的内容包括:投资成本的确定;后续计量及损益确认方法;确定对被投资单位具有共同控制、重大影响的依据;减值测试方法及减值准备计提方法。税务人员应该关注会计上长期股权投资成本的确定与长期股权投资的计税基础是否相同,如果不一致,会造成将来股权转让时,会计上的所得和损失与税法上的股权转让所得或损失不一致,在将来股权转让时,要关注企业是否正确的填写了"A105030 投资收益纳税调整表"和"A105090 资产损失税前扣除及纳税调整明细表";税务人员还应该了解长期股权投资的后续计量是成本法还是权益法,对权益法核算的股权投资,由于会计上投资收益的确认与税法上不一致,应该作为税务检查的重点。

4. 固定资产

固定资产在附注中披露的内容包括：固定资产确认条件、计价和折旧方法；各类固定资产的折旧方法、折旧年限和残值率；固定资产的减值测试方法、减值准备计提方法。税务人员应该了解固定资产的分类，分类固定资产的折旧年限、折旧方法和残值率是否与税法规定一致，如果不一致，要关注在企业所得税年度纳税申报表"A105080 资产折旧、摊销情况及纳税调整明细表"是否进行了纳税调整。

【例2-8】 古井贡酒股份有限公司2016年年报的附注中固定资产折旧的有关资料披露如下：

第一，固定资产确认条件。

固定资产是指为生产商品、提供劳务、出租或经营管理而持有的，使用寿命超过一个会计年度的有形资产。

第二，各类固定资产的折旧方法（见表2-5）。

表2-5　　　　　各类固定资产的使用寿命、预计净残值和年折旧率

类别	折旧方法	折旧年限（年）	残值率	年折旧率
房屋及建筑物	年限平均法	8～35	3%～5%	2.70%～12.10%
机器设备	年限平均法	5～10	3%～5%	9.50%～19.40%
运输设备	年限平均法	4	3%	24.25%
办公设备及其他	年限平均法	3	3%	32.33%

固定资产按成本并考虑预计弃置费用因素的影响进行初始计量。固定资产从达到预定可使用状态的次月起，采用年限平均法在使用寿命内计提折旧。

根据《企业所得税法实施条例》第六十条规定，除国务院财政、税务主管部门另有规定外，固定资产计算折旧的最低年限如下：

（1）房屋、建筑物，为20年。

（2）飞机、火车、轮船、机器、机械和其他生产设备，为10年。

（3）与生产经营活动有关的器具、工具、家具等，为5年。

（4）飞机、火车、轮船以外的运输工具，为4年。

（5）电子设备，为3年。

通过该企业财务报表附注的阅读，该企业的"房屋及建筑物""机器设备""办公设备"及其他有可能存在与税法规定不一致的情况，应进一步了解企业是否存在税收优惠，会计折旧年限是否与税法一致，如果不一致，要检查其在"A105080 资产折旧、摊销情况及纳税调整明细表"是否进行了调整。

5. 投资性房地产

投资性房地产在附注中披露的内容包括：投资性房地产的核算内容；投资性房地产后续计量模式，投资性房地产减值准备的计提方法。税务人员应关注投资性房地产的后续计量是采用成本模式还是公允价值计量模式，如果企业采用公允价值计量模式，由于"公允价值变动损益"不记入当期应纳税所得额，要关注企业在所得税年度纳税申报表附表

"A105000纳税调整项目明细表"中的"公允价值变动净损益"的调整。

【例2-9】 古井贡酒股份有限公司2016年年报的附注中投资性房地产的有关资料披露如下：

投资性房地产是指为赚取租金或资本增值，或两者兼有而持有的房地产。包括已出租的土地使用权、持有并准备增值后转让的土地使用权、已出租的建筑物等。此外，对于本公司持有以备经营出租的空置建筑物，若董事会（或类似机构）作出书面决议，明确表示将其用于经营出租且持有意图短期内不再发生变化的，也作为投资性房地产列报。

投资性房地产按成本进行初始计量。与投资性房地产有关的后续支出，如果与该资产有关的经济利益很可能流入且其成本能可靠地计量，则计入投资性房地产成本。其他后续支出，在发生时计入当期损益。本公司采用成本模式对投资性房地产进行后续计量，并按照与房屋建筑物或土地使用权一致的政策进行折旧或摊销。

古井贡酒股份有限公司虽然对投资性房地产的后续计量是成本模式，不会产生公允价值变动损益，但是由于企业按照与房屋建筑物或土地使用权一致的政策进行折旧或摊销，也需要注意可能由于房屋建筑物或土地使用权折旧、摊销年限与税法不一致产生的纳税调整问题。

6. 无形资产

无形资产在附注中披露的内容包括无形资产的分类，无形资产的摊销方法和摊销期。税务人员应该了解企业无形资产的摊销方法和摊销期是否与税法规定一致，如果不一致，要关注在企业所得税年度申报表"A105080资产折旧、摊销情况及纳税调整明细表"的纳税调整。

【例2-10】 步步高2016年年报的附注中无形资产的有关资料披露如下：

(1) 无形资产包括土地使用权、经营权、软件、商标等，按成本进行初始计量。

(2) 使用寿命有限的无形资产，在使用寿命内按照与该项无形资产有关的经济利益的预期实现方式系统合理地摊销，无法可靠确定预期实现方式的，采用直线法摊销。

无形资产的摊销年限如表2-6所示。

表2-6　　　　　　　　　　　无形资产的摊销年限

项目	摊销年限（年）
土地使用权	40～50
经营权	10
软件	3～10
商标	10

《企业所得税法实施条例》第六十七条规定，无形资产按照直线法计算的摊销费用，准予扣除。无形资产的摊销年限不得低于10年。作为投资或者受让的无形资产，有关法律规定或者合同约定了使用年限的，可以按照规定或者约定的使用年限分期摊销。因此税务检查人员应该检查企业的各项无形资产有没有法律规定或合同约定的年限，如果有可以按照规定或者约定的使用年限分期摊销，如果没有应按不低于10年的时间摊销。

7. 长期待摊费用

长期待摊费用在附注中披露的内容包括长期待摊费用的确认、长期待摊费用的摊销期和摊销方法。

【例 2-11】 步步高 2016 年年报的附注中长期待摊费用的披露如下：

长期待摊费用按实际发生额入账，在受益期或规定的期限内分期平均摊销。如果长期待摊的费用项目不能使以后会计期间受益则将尚未摊销的该项目的摊余价值全部转入当期损益。而税法上应按照税法规定的期限进行摊销，不允许一次扣除，税务人员应关注因此产生的纳税调整。

8. 收入确认

收入确认在附注中会披露销售商品收入、提供劳务收入、让渡资产使用权收入的确认条件和确认方法，税务人员应关注企业会计上收入确认与税法规定是否相同，如果不同，应进一步关注产生的纳税调整。

【例 2-12】 步步高 2016 年年报的附注中收入确认的有关资料披露如下：

第一，收入确认原则。

其一，销售商品。

销售商品收入在同时满足下列条件时予以确认：①将商品所有权上的主要风险和报酬转移给购货方；②公司不再保留通常与所有权相联系的继续管理权，也不再对已售出的商品实施有效控制；③收入的金额能够可靠地计量；④相关的经济利益很可能流入；⑤相关的已发生或将发生的成本能够可靠地计量。

其二，提供劳务。

提供劳务交易的结果在资产负债表日能够可靠估计的（同时满足收入的金额能够可靠地计量、相关经济利益很可能流入、交易的完工进度能够可靠地确定、交易中已发生和将发生的成本能够可靠地计量），采用完工百分比法确认提供劳务的收入，并按已经发生的成本占估计总成本的比例确定提供劳务交易的完工进度。提供劳务交易的结果在资产负债表日不能够可靠估计的，若已经发生的劳务成本预计能够得到补偿，按已经发生的劳务成本金额确认提供劳务收入，并按相同金额结转劳务成本；若已经发生的劳务成本预计不能够得到补偿，将已经发生的劳务成本计入当期损益，不确认劳务收入。

其三，让渡资产使用权。

让渡资产使用权在同时满足相关的经济利益很可能流入、收入金额能够可靠计量时，确认让渡资产使用权的收入。利息收入按照他人使用本公司货币资金的时间和实际利率计算确定；使用费收入按有关合同或协议约定的收费时间和方法计算确定。

其四，建造合同。

(1)建造合同的结果在资产负债表日能够可靠估计的，根据完工百分比法确认合同收入和合同费用。建造合同的结果在资产负债表日不能够可靠估计的，若合同成本能够收回的，合同收入根据能够收回的实际合同成本予以确认，合同成本在其发生的当期确认为合同费用；若合同成本不可能收回的，在发生时立即确认为合同费用，不确认合同收入。

（2）固定造价合同同时满足下列条件表明其结果能够可靠估计：合同总收入能够可靠计量、与合同相关的经济利益很可能流入、实际发生的合同成本能够清楚地区分和可靠地计量、合同完工进度和为完成合同尚需发生的成本能够可靠地计量。成本加成合同同时满足下列条件表明其结果能够可靠估计：与合同相关的经济利益很可能流入、实际发生的合同成本能够清楚地区分和可靠地计量。

（3）确定合同完工进度的方法为累计实际发生的合同成本占合同预计总成本的比例。

（4）资产负债表日，合同预计总成本超过合同总收入的，将预计损失确认为当期费用。执行中的建造合同，按其差额计提存货跌价准备；待执行的亏损合同，按其差额确认预计负债。

第二，收入确认的具体方法。

公司主要销售各类日用品。产品销售收入确认需满足以下条件：公司已将产品交付给购货方，且产品销售收入金额已确定，已经收回货款或取得了收款凭证且相关的经济利益很可能流入，产品相关的成本能够可靠地计量。

对于销售商品收入和提供劳务收入，企业会计上确认收入都强调"相关经济利益很可能流入企业"，而税法上确认收入不考虑经济利益是否流入企业，因为这是企业的经营风险，不可能由国家来承担。对于利息收入和使用费收入，所得税条例规定按照"应付利息的日期确认收入的实现、按照合同约定的特许权使用人应付特许权使用费的日期确认收入的实现"。而会计上按照权责发生制确认收入，税务人员应关注由此产生的纳税调整。

9. 租赁

1）经营租赁的会计处理方法

公司为承租人时，在租赁期内各个期间按照直线法将租金计入相关资产成本或确认为当期损益，发生的初始直接费用，直接计入当期损益。或有租金在实际发生时计入当期损益。

公司为出租人时，在租赁期内各个期间按照直线法将租金确认为当期损益，发生的初始直接费用，除金额较大的予以资本化并分期计入损益外，均直接计入当期损益。或有租金在实际发生时计入当期损益。

《企业所得税法实施条例》规定：租金收入，按照合同约定的承租人应付租金的日期确认收入的实现，以经营租赁方式租入固定资产发生的租赁费支出，按照租赁期限均匀扣除。

2）融资租赁的会计处理方法

公司为承租人时，在租赁期开始日，公司以租赁开始日租赁资产公允价值与最低租赁付款额现值中两者较低者作为租入资产的入账价值，将最低租赁付款额作为长期应付款的入账价值，其差额为未确认融资费用，发生的初始直接费用，计入租赁资产价值。在租赁期各个期间，采用实际利率法计算确认当期的融资费用。

《企业所得税法实施条例》规定：融资租入的固定资产，以租赁合同约定的付款总额和承租人在签订租赁合同过程中发生的相关费用为计税基础，租赁合同未约定付款总额的，以该资产的公允价值和承租人在签订租赁合同过程中发生的相关费用为计税基础。

公司为出租人时，在租赁期开始日，公司以租赁开始日最低租赁收款额与初始直接费用之和作为应收融资租赁款的入账价值，同时记录未担保余值；将最低租赁收款额、初始直接费用及未担保余值之和与其现值之和的差额确认为未实现融资收益。在租赁期各个期间，采用实际利率法计算确认当期的融资收入。

10. 其他的会计政策和估计

略。

(五) 主要会计政策、会计估计变更及差错更正情况说明

(1) 会计政策变更的性质、内容和原因。

(2) 当期和各个列报前期财务报表中受影响的项目名称和调整金额。

(3) 会计政策变更无法进行追溯调整的事实和原因以及开始应用变更后的会计政策的时点、具体应用情况。

(4) 会计估计变更的内容和原因。

(5) 会计估计变更对当期和未来期间的影响金额。

(6) 会计估计变更的影响数不能确定的事实和原因。

(7) 前期差错的性质。

(8) 各个列报期财务报表中受影响的项目名称和更正金额；前期差错对当期财务报表有影响的，还应当披露当期财务报表受影响的项目名称和金额。

(9) 前期差错无法进行追溯的事实和原因以及对前期差错开始进行更正的时点、具体更正情况。

了解企业主要的会计政策和会计估计变更，看变更后是否符合税法规定，是否产生新的会计与税法差异。关注企业前期差错是否涉及纳税调整问题，企业是否进行了正确的税务处理。

【例 2-13】 湘电股份 2011 年度财务报表的附注中披露了以下会计估计变更：

本公司子公司湘电风能有限公司("湘电风能")销售风力发电整机时一般提供给客户 2~5 年的质保期限。于 2008 年开始量产之初，管理层结合了国际惯例和国内各风力发电整机制造商的行业数据，将销售收入的 2% 作为预计负债——产品质量保证计提比例。湘电风能管理层统计了 2009 年至 2011 年实际支出的质保费用，实际支出占总销售收入比例约为 0.48%。考虑到 2011 年年末销售合同的质保期限总体仅经历了一半的时间，经湘电风能董事会批准，湘电风能自 2011 年将其预计负债——产品质量保证计提比例由 2% 下调至 1%。根据《企业会计准则第 28 号——会计政策、会计估计变更和差错更正》和《上市公司执行企业会计准则监管问题解答》(2011 年第 2 期)，该重大会计估计变更采用未来适用法处理，此估计变更影响本年度税前利润增加数为 75 473 279 元，净利润增加数为 64 152 287 元。

税务人员应该从该估计变更中获取以下信息:企业从 2008 年到 2010 年都是按收入的 2%计提产品质量保证金,记入"销售费用"科目,而税法上是产品质量保证金是按照实际发生额扣除,而企业实际维修支出占总销售收入比例约为 0.48%,因此应关注企业提了没有实际发生的维修费是否进行了纳税调整;另企业连续多年的实际维修费占总销售收入比例约为 0.48%,以后某一年度,如果实际维修费率大幅上升,应把维修费作为检查重点。

(六)主要会计报表项目的注释

由于在会计报表中只看到报表项目和数字,而要深入了解项目的具体情况,则需要看报表的项目注释。企业应当尽可能以列表形式披露重要报表项目的构成或当期增减变动情况。对重要报表项目的明细说明,应当按照资产负债表、利润表、现金流量表、所有者权益变动表的顺序以及报表项目列示的顺序进行披露,应当以文字和数字描述相结合进行披露,并与报表项目相互参照,因为项目注释对重要的报表项目进行了更加详细的说明,所以税务检查人员通过报表分析,发现异常项目后,想要了解更详细的内容,则需要看该报表项目的注释,项目注释在一定程度上相当于明细账的功能,在减少对企业下户检查的情况下,分析企业的项目注释,获取更丰富和详细的信息起着非常重要的作用。部分重要的报表项目列示如下:

应收款项的注释一般包括以下内容:

(1)应收款项按账龄分类。欠账期在 3 个月之内有多少,3 个月到 6 个月有多少,6 个月到 1 年有多少,1 年到 2 年有多少,2 年到 3 年有多少,3 年以上有多少。为什么要按账龄进行披露,因为按照常规,欠账的时间越长,收不回来的可能性越大。账上告诉报表使用人有多少应收账款,提了多少坏账准备,但是有多少能够收回应该用自己的眼光来分析。

(2)列出主要的债务人。企业一般列出应收款项前 5 名的情况,包括与本公司是否关联方,以及账龄和所占应收款项余额的比重。如果这些主要的债务人之间,不存在关联交易的话,还比较简单,如果是关联交易,还需要注释出它们之间做的是什么交易,价格是多少,结算的有多少,没结算的有多少,也要由读表人自己来加以判断。

【例 2-14】 2016 年度步步高母公司报表附注中其他应收款项目部分资料注释如表 2-7 和表 2-8 所示。

表 2-7　　　　　　　　　　其他应收款项性质分类情况

单位:元

款项性质	期末数	期初数
押金保证金	17 596 887.76	19 470 619.06
拆借款	80 203 994.20	177 577 219.00
备用金	188 552.88	1 115 824.24
内部往来款	2 859 347 474.68	2 215 384 618.75
其他往来款	127 209 851.43	8 556 517.26
合计	3 084 546 760.95	2 422 104 798.31

表2-8　　　　　　　　　　其他应收款金额前5名情况

单位：元

单位名称	款项性质	账面余额	账龄	占其他应收款的比例	坏账准备
宜春步步高连锁超市有限责任公司	货款	454 018 417.87	1年以内	14.72%	22 770 920.89
湘潭步步高连锁超市有限责任公司	货款	203 135 365.60	1年以内	6.59%	10 156 768.28
重庆合川步步高连锁超市有限责任公司	货款	182 185 319.38	1年以内	5.91%	9 109 265.97
云通物流有限公司	货款	174 792 919.80	1年以内	5.67%	8 739 645.99
湘潭市汇通物流运输公司	货款	171 663 387.77	1年以内	5.57%	8 583 169.39
合计				38.46%	59 289 770.52

通过其他应收款的项目注释我们了解到步步高有资金拆借款，有内部往来款，并且其他应收款的前5位有应收关联方的款项，这都是需要在税务检查中关注的重点。

（七）或有事项的说明

或有事项是指过去的交易或者事项形成的，其结果需由某些未来事件的发生或不发生才能决定的不确定事项。或有事项的说明包括：贷款担保、未决诉讼、产品质量保证和合同义务。由于或有事项不符合所得税税前扣除标准，因此应考虑由此产生的纳税调整问题和对企业未来财务状况和经营成果的影响。

（八）资产负债表日后非调整事项

资产负债表日后事项涵盖的期间是自资产负债表日次日起至财务报告批准报出日止的一段时间。资产负债表日后非调整事项，是指表明资产负债表日后发生重大事项，主要包括：

（1）资产负债表日后发生重大诉讼、仲裁、承诺。
（2）资产负债表日后资产价格、税收政策、外汇汇率发生重大变化。
（3）资产负债表日后因自然灾害导致资产发生重大损失。
（4）资产负债表日后发行股票和债券以及其他巨额举债。
（5）资产负债表日后资本公积转增资本。
（6）资产负债表日后发生巨额亏损。
（7）资产负债表日后发生企业合并或处置子公司。
（8）资产负债表日后董事会宣告分配现金股利。

资产负债表日后非调整事项虽然不影响资产负债日的存在情况，但税务人员应充分考虑这些事项对企业未来的财务状况和经营成果所产生的影响，以及未来的税源变动情况。

（九）关联方交易及其披露

所有关联方交易行为均应披露交易类别和金额。对企业财务状况和经营成果有影响的关联方交易,如果属于重大交易(主要指交易金额较大的,如销售给关联方产品的营业收入占本企业营业收入10%及以上),应当分别关联方以及交易类型披露交易金额及相应比例;如果属于非重大交易,可按类型相同的非重大交易合并披露交易金额,但以不影响会计报表阅读者正确理解企业财务状况、经营成果为前提。

【例2-15】 步步高2016年报附注中对关联交易的内容披露如下:

第一,关联方情况。

(1) 本公司的母公司情况。

(2) 本公司的子公司详见本财务报表附注在其他主体中的权益之说明。

(3) 本公司的其他关联方情况。

第二,关联交易情况。

(1) 购销商品、提供和接受劳务的关联交易。

(2) 关联租赁情况。

(3) 关联方资金拆借。

(4) 关联担保情况。

(5) 关键管理人员报酬。

第三,关联方应收应付款项。

税务人员应通过企业披露的关联方和各种关联交易,来判断企业的关联交易定价是否公允,如果不公允,应按照独立交易的原则对关联交易进行纳税调整。

通过收集同行业数据和取得的企业报表资料,并在阅读审计报告和报表附注的基础上,对企业资产负债表、利润表和现金流量表进行涉税分析,由于所有者权益变动表是资产负债表的一部分,因此不单独进行分析。

第三章 资产负债表涉税分析

第一节 资产负债表主要项目涉税分析

一、资产类报表项目涉税分析

(一) 货币资金

货币资金项目是反映企业库存现金、银行存款、银行本票存款、银行汇票存款、信用卡存款、信用证存款、外埠存款等合计,即库存现金、银行存款和其他货币资金的合计。货币资金是企业流动性最强,最有活力的资产,同时又是获利能力最低,或者说几乎不产生收益的资产,拥有量过多或过少对企业生产经营都会产生不利影响。企业在经营过程中,引起货币资金发生变动的主要原因有:

(1) 销售规模的变动。企业销售产品或提供劳务是取得货币资金的主要途径,当销售规模发生变动时,货币资金数量必然会发生相应的变动,也就是说,当企业的主营业务收入和其他业务收入变化时,货币资金必然变化,两者是直接相关的。

(2) 企业信用政策的变动。所谓信用政策,又叫应收账款政策,是指企业对应收账款的态度。通俗地讲,就是销售实现时,是否允许客户赊销,赊销比率多少,赊销期限多长等。企业的销售规模扩大是货币资金增加的先决条件。但是,在销售规模不变的情况下,如果企业改变信用政策,则货币资金数量就会因此而变化。例如,在销售时,企业提高现销比例,其货币资金可能会多;反之,当期收到的货币资金就会减少。如果企业收账政策改变,也会对货币资金数量产生影响,如企业奉行较严格的收账政策,收账力度较大,货币资金数量就会增加。

(3) 企业短期内是否有大额支付计划。在生产经营过程中,可能会发生大笔的现金支出,如准备派发现金股利,偿还将要到期的巨额银行借款,或集中购货等,企业为此必须提前做好准备,积累大量的货币资金以备需要,这样就会使货币资金数量较正常状态多。当然,一旦这种需要消失,货币资金数量就会回归正常水平。

企业货币资金的数量与企业的生产、经营密切相关,如果阅读报表时发现了该项目的异常变动,需要关注其变化原因,通过货币资金与有关收入明细账户的核对,审查有无未入账的应税收入;通过货币资金付出与有关成本费用账户核对,审查成本费用列支的真实性、合法性、合理性,并确认对纳税的影响。

(二) 以公允价值计量且其变动计入当期损益的金融资产

1. 以公允价值计量且其变动计入当期损益的金融资产的范围

以公允价值计量且其变动计入当期损益的金融资产有两种:一是交易性金融资产,是指企业为了近期内出售而持有的债券投资、股票投资和基金投资。如以赚取差价为目的从二级市场购买的股票、债券、基金等。二是直接指定为以公允价值计量且其变动计入当期损益的金融资产。通常情况下只有符合下列条件之一的金融资产才可以在初始确认时指定为以公允价值计量且其变动计入当期损益的金融资产:第一,该指定可以消除或明显减少由于该金融资产的计量基础不同所导致的相关利得或损失在确认或计量方面不一致的情况;第二,企业风险管理或投资策略的正式书面文件已载明,该金融资产组合或该金融资产和金融负债组合,以公允价值为基础进行管理、评价并向关键管理人员报告。可能是出于风险管理目的,也可能是为了明显消除或明显减少由于该金融资产的计量基础不同所带来的差异。

2. 以公允价值计量且其变动计入当期损益的金融资产确认与计量

以公允价值计量且其变动计入当期损益的金融资产初始确认时,应按公允价值计量,相关交易费用应直接计入当期损益。其中,交易费用是指可直接归属于购买、发行或处置金融工具新增的外部费用。交易费用包括支付给代理机构、咨询公司、券商等的手续费和佣金及其他必要支出,不包括债券溢价、折价、融资费用、内部管理成本及其他与交易不直接相关的费用。企业所得税法规定金融资产取得时所发生的相关交易费用应计入初始投资成本,不计入当期损益,税务人员应关注企业是否在企业所得税年度纳税申报表"A105000纳税调整项目明细表"第6行"交易性金融资产初始投资调整"栏目进行了纳税调整。

资产负债表日,企业应将以公允价值计量且其变动计入当期损益的金融资产的公允价值变动计入公允价值变动损益,但是税法规定"公允价值变动损益"不计入当期应纳税所得额,应关注企业是否在企业所得税年度纳税申报表"A105000纳税调整项目明细表"第7行"公允价值变动净损益"栏目进行了纳税调整。

企业处置以公允价值计量且其变动计入当期损益的金融资产时,会计确认的损益为转让净收入减去转让时金融资产的账面价值(即公允价值),税法上的所得或损失为转让净收入减去转让时金融资产的计税基础(即历史成本),由于金融资产的公允价值变动频繁,通常会造成处置时的账面价和计税基础不同,因此应关注金融资产处置时的纳税调整。以公允价值计量且其变动计入当期损益的金融资产处置时税法上为净收益的,应关注企业是否在企业所得税年度纳税申报表"A105030投资收益纳税调整项目明细表"进行了纳税调整,如果处置时税法上为净损失的应关注企业是否在企业所得税年度纳税申报表"A105090资产损失税前扣除及纳税调整项目明细表"进行了纳税调整。

3. 以公允价值计量且其变动计入当期损益的金融资产项目涉税风险

企业报表中"以公允价值计量且其变动计入当期损益的金融资产"如果期末余额大于期初余额,说明企业当期有金融资产公允价值上升或者新追加投资,是否有公允价值上升可以结合利润表中"公允价值变动收益的发生额"进行分析,如果利润表中公允价值上升,要关注企业在"A105000 纳税调整项目明细表"中是否进行了纳税调整;如果企业利润表中公允价值变动收益的发生额小于资产负债表中该项目的增加数,说明企业有新追加投资,是否有新追加投资,还可以结合现金流量表中"投资支付的现金"进行分析,对新追加投资要关注初始投资成本在年度纳税申报表中的调整。

企业报表中"以公允价值计量且其变动计入当期损益的金融资产"如果期末余额小于期初余额,说明企业当期该资产公允价值下跌或者有金融资产处置,是否有公允价值下跌可以结合利润表中"公允价值变动收益的发生额"进行分析,如果企业利润表上公允价值下跌,要关注企业在"A105000 纳税调整项目明细表"中是否进行了纳税调整;如果利润表中公允价值下降的金额小于资产负债表中该项目的减少数,说明企业可能存在金融资产处置,是否有金融资产处置,还可以结合现金流量表中"收回投资收到的现金"进行分析,对金融资产处置要注意会计损益与税法上的所得或损失的纳税调整。

企业资产负债表中有"以公允价值计量且其变动计入当期损益的金融资产",应关注企业在该类资产持有期间是否有股利和利息收入,企业在利润表上是否确认了"投资收益",同时对企业当期申报表中初始投资成本的调整和公允价值变动损益的调整,要关注企业是否确认了"递延所得税资产"或"递延所得税负债"。

【例 3-1】 2017 年 7 月,某市地税稽查局在对甲企业的 2016 年度所得税稽查时发现,该企业以公允价值计量且其变动计入当期损益的金融资产期初无余额,期末余额为 2 800 000 元,利润表中有公允价值变动收益-200 000 元,因此怀疑企业有新增加投资的业务,由于该项投资资产取得时,账面价值与计税基础不一致,并且利润表中公允价值变动收益发生额为-200 000 元,于是先审阅企业 2016 年度的所得税纳税申报表"A105000 纳税调整项目明细表"看企业是否进行了相关的纳税调整,甲企业的纳税调整项目明细表收入类调整项目申报如表 3-1 所示。

表 3-1　　　　　　　　　　纳税调整项目明细表

行次	项目	账载金额	税收金额	调增金额	调减金额
		1	2	3	4
1	一、收入类调整项目(2+3+4+5+6+7+8+10+11)	*	*		
2	(一)视同销售收入(填写 A105010)	*	1 000 000	1 000 000	*
3	(二)未按权责发生制原则确认的收入(填写 A105020)				
4	(三)投资收益(填写 A105030)				

(续表)

行次	项目	账载金额	税收金额	调增金额	调减金额
		1	2	3	4
5	（四）按权益法核算长期股权投资对初始投资成本调整确认收益	*	*	*	
6	（五）交易性金融资产初始投资调整	*	*		*
7	（六）公允价值变动净损益		*		
8	（七）不征税收入	*	*		
9	其中：专项用途财政性资金（填写A105040）	*	*		
10	（八）销售折扣、折让和退回				
11	（九）其他				

由于企业在纳税调整项目明细表中"交易性金融资产初始投资调整""公允价值变动净损益"的纳税调整额为0，企业可能存在未按规定进行纳税调整的事项，于是进一步检查交易性金融资产明细账，发现甲企业2016年5月6日，购买乙公司股票作为"交易性金融资产"，买价为3 000 000元，相关税费为50 000元，以银行存款支付，2016年12月31日该股票的公允价值为2 800 000元，企业相关的会计处理如下：

2016年5月6日：

借：交易性金融资产　　　　　　　　　　　　　　　　　3 000 000
　　投资收益　　　　　　　　　　　　　　　　　　　　　　50 000
　　贷：银行存款　　　　　　　　　　　　　　　　　　　　　3 050 000

2016年12月31日：

借：公允价值变动损益　　　　　　　　　　　　　　　　　200 000
　　贷：交易性金融资产　　　　　　　　　　　　　　　　　　200 000

根据企业所得税法规定，企业购买交易性金融资产的相关税费50 000元应计入交易性金融资产的初始投资成本，在投资的持有期间不允许税前扣除；企业的交易性金融资产当期公允价值变动不计入当期应纳税所得额，因此公允价值变动损失200 000元要进行纳税调增，由于企业未在纳税申报表中进行纳税调整，因此对该项业务应调增企业2016年度的应纳税所得额250 000元。

（三）应收账款

应收账款是指企业因销售商品、产品或提供劳务等原因，应向购货客户或接受劳务的客户收取的款项或代垫的运杂费等。总局的评估文件中讲到"如果一个企业的应收账款大幅增加，而利润表中的营业收入本年跟上年相比却是持平的或者下降的，则企业可能存在隐瞒收入，多计成本费用的问题"，这是因为通常情况下应收账款的对应科目是"主营业务收入"或"其他业务收入"，所以应收账款与营业收入应是同方向变动，否则企业可能存在隐瞒收入的问题。但是除此以外，还应该关注以下问题。

1. 应收账款余额巨大,且长期挂账

应收账款余额巨大,且长期挂账,则企业可能存在虚增收入,虚开税票的问题,因为企业虚开税票,不存在真实的业务交易,不会有对应的资金流入,因此会形成应收账款的长期挂账,因此要函证长期挂账的应收账款的真实性。

2. 应收账款本期余额大幅增加

应收账款期末余额大幅增加,一是要注意与收入的增长幅度比较;二是要注意与利润表上营业收入的发生额进行比较,如果应收账款的增加数大于利润表上的营业收入×(1＋企业适用的增值税税率),则企业存在应收账款确认时,对应科目未作收入的问题,需要进一步落实企业是否存在隐瞒收入的问题。

【例3-2】 某包装公司是2015年新成立的企业,其2015年度的资产负债表和利润表如表3-2、表3-3所示。

表3-2 资产负债表

单位名称:××包装有限公司　　　　2015年12月31日　　　　　　　　金额单位:元

资　产	年初数	期末数	负债和所有者权益 (或股东权益)	年初数	期末数
流动资产:			流动负债:		
货币资金		54 774.85	短期借款		
以公允价值计量且其变动计入当期损益的金融资产			以公允价值计量且其变动计入当期损益的金融负债		
应收票据			应付票据		
应收账款		42 358 042.95	应付账款		
预付账款			预收款项		
应收利息			应付职工薪酬		126 096.83
应收股利			应交税费		7 150 041.83
其他应收款		377.00	应付利息		
存　货			应付股利		
一年内到期的非流动资产			其他应付款		207 631.00
其他流动资产			一年内到期的非流动负债		
			其他流动负债		
流动资产合计		42 413 194.80	流动负债合计		7 483 769.66
非流动资产:			非流动负债:		
可供出售金融资产			长期借款		
持有至到期投资			应付债券		

(续表)

资产	年初数	期末数	负债和所有者权益（或股东权益）	年初数	期末数
长期应收款			长期应付款		4 172 166.85
			专项应付款		
长期股权投资			预计负债		
投资性房地产			递延所得税负债		
固定资产		3 481 362.36	其他非流动负债		
在建工程			非流动负债合计		4 172 166.85
工程物资			负债合计		11 655 936.51
固定资产清理					
生物性资产			所有者权益（或股东权益）：		
无形资产			实收资本（股本）		30 000 000.00
开发支出			资本公积		
商誉			减：库存股		
长期待摊费用			其他综合收益		
递延所得税资产			盈余公积		423 862.07
其他非流动资产			未分配利润		3 814 758.58
非流动资产合计		3 481 362.36	所有者权益合计		34 238 620.65
资产总计		45 894 557.16	负债和所有者权益（或股东权益）总计		45 894 557.16

表3-3　　　　　　　　　　　　　　利　润　表

单位名称：××包装有限公司　　　　2015年　　　　　　　　　　　会企02表

单位：元

项　目	本月数	本年数
一、营业收入	419 672.88	24 370 829.39
减：营业成本	−143 734.75	1 6114 817.78
税金及附加	7 134.44	384 455.52
销售费用		
管理费用	73 436.88	1 350 698.40
财务费用	27 749.92	401 750.51
资产减值损失		
加：公允价值变动收益（损失以"−"号填列）		

(续表)

项 目	本月数	本 年 数
投资收益(损失以"—"号填列)		
其中:对联营企业合营企业的投资收益		
二、营业利润(亏损以"—"号填列)	455 086.39	6 119 107.18
加:营业外收入		10 571.23
减:营业外支出		
其中:非流动资产处置损失		
三、利润总额(亏损总额以"—"号填列)	455 086.39	6 129 678.41
减:所得税费用	113 771.60	1 891 057.76
四、净利润(净亏损以"—"号填列)	341 314.79	4 238 620.65

该包装公司2015年度的营业收入为24 370 829.39元,一般情况下,企业会有部分收入收现,部分收入形成应收账款或应收票据,即使企业取得的收入全部未收现也未取得商业汇票,应收账款的增加额最多是28 513 870.39元[24 370 829.39×(1+17%)],而企业的应收账款增加42 358 042.95元,说明企业存在着借方是应收账款,但是贷方未对应收入的问题,因此2015年度,应重点检查"应收账款"科目,关注其对应科目,如果采用查账软件检查的,在凭证查询时可设置:借方类似"应收账款"科目,贷方不类似"主营业务收入"或"其他业务收入"科目的条件进行查询,这样就可以把符合条件的凭证筛选出来,并进一步结合原始凭证,落实企业是否可能存在隐瞒收入的问题。

3. 应收账款的期末余额大幅减少

应收账款的期末余额大幅减少,要关注企业收入确认是否从权责发生制变成了收付实现制,是否对长期挂账的应收账款计提了巨额的坏账准备或者作了坏账核销,是否还有可能发生了别的债务重组等。企业收入确认从权责发生制变成收付实现制是会计和税法上都不认可的,要注意进行调整,企业计提的坏账准备税法上不允许扣除,要注意企业是否在申报表中进行了纳税调整,对企业的坏账损失和债务重组损失,要关注企业是否申报了"A105090资产损失税前扣除及纳税调整明细表"以及"105100企业重组纳税调整明细表"。

【例3-3】 甲公司是湖南一家生产履带的企业,评估人员在对该企业2016年所得税纳税评估时发现,该企业年初有应收账款900多万元,年末余额为0。对一个制造业来讲,没有应收账款不太正常,而且该企业年初有应收账款,年末大幅减少至余额为0。经与会计约谈,会计解释"该企业2016年9月份之前自产自销,历年以来累计的应收账款达到900多万元也很正常,但该企业在2016年9月份被当地一家上市公司收购股权,变成上市公司的子公司以后,它所有的产品全部卖给母公司,母公司因为与它是一家人,所以它收到母公司款项的时候再确认收入,账上不再产生新的应收账款,而年初的应收账款随着时间的推移慢慢收回,因此年末的应收账款余额为0"。评估人员认为企业收入确认的时间应该是在子公司向母公司销售的时点确认收入,而不应该是收到款项时确认收入,对企业收入确认的时点进行了调整;另外企业期初的应收账款900多万元是历年以来累计的,全额收回的可能性不大,后进一步落实企业是对没收回的应收账款全额计提了坏账准备,造成了报表中应收账款的余额为0,而企业没有在所得税年度纳税申报表中进行"减值准备金"的调整,因此对企业计提的坏账准备也进行了纳税调增。

(四) 应收票据

应收票据是指企业因销售商品、提供劳务等而收到的商业汇票,包括银行承兑汇票和商业承兑汇票。企业可按开出承兑商业汇票的单位进行明细核算。在日常会计核算中应收票据与税收发生关联的事项可分为两类,一是背书转让应收票据支付或购置可以在税前扣除的费用或资产;二是收到承兑的应收票据取得应税业务收入。企业如果在这两个方面的核算中出现异常,则可能影响到对税收核算的正确性。银行为了服务市场经济,对企业之间的资金结算规定了多种灵活的方法(如银行本票,商业汇票的使用),但在带来方便(如商业汇票,支票等可背书转让)的同时,也为企业进行会计或税务舞弊提供了方便,对应收票据注意以下两个方面。

1. 长期挂账的应收票据

必须注意的是,商业汇票的付款期限最长不得超过6个月,超过则无效,因此,如果企业账面记载的应收票据超过最长期限6个月还没有兑现,就明显属于异常情形,检查人员就应充分予以关注,实际上只要超过交易双方约定的付款期限,如约定为2个月,若至3个月还未兑现就属异常情况,可查企业的"应收票据直接背书转让给第三方用于交易,而第三方也可能不入账,再继续背书转让,也不在"应收票据备查簿"进行登记,这很容易为一些企业的账外经营提供方便。这值得广大税务检查人员高度的重视。

【例3-4】 某税务检查小组在对一家销售建材的商品流通企业进行税收检查时发现该企业的经营规模及财务人员的忙碌情形与其账面业务收入少和会计核算量小的情况极不吻合,检查人员小王自然联想到企业可能有账外经营的问题,从多个角度并运用了多种分析方法,但其账面核算比较简单,而且可供分析比较的资料也不全,无法对比和分析出疑点或线索。小王又对企业的"库存现金""银行存款"、预收及应收账款、"其他应付款"等科目进行了仔细的检查,均未见异常,检查陷入了僵局。但就在一筹莫展之际,发现企业资产负债表上应收票据年末、年初余额350万元没变,应收票据1年时间还没收回,感觉异常,因此检查了应收票据明细账,应收票据明细账户的借方余额是上年9月份、10月份销售商品取得收入时借记"应收票据"科目,贷记"主营业务收入"科目形成,小王遂询问财务处长,处长愣了一下说可能是没有及时记账,小王追问究竟为何没有及时记账? 处长吞吞吐吐,再三催问下,终于承认已背书出去进货。当小王追问背书给了哪家企业时,处长含糊其辞,反正背书出去进货了还会有什么问题吗? 小王又追问,既然已经背书出去也应该及时记账(一般应借记"材料采购"科目,贷记"应收票据"科目等),而且还要在"应收票据备查簿"中及时登记背书转让的情况。"应收票据备查簿"已登记取得时对方单位的出票情况,但一直未登记背书转让情况,于是告诉财务处长,税务机关可以去查出票的最终去向,还是希望他抓紧回忆。这时,处长终于"回忆"起来,说背书给了一钢材供应商采购钢材,由于对方尚未开票结算,影响了对该账户余额的及时结转,听到此解释后,小王终于消除了疑虑且决定不再深追。但是,检查组长觉得问题并非如此简单,认为很有必要查明该企业与钢材供应商的结算情况,于是决定请对方税务部门协查。在对方税务部门的积极配合下,不仅查明了钢材供应商对用这两张背书转让票据购买的钢材早已开票结算而该企业未入账的情况,同时还对该企业从钢材供应商购买钢材的情况进行了全面调查。最终查明,从被检查年度的年初开始,除前述持账的两笔应收票据在"应收票据备查簿"登记了出票情况外,该企业将收到的十多张大额商业汇票直接背书转让给该钢材供应商采购钢材,但对收取票据和背书转让的情况均不在"应收票据备查簿"进行登记(而是另外一套账中登记,仅向财务处长汇报),并将用背书转让票据采购的钢材专门用于销售给用现金购货且不需要开具发票的客户,这样从采购到销售都无需在账面反映。检查组最终查明,该企业全年采取此"瞒天过海"方法销售的钢材累计达960万元,共隐瞒营业利润近200万元,偷逃了相应的增值税和企业所得税。

2. 应收票据贴现利息的处理

企业取得的应收票据也可能在票据到期前由于资金紧张申请贴现,票据贴现利息费用在实践当中主要有三种类型:一是持票人把没有到期的汇票向银行申请贴现所产生的贴现利息;二是销售方与采购方在销售合同中约定,采购方向销售方开具银行承兑汇票或商业承兑汇票,并承诺向销售方承担因销售方向银行申请票据贴现所产生的票据贴现利息;三是持票人把没有到期的汇票向其他企业或社会中间机构进行贴现所产生的贴现利息。面对以上三类票据贴现利息,特别是后两种票据贴现利息的税务处理,税务检查人员一定要关注其中的涉税问题。

1) 向银行申请票据贴现利息的税务处理

商业汇票的持票人向银行办理贴现业务必须具备下列条件:一是在银行开立存款账户的企业法人以及其他组织;二是与出票人或者直接前手具有真实的商业交易关系;三是提供与其直接前手之前的增值税发票和商品发运单据复印件。按照企业会计准则或会计制度的有关规定,企业将未到期的应收票据向银行贴现,贴现息应计入财务费用。企业所得税法规定"企业实际发生的与取得收入有关的、合理的支出,包括成本、费用、税金、损失和其他支出,准予在计算应纳税所得额时扣除。"基于以上政策法律规定,企业将未到期的应收票据向银行贴现,计入财务费用的贴现息在企业所得税前扣除必须具备以下条件:申请票据贴现的持票人与出票人或者直接前手具有真实的商业交易关系,否则不可以在企业所得税前进行扣除。

2) 开出商业汇票,并合同约定承担对方贴现息的税务处理

在日常的交易往来中,往往存在一种现象:销售方把货物卖给采购方,由于采购方资金紧张,会向销售方开具商业或银行承兑汇票,销售方把该汇票向其开户行申请贴现,其产生的票据贴现息,在采购合同中约定由采购方承担,销售方向银行贴现的票据贴现凭证给予采购方进行做账。这种采购方承担的票据贴现利息能否在采购方的企业所得税前扣除呢?销售方向采购方收取的票据贴现利息在税法上算不算价外费用?是否需要交纳增值税呢?根据税法规定,开出商业汇票,并合同约定承担对方票据贴现息,虽然获得对方给予的银行票据贴现凭证,但贴现凭证上不是开出商业汇票人的名字而是持票人的名字,

是不可以税前扣除的。

税法规定,销售额为纳税人销售货物或者应税劳务向购买方收取的全部价款和价外费用,价外费用包括向购买方收取的手续费、补贴、基金、集资费、返还利润、奖励费、违约金、滞纳金、延期付款利息、赔偿金、代收款项、代垫款项、包装费、包装物租金、储备费、优质费、运输装卸费以及其他各种性质的价外收费。基于以上政策规定,在销售业务中,销售方收取采购方承担的销售方(持票人)向银行申请票据贴现利息是一种价外费用,应向采购方开具增值税专用发票或普通销售发票,依法交纳增值税,采购方凭销售方开具的增值税专用发票或普通销售发票进成本就可以在企业所得税前进行扣除。

3)向非金融企业贴现票据的贴现息的税务处理

向非金融机构贴现票据主要是指票据持有人急需资金时,在没有真实交易的情况下,往往将票据向企业或中介机构进行贴现的行为。发生向非金融机构贴现票据时,非金融机构收取贴现利息后,往往向支付票据贴现利息的持票人开具收据。作为支付票据贴现利息的持票人能否在税前扣除该贴现利息成本呢?向未经中国人民银行批准,擅自从事票据贴现的中介机构,从事票据贴现业务,是一种非法金融业务活动,所产生的贴息支出不允许税前扣除。

(五) 其他应收款

其他应收款是指企业除应收票据、应收账款、预付账款以外的其他各种应收、暂付款项。其他应收款主要包括:应收的各种赔款、罚款;应收出租包装物的押金;应向职工收取的各种垫付款项;备用金(向企业各职能科室、车间等拨出的备用金);存出保证金,如租入包装物支付的押金;预付账款转入;其他各种应收、暂付款项。由于该科目用途不十分明确,一般情况下每笔账款的金额较小,但其核算内容繁多,多数账款是用现金结算,所以常被企业用来记载一些性质不明确的经济业务。在企业内部管理混乱的情况下极易滋生舞弊。不法纳税人惯于用此账户调节费用和收入,因此,历来是税务检查中的一个难点和重点。"其他应收款"项目如果在报表中存在以下情况一般会作为重点检查项目。

1. 其他应收账款余额巨大

在通常情况下,资产负债表中其他应收款的余额会比应收账款的余额要小,并且占总资产的比例会比较低,因为应收账款反映企业实现的主营业务收入,主营业务收入规模比较大,没有收回的款项比较多也是正常的,而其他应收款是销售商品提供劳务以外的其他一些应收未收的款项,一般金额不会很大,因此如果报表中的其他应收款比应收账款的余额还大(现销方式或预收款销售为主的企业除外)或占总资产的比重过大要注意检查其他应收款明细账和相关记账凭证,关注企业是否存在关联方资金借款的问题。

随着关联企业之间交易活动越来越频繁,关联企业之间资金占用现象非常普遍。在此过程中,关联企业之间大多不收取利息,所以许多企业没有考虑关联企业之间的税收问题。《企业所得税法》第四十一条规定,企业与其关联方之间的业务往来,不符合独立交易原则而减少企业或者其关联方应纳税收入或者所得额的,税务机关有权按照合理方法调整。独立交易原则是指没有关联关系的交易各方,按照公平成交价格和营业常规进行业务往来所遵循的原则。如果关联企业融通资金所支付或者收取的利息超过或者低于没有关联关系的企业之间所能同意的数额,或者利率超过或者低于同类业务的正常利率,是不符合独立交易原则的,但是,税务机关在进行境内关联交易调整时,并不是一律按照合理方法调整。由于一方调整收入的同时,允许另一方调整支出进行税前扣除,势必对双方的税收产生影响,当关联交易双方的调整不增加应纳税所得额和应纳税额时,一般不进行纳税调整。《国家税务总局关于印发〈特别纳税调整实施办法(试行)〉的通知》(国税发〔2009〕2号)第三十条规定,实际税负相同的境内关联方之间的交易,只要该交易没有直接或间接导致国家总体税收的减少,原则上不作转让定价调整。但是如果借出方的实际税负高于借入方,则需要进行利息收入的调整。

如果企业将取得的银行借款无偿的借给关联方使用,根据《中华人民共和国企业所得税法》第八条规定,企业实际发生的与取得收入有关的、合理的支出,包括成本、费用、税金、损失和其他支出,准予在计算应纳税所得额时扣除。据此,企业将银行借款无偿让渡给关联方使用,所支付的利息是与收入无关的支出,不允许企业所得税前扣除。

2. 其他应收款在报表中出现负数或者红字

其他应收款在报表中出现负数或者红字,要注意企业可能存在隐瞒收入的问题。其他应收款属于资产类科目,正常情况下余额应该在借方,但有些企业往往先出现该科目的贷方金额,然后再从借方冲销,这是不合常理的。他们之所以把销售收入放在了其他应收款账上,就是为了隐匿收入、逃避税收。

【例3-5】 某税务检查人员在审阅甲企业资产负债表时,发现报表中"其他应收款"项目为负数,于是进一步检查其他应收款明细账,发现该企业6月8日有一笔其他应收款业务,摘要中注明是"收回欠款",但未注明借款单位名称,该明细账户借方也未见记载,于是查阅了该笔业务的凭证。记账凭证的会计分录为:

借:银行存款　　　　　　　　　　　　　　　　　　　　　120 000
　　贷:其他应收款　　　　　　　　　　　　　　　　　　　　　120 000

所附原始凭证为1张"银行进账单"收款通知和一项专用技术转让书。专用技术属于无形资产,其转让净收益应反映在"营业外收入"科目或"营业外支出"科目并应按规定申报缴纳增值税,将其反映在"其他应收款"科目贷方,一方面截留了当期收入偷逃了增值税和企业所得税税款,同时也导致无形资产账面虚列,造成无形资产多摊,减少了企业所得税。

因此对于先发生在贷方的其他应收款一定要关注企业收到的是一笔什么款项,企业是否存在隐瞒收入的问题,以及后续是否从借方转出,如果长期挂账,一定要落实是否属于无法支付的应付款项,是否应并入当期所得。

(六) 预付款项

预付账款是指企业按照购货合同约定预付给供应单位的款项,预付账款按实际付出的金额入账,如预付的材料、商品采购货款、劳务或者工程款等。预付账款是为了让销货方及时发货,按照合同约定预付一定比例的款项,预付账款属于一种商业信用,一般是无息的,在产品不是供不应求的情况下不会出现大量的预付账款,因为一方面会由于对方违约发生坏账的风险,另一方面会被对方无偿的占用资金,因此在报表中如果企业的预付账款余额巨大,或者期末余额大幅增加,一定要注意企业是否存在涉税问题。

1. 假预付账款之名,行融资之实

【例3-6】 某税务稽查组在对A企业2016年年度所得税进行税务检查时发现,在该企业的资产负债表中流动资产1亿元左右,而其中的预付款项4 000多万元,占到了流动资产的40%左右。该税务稽查组认为从结构来看,预付款项所占的比重很不合理,因此进一步检查预付账款明细账,发现企业的预付款项主要是母公司向子公司预付,后面进一步落实子公司和母公司之间没有签订任何的购销合同,子公司没有向母公司提供任何的商品、劳务、服务,后经集体审议,认定该预付款项不属于商品购销中产生的商业信用,是属于关联方的资金借款,由于检查当期A企业属于正常纳税期,子公司属于免税期,A企业把资金无偿地借给子公司使用,造成了国家税收的减少,最后该税务稽查组调整了A企业的利息收入。

2. 利用预付账款隐瞒收入

【例3-7】 某税务稽查组检查从事建筑安装的A公司,检查人员发现,A公司2016年的主营业务收入与其上年相比,不升反降,与规模相当的同行相比,差距拉大,这与全社会基建规模不断扩大的背景极不相称。检查人员还得知,A公司2016年工作总结反映实现的业务收入比上年度增长了30%,而且员工的年薪达到历史最高水平。这些都说明A公司与整个建筑行业一样得到同步发展,但为何其业务收入不升反降呢?

检查人员自然怀疑A公司隐匿了业务收入,但先后检查了预收及应付账款、"其他应付款""银行存款"等科目,均未见异常。检查人员又意识到可能存在挂靠大建安公司承接业务而隐瞒收入的问题,于是从账面寻找与A公司有往来的大公司,终于在"预付账款——B公司"明细账中发现隐藏着一大建安公司(C公司)。据该明细账记载,A公司在2014年年底预付2 000万元至B公司购买钢材,钢材未购回,2016年下半年又由C公司分四次汇回2 000万元冲平,但12月份,A公司又收到1 100万元钢材,并作了借记"原材料——钢材"科目、贷记"预付账款——B公司"科目的账务处理,而凭证后未附钢材发票。面对这些异常情况,A公司财务经理解释说,A公司先代C公司预付给B公司2 000万元钢材款,并由其分四次归还。后收到的1 100万元钢材,是A公司向B公司购买的,尚未开票结算。当检查人员索要其代C公司预付款的协议及利息结算情况时,财务经理说因两家老总是好友,未定协议也未收利息。问题果真如此简单吗?在检查人员至B、C公司调查后终于真相大白。原来,A公司仅具有"房屋建筑"三级资质,为了承接大型建筑工程,遂"挂靠"具有一级资质的C公司,并以C公司名义承接了B公司总造价为1.69亿元包工包料的一大楼工程,但需预付2 000万元保证金(即A公司账面反映的购钢材款)。除预付保证金一事外,其他全部的收入、支出、往来等会计处理事项均在C公司账面反映,而且营业税已由C公司按规定交纳,C公司因出借资质获得2%手续费收入(出借资质属违法行为,本书姑且不论此问题)。扣除各类成本、费用及税金,该工程最终形成的1 100万元利润,也由A公司用购买钢材的发票作为工程施工成本冲销,而所购钢材已由A公司验收入库。因此,A公司账面"预付账款——B公司"贷方余额1 100万元实际上是隐藏的承接B公司工程转回的利润,钢材款根本无需再付。

上述行为违反了《中华人民共和国企业所得税法实施条例》和《中华人民共和国税收征收管理法》的有关规定,税务机关针对该企业的行为追缴了所逃企业所得税,并按规定加收了滞纳金,而且还对所逃税款给予了1倍罚款的处罚。上述案例提醒我们预付账款账户也可以进行税收舞弊。A公司不仅利用预付账款账户以预付钢材款的名义完成了所隐瞒业务预付保证金的付出和回收,而且还将所隐瞒业务实现的利润藏匿其中,这种情况,值得引起高度重视。

(七) 存货

企业为了生产和销售所储备的物资都属于企业的存货,报表中的存货应根据"原材料""材料采购""在途物资""材料成本差异""库存商品""发出商品""受托代销商品""受托代销商品款""委托加工物资""生产成本""周转材料""存货跌价准备""工程施工"减去"工程结算"科目的正差额(如果是负差额则列入"应付账款"),"商品进销差价"等总账科目余额相加或相减后填列。对大多数行业来讲,企业流动资产中比重最大的一般就是企业的存货,因此应特别关注对存货项目的检查。

1. 关注存货的计价方法

对存货的检查应首先通过报表附注,了解企业取得和发出存货的计价方法,如果企业取得存货时采用计划成本法,应特别关材料成本差异的计算和分配是否正确,特别是企业的材料成本差异期初有贷方余额,则说明企业期初库存材料是节约差,只要当期有领用期初库存材料,企业账上就应该有分配材料成本差异,冲减成本的处理,否则企业存在多计成本的问题;如果商品零售企业采用的是售价金额核算法,库存商品账上反映的是售价,要注意企业在结转销售商品成本的同时是否对已售商品结转了商品进销差价,否则企业会存在多计成本的问题。

【例3-8】 某商场库存商品采用售价金额核算法进行核算。2016年5月月初,库存商品的进价成本为34万元,售价总额为45万元。当月购进商品的进价成本为126万元,售价总额为155万元。当月销售收入为130万元,该企业销售商品的实际销售成本是多少?

$$商品进销差价率=(45-34+155-126)\div(45+155)\times100\%=20\%$$
$$本期销售商品的成本=130-130\times20\%=104(万元)$$

企业应作以下会计处理:

借:商品进销差价　　　　　　　　　　　　　　　　　　　　　　　260 000
　　贷:主营业务成本　　　　　　　　　　　　　　　　　　　　　　260 000

如果企业没有进行结转商品进销差价的处理,则企业存在多计销售成本的问题。

2. 关注企业的存货是否符合生产经营规模和行业特点

企业生产经营的目的是创造利润,为社会积累财富,以最小的投入获得最大的产出,也就是效益的最大化。存货是企业的重要资产,其管理水平直接关系到企业的资金占用水平,如果企业的存货占用过多,会造成库存积压、资金短缺,如果企业的存货不足,可能会造成企业停工待产或者断货,因此每一个企业都会根据需求,合理的确定存货占有量。对制造业来讲,由于生产需要原材料、在产品、半成品、产成品、委托加工物资、周转材料等,需要占用比较多的存货,存货一般占到了流动资产的50%左右;房地产企业为了销售开发产品,有储备的土地、有正在开发的楼盘和土地以及开发好的开发产品,存货所占的比重会更高;而其他一些经营广告代理、广告播映、天然气输送等业务的企业,由于不生产产品,没有原材料、在产品、库存商品等,相对来讲没有存货或者存货的余额较小也是正常的。因此税务检查人员应关注企业的存货是否符合行业特点,是否与企业的生产经营规模相符,如果不符,对比较容易盘点的存货,可以进一步对存货实行实行"监盘",通过账实是否相符,来查处企业可能存在的涉税问题。

【例3-9】 甲企业是一个经营合资品牌小轿车的4S店,某税务部门2016年对其进行所得税检查时发现,该企业的总资产规模为1亿多元,其中存货占4 000多万元。该合资品牌的系列小轿车市场平均单价大概在15万元左右,由于4S店的存货中比重最大的一般是整车,按照整车的平均单价来估算,企业大概会有200台左右的库存,但是企业仓库中的整车看上去并不多,其他的汽车配件、维修材料、装饰材料等也不多。由于4S店的存货相对容易盘点,所以检查人员对该店的存货实际进行了盘点,经盘点落实该企业的存货中,整车的数量账实相符,而一些料件的数量实存数远远小于账存数。经进一检查发现,主要是企业销售整车以后,提供的维修、保养、装饰等服务一般都是对个人的,而个人可能由于企业不开票会给予一定价格方面的优惠,所以大都没有索取发票,造成企业隐瞒了这一部分的收入。由于企业账上没有确认收入,所以对应的材料成本没有结转,而实际的材料已经被耗用,因此造成了这些材料的账存数大于实存数,报表中存货项目的余额很大。此案件给我们的启发是:如果报表中的存货与经营规模不太相符,并且容易盘点的情况下,可以通过盘点存货是否账实相符,来落实企业是否存在涉税问题。

3. 存货的余额趋势变动异常

1) 存货余额大幅增加

一般企业在生产用固定资产规模不变、市场相对稳定的情况下,企业的存货规模应该保持相对稳定,如果期末存货的余额大幅增加,应进一步通过报表附注或者存货类科目了解企业增加的是什么存货?存货增加的原因是什么?如果企业是由于生产用固定资产规模增加,带来了原材料、在产品、产成品的增加;或者企业预计下一年度要用的材料可能会出现市场短缺或者价格大幅上升,大幅增加材料库存也是正常的;或者企业的存货的加工期比较长的,如房地产企业、大型机械设备生产企业,在产品加工过程中,由于存货当期没有完工,不能交付,所以期末存货与期初存货相比随着完工程度的不断增加,在产品的成本不断增加,存货的余额大幅增加也是正常的。但是如果企业的固定资产规模没什么变化,材料价格比较稳定,企业的产品加工期不长的情况下,如果期末企业的存货大幅增加,特别是存货中的完工产品的大幅增加,首先要了解企业是否存在产品滞销的问题。如果没有,应结合报表中的预收账款项目进一步分析,如果预收账款的余额也比较大,应检查预收账款明细账,关注企业是否存在销售挂账的问题。销售挂账是指企业货物已经发出,款项已经收到,但是由于对方可以不开票或者延期开票,所以企业把收到的货款挂预收账款,账上不确认收入,一般情况下企业产品的销售成本也没有结转,对"库存商品"科目来讲借方主要登记了外购和完工入库产品的增加数,贷方没有登记销售成本的转出数,因此造成在报表中存货余额和预收账款余额都比较大,反映了一方面企业好像无货可发挂预收账款,另一方面又有库存积压的矛盾,对企业是否存在销售挂账的问题,可以通过向购货方函证货物是否发出,或者盘点存货来落实问题,如果真的有销售挂账,会造成存货的账存数大于实存数。

2) 存货余额大幅减少

资产负债表中存货的余额大幅减少,应结合利润表中的"营业收入"项目进一步分析,因为企业存货的减少一般情况下是用于了销售,如果企业的存货余额大幅减少,而利润表上"营业收入"项目的增长幅度很小,或者还有所下降,则企业很可能存在隐瞒收入或有销售以外的其他用途(视同销售),为了提高检查效率,检查人员应先通过报表的勾稽关系,落实企业是否存在视同销售的问题,然后再去落实企业是否存在隐瞒收入的问题。

《企业所得税法实施条例》第二十五条规定,企业发生非货币性资产交换,以及将货物、财产、劳务用于捐赠、偿债、赞助、集资、广告、样品、职工福利或者利润分配等用途的,应当视同销售。企业是否存在视同销售的问题,可以重点关注以下几个方面:

第一,以存货对外投资。

如果企业资产负债表中存货的余额期末比期初大幅减少,利润表中的"营业收入"项目变动很小或者还有所下降,而资产负债表中的长期股权投资期末比期初大幅增加,现金流量表中"投资支付的现金""取得子公司及其他营业单位支付的现金"项目金额很小或者没有付现,则企业很可能存在着以存货等非货币性资产对外投资的问题,应进一步检查长期股权投资明细账和相关会计凭证落实问题。此外,企业是否可能有存货对外投资业务,还可以结合企业所得税年度申报表"A000000 企业基础信息表"进行分析。

【例3-10】 2017年6月份,税务人员张某在对甲企业(执行企业会计准则)2016年所得税稽查时发现,该企业的存货年末与年初相比大幅减少50%左右,但是利润表上的"营业收入"项目本期和上期基本持平,企业的长期股权投资大幅增加,但是现金流量表中"投资支付的现金""取得子公司及其他营业单位支付的现金"项目金额为0,因此怀疑企业可能存在存货投资的业务,由于存货是根据很多科目填列的,并且每一个科目业务发生频繁,为了提高检查效率,因此直接检查长期股权投资明细账和相关记账凭证及原始凭证,发现企业有一笔以成本价7 000 000元,市价为8 000 000元的库存商品对外投资,持有被投资企业30%的股份,企业的增值税税率17%,所得税税率为25%。企业的会计处理如下:

借:长期股权投资　　　　　　　　　　　　　　　　　　　7 000 000
　　贷:库存商品　　　　　　　　　　　　　　　　　　　　7 000 000

该笔投资业务中,甲企业购买了乙企业30%的股份,属于非控股合并中形成的长期股权投资,由于企业的长期股权投资是非货币性资产交换换进来的,因此执行《企业会计准则第7号——非货币性资产交换》。根据《企业会计准则》的规定,非货币性资产交换分为具有商业实质的交换和没有商业实质的交换,如果换入资产的未来现金流量在风险、时间和金额方面与换出资产显著不同,或者换入资产与换出资产的预计未来现金流量现值不同,且其差额与换入资产和换出资产的公允价值相比是重大的,则其交换具有商业实质,具有商业实质的交换应当以公允价值和应支付的相关税费作为换入资产的成本,公允价值与换出资产账面价值的差额计入当期损益。由于库存商品与长期股权投资给企业带来的现金流量在时间、风险等方面有显著不同,因此该经济业务一般来讲是具有商业实质的交换。企业的正确会计处理如下:

借:长期股权投资　　　　　　　　　　　　　　　　　　　9 360 000
　　贷:主营业务收入　　　　　　　　　　　　　　　　　　8 000 000
　　　　应交税费——应交增值税(销项税额)　　　　　　　1 360 000

借:主营业务成本　　　　　　　　　　　　　　　　　　　7 000 000
　　贷:库存商品　　　　　　　　　　　　　　　　　　　　7 000 000

根据我国《增值税暂行条例实施细则》规定,将自产、委托加工或者购进的货物作为投资,提供给其他单位或者个体工商户要视同销售,因此企业存在着少交增值税的问题,要补交增值税1 360 000元(8 000 000×17%)。根据《企业所得税法实施条例》规定,企业发生非货币性资产交换要视同销售,企业的商品市价8 000 000元,成本7 000 000元,有视同销售所得1 000 000元,企业可以全部计入2016年的所得,也可以根据《财政部　国家税务总局关于非货币性资产投资企业所得税政策问题的通知》(财税〔2014〕116号),分5年均匀计入应纳税所得额,假定不考虑城市维护建设税、教育费附加,企业无以前年度未弥补亏损,企业应作如下账务调整:

借:长期股权投资　　　　　　　　　　　　　　　　　　　2 360 000
　　贷:以前年度损益调整　　　　　　　　　　　　　　　1 000 000
　　　　应交税费——增值税检查调整　　　　　　　　　　1 360 000

如果企业一次申报所得:

借:以前年度损益损益调整　　　　　　　　　　　　　　　250 000
　　贷:应交税费——应交所得税　　　　　　　　　　　　250 000

注意:在一次申报情况下,企业长期股权投资的账面价值与计税基础一致,都是9 360 000元。

如果企业分5年申报所得:

借:以前年度损益损益调整　　　　　　　　　　　　　　　250 000
　　贷:应交税费——应交所得税　　　　　　　　　　　　50 000
　　　　递延所得税负债　　　　　　　　　　　　　　　　200 000

注意:如果企业选择分5年申报,要注意长期股权投资的账面价值为9 360 000元,而所得税的计税基础2016年为8 560 000元,2017年为8 760 000元,以后每年申报所得200 000元后计税基础增加200 000元。从2017年以后,非货币性资产投资递延纳税事项要填列"A000000基础信息表"。

第二,以存货抵债。

如果企业存货年末与年初相比大幅减少,而利润表中的"营业收入"项目变动很小或者还有所下降,应付账款年末与年初相比大幅减少,企业的货币资金期末与期初相比变动不大,企业的其他负债项目和资本金也没有明显的增加,则企业很可能存在着以存货抵债的业务,应进一步检查应付账款明细账和相关凭证来落实问题。

【例 3-11】 某地税局检查小组在对某矿产品公司 2017 年度所得税纳税检查时取得的报表资料如表 3-4 和表 3-5 所示。

表 3-4 资产负债表

单位名称:某矿产品公司　　　　　2017 年 12 月 31 日　　　　　　　金额单位:元

资　产	期末余额	年初余额	负债和所有者权益（或股东权益）	期末余额	年初余额
流动资产:			流动负债:		
货币资金	9 773 798.08	14 525 021.56	短期借款	10 000 000	10 000 000
以公允价值计量且其变动计入当期损益的金融资产	0	0	以公允价值计量且其变动计入当期损益的金融负债	0	0
应收票据	13 533 199.96	25 023 733.27	应付票据	0	0
应收账款	9 348 758	6 726	应付账款	66 461 252.77	30 550 308.05
预付款项	3 227 220.29	2 172 508.95	预收款项	986 304.6	276 623
应收利息	0	0	应付职工薪酬	0	0
应收股利	0	0	应交税费	−20 255 099.78	−17 638 632.97
其他应收款	768 543.57	786 149.37	应付利息	0	0
存　货	56 876 589.4	123 343 814.98	应付股利	0	0
一年内到期的非流动资产	0	0	其他应付款	97 884 203.91	94 868 426.54
其他流动资产	0	0	一年内到期的非流动负债	0	0
流动资产合计	93 528 109.3	165 857 954.13	其他流动负债	0	0
			流动负债合计	157 963 865.41	220 594 952.79
非流动资产:			非流动负债:		
可供出售金融资产	0	0	长期借款	0	0
持有至到期投资	0	0	应付债券	0	0
长期应收款	0	0	长期应付款	0	0
			专项应付款	0	0
长期股权投资	0	0	预计负债	0	0
投资性房地产	0	0	递延所得税负债		
固定资产	63 233 458.44	59 504 160.91	其他非流动负债	0	0
在建工程	3 305 880	1 297 666	非流动负债合计	0	0
工程物资	0	0	负债合计	157 963 865.41	220 594 952.79

(续表)

资产	期末余额	年初余额	负债和所有者权益（或股东权益）	期末余额	年初余额
固定资产清理	0	0			
生物性资产	0	0	所有者权益（或股东权益）：		
无形资产	6 766 504.67	6 932 988.83			
开发支出	0	0	实收资本（股本）	20 000 000	20 000 000
商誉	0	0	资本公积	15 584 477.29	5 584 477.29
长期待摊费用	0	0	减：库存股	0	0
递延所得税资产	2 257 942.08	2 257 942.08	盈余公积	0	0
其他非流动资产	0	0	未分配利润	−24 456 448.21	−10 328 718.13
			其他综合收益	0	0
非流动资产合计	75 563 785.19	69 992 757.81	所有者权益合计	11 128 029.08	15 255 759.16
资产总计	169 091 894.49	235 850 711.95	负债和所有者权益（或股东权益）总计	169 091 894.49	235 850 711.95

表 3-5

单位名称：某矿产品公司

利 润 表

2017 年

会企 02 表

单位：元

项 目	本期金额	上期金额
一、营业收入	313 940 088.91	321 796 419.26
减：营业成本	313 357 266.95	304 178 327.98
税金及附加	520 938.44	1 776 411.39
销售费用	1 106 185.19	754 297.28
管理费用	12 436 081.01	10 709 480.82
财务费用	655 553.33	619 254.91
资产减值损失	0	0
加：公允价值变动收益（损失以"−"号填列）	0	0
投资收益（损失以"−"号填列）	0	0
其中：对联营企业合营企业的投资收益	0	0
二、营业利润（亏损以"−"号填列）	−14 135 936.01	3 758 646.88
加：营业外收入	64 441.70	18 754.10
减：营业外支出	56 953.97	1 136 863.01
其中：非流动资产处置损失		0
三、利润总额（亏损总额以"−"号填列）	−14 128 448.28	2 640 537.97
减：所得税费用	0	3 085 211.93
四、净利润（净亏损以"−"号填列）	−14 128 448.28	−444 673.96

税务人员在检查中发现,该企业资产负债表中存货年末与年初相比下降 66 467 225.58 元,下降幅度达到 54% 左右,但是利润表上本年的收入与上年相比下降了 800 万元左右,因此怀疑企业可能存在隐瞒收入或者存货有销售以外的其他用途,通过进一步的阅读资产负债表,检查人员也同时发现企业的应付账款也大幅减少 64 089 055.28 元,而企业的货币资金年末与年初相比只下降了 400 多万元,企业的短期借款、长期借款、其他应付款、长期应付款的余额没有变化或者变动很小,说明企业用货币资金偿还或者新债还旧债的可能性很小,怀疑企业有可能存在存货抵债的业务,因此检查应付账款明细账、相关记账凭证和原始凭证,发现企业有一笔以成本价 4 200 万元,市价 4 500 万元的产品抵偿前欠账款 5 500 万元的业务,企业的会计处理如下:

借:应付账款　　　　　　　　　　　　　　　　　　　　55 000 000
　　贷:库存商品　　　　　　　　　　　　　　　　　　　42 000 000
　　　　资本公积　　　　　　　　　　　　　　　　　　　13 000 000

根据《企业会计准则》规定,以非现金资产清偿债务的,债务人应当将重组债务的账面价值与转让的非现金资产公允价值之间的差额,计入当期损益(营业外收入);转让的非现金资产公允价值与其账面价值之间的差额,计入当期损益;抵债资产为存货的,应当作销售处理,按存货的公允价值确认商品销售收入,同时结转商品的销售成本,认定相关的税费。根据《财政部　国家税务总局关于企业重组业务企业所得税处理若干问题的通知》(财税〔2009〕59 号)第四条第二款规定"以非货币资产清偿债务,应当分解为转让相关非货币性资产、按非货币性资产公允价值清偿债务两项业务,确认相关资产的所得或损失"。因此该笔业务在会计上和税法上都应该确认销售所得 300 万元和债务重组收益 235 万元,同时根据增值税有关规定,企业以产品抵债要视同销售,需要补交增值税。该企业适用的增值税税率为 17%、城市维护建设税税率 7%、教育费附加 3%、地方教育费附加 2%、企业的所得税税率为 25%,企业以前年度无未弥补亏损,企业查补的税款和调账分录如下:

　　该笔业务应补增值税=45 000 000×17%=7 650 000(元)
　　应补城市维护建设税和教育费附加=7 650 000×(7%+3%+2%)=918 000(元)
　　应补企业所得税=(5 350 000−918 000)×25%=1 108 000(元)

调账分录如下:

借:资本公积　　　　　　　　　　　　　　　　　　　　13 000 000
　　贷:以前年度损益调整　　　　　　　　　　　　　　　 5 350 000
　　　　应交税费——增值税检查调整　　　　　　　　　　 7 650 000

借:以前年度损益调整　　　　　　　　　　　　　　　　　 918 000
　　贷:应交税费——城市维护建设税　　　　　　　　　　　 535 500
　　　　　　　　——教育费附加　　　　　　　　　　　　　 229 500
　　　　　　　　——地方教育费附加　　　　　　　　　　　 153 000

借：以前年度损益调整　　　　　　　　　　　　　　　　　1 108 000
　　贷：应交税费——应交所得税　　　　　　　　　　　　　　1 108 000
借：以前年度损益调整　　　　　　　　　　　　　　　　　3 324 000
　　贷：利润分配——未分配利润　　　　　　　　　　　　　　3 324 000

第三，其他视同销售的问题。

对存货大幅减少，营业收入没有出现同步增长，检查人员除了通过报表的勾稽关系落实企业是否可能存在着存货对外投资、抵债、换固定资产、无形资产的业务，还可以结合"应付职工薪酬""销售费用""营业外支出"等项目，落实企业是否存在将存货用于职工福利、广告、捐赠、赞助等方面，如果有应进一步检查企业的会计处理和企业所得税纳税申报是否正确。

【例3-12】 税务检查人员张某在对甲企业2015年的企业所得税纳税检查时发现，甲企业资产负债表中存货大幅减少，但是利润表中的收入有所下降，而企业利润表中的"营业外支出"项目大幅增加，怀疑企业可能有以存货对外捐赠的业务，因此检查营业外支出明细账、相关记账凭证和原始凭证，发现企业有一笔以成本700万元，市价800万元的商品对外捐赠，该捐赠属于非公益性质的捐赠，企业的会计处理如下：

借：营业外支出　　　　　　　　　　　　　　　　　　　8 360 000
　　贷：库存商品　　　　　　　　　　　　　　　　　　　　7 000 000
　　　　应交税费——应交增值税（销项税额）　　　　　　　　136 000

根据《企业会计准则》规定，对外捐赠不确认收入，按成本结转，税法规定要视同销售，会计上也计提了销项税额，企业的会计处理是正确的，但是税务人员不能检查到此为止，一定要进一步检查企业纳税申报是否正确，根据企业所得税法规定，企业以非货币性资产对外捐赠分解为公允价值销售非货币性资产和捐赠两项业务，企业应在A105010"视同销售和房地产开发企业特定业务纳税调整明细表"中申报"对外捐赠视同销售收入"800万元，"对外捐赠视同销售成本"700万元，通过申报表调增销售所得100万元，同时企业还应在A105070"捐赠支出纳税调整明细表"填写"非公益性捐赠账载金额"836万元，纳税调增836万元，通过申报表应总的调增企业应纳税所得额936万元。张某随后检查了该企业2015年度的所得税纳税申报表，发现该企业就本笔业务未在申报表中进行任何的纳税调整，因此就本事项查补企业应纳税所得额936万元。

第四，发生非正常损失。

企业当期减少的存货也可能存在不需作销售，而是发生了非正常损失的情况。税法所指的非正常损失是指因管理不善造成被盗、丢失、霉烂变质的损失，企业资产发生如非管理不善所造成损失则不需要作进项税金转出，如果管理不善造成的损失则需要做进项税额转出，同时还应关注企业是否申报了A105091"资产损失（专项申报）税前扣除及纳税调整明细表"，如果企业没有申报资产损失，则不允许在企业所得税税前扣除。

4.通过虚增发出存货数量，虚增生产成本或销售成本

资产负债表上存货如出现红字（或负数）则企业可能存在未按规定取得发票或是虚增

发出存货数量。因为存货属于盘存类科目,一般是不会出现红字的,出现红字的原因主要是企业存货已到,但是由于未付款或其他原因,未取得对方开具的发票,而未暂估入账,没有作存货的增加,但是由于实际货到了,其已经被领用或者销售,企业根据领料单或出库单作了存货的减少,这种情况下存货会出现红字,企业存在会计差错。根据会计规定,在企业货到票未到的情况下,月末要先暂估入账,月初用红字冲回,收到时再按发票的金额入账,这样存货就不会出现红字。

如果是后者则需作如下检查:一是以原材料、库存商品明细账的结存数量与保管账的结存数量比较,如果保管账的结存数量大于存货明细账的结存数量,说明企业可能存在多计发出存货数量的问题。二是以原材料、库存商品明细账的结存数量与存货盘点表的结存数量比较,如果存货盘点表的结存数量大于存货明细账的结存数量,说明企业可能存在多计发出存货数量的问题,应进一步检查。三是通过观察或盘点的方式,以存货明细账的结存数量与存货的实际结存数量比较。如果实际结存数量大于存货明细账的结存数量,说明企业可能存在多计发出存货数量的问题。

5. 随意变更存货的计价方法

根据会计制度规定,企业可以根据自身的需要选用制度所规定的存货计价方法,但选用的方法一经确定,年度内不能随意变更,如确实需要变更,必须在会计报表中说明变更原因及其对账务状况的影响。但在实际工作中存在随意变更计价方法的问题,违反了会计的一致性、可比性原则,造成会计指标前后备期口径不一致,缺乏可比性。有些企业甚至人为地通过变更计价方法来调节生产或销售成本,调节当期利润。如某企业某年选用先进先出法计算发出存货的成本,但由于受多种因素的影响,该商品购进价格上扬时,改用后进先出法计算发出成本,使企业当期销售成本增加,利润减少。但是应该注意的是,现在企业会计准则和企业所得税法都不允许企业采用"后进先出法"结转存货成本,因此企业存在着会计差错和少交企业所得税的问题。如某些对商品价格采取"加权平均法"进行核算的商业批发企业,为了隐瞒当期应税所得额,对当期某些销量大的商品,改变存货计价方法,在月终结转销售成本时,改按进价高的商品价格计算结转。例如,一家废旧金属回收企业,2017年12月份销售的废钢材,按已采用的"加权平均法"计算单位价格每吨应为3 012元,企业却改按当期较高购进价格每吨3 220元计算,仅此一笔商品多转销售成本7.52万元。全年用此方法隐瞒应纳税所得额89万余元。

(八) 可供出售金融资产、持有至到期投资

可供出售金融资产核算企业既不打算马上交易也不一定持有至到期的债券投资或者重大影响以下的长期股权投资,根据可供出售金融资产账户的余额减去1年内到期的债券投资减去可供出售金融资产减值准备填列。可供出售金融资产按公允价值计量,其公允价值变动计入其他综合收益。

持有至到期投资核算企业准备持有至到期而且有能力持有至到期的债券投资,持有至到期投资按摊余成本计量,根据持有至到期投资账户的余额减去1年内到期的债券投资减去持有至到期投资减值准备填列。

如果企业资产负债表中有"可供出售金融资产""持有至到期投资",而利润表中投资收益的发生额为0,应关注企业是否可能存在隐瞒投资收益的问题;如果企业资产负债表中"可供出售金融资产""持有至到期投资"大幅增加,而现金流量表中"投资支付的现金为0或者金额很小",应关注企业可能存在着非货币性资产对外投资的问题或者有其他的来源渠道;如果企业资产负债表中"可供出售金融资产""持有至到期投资"大幅减少,一方面可以结合利润表中"资产减值损失"的发生额,关注企业是否计提了减值准备,如果有计提减值准备应进一步检查企业所得税年度纳税申报表A105000"纳税调整项目明细表"第32行"资产减值准备金"是否进行了纳税调整;另一方面"可供出售金融资产""持有至到期投资"的减少可以结合现金流量表中"收回投资收到的现金"关注企业是否进行了投资转让,并注意企业的投资收益确认是否正确。

【例3-13】 税务人员张某在对白云公司2016年的企业所得税进行税收检查时发现,该企业2016年资产负债表中"可供出售金融资产"期初余额800万元,期末余额为0,企业利润表中"资产减值损失的发生额"为0,企业现金流量表中有"收回投资收到的现金1 000万元",因此认为企业很可能存在转让"可供出售金融资产"的业务,于是检查了"可供出售金融资产"明细账和记账凭证及原始凭证,发现企业的会计处理如下:

借:银行存款　　　　　　　　　　　　　　　　　　　　　　　10 000 000
　　贷:可供出售金融资产——成本　　　　　　　　　　　　　　6 000 000
　　　　可供出售金融资产——公允价值变动　　　　　　　　　　2 000 000
　　　　投资收益　　　　　　　　　　　　　　　　　　　　　　2 000 000

经查,企业的该项"可供出售金融资产"是白云公司2015年年初取得的大茂公司5%的股份,取得时的成本是600万元,2015年年末该股权的公允价值上升到800万元,企业的会计处理如下:

借:可供出售金融资产——公允价值变动　　　　　　　　　　　2 000 000
　　贷:其他综合收益　　　　　　　　　　　　　　　　　　　　2 000 000

根据《企业会计准则》规定,在2016年进行股权转让的时候会计上还应该进行如下会计处理:

借:其他综合收益　　　　　　　　　　　　　　　　　　　　　2 000 000
　　贷:投资收益　　　　　　　　　　　　　　　　　　　　　　2 000 000

但是企业在股权处置时,没有把记入"其他综合收益"的转入"投资收益",造成会计上少计收益200万元,而企业所得税税法上的股权转让所得也应该是转让净收入1 000万元和历史成本600万元的差额400万元,因此企业2016年存在会计差错和少计所得的问题。

此外,需要提请税务检查人员注意的是,企业的债券投资是按照实际利率法确认利息收入,而税法上是按照票面金额乘以票面利率,在同一时期会计和税法上确认的利息收入可能会存在不一致,需要进行纳税调整,还有会计上确认利息收入是根据权责发生制,而税法上利息收入的确认是根据合同规定的"应付利息的日期"确认收入,如果某企业在今年年初购买了一项3年期的债券作为"持有至到期投资"核算,合同约定"到期一次还本付息",那么根据会计规定企业今年年末要确认"1年的利息收入",而税法上利息收入的确认是"应付利息的日期"即到期日,当期税法上的利息收入为0,应该注意要对企业进行利息收入的纳税调减。

(九) 长期应收款

长期应收款项包括融资租赁产生的应收款项、采用递延方式具有融资性质的销售商品和提供劳务等产生的应收款项等。对于长期应收款,由于收账时间超过了1年,会计上会考虑资金的时间价值,采用现值计量属性,而税法上是不采用现值这个计量属性的,会产生税会差异,因此如果企业的报表中有"长期应收款"项目,应关注其产生的纳税调整问题。这里以分期收款销货或提供劳务为例,说明企业"长期应收款"业务的税会差异。"长期应收款"的税会差异体现在两个方面:一是对销售收入确认的时间和金额不同;二是结转销售成本的时间和金额不同。根据《企业会计准则第14号——收入》规定,具有融资性质的分期收款销售商品在满足收入确认条件时一次确认收入,同时一次结转其销售成本。确认收入的金额为应收的合同或协议价款的公允价值。应收的合同或协议价款与其公允价值之间的差额,计入未实现融资收益,该未实现融资收益应当在合同或协议期限内按照实际利率法进行分摊,计入各期损益。在实务中,应收的合同或协议价款的公允价值一般按照现销价格确定。而《企业所得税法》及其实施条例规定,企业分期收款销货应按照合同或协议约定的收款日期分期确认收入,每期确认收入的金额为合同或协议约定的收款金额,在分期确认收入时,同时结转其销售成本。

【例3-14】A公司系增值税一般纳税人,2015年1月1日,售出大型设备一套,合同销售价格10 000万元,协议约定采用分期收款方式结算,从销售当年年末分5次于每年12月31日等额收取,产品的销售成本6 000万元。在现销方式下,该大型设备的销售价格为8 000万元。假定甲公司发出商品时开出增值税专用发票,注明的增值税额为1 700万元,并于当天收到增值税额为1 700万元。

表3-6 企业实际利率计算表

单位:万元

未收本金 A	利息收益 B=A×7.93%	本金收现 C=D-B	总收现 D
销售日 8 000	0	0	0
第1年年末 8 000	634	1 366	2 000
第2年年末 6 634	526	1 474	2 000
第3年年末 5 160	410	1 590	2 000
第4年年末 3 570	283	1 717	2 000
第5年年末 1 853	147	1 853	2 000
总计	2 000	8 000	10 000

根据《企业会计准则》规定,计算得出将名义金额折现为当前售价的利率为7.93%。
2015年1月1日销售成立时:

借：长期应收款 10 000
　　银行存款 1 700
　贷：主营业务收入 8 000
　　　未实现融资收益 2 000
　　　应交税费——应交增值税（销项税额） 1 700

借：主营业务成本 6 000
　贷：库存商品 6 000

2015年年末：

借：银行存款 2 000
　贷：长期应收款 2 000

借：未实现融资收益 634
　贷：财务费用 634

2016年年末：

借：银行存款 2 000
　贷：长期应收款 2 000

借：未实现融资收益 526
　贷：财务费用 526

2017年年末：

借：银行存款 2 000
　贷：长期应收款 2 000

借：未实现融资收益 410
　贷：财务费用 410

2018年年末：

借：银行存款 2 000
　贷：长期应收款 2 000

借：未实现融资收益 283
　贷：财务费用 283

2019年年末：

借：银行存款 2 000
　贷：长期应收款 2 000

借：未实现融资收益 147
　贷：财务费用 147

企业在2015年企业所得税申报时，在A105020"未按权责发生制确认收入纳税调整明细表"申报如表3-7所示。

表 3-7　　　　　　　　　未按权责发生制确认收入纳税调整明细表

单位:万元

行次	项　目	合同金额（交易金额）	账载金额		税收金额		纳税调整金额
			本年	累计	本年	累计	
		1	2	3	4	5	6(4－2)
5	二、分期确认收入(6＋7＋8)						
6	（一）分期收款方式销售货物收入	10 000	8 000	8 000	2 000	2 000	－6 000
7	（二）持续时间超过12个月的建造合同收入						
8	（三）其他分期确认收入						

在 A105000"纳税调整项目明细表"申报如表 3-8 所示。

表 3-8　　　　　　　　　　　纳税调整项目明细表

单位:万元

行次	项　目	账载金额	税收金额	调增金额	调减金额
		1	2	3	4
1	一、收入类调整项目(2＋3＋4＋5＋6＋7＋8＋10＋11)	＊	＊		
2	（一）视同销售收入(填写 A105010)	＊			＊
3	（二）未按权责发生制原则确认的收入(填写 A105020)	8 000	2 000		6 000
4	（三）投资收益(填写 A105030)				
5	（四）按权益法核算长期股权投资对初始投资成本调整确认收益	＊	＊	＊	
6	（五）交易性金融资产初始投资调整	＊	＊		＊
7	（六）公允价值变动净损益		＊		
8	（七）不征税收入	＊			
9	其中:专项用途财政性资金(填写 A105040)	＊	＊		
10	（八）销售折扣、折让和退回				
11	（九）其他				
12	二、扣除类调整项目	＊	＊		
13	（一）视同销售成本(填写 A105010)	＊			
14	（二）职工薪酬(填写 A105050)				
15	（三）业务招待费支出				＊
16	（四）广告费和业务宣传费支出(填写 A105060)	＊	＊		

(续表)

行次	项 目	账载金额	税收金额	调增金额	调减金额
		1	2	3	4
17	(五)捐赠支出(填写A105070)				*
18	(六)利息支出				
19	(七)罚金、罚款和被没收财物的损失		*		*
20	(八)税收滞纳金、加收利息		*		*
21	(九)赞助支出		*		*
22	(十)与未实现融资收益相关在当期确认的财务费用	-634	0		634
23	(十一)佣金和手续费支出				*
24	(十二)不征税收入用于支出所形成的费用	*	*		*
25	其中:专项用途财政性资金用于支出所形成的费用(填写A105040)	*	*		*
26	(十三)跨期扣除项目				
27	(十四)与取得收入无关的支出		*		*
28	(十五)境外所得分摊的共同支出	*	*		*
29	(十六)其他	6 000	1 200		4 800

在2015年会计上一次按现值确认收入销售收入8 000万元,销售成本6 000万元,有产品销售利润2 000万元,同时按实际利率确认利息收入634万元,利润总额共增加2 634万元;而税法上是不考虑时间价值的,不存在利息收入,按合同约定分期确认销售收入2 000万元,销售成本1 200万元,有800万元的销售所得,因此在纳税调整项目明细表中累计调减所得1 834万元。但应当注意的是,随着资产负债表中长期应收款的减少,要注意以后年度会纳税调增。

企业在2016年所得税申报时,在A105020"未按权责发生制确认收入纳税调整明细表"申报如表3-9所示。

表3-9 未按权责发生制确认收入纳税调整明细表

单位:万元

行次	项 目	合同金额(交易金额)	账载金额		税收金额		纳税调整金额
			本年	累计	本年	累计	
		1	2	3	4	5	6(4-2)
5	二、分期确认收入(6+7+8)						
6	(一)分期收款方式销售货物收入	10 000	0	8 000	2 000	4 000	2 000

(续表)

行次	项 目	合同金额（交易金额）	账载金额		税收金额		纳税调整金额
			本年	累计	本年	累计	
		1	2	3	4	5	6(4－2)
7	(二)持续时间超过12个月的建造合同收入						
8	(三)其他分期确认收入						

在A105000"纳税调整项目明细表"申报如表3-10所示。

表3-10　　　　　　　　　　　　纳税调整项目明细表

单位:万元

行次	项 目	账载金额	税收金额	调增金额	调减金额
		1	2	3	4
1	一、收入类调整项目(2＋3＋4＋5＋6＋7＋8＋10＋11)	＊	＊		
2	(一)视同销售收入(填写A105010)	＊			＊
3	(二)未按权责发生制原则确认的收入(填写A105020)			2 000	2 000
4	(三)投资收益(填写A105030)				
5	(四)按权益法核算长期股权投资对初始投资成本调整确认收益	＊	＊	＊	
6	(五)交易性金融资产初始投资调整	＊	＊		＊
7	(六)公允价值变动净损益		＊		
8	(七)不征税收入	＊	＊		
9	其中:专项用途财政性资金(填写A105040)	＊	＊		
10	(八)销售折扣、折让和退回				
11	(九)其他				
12	二、扣除类调整项目	＊	＊		
13	(一)视同销售成本(填写A105010)	＊			
14	(二)职工薪酬(填写A105050)				
15	(三)业务招待费支出				＊
16	(四)广告费和业务宣传费支出(填写A105060)	＊	＊		
17	(五)捐赠支出(填写A105070)				＊
18	(六)利息支出				
19	(七)罚金、罚款和被没收财物的损失		＊		＊

(续表)

行次	项目	账载金额	税收金额	调增金额	调减金额
		1	2	3	4
20	(八)税收滞纳金、加收利息		*		*
21	(九)赞助支出		*		*
22	(十)与未实现融资收益相关在当期确认的财务费用	－526	0		526
23	(十一)佣金和手续费支出				*
24	(十二)不征税收入用于支出所形成的费用	*	*		
25	其中:专项用途财政性资金用于支出所形成的费用(填写A105040)	*	*		
26	(十三)跨期扣除项目				
27	(十四)与取得收入无关的支出		*		*
28	(十五)境外所得分摊的共同支出	*	*		*
29	(十六)其他			1 200	1 200

在2016年企业所得税申报时,会计不再确认销售利润,而税法上按合同约定分期确认销售收入2 000万元,销售成本1 200万元,有800万元的销售所得,进行纳税调增800万元;会计上按实际利率确认利息收入526万元,而税法不考虑时间价值进行纳税调减526万元,2016年在所得税申报表中合计调增所得274万元。2017—2019年的企业所得税申报填列如2016年(略),在2017年的企业所得税申报表中会调增销售所得800万元,调减利息收入410万元,在所得税申报表中合计调增所得390万元;在2018年的企业所得税申报表中会调增销售所得800万元,调减利息收入283万元,合计在所得税申报表中调增所得517万元;在2019年的企业所得税申报表中会调增销售所得800万元,调减利息收入147万元,合计在所得税申报表中调增所得653万元。

(十)长期股权投资

长期股权投资的目的是为长期持有被投资单位的股份,成为被投资单位的股东,并通过所持有的股份,对被投资单位实施控制、共同控制或重大影响,具体核算范围包括:投资企业能够对被投资单位实施控制的权益性投资,即对子公司投资;投资企业与其他合营方一同对被投资单位实施共同控制的权益性投资,即对合营企业投资;投资企业对被投资单位具有重大影响的权益性投资,即对联营企业投资。长期股权投资从初始取得、持有、到处置会计处理与税法存在巨大的差异,所以税务人员应从各环节密切关注本项目存在的涉税风险。

1. 长期股权投资初始计量

如果企业资产负债表中长期股权投资增加,需要关注其来源渠道,关注其是否形成了企业合并,因为来源渠道不同和是否形成合并会有不同的会计与税务处理。《企业会计准则第2号——长期股权投资》规定,企业的长期股权投资分成合并中形成的长期股权投资和非合并中形成的长期股权投资。

1) 企业合并形成的长期股权投资

企业合并形成的长期股权投资,应当按照下列规定确定其初始投资成本:

(1) 同一控制下的企业合并,合并方以支付现金、转让非现金资产或承担债务方式作为合并对价的,应当在合并日按照被合并方所有者权益在最终控制方合并财务报表中的账面价值的份额作为长期股权投资的初始投资成本。长期股权投资初始投资成本与支付的现金、转让的非现金资产以及所承担债务账面价值之间的差额,应当调整资本公积;资本公积不足冲减的,调整留存收益。合并方以发行权益性证券作为合并对价的,应当在合并日按照被合并方所有者权益在最终控制方合并财务报表中的账面价值的份额作为长期股权投资的初始投资成本。按照发行股份的面值总额作为股本,长期股权投资初始投资成本与所发行股份面值总额之间的差额,应当调整资本公积;资本公积不足冲减的,调整留存收益。

(2) 非同一控制下的企业合并,购买方在购买日应当按照《企业会计准则第20号——企业合并》有关规定确定的合并成本作为长期股权投资的初始投资成本。合并方或购买方为企业合并发生的审计、法律服务、评估咨询等中介费用以及其他相关管理费用,应当于发生时计入当期损益。

2) 其他方式取得的长期股权投资

除企业合并形成的长期股权投资以外,其他方式取得的长期股权投资,应当按照下列规定确定其初始投资成本:

(1) 以支付现金取得的长期股权投资,应当按照实际支付的购买价款作为初始投资成本。初始投资成本包括与取得长期股权投资直接相关的费用、税金及其他必要支出。

(2) 以发行权益性证券取得的长期股权投资,应当按照发行权益性证券的公允价值作为初始投资成本。与发行权益性证券直接相关的费用,应当按照《企业会计准则第37号——金融工具列报》的有关规定确定。

(3) 通过非货币性资产交换取得的长期股权投资,其初始投资成本应当按照《企业会计准则第7号——非货币性资产交换》的有关规定确定。

(4) 通过债务重组取得的长期股权投资,其初始投资成本应当按照《企业会计准则第12号——债务重组》的有关规定确定。

3) 长期股权投资计税基础的确定

《企业所得税法实施条例》规定:通过支付现金方式取得的投资资产,以购买价款和相关税费为投资成本;通过支付现金以外的方式取得的投资资产,以该资产的公允价值和支付的相关税费为成本。

形成股权收购的,根据《财政部 国家税务总局关于企业重组业务企业所得税处理若干问题的通知》(财税〔2009〕59号)和《财政部 国家税务总局关于促进企业重组有关企业所得税处理问题的通知》(财税〔2014〕109号),按以下规定处理:股权收购,是指一家企业(以下称为收购企业)购买另一家企业(以下称为被收购企业)的股权,以实现对被收购企业控制的交易。收购企业支付对价的形式包括股权支付、非股权支付或两者的组合。所称股权支付,是指企业重组中购买、换取资产的一方支付的对价中,以本企业或其控股企业的股权、股份作为支付的形式;所称非股权支付,是指以本企业的现金、银行存款、应收款项、本企业或其控股企业股权和股份以外的有价证券、存货、固定资产、其他资产以及承担债务等作为支付的形式。企业重组的税务处理区分不同条件分别适用一般性税务处理规定和特殊性税务处理规定。对一般性税务处理,收购方取得股权或资产的计税基础应以公允价值为基础确定。如果收购企业购买的股权不低于被收购企业全部股权的50%,且收购企业在该股权收购发生时的股权支付金额不低于其交易支付总额的85%,具有合理的商业目的,且不以减少、免除或者推迟交纳税款为主要目的,企业重组后的连续12个月内不改变重组资产原来的实质性经营活动,企业重组中取得股权支付的原主要股东,在重组后连续12个月内,不得转让所取得的股权。可以选择特殊性税务处理:被收购企业的股东取得收购企业股权的计税基础,以被收购股权的原有计税基础确定;收购企业取得被收购企业股权的计税基础,以被收购股权的原有计税基础确定;收购企业、被收购企业的原有各项资产和负债的计税基础和其他相关所得税事项保持不变。

4) 长期股权投资初始投资成本计量方面的差异

第一,企业合并取得的长期股权投资。

企业合并中取得的长期股权投资在会计上分为统一控制下的企业合并和非统一控制下的企业合并,统一控制下的企业合并取得的股权投资初始投资成本,按照被投资企业所有者权益的账面价值确定,不确认换出资产的损益,而非同一控制下的企业合并长期股权投资按照换出资产的公允价值为基础确定,换出资产公允价与账面价值之间的差额计入当期损益。而税法上不考虑是否统一控制,而是分为一般性税务处理和特殊性税务处理,对一般性税务处理,收购方取得股权的计税基础应以公允价值为基础确定,对于特殊性税务处理,收购方取得股权的计税基础应以被收购股权的原有计税基础确定。因此企业会由于合并类型和税务处理选择不同,造成长期股权投资取得时账面价值与计税基础的不一致。

【例3-15】 大华公司和白云公司为同一控制下的企业,大华公司2015年4月8日用980 000元现金购买了白云公司60%的股份,这一天白云公司的所有者权益账面价值为1 000 000元,大华公司的会计处理如下:

借:长期股权投资——白云公司　　　　　　　　　　　　　　　600 000
　　资本公积　　　　　　　　　　　　　　　　　　　　　　　380 000
　　贷:银行存款　　　　　　　　　　　　　　　　　　　　　　　　980 000

根据财税〔2009〕59号文件规定,该业务只能适用一般性税务处理,长期股权投资的计税基础应以公允价值为基础确定是1 000 000元,而会计上的账面价值按照同一控制下的企业合并根据被投资企业的所有者权益确定是600 000元。

【例3-16】 2017年8月15日,甲公司以一台固定资产和银行存款2 000 000元向乙公司投资(甲公司和乙公司属于同一控制的两个公司),占乙公司注册资本的60%,该固定资产的账面原价80 000 000元,已提累计折旧5 000 000元,公允价值76 000 000元。

假定不考虑其他相关税费。乙公司所有者权益的账面价值100 000 000元。甲公司的会计处理如下：

借：固定资产清理	75 000 000
累计折旧	5 000 000
贷：固定资产	80 000 000
借：长期股权投资	60 000 000
资本公积	17 000 000
贷：固定资产清理	75 000 000
银行存款	2 000 000

根据财税〔2009〕59号文件和财税〔2014〕109号规定，该业务只能适用一般性税务处理，长期股权投资的计税基础应以公允价值为基础确定是78 000 000元，同时确认换出资产损益，通过申报表调整所得1 000 000元，当然企业也可以根据财税〔2014〕116号文件分5年均匀计入应纳税所得额。

【例3-17】 2017年8月15日，甲公司以一台固定资产和银行存款2 000 000元向乙公司投资（甲公司和乙公司不属于同一控制的两个公司），占乙公司注册资本的60%，该固定资产的账面原价80 000 000元，已提累计折旧5 000 000元，公允价值76 000 000元。假定不考虑其他相关税费，甲公司的会计处理如下：

借：固定资产清理	75 000 000
累计折旧	5 000 000
贷：固定资产	80 000 000
借：长期股权投资——乙公司	78 000 000
贷：固定资产清理	75 000 000
银行存款	2 000 000
资产处置损益	1 000 000

根据财税〔2009〕59号文件和财税〔2014〕109号文件规定，该业务只能适用一般性税务处理，长期股权投资的计税基础应以公允价值为基础确定是78 000 000元，同时确认换出资产损益，根据企业会计准则规定非同一控制下的企业合并中取得的长期股权投资按照换出资产的公允价值加相关税费，换出资产的公允价与账面价值之间的差额计入当期损益，如果企业选择一次性申报非货币性资产转让所得，长期股权投资账面价值与计税基础相同都是78 000 000元。

第二，非企业合并取得的长期股权投资。

以非现金资产交换方式取得的长期股权投资成本的确定。《企业会计准则第7号——非货币性资产交换》，以非现金资产交换方式取得的长期股权投资的成本，应区分公允价值计量和成本模式两种情况确定。其中，在公允价值模式下，初始投资成本应以换出资产的公允价值为基础确定；如果有确凿证据表明换入资产的公允价值比换出资产的公允价值更加可靠，则以换入资产的公允价值为基础确定。在成本模式下，初始投资成本应当以换出资产账面价值为基础确定换入资产成本。《企业所得税法实施条例》规定,通过支付现金以外的方式取得的投资资产,以该资产的公允价值和支付的相关税费为成本。理论上非现金资产交换是一种等价交换,公允价值不相等的通过补价解决,因此在公允价值模式下,长期股权投资的计税基础与初始成本一致;而在成本模式下,长期股权投资的计税基础是以换出资产的公允价值为基础确定的,其初始投资成本的账面价值是以换出资产的账面价值为基础确定,因而其计税基础与初始投资成本不同,产生暂时性差异。因此企业是否存在以非币性资产对外投资的业务是税务人员应该关注的涉税风险点,税务人员可以通过资产负债表中"长期股权投资"的增加数与现金流量表中长期股权投资活动的现金流出数进行比对,如果"长期股权投资的增加数"大于其现金流出,则需要检查"长期股权投资"明细账及相关记账凭证和原始凭证,关注其会计处理与纳税申报是否正确。

同时,对于非合并中取得的长期股权投资,会计上采用的是权益法核算,根据《企业会计准则》规定,对于按权益法核算的长期股权投资,其初始投资成本小于投资时应享有被投资单位可辨认净资产公允价值份额的,其差额应当计入当期损益,同时调整长期股权投资的成本;按权益法核算的长期股权投资,初始投资成本大于投资时应享有被投资单位可辨认净资产公允价值份额的,不调整已确认的初始投资成本。因此还要注意由于权益法核算对初始投资成本的调整形成的税会差异。

【例3-18】 某税务检查人员在对甲企业2016年的企业所得税纳税检查时发现,资产负债表中长期股权期末与期初相比大幅增加,但是现金流量表中"投资支付的现金""取得子公司及其他营业单位付的现金"为0,于是怀疑该企业存在着非货币性资产对外投资的业务,于是检查"长期股权投资"明细账和相关记账凭证及原始凭证,发现企业在2016年1月2日有一笔以成本价8 000 000元,市价为10 000 000元的库存商品对外投资,持有被投资企业30%的股份,能够对被投资企业实施重大影响,被投资企业可辨认净资产的公允价值为40 000 000元,经落实该非货币性资产交换不具有商业实质,企业的会计处理如下:

借:长期股权投资　　　　　　　　　　　　　　　　9 700 000
　　贷:库存商品　　　　　　　　　　　　　　　　　8 000 000
　　　　应交税费——应交增值税(销项税额)　　　　1 700 000

借:长期股权投资　　　　　　　　　　　　　　　　2 300 000
　　贷:营业外收入　　　　　　　　　　　　　　　　2 300 000

根据《企业会计准则》规定,由于该非货币性资产交换不具有商业实质,企业不确认换出资产的损益,长期股权投资的初始投资成本根据换出资产的账面价值确定,会计处理是正确的。但是根据《企业所得税法实施条例》规定,企业以非货币性资产对外投资,非货币性资产要视同销售,长期股权投资的计税基础为换出资产的公允价值加相关税费,税法上长期股权投资的计税基础为11 700 000元,因此税务检查人员还应该进一步关注企业是否在企业所得税申报表中申报了视同销售(见表3-11)。

A105010

表 3-11　视同销售和房地产开发企业特定业务纳税调整明细表

单位:元

行次	项　目	税收金额 1	纳税调整金额 2
1	一、视同销售(营业)收入(2+3+4+5+6+7+8+9+10)		
2	(一)非货币性资产交换视同销售收入	10 000 000	
3	(二)用于市场推广或销售视同销售收入		
4	(三)用于交际应酬视同销售收入		
5	(四)用于职工奖励或福利视同销售收入		
6	(五)用于股息分配视同销售收入		
7	(六)用于对外捐赠视同销售收入		
8	(七)用于对外投资项目视同销售收入		
9	(八)提供劳务视同销售收入		
10	(九)其他		
11	二、视同销售(营业)成本(12+13+14+15+16+17+18+19+20)		
12	(一)非货币性资产交换视同销售成本	8 000 000	
13	(二)用于市场推广或销售视同销售成本		
14	(三)用于交际应酬视同销售成本		
15	(四)用于职工奖励或福利视同销售成本		
16	(五)用于股息分配视同销售成本		
17	(六)用于对外捐赠视同销售成本		
18	(七)用于对外投资项目视同销售成本		
19	(八)提供劳务视同销售成本		
20	(九)其他		

根据《财政部　国家税务总局关于非货币性资产投资企业所得税政策问题的通知》(财税〔2014〕116 号),居民企业以非货币性资产对外投资确认的非货币性资产转让所得,可在不超过 5 年期限内,分期均匀计入相应年度的应纳税所得额,按规定计算交纳企业所得税。企业以非货币性资产对外投资而取得被投资企业的股权,应以非货币性资产的原计税成本为计税基础,加上每年确认的非货币性资产转让所得,逐年进行调整。如果企业选择分 5 年申报,2016 年企业在申报表中调增销售所得 40 万元,2016 年长期股权投资的计税基础为 970 万元加上 40 万元为 1 010 万元,2016 年长期股权投资的计税基础为 1 050 万元,其他年度略。

由于本例中企业取得联营企业股权的初始投资成本小于被投资企业可辨认净资产的公允价值计算的份额,所以会计上调整了初始投资成本,同时确认了"营业外收入"230 万元,而税法上不认可,因此还需要关注企业在申报表中是否进行了纳税调整(见表 3-12)。

A105000

表 3-12　　　　　　　　　　　纳税调整项目明细表

单位：元

行次	项　目	账载金额	税收金额	调增金额	调减金额
		1	2	3	4
1	一、收入类调整项目(2+3+4+5+6+7+8+10+11)	＊	＊		
2	（一）视同销售收入（填写 A105010）	＊			＊
3	（二）未按权责发生制原则确认的收入（填写 A105020）				
4	（三）投资收益（填写 A105030）				
5	（四）按权益法核算长期股权投资对初始投资成本调整确认收益	＊	＊	＊	2 300 000
6	（五）交易性金融资产初始投资调整	＊	＊		＊
7	（六）公允价值变动净损益		＊		
8	（七）不征税收入	＊			
9	其中：专项用途财政性资金（填写 A105040）	＊	＊		
10	（八）销售折扣、折让和退回				
11	（九）其他				

2. 后续计量会计与税务处理差异

长期股权投资在持有期间，对子公司的投资采用成本法，对联营企业和合营企业的投资采用成本法。

1) 成本法核算的长期股权投资

（1）被投资单位宣告分派现金股利或利润。会计处理参考《企业会计准则解释第 3 号》(财会〔2009〕8 号，以下简称"解释 3 号")。采用成本法核算的长期股权投资，投资企业取得被投资单位宣告发放的现金股利或利润，除取得投资时实际支付的价款或对价中包含的已宣告但尚未发放的现金股利或利润外，投资企业应当按照享有被投资单位宣告发放的现金股利或利润确认投资收益，不再划分是否属于投资前和投资后被投资单位实现的净利润。而是一律记入当期"投资收益"科目，这与税法确认收入的时间一致。税务处理如下：《企业所得税法实施条例》规定，股息、红利等权益性投资收益，除国务院财政、税务主管部门另有规定外，按照被投资方作出利润分配决定的日期确认收入的实现。居民企业直接投资于其他居民企业取得的投资收益，为免税收入，但不包括连续持有居民企业公开发行并上市流通的股票不足 12 个月取得的投资收益。为此，居民企业之间的直接投资取得的投资收益，属于免税收入，因此年末汇算清缴时要注意在"A107010 免税、减计收入及加计扣除优惠明细表"中是否进行了纳税调减。

(2) 被投资单位宣告派发股票股利。会计处理如下：对于股票股利，不管企业采用成本法核算还是权益法核算，投资企业均不作账务处理如下，只需在除权日备查登记增加的股数，以反映股数的变化。税务处理如下：作为投资企业，从原理来讲，用未分配利润派发红股，相当于用未分配利润向股东分配了股息、红利，股东再以分得的股息、红利对被投资企业增资，增加被投资公司股本，因此股票股利属于税法上的投资收益，符合条件的股票红利，也应属于免税范围，不符合条件的，要按股票的面值交纳企业所得税，同时调增长期股权投资的计税基础。

【例 3-19】 某税务检查人员在乙企业 2016 年企业所得税汇算清缴中发现，该企业 2016 年 3 月收到甲企业（非上市公司）宣告分配的现金股利 300 万元，股票股利 100 万股，股票的面值为每股 1 元，乙企业持有甲企业 60%的股份，采用成本法核算，其初始投资成本与计税基础相同为 100 000 000 元。乙企业的会计处理如下：

借：应收股利　　　　　　　　　　　　　　　　　　　　3 000 000
　　贷：投资收益　　　　　　　　　　　　　　　　　　　　　　3 000 000
借：银行存款　　　　　　　　　　　　　　　　　　　　3 000 000
　　贷：应收股利　　　　　　　　　　　　　　　　　　　　　　3 000 000

另取得的股票股利 100 万股在备查簿中登记。

乙企业将分回的现金股利 300 万元，在企业所得税申报表中申报了投资收益，并作为免税收入进行了纳税调减，对股票股利未进行税务处理。税务检查人员根据企业所得税法规定，提请企业在年度企业所得税纳税申报表中进行如下处理（见表 3-13 至表 3-15）。

A105030

表 3-13　　　　　　　　　投资收益纳税调整明细表

单位：元

行次	项　目	持有收益		
		账载金额	税收金额	纳税调整金额
		1	2	3(2−1)
1	一、交易性金融资产			
2	二、可供出售金融资产			
3	三、持有至到期投资			
4	四、衍生工具			
5	五、交易性金融负债			
6	六、长期股权投资	3 000 000	4 000 000	1 000 000
7	七、短期投资			
8	八、长期债券投资			
9	九、其他			
10	合计(1+2+3+4+5+6+7+8+9)			

A105000

表 3-14　　　　　　　　　　　纳税调整项目明细表

单位:元

行次	项　目	账载金额	税收金额	调增金额	调减金额
		1	2	3	4
1	一、收入类调整项目(2+3+4+5+6+7+8+10+11)	*	*		
2	（一）视同销售收入（填写 A105010）	*			*
3	（二）未按权责发生制原则确认的收入（填写 A105020）				
4	（三）投资收益（填写 A105030）	3 000 000	4 000 000	1 000 000	
5	（四）按权益法核算长期股权投资对初始投资成本调整确认收益	*	*	*	
6	（五）交易性金融资产初始投资调整	*	*		*
7	（六）公允价值变动净损益		*		
8	（七）不征税收入	*	*		
9	其中:专项用途财政性资金（填写 A105040）	*	*		
10	（八）销售折扣、折让和退回				
11	（九）其他				

A107010

表 3-15　　　　　　免税、减计收入及加计扣除优惠明细表

单位:元

行次	项　目	金　额
1	一、免税收入(2+3+4+5)	
2	（一）国债利息收入	
3	（二）符合条件的居民企业之间的股息、红利等权益性投资收益（填写 A107011）	4 000 000
4	（三）符合条件的非营利组织的收入	

　　乙企业对股票股利以"一增一减"方式列报,即纳税调增收入 1 000 000 元,免税收入纳税调减 1 000 000 元,虽然对 2016 年应纳税所得额无影响,但长期股权投资的计税基础增加 1 000 000 元,会影响将来税法上的股权转让所得或损失。

　　2）权益法核算的长期股权投资

　　对于权益法核算的长期股权投资,由于长期股权投资的账面价值要与被投资企业的所有者权益保持联动,还应该特别关注以下差异:

第一,投资收益的确认。

投资收益确认的会计处理:投资企业取得长期股权投资后,应当按照应享有或应分担的被投资单位实现净损益的份额,调整长期股权投资的账面价值,并确认为当期投资损益。被投资方宣告分配现金股利或利润时,相应冲减长期股权投资的账面价值,不确认投资收益。投资单位确认被投资单位的净亏损,应当以长期股权投资的账面价值以及其他实质上构成对被投资单位净投资的长期权益减记至零为限,投资企业负有承担额外损失义务的除外。

投资收益确认的税务处理:《企业所得税法实施条例》规定,被投资方实现的利润由被投资方交纳企业所得税,其税后利润投资方不确认所得;被投资方发生的税务亏损,应由被投资方用以后年度实现的应纳税所得额弥补,弥补期不得超过5年。被投资方宣告分配股利或利润时,投资方按照应享有的份额确认股息所得。这样,在会计处理上,期末被投资单位实现净损益时确认投资收益;而在税务处理上,则只有当被投资方宣告分配时,投资方才确认股息性所得。所以税法上的投资收益的是根据"应收股利"科目的借方发生额填列,而不是根据"投资收益"科目的发生额填列,因此税务人员一定要关注企业权益法核算的长期股权投资,持有期间的投资收益申报是否正确。

第二,投资企业对于被投资单位除净损益以外所有者权益的其他变动。

会计处理如下:投资企业对于被投资单位除净损益以外所有者权益的其他变动,在持股比例不变的情况下,按照持股比例计算应享有或承担的部分,调整长期股权投资的账面价值,同时增加或减少"资本公积"或"其他综合收益"。税务处理如下:被投资企业其他权益变动不确认损失或所得,只有在处置时,才确认损失或所得。由于其他权益变动直接计入所有者权益,不影响会计利润,因此不需作纳税调整。但是要税务人员要注意的是其他权益变动会引起长期股权投资的账面价值发生变化,但是税法上长期股权投资的计税基础是历史成本,要注意将来长期股权投资处置时,会计上还应结转原计入资本公积或其他综合收益中的相关金额,确认为当期损益,这样会计与税法才是一致的。

第三,期末长期股权投资发生减值。

会计处理如下:企业应当在会计期末判断资产是否存在减值迹象,如果发生减值损失,不论企业采用成本法核算还是权益法核算,均应计提减值准备并计入当期损益。长期股权投资减值准备一经计提不得转回,处置该投资时,相应结转减值准备。税务处理如下:《企业所得税法实施条例》规定,未经核定的各项资产减值准备、风险准备等准备金支出不得税前扣除。但财税〔2009〕57号文件《财政部 国家税务总局关于企业资产损失税前扣除政策的通知》规定企业的股权投资符合下列条件之一的,减除可收回金额后确认的无法收回的股权投资,可以作为股权投资损失在计算应纳税所得额时扣除:被投资方依法宣告破产、关闭、解散、被撤销,或者被依法注销、吊销营业执照的;被投资方财务状况严重恶化,累计发生巨额亏损,已连续停止经营3年以上,且无重新恢复经营改组计划的;对被投资方不具有控制权,投资期限届满或者投资期限已超过10年,且被投资单位因连续3年经营亏损导致资不抵债的;被投资方财务状况严重恶化,累计发生巨额亏损,已完成清算或清算期超过3年以上的;国务院财政、税务主管部门规定的其他条件。这样,企业按照国家税务总局公告 2011 年第 25 号《企业资产损失所得税税前扣除管理办法》的要求,对符合财税〔2009〕57 号文件和本办法规定条件计算确认的损失(以下简称法定资产损失),应按照《企业资产损失所得税税前扣除管理办法》提供相关资料,以专项申报的方式向税务机关申报扣除,未申报的财产损失不允许税前扣除。

3. 长期股权投资处置

处置长期股权投资时,会计上应结转与所售股权相对应的长期股权投资的账面价值,出售所得价款与处置长期股权投资账面价值之间的差额,不论收益或损失,均应确认为处置损益。根据税法规定,转让或者处置投资资产所得价款与投资资产的计税基础之间的差额,为股权转让所得(或损失)。由于长期股权投资的账面价值与计税基础可能不一致,会导致长期股权投资处置损益与股权转让所得(或损失)金额相应存在差异,对于长期股权投资处置税法上是收益的,要注意企业是否在"A105030《投资收益纳税调整明细表》"进行了调整,对长期股权投资处置税法上是损失的,要注意企业是否在"A105090《资产损失税前扣除及纳税调整明细表》"进行了调整。

(十一) 投资性房地产

1. 投资性房地产的定义及特征

投资性房地产是指为赚取租金或资本增值,或两者兼有而持有的房地产。投资性房地产应当能够单独计量和出售。投资性房地产的范围包括:已出租的土地使用权;持有并准备增值后转让的土地使用权;已出租的建筑物。

《企业所得税法》中没有专门规定投资性房地产的概念。从税法上来说,投资性房地产可以区分为房屋、建筑物和土地使用权。其中,房屋、建筑物归入固定资产,在计算应纳税所得额时,按照《企业所得税法》第十一条规定计算固定资产折旧并扣除;土地使用权应归入无形资产,在计算应纳税所得额时,按照《企业所得税法》第十二条规定计算无形资产摊销费用并扣除。

2. 投资性房地产的余额增加

投资性房地产如果资产负债表中期末与期初相比大幅增加,应结合现金流量表中"购建固定资产、无形资产和其他长期资产"的现金流出进行分析,如果投资性房地产的增加数大于现金流量表中的现金流出数,说明企业的投资性房地产可能存在接受投资、评估增值、非货币性资产交换、接受捐赠等来源渠道,或者存在着投资性房地产公允价值上升或存货、固定资产转入投资性房地产,造成的投资性房地产的增加,由于不同的来源渠道会涉及不同的税收问题,因此税务人员应检查投资性房地产明细账及相关会计凭证,落实其来源渠道。

投资性房地产应当按照成本进行初始计量:外购投资性房地产的成本,包括购买价款、相关税费和可直接归属于该资产的其他支出;自行建造投资性房地产的成本,由建造该项资产达到预定可使用状态前所发生的必要支出构成,这点会计与税法是基本一致的。通过捐赠、投资、非货币性资产交换、债务重组取得的投资性房地产,税法上按该资产的公允价值加上应支付的相关税费作为计税基础,而会计上对于没有商业实质的非货币性资产交换是按照换出资产的账面价值加上相关税费来确定投资性房地产的账面价值,有可能产生税会差异,具体会计与税务处理可结合固定资产、无形资产的来源渠道分析,这里重点介绍后两种情况的会计与税务处理。

1) 投资性房地产公允价值上升

按照《企业会计准则》规定,投资性房地产的后续计量具有成本和公允价值两种模式,通常应当采用成本模式计量,有确凿证据表明投资性房地产的公允价值能够持续可靠取得的,可以对投资性房地产采用公允价值模式进行后续计量。用公允价值模式计量的,应当同时满足下列条件:投资性房地产所在地有活跃的房地产交易市场;企业能够从房地产交易市场上取得同类或类似房地产的市场价格及其他相关信息,从而对投资性房地产的公允价值作出合理的估计。采用公允价值模式计量的,不对投资性房地产计提折旧或进行摊销,应当以资产负债表日投资性房地产的公允价值为基础调整其账面价值,公允价值与原账面价值之间的差额计入当期损益。

【例3-20】 甲公司2015年12月31日以银行存款80 000 000元外购一栋全新写字楼出租给乙公司,该写字楼的预计净残值率为5%,税法上的折旧年限为为20年,2016年12月31日,该写字楼的公允价值为90 000 000元。甲公司的会计处理如下:

2015年12月31日购买时:

借:投资性房地产　　　　　　　　　　　　　　　　　　　　　　80 000 000
　　贷:银行存款　　　　　　　　　　　　　　　　　　　　　　　80 000 000

2016年12月31日:

借:投资性房地产——公允价值变动　　　　　　　　　　　　　10 000 000
　　贷:公允价值变动损益　　　　　　　　　　　　　　　　　　10 000 000

对于以公允价值计量的投资性房地产,如果期末资产负债表中投资性房地产余额增加,可以结合利润表中"公允价值变动损益"的发生额,看是否公允价值上升引起的,上述案例中投资性房地产公允价值上升10 000 000元,会造成资产负债表中2016年的投资性房地产余额增加10 000 000元,但是根据企业所得税法规定,投资性房地产公允价值变动损益不计入当期应纳税所得额,投资性房地产作为房屋建筑物,按税法规定计提的折旧可以税前扣除。税务人员应关注企业在所得税年度纳税申报表中是否进行了纳税调整,并注意投资性房地产账面价值和计税基础之间的差异。对上述经济业务,企业2016年的所得税申报如表3-16、表3-17所示。

A105000

表3-16　　　　　　　　　　　纳税调整项目明细表

单位:元

行次	项　目	账载金额	税收金额	调增金额	调减金额
		1	2	3	4
1	一、收入类调整项目(2+3+4+5+6+7+8+10+11)	*	*		

(续表)

行次	项目	账载金额	税收金额	调增金额	调减金额
		1	2	3	4
2	(一)视同销售收入(填写A105010)	*			*
3	(二)未按权责发生制原则确认的收入(填写A105020)				
4	(三)投资收益(填写A105030)				
5	(四)按权益法核算长期股权投资对初始投资成本调整确认收益	*	*	*	
6	(五)交易性金融资产初始投资调整	*	*		*
7	(六)公允价值变动净损益	10 000 000	*		10 000 000
8	(七)不征税收入	*			

A105080

表3-17　　　　　　　　　资产折旧、摊销情况及纳税调整明细表

行次	项目	账载金额			税收金额				纳税调整	
		资产账载金额	本年折旧、摊销额	累计折旧、摊销额	资产计税基础	按税收一般规定计算的本年折旧、摊销额	本年加速折旧额	其中:2014年及以后年度新增固定资产加速折旧额(填写A105081)	累计折旧、摊销额	金额	调整原因
		1	2	3	4	5	6	7	8	9(2-5-6)	10
1	一、固定资产(2+3+4+5+6+7)										
2	(一)房屋、建筑物	90 000 000	0	0	80 000 000	3 800 000			3 800 000	-3 800 000	

但是需要注意的是,在2016年12月31日,投资性房地产的账面价值是90 000 000元,计税基础是80 000 000元减去3 800 000元即76 200 000元,要注意在将来投资性房地产处置时,要进行纳税调增13 800 000元。

2) 存货转换为投资性房地产

根据《企业会计准则》规定,企业有确凿证据表明作为存货的房地产,改为出租;自用土地使用权停止自用,用于赚取租金或资本增值;自用建筑物停止自用,改为出租;企业应将其他资产转换为投资性房地产。企业将作为存货的房地产转换为采用成本模式计量的投资性房地产时,应当将房地产转换前的账面价值作为转换后的入账价值,在转换的过程中不涉及损益;企业将作为存货的房地产转换为采用公允价值模式计量的投资性房地产时,应按转换日该项房地产的公允价值作为投资性房地产的入账价值,转换日的公允价值

小于存货的账面价值的,差额记入"公允价值变动损益",转换日的公允价值大于存货的账面价值的,差额记入"其他综合收益",待该项投资性房地产处置时,应将记入"其他综合收益"的部分记入当期损益。

【例 3-21】 2016 年 5 月,甲房地产企业将自己的开发产品用于出租,租赁开始日开发产品的成本为 800 000 元,公允价值为 700 000 元,该存货未计提存货跌价准备,该企业投资性房地产采用公允价值模式进行后续计量。

转换日,该企业的会计处理如下:

借:投资性房地产(成本)   700 000
    公允价值变动损益   100 000
  贷:开发产品   800 000

税务处理如下:在转换过程中会计上确认的公允价值变动损益,税法上不允许扣除,要注意检查企业在所得税纳税申报表 A105000"纳税调整项目明细表"中的第 7 行"(六)公允价值变动净损益"是否进行了纳税调增 100 000 元,同时要注意转换日投资性房地产的账面价为 700 000 元,但计税基础是 800 000 元,存货转换为公允价值计量的投资性房地产以后,会计上不计提折旧,但是税法上从 2016 年 6 月份开始按照 800 000 元的计税基础和房屋建筑物的折旧年限和方法计提的折旧可以税前扣除,因此还应关注企业在 A105080"资产折旧、摊销情况及纳税调整明细表"中是否进行了调整。

3)自用房地产转换为投资性房地产

企业将自用的房地产转换为采用成本模式计量的投资性房地产时,投资性房地产的入账价值是租赁开始日房地产的账面价值,在转换日不会产生损益;企业将自用的房地产转换为采用公允价值模式计量的投资性房地产时,投资性房地产的入账价值是租赁开始日房地产的公允价值,投资性房地产的计税基础是自用房地产税法上的初始成本减税法上的折旧。

【例 3-22】 2016 年 6 月某企业将一栋办公楼对外出租,企业的投资性房地产采用公允价值模式进行后续计量,该办公楼的账面原值为 80 000 000 元,累计折旧为 11 970 000 元,租赁开始日该办公楼的公允价值为 150 000 000 元,税法上该办公楼的初始成本 100 000 000 元,税法上已提折旧 14 970 000 元。

转换日,该企业的会计处理如下:

借:投资性房地产(成本)   150 000 000
  累计折旧   11 970 000
  贷:固定资产   80 000 000
    其他综合收益   81 970 000

税务处理如下:转换日投资性房地产的计税基础是税法上的初始成 100 000 000 元减去税法上扣除的折旧 14 970 000 元即 85 030 000 元,公允价值计量的投资性房地产在持有期间会计上不再计提折旧,但是按照税法规定计提的折旧可以税前扣除,同时还要注意公允价值变动损益的影响。

3. 投资性房地产余额的减少

当资产负债表中投资性房地产项目的余额期末与期初相比大幅减少,应关注其减少可能涉及的经济业务,因为不同的经济业务存在着不同的涉税风险。

1) 投资性房地产出售、报废

当投资性房地产被处置或者永久退出使用时,应当终止确认该项投资性房地产。企业出售、报废投资性房地产,会计利润为处置收入扣除其账面价值及其相关税费后的差额,税法上的利润为转让净收入减去投资性房地产的计税基础。对于成本模式计量的投资性房地产,如果持有期间会计上的折旧、摊销方法或期限与税法不一致,应注意会造成转让时账面价值与计税基础不同,税务人员应进一步检查企业是否在企业所得税纳税申报表进行了纳税调整。对于公允价值模式计量的投资性房地产账面价值为公允价值,而计税基础为税法上的初始成本减去税法上的累计折旧,一般都会存在差异,同时还要注意将"公允价值变动损益"科目的金额和转换日记入"其他综合收益"科目的金额,借记或贷记"其他业务成本"科目。

【例3-23】 甲企业2016年4月处置一项以公允价值模式计量的投资性房地产,实际收到的金额为1 000 000元,投资性房地产的账面价值为800 000元,其中成本为500 000元,公允价值变动为300 000元。该项投资性房地产是由自用房地产转换的,转换日公允价值大于账面价值的差额为150 000元,假定不考虑企业所得税以外的相关税费。

甲企业的会计处理如下:

(1) 取得的处置收入:

借:银行存款　　　　　　　　　　　　　　　　　　　　　　　1 000 000
　　贷:其他业务收入　　　　　　　　　　　　　　　　　　　　1 000 000

(2) 结转投资性房地产的账面价值:

借:其他业务成本　　　　　　　　　　　　　　　　　　　　　　800 000
　　贷:投资性房地产——成本　　　　　　　　　　　　　　　　500 000
　　　　投资性房地产——公允价值变动　　　　　　　　　　　　300 000

(3) 将已记入"公允价值变动损益"和"其他综合收益"科目的金额转入"其他业务成本"科目:

借:公允价值变动损益　　　　　　　　　　　　　　　　　　　　300 000
　　其他综合收益　　　　　　　　　　　　　　　　　　　　　　150 000
　　贷:其他业务成本　　　　　　　　　　　　　　　　　　　　450 000

企业2016年处置该投资性房地产的会计利润为35万元(100-80+15),税法上的所得或损失为转让净收入100万元减去税法上的计税基础,投资性房地产的计税基础是取得固定资产时税法上的原值减去在该固定资产自用和出租期间在企业所得税申报表中累计扣除的折旧费用,税务检查人员应关注企业在企业所得税申报表中是否进行了调整。

2) 公允价值变动损失

如果企业的投资性房地产是采用公允价值模式进行后续计量,投资性房地产余额在资产负债表中大幅减少,而现金流量表中"处置固定资产、无形资产和其他长期资产收回的现金净额"很小或者余额为0,并且利润表中"公允价值变动收益"为负数,在房地产市场价格大幅下降的情况下,则投资性房地产余额减少很可能是公允价值下降引起的,根据企业所得税税法规定,公允价值变动损失不允许税前扣除,税务人员应进一步检查"投资性房地产""公允价值变动损益"科目及相关凭证,并进一步检查企业所得税年度申报表,关注企业是否在"A105000纳税调整明细表"中进行了纳税调增。

3) 投资性房地产发生减值

如果企业的投资性房地产采用成本模式后续计量,投资性房地产余额在资产负债表中大幅减少,而现金流量表中"处置固定资产、无形资产和其他长期资产收回的现金净额"很小或者余额为0,在房地产市价大幅下跌的情况下,则要注意结合利润表中的"资产减值损失",关注企业是否存在着计提"投资性房地产减值准备",由于减值准备不允许税前扣除,应结合企业所得税年度纳税申报表,关注企业是否在"纳税调整项目明细表"中对"资产减值准备金"进行了纳税调增。

4) 投资性房地产转为自用固定资产

如果资产负债表中投资性房地产期末余额大幅减少,现金流量表中"处置固定资产、无形资产和其他长期资产收回的现金净额"很小或者余额为0,同时资产负债表中固定资产、无形资产大幅增加,而现金流量表中"购建固定资产、无形资产和其他长期资产的现金流量"很小或者没有,并且在房地产价格稳定或有所上升的情况下,企业有可能存在着投资性房地产改变用途转为自用固定资产的业务。对于投资性房地产改变用途转为自用固定资产,《企业会计准则》规定:采用公允价值模式计量的投资性房地产转换为自用房地产时,应当以其转换当日的公允价值作为自用房地产的账面价值,公允价值与原账面价值的差额计入当期损益。但在税法上投资性房地产属于企业的固定资产或无形资产,不存在转换损益,而且其计税基础是税法上的初始成本减去税法上的累计折旧或累计摊销,因此检查人员应关注转换损益和后续折旧的扣除问题。

(十二) 固定资产、固定资产清理

企业的固定资产是反映企业生产能力的报表项目,利润表中的营业收入的规模有多大取决于企业生产用固定资产的规模,因此固定资产项目是分析企业应税能力的报表项目,而且固定资产取得来源渠道不同,有可能造成取得时固定资产的入账价值和计税基础的不一致,会造成后续的折旧纳税调整问题,因此固定资产从取得到处置都应该引起税务人员的高度重视。

1. 固定资产来源渠道涉税分析

如果企业资产负债表中固定资产项目年末与年初相比大幅增加,而现金流量表中"购建固定资产、无形资产等长期资产的现金流出"很少,则说明企业的固定资产除了用货币资金购买,还存在着接受投资、评估增值、接受捐赠、非货币性资产交换、分期付款购买固定资产、融资租赁固定资产、固定资产盘盈等来源渠道,因为不同的来源渠道有不同的涉税问题,这时应通过报表的勾稽关系和固定资产的对应科目落实问题。

1) 接受投资

企业新增固定资产是否存在着投资人投入的可能,应注意资产负债表报表中"实收资本或股本"是否增加,如果"实收资本或股本"增加,则存在着新增固定资产是投资人投入的可能,这时应检查固定资产或股本、实收资本明细账来落实企业是否本期有接受固定资产投资的业务。如果有,应注意企业股权结构的变化,实际控制人和关联方的变化,同时还应关注前一环节投资方以非货币性资产对外投资时对非货币性资产评估增值是应税的还是免税的。如果符合特殊重组条件,投资双方选择免税处理,则被投资企业接受投资的固定资产是其在投资方原有的计税基础,会计上如果根据会计规定按照评估以后的价值入账,则会形成固定资产取得时的账面价值与计税基础的不一致,会造成企业后续会计折旧与税法折旧的不一致,检查人员应进一步关注企业所得税年度纳税申报表 A105080"资产折旧、摊销情况及纳税调整明细表"关注企业在申报表中是否进行了纳税调整。

2) 评估增值

企业新增固定资产是否存在着评估增值的可能,应注意资产负债表报表中"资本公积"项目是否发生变化,如果"资本公积"项目也大幅增加,则应该进一步检查资本公积明细账,落实企业是否存在着评估增值的问题。《企业所得税法实施条例》规定,资产的计税基础是历史成本,不会因为评估增值或者减值而改变资产的计税基础,有的企业为了与银行贷款或者企业重组对固定资产进行评估增值,但是税法上的计税基础是评估增值以前的,因此要注意产生的纳税调整,除了企业能够提供"财政部、国家税务总局关于某某企业评估增值企业所得税问题的通知",在通知中指出企业是按照评估增值后的价值计提折旧或者摊销并在企业所得税税前扣除的外,其他企业按一般政策执行,一般企业在股份制改组改制过程中,评估增值不交企业所得税,但评估增值部分计提的折旧或摊销不允许税前扣除,要注意检查企业是否在企业所得税申报表"A105080 资产折旧、摊销情况及纳税调整明细表"中进行了纳税调整。

【例 3-24】 税务人员张某在对某企业 2016 年的企业所得税进行纳税检查时发现,该企业在 2016 年处置了 3 年前购买的一栋办公楼,账上反映的亏损为 3 000 万元左右,根据市场情况来看,房地产的价格从 2013 年到 2016 年这几年都是上升的,按道理来讲应该不会卖亏,于是通过进一步检查发现,该企业在 2013 年取得办公楼以后马上请某事务所进行评估,通过评估报告增值了 5 000 万元,企业账上调增了固定资产和资本公积,如果这几年的办公楼的价格上涨幅度如果没有超过 5 000 万元,就会造成企业的账面亏损,而且企业这几年的企业所得税申报表中没有对该办公楼进行任何的纳税调整,根据《企业所得税法》规定,企业正确的税务处理应该是在办公楼的持有期间,即 2013 年、2014 年、2015 年会计上按评估增值以后的价值计提折旧,而税法上是评估增值以前的折旧税前扣除,所以要对企业这 3 年持有期间的折旧费用进行调整,在 2016 年办公楼处置环节,税法上的处置所得或损失应该是处置净收入减去处置时办公楼的计税基础,处置时办公楼的计税基础是取得办公楼时的历史成本减去按照税法规定持有期间的折旧数,税法上的处置所得或损失与处置时会计上的损益比较调整 2016 年的所得额。

3）非货币性资产交换换入固定资产

如果企业资产负债表中固定资产期末比期初大幅增加，而现金流量表中"购建固定资产、无形资产和其他长期资产的现金流出"很少或没有，而企业的存货大幅减少，但是营业收入却变动不大，则企业有可能存在着以存货等非货币性资产换固定资产的业务，这时应检查固定资产等科目，如果贷方是"库存商品""原材料等"科目，则说明企业新增的固定资产是用存货换进来的，这笔业务在会计上属于非货币性资产交换，根据《企业所得税法实施条例》的规定要视同销售，而《企业会计准则》分为有商业实质的非货币性资产交换和没有商业实质的交换，有商业实质的非货币性资产交换会计规定：换进的固定资产按照换出存货的公允价值加上相关税费，换出存货公允价值与账面价值之间的差额计入当期损益，税法规定要视同销售的，会计上也要确认损益，会计与税法是一致的，如果企业账上没有确认换出资产的损益，则企业账上存在隐瞒收入的问题；对于没有商业实质的交换会计上固定资产按照换出存货的账面价值加相关税费来确定换入固定资产的入账价值，不确认换出资产的损益，但是税法规定要视同销售，这时应进一步检查企业所得税年度纳税申报表"A105010视同销售和房地产开发企业特定业务纳税调整明细表"第2行"非货币性资产交换视同销售收入"和第12行"非货币性资产交换视同销售成本"是否进行了纳税调整，如果企业没有进行申报视同销售，则需要按照换出资产的公允价值和账面价值之间的差额调整企业的应纳税所得额，并同时注意企业换入固定资产的计税基础是换出资产的公允价值加相关税费，与固定资产的账面价值不一致，要注意在固定资产持有期间后续的折旧调整问题。

【例3-25】 甲企业2016年12月用一批成本为800 000元，市价为1 000 000元的库存商品换一台机器设备，产品适用的增值税税率为17%，企业未取得机器设备的增值税专用发票，假定该交换不具有商业实质，该固定资产的预计使用年限为10年，不考虑净残值率，会计与税法都采用直线法折旧，企业相关会计处理如下：

2016年12月取得固定资产时：

借：固定资产　　　　　　　　　　　　　　　　　　　　　　　　　970 000
　　贷：库存商品　　　　　　　　　　　　　　　　　　　　　　　　800 000
　　　　应交税费——应交增值税（销项税额）　　　　　　　　　　　170 000

2017年计提折旧时：

借：制造费用　　　　　　　　　　　　　　　　　　　　　　　　　 97 000
　　贷：累计折旧　　　　　　　　　　　　　　　　　　　　　　　　 97 000

根据《企业会计准则》规定企业的会计处理是正确的，但是企业需要在2016年度企业所得税申报表A105010"视同销售和房地产开发企业特定业务纳税调整明细表"第2行非货币性资产交换视同销售收入申报100万元，第12行非货币性资产交换视同销售成本申报80万元，调增2016年的应纳税所得额20万元，在2017年度企业所得税申报表A105080"资产折旧、摊销情况及纳税调整明细表"中账载金额填写97 000元，税收金额填写117 000元，对折旧纳税调减所得20 000元。

4) 分期付款购买固定资产、融资租赁固定资产

如果企业资产负债表中固定资产大幅增加,而现金流量表中"购建固定资产、无形资产和其他长期资产的现金流出"很小或没有,同时资产负债表中的"长期应付款"又大幅增加,说明企业很可能存在分期付款购买固定资产或融资租赁固定资产业务,应结合"长期应付款"科目作进一步检查。

根据《企业会计准则第4号——固定资产》规定,购买固定资产的价款超过正常信用条件延期支付,实质上具有融资性质的,固定资产的成本以购买价款的现值为基础确定。实际支付的价款与购买价款的现值之间的差额,除按照《企业会计准则第17号——借款费用》应予资本化的以外,应当在信用期间内计入当期损益;根据《企业所得税法实施条例》规定,外购的固定资产,以购买价款和支付的相关税费以及直接归属于使该资产达到预定用途发生的其他支出为计税基础。

根据《企业会计准则第21号——租赁》规定,在租赁期开始日,承租人应当将租赁开始日租赁资产公允价值与最低租赁付款额现值两者中较低者作为租入资产的入账价值,将最低租赁付款额作为长期应付款的入账价值,其差额作为未确认融资费用。承租人在租赁谈判和签订租赁合同过程中发生的,可归属于租赁项目的手续费、律师费、差旅费、印花税等初始直接费用,应当计入租入资产价值;根据《企业所得税法实施条例》规定,融资租入的固定资产,以租赁合同约定的付款总额和承租人在签订租赁合同过程中发生的相关费用为计税基础,租赁合同未约定付款总额的,以该资产的公允价值和承租人在签订租赁合同过程中发生的相关费用为计税基础。

由此可见,对于分期付款购买固定资产、融资租赁固定资产,由于会计上要考虑资金的时间价值,固定资产采用现值计量属性,而税法上是不考虑时间价值的,由此会造成取得时固定资产账面价值和计税基础的不一致,进而会造成固定资产后续折旧的调整,同时企业按照《企业会计准则》规定,确认未确认融资费用,并按实际利率法在租赁期限内分期摊销,将分摊额计入财务费用。税法上,不确认未确认融资费用,不能税前扣除,需作纳税调增,下面以融资租赁为例说明其存在的纳税调整。

【例3-26】某税务检查人员在对A公司2015年度企业所得税检查中发现,该公司资产负债表中固定资产项目年末与年初相比增加1 000多万元,但是现金流量表中"购建固定资产、无形资产和其他长期资产的现金流出"为0,同时资产负债表中"长期应付款"项目余额也增加1 000多万元,因此怀疑企业可能存在分期付款购买固定资产或融资租赁固定资产业务,因此进一步检查"固定资产"和"长期应付款"科目和凭证,发现企业发生以下经济业务:A公司2015年1月1日以融资租赁方式购入1台电子设备,租赁期为5年,每年年末支付租金400万元,该设备公允价值为1 600万元(低于最低付款额现值),出租人的租赁内含利率为10%,假定该设备会计与税法确认的折旧年限均为5年,不考虑净残值。

会计上在收到设备时确认固定资产16 000 000元,将4 000 000元作为未确认融资费用,按实际利率法计算分5年摊销计入财务费用。

A公司2015年的会计处理如下:

2015年1月1日,租入生产设备:

借:固定资产——融资租入固定资产　　　　　　　　　　　　　16 000 000
　　未确认融资费用　　　　　　　　　　　　　　　　　　　　 4 000 000
　贷:长期应付款——应付融资租赁款　　　　　　　　　　　　　20 000 000

2015年12月31日,支付第一笔租金:

借:长期应付款——应付融资租赁款　　　　　　　　　　　　　 4 000 000
　贷:银行存款　　　　　　　　　　　　　　　　　　　　　　　 4 000 000

分摊未确认融资费用:

借:财务费用　　　　　　　　　　　　　　　　　　　　　　　 1 600 000
　贷:未确认融资费用　　　　　　　　　　　　　　　　　　　　 1 600 000

计提2015年折旧:

借:管理费用——折旧　　　　　　　　　　　　　　　　　　　 2 933 300
　贷:累计折旧　　　　　　　　　　　　　　　　　　　　　　　 2 933 300

企业按照会计计算的折旧在申报表中扣除了折旧费用,企业存在企业所得税申报错误的问题,其正确的税务处理如下:税法上则按20 000 000元作为固定资产的计税基础,不确认未确认融资费用4 000 000元,因此会计上确认的财务费用1 600 000元不允许税前扣除。

$$税法折旧金额 = 2\,000 \div 5 \div 12 \times 11 = 3\,666\,600(元)$$

A公司2015年正确的企业所得税申报如表3-18、表3-19所示。

A105080

表3-18　　　　　　　　　　　资产折旧、摊销情况及纳税调整明细表

单位:万元

行次	项目	账载金额			税收金额					纳税调整	
		资产账载金额	本年折旧、摊销额	累计折旧、摊销额	资产计税基础	按税收一般规定计算的本年折旧、摊销额	本年加速折旧额	其中:2014年及以后年度新增固定资产加速折旧额(填写A105081)	累计折旧、摊销	金额	调整原因
		1	2	3	4	5	6	7	8	9(2-5-6)	10
1	一、固定资产(2+3+4+5+6+7)										
2	(一)房屋、建筑物										

(续表)

行次	项目	账载金额			税收金额				纳税调整	
		资产账载金额	本年折旧、摊销额	累计折旧、摊销额	资产计税基础	按税收一般规定计算的本年折旧、摊销额	本年加速折旧额	其中：2014年及以后年度新增固定资产加速折旧额（填写A105081）	累计折旧、摊销额	金额	调整原因
		1	2	3	4	5	6	7	8	9(2-5-6)	10
3	（二）飞机、火车、轮船、机器、机械和其他生产设备										
4	（三）与生产经营活动有关的器具、工具、家具等										
5	（四）飞机、火车、轮船以外的运输工具										
6	（五）电子设备	1 600	293.33	293.33	2 000	366.66			366.66	-73.33	
7	（六）其他										

A105000

表 3-19　　　　　　　　　　　纳税调整项目明细表

单位：万元

行次	项目	账载金额	税收金额	调增金额	调减金额
		1	2	3	4
12	二、扣除类调整项目(13+14+15+16+17+18+19+20+21+22+23+24+26+27+28+29)	*	*		
13	（一）视同销售成本（填写A105010）	*		*	
14	（二）职工薪酬（填写A105050）				
15	（三）业务招待费支出				*
16	（四）广告费和业务宣传费支出（填写A105060）	*	*		
17	（五）捐赠支出（填写A105070）				*
18	（六）利息支出				
19	（七）罚金、罚款和被没收财物的损失			*	*
20	（八）税收滞纳金、加收利息			*	*
21	（九）赞助支出			*	*

(续表)

行次	项目	账载金额 1	税收金额 2	调增金额 3	调减金额 4
22	（十）与未实现融资收益相关在当期确认的财务费用	160			160
23	（十一）佣金和手续费支出				*
24	（十二）不征税收入用于支出所形成的费用			*	*
25	其中：专项用途财政性资金用于支出所形成的费用（填写 A105040）			*	*
26	（十三）跨期扣除项目				
27	（十四）与取得收入无关的支出			*	*
28	（十五）境外所得分摊的共同支出	*	*		*
29	（十六）其他				
30	三、资产类调整项目(31＋32＋33＋34)			*	*
31	（一）资产折旧、摊销（填写 A105080）				73.33
32	（二）资产减值准备金			*	
33	（三）资产损失（填写 A105090）				
34	（四）其他				

5）固定资产盘盈

《企业会计准则》将固定资产盘盈作为前期差错进行会计处理，是因为固定资产出现盘盈的可能性极小甚至不可能，如果企业出现固定资产的盘盈，必定是由于企业以前会计期间少计、漏计固定资产，故应当作为会计差错进行更正处理，这样也能在一定程度上控制人为调解利润的可能性。企业在盘盈固定资产时，首先应确定盘盈固定资产的原值、累计折旧和固定资产净值。根据确定的固定资产原值，借记"固定资产"科目，贷记"累计折旧"科目，将两者的差额贷记"以前年度损益调整"科目；其次再计算应纳的所得税费用，借记"以前年度损益调整"科目，贷记"应交税费——应交所得税"科目；根据《企业所得税法》第五条规定，企业每一纳税年度的收入总额，减除不征税收入、免税收入、各项扣除以及允许弥补的以前年度亏损后的余额，为应纳税所得额。《企业所得税法实施条例》第二十二条明确规定，税法上的其他收入包括企业资产溢余收入、逾期未退包装物押金收入、确实无法偿付的应付款项、已作坏账损失处理后又收回的应收款项、债务重组收纳税调整项目明细表入、补贴收入、违约金收入、汇兑收益等，即固定资产盘盈税法上作为企业资产溢余收入，计入当期应纳税所得额。《企业所得税法实施条例》第五十八条第（四）项规定，盘盈的固定资产，以同类固定资产的重置完全价值为计税基础，即按同类或类似固定资产的市场价格，减去按该项资产新旧程度估计的价值损耗后的余额。因此对固定资产盘盈由于会计上没有作收入,而税法上要确认其他收入,因此要检查企业在企业所得税年度纳税申报表 A105000"纳税调整项目明细表"第 11 行"其他收入"是否按照重置完全价值申报了其他收入进行了纳税调增。同时要注意固定资产的入账价值是否与税法一致。

2. 分析固定资产变动对盈利的影响

如果资产负债表中固定资产年末比年初大幅增加,一定要了解增加的是什么样的固定资产,如果增加的是非生产用的固定资产或固定资产是评估增值,它们对企业的产能和销售是没有影响的,企业的"营业收入"没有大幅增加也是正常的,但是要注意企业的折旧扣除问题,非生产用的固定资产是与经营活动无关的支出,计提的折旧不允许税前扣除,固定资产评估增值要注意账面价值和计税基础不一致产生的纳税调整。如果增加的是生产用的固定资产,一定要进一步落实它是什么时候投入使用的,估算大概新增产能,进一步结合产品的库存,推测产品收入规模是否合适,企业是否可能存在隐瞒收入的可能。例如,甲企业有 A 设备生产 B 产品,可以根据去年库存商品 B 数量金额式的明细账找到去年借方总的完工入库数量除以 A 设备台数再除以 12 个月,可以估算出单台设备的月产量,今年 A 设备是什么时间增加的,增加了多少台设备,可以根据单台设备的月产量估算出新增产量,再根据库存商品 B 的期初结存＋去年 B 产品的产量＋本年估算新增产量－发出数量＝库存商品 B 的期末结存,可以推出 B 产品本期的发出数量,用 B 产品的发出数量乘以销售价格可以推测 B 产品的收入规模,如果企业申报的数据与推测的数据相差不远,则企业存在问题的可能性不大,如果企业申报的"主营业务收入－B 产品"的发生额,与我们的预期相差很远,则企业很可能存在着隐瞒产量、隐瞒收入或者 B 产品用于销售以外的其他用途,我们必须对 B 产品作进一步的检查。如果企业年末与年初固定资产规模变动不大,但是利润表上的营业收入本年与上年相比却出现大幅上升,甚至几倍的增长,而且企业的增值税税负又特别低或者不正常下降的情况下,要注意企业有可能存在虚开增值税票的问题。

3. 固定资产折旧

对于固定资产折旧税务检查人员应先通过报表附注或向会计人员询问企业固定资产的分类,分类固定资产的折旧年限、折旧方法、净残值率是否符合税法规定,如果不符合税法规定,应注意企业是否在企业所得税年度申报表 A105080"资产折旧、摊销情况及纳税调整明细表"对折旧费用进行了纳税调整;其次可以用"累计折旧"的年末余额减去"累计折旧"年初余额除以固定资产的平均原值(固定资产年初原值加年末原值除以 2)计算本期的综合折旧率,如果本期的综合折旧率与以前年度相比或与同行业相比大幅上升,则企业有可能存在多计折旧的问题,应要求企业提供折旧计算明细表,对折旧做进一步的详细检查。对于固定资产折旧还需要注意折旧的计提时点是固定资产投入使用的次月起,而不是取得发票的当月,要防止企业任意调整折旧的计提时点来减少税收。

【例 3-27】 税务人员在对广东某企业 2015 年企业所得税纳税检查时发现,该企业 2015 年买的一批机器设备在 2015 年 8 月份已投入使用,因为没有取得发票,所以账上没有作固定资产增加,也没有计提折旧,在 2016 年的 1 月份,企业取得了该固定资产的发票,企业按照发票的金额作了固定资产的增加,并从 2016 年 1 月份开始计提折旧。税务人员张某开始对企业的做法有点疑惑,根据会计与税法规定,企业取得的固定资产如果未取得发票都应该暂估入账,否则会形成账外资产,企业可以按照暂估的金额从投入使用的次月计提折旧,如果企业取得发票的金额跟暂估金额一致的不调整已提的折旧费用,如果不一致的调整暂估的折旧费用,而该企业在2016年1月份也取得了发票,该企业根据规定有一部分折旧费用可以在2015年扣除,而该企业为什么不计提折旧?不符合大部分企业都想尽可能的往前列费用,早点在企业所得税税前扣除的通行做法。张某因此考虑企业2015年有可能有什么税收优惠或者企业亏损,后通过进一步落实,该企业2015年还处于免税期,2016年开始到纳税期,企业2015年可以暂估提折旧,而企业不提,而是从2016年1月1日开始折旧的原因是想把所有的折旧费用都列支在纳税年度,因此提出要对企业2015年的折旧费用进行调增,而企业的会计以没有发票没办法入账,没法计提折旧为由拒绝调整,后张某指出根据《企业所得税法实施条例》规定"固定资产从投入使用的次月起计提折旧"。因此对2015年的折旧费用进行了调整。

4. 固定资产减少

根据《企业会计准则》规定,报表中的固定资产项目是根据"固定资产"科目减去"累计折旧"科目减去"固定资产减值准备"科目的净值填列的,随着折旧的计提,减值准备的计提,固定资产项目在报表中期末会比期初减少并不说明企业有固定资产的处置,因此固定资产是否减少,应检查"固定资产"科目,如果"固定资产"科目余额年末与年初相比减少,则说明企业有固定资产减少的业务,对于固定资产减少应结合现金流量表中"处置固定资产、无形资产和其他非流动资产收回的现金净额"进行分析,如果固定资产原值大幅减少,而现金流量表中相关的现金流量很小或者没有,应关注企业的固定资产是否存在着盘亏、报废毁损、投资、抵债、捐赠等销售以外的其他用途。对于固定资产的减少目前除了盘亏固定资产是通过"待处理财产损益"科目,其他各种原因减少的固定资产都需要通过"固定资产清理"科目进行反映。因此应进一步检查"待处理财产损溢"和"固定资产清理"科目,落实固定资产的去向,关注企业是否可能存在涉税问题。

对于固定资产盘亏业务,根据《国家税务总局2011年第25号》规定,准予在企业所得税税前扣除的资产损失包括实际资产损失和法定资产损失。固定资产盘亏作为实际资产损失,税前扣除为其账面净值扣除责任人赔偿后的余额。根据《企业所得税法实施条例》第七十四条的规定,账面净值是指有关资产、财产的计税基础减除已经按照规定扣除的折旧、折耗、摊销、准备金等后的余额。企业实际资产损失,应当在其实际发生且会计上已作损失处理的年度按规定的程序和要求向主管税务机关申报后方能在税前扣除。未经申报的损失,不得在税前扣除。《企业资产损失所得税税前扣除管理办法》(国家税务总局公告2011年第25号)第八条规定,企业资产损失按其申报内容和要求的不同,分为清单申报和专项申报两种申报形式,固定资产盘亏应采用"专项申报",并关注有可能由于固定资产取得时的计税基础或者固定资产持有期间会计折旧额与税法折旧额的不一致,而造成盘亏时固定资产会计损失与税法损失的不一致而引发的纳税调整。

对于固定资产报废毁损,应关注企业报废毁损的是什么样的资产,如果是机器设备、运输工具等,由于这些固定资产产生的废品市场上随时可以变现,如果在现金流量表中没有处置固定资产的现金流量,应进一步检查企业是否可能存在隐瞒残值收入的问题,同时应注意固定资产的报废、毁损损失也必须通过清单或专项申报财产损失才能税前扣除。对于其他如投资、抵债、捐赠等原因减少的固定资产,由于不是销售业务,现金流量表中没有现金流入也是正常的,但是要注意由于固定资产的所有权发生转移,所得税都要视同销售,要注意企业的会计处理和纳税申报是否正确,这一部分处理与存货的视同销售业务类似,本处不再多述。

5. 固定资产清理

对于企业除盘亏以外的其他原因减少的固定资产,首先会以固定资产净值转入"固定资产清理"科目,"固定资产清理"科目的贷方反映取得的收入,借方反映固定资产的净值、清理费用和固定资产清理的税金,如果固定资产清理完毕,其贷方余额反映固定资产清理的净收益,借方余额反映处置固定资产的净损失,由于"固定资产清理"在会计上属于"暂记"科目,如果已经清理完毕就应该转入"资产处置损益"科目不留余额,对于资产负债表中资产项目默认的是借方余额,如果出现贷方余额,则以负数或红字填列,因此如果资产负债表报表中"固定资产清理"出现红字,则说明"固定资产清理"科目是贷方余额,应进一步落实企业固定资产是否清理完毕,如果清理完毕应转入"资产处置损益"科目计入当期所得,如果是以前年度的长期挂账,应记入"以前年度损溢调整"科目,调整以前年度的应纳税所得额。

【例3-28】 某实业有限公司2017年8月5日出售2016年4月30日以前自建的办公楼一栋,原值15 000 000元,已提折旧12 000 000元,已提减值准备200 000元,售价3 500 000元,清理费用50 000元,固定资产已经清理完毕。该公司的会计处理如下:

借:固定资产清理　　　　　　　　　　　　　　　　　　　　2 800 000
　　累计折旧　　　　　　　　　　　　　　　　　　　　　　12 000 000
　　固定资产减值准备　　　　　　　　　　　　　　　　　　　　200 000
　　贷:固定资产　　　　　　　　　　　　　　　　　　　　　15 000 000

借:固定资产清理　　　　　　　　　　　　　　　　　　　　　　50 000
　　贷:银行存款　　　　　　　　　　　　　　　　　　　　　　　50 000

借:银行存款　　　　　　　　　　　　　　　　　　　　　　3 500 000
　　贷:固定资产清理　　　　　　　　　　　　　　　　　　　3 333 300
　　　　应交税费——应交增值税(简易计税)　　　　　　　　　166 700

借:固定资产清理　　　　　　　　　　　　　　　　　　　　　483 300
　　贷:资产处置损益　　　　　　　　　　　　　　　　　　　　483 300

(十三) 无形资产

1. 无形资产的定义与类型

无形资产概念的形成与发展是与技术的进步和发展紧密相连的,虽然对其价值的认识大体相同,但对其定义的界定却并未统一。

在会计领域,我国《企业会计准则第6号——无形资产》将无形资产定义为"企业拥有或控制的没有实物形态的、可辨认的非货币性资产"。

在税法领域,我国新《企业所得税法实施条例》中无形资产是指"企业为生产产品、提供劳务、出租或者经营管理而持有的、没有实物形态的非货币性长期资产,通常包括专利权、非专利技术、商标权、著作权、土地使用权、商誉等"。

无形资产的定义关系一项资产应否被确认为无形资产。单从财务与税务上讲,这个标准便影响着一项资产的摊销年限、加计扣除、征收类型、税收优惠、应纳税核定等一系列问题。会计准则由于强调无形资产的可辨认性,便将税法视作无形资产罗列的商誉排除在外。

2. 无形资产来源渠道分析

如果企业资产负债表中无形资产项目年末与年初相比大幅增加,而现金流量表中"购建固定资产、无形资产等长期资产的现金流出"很少,则说明企业的无形资产除了外购,还存在着接受投资、评估增值、接受捐赠、非货币性资产交换、自行研发、分期付款购买无形资产等业务。

根据《企业会计准则第6号——无形资产》规定,外购无形资产的成本,包括购买价款、相关税费以及直接归属于使该项资产达到预定用途所发生的其他支出。购买无形资产的价款超过正常信用条件延期支付,实质上具有融资性质的,无形资产的成本以购买价款的现值为基础确定。实际支付的价款与购买价款的现值之间的差额,除按照《企业会计准则第17号——借款费用》应予资本化的以外,应当在信用期间内计入当期损益;自行开发的无形资产,其成本是从符合资本化条件后至达到预定用途前所发生的支出总额,但是对于以前期间已经费用化的支出不再调整;投资者投入无形资产的成本,应当按照投资合同或协议约定的价值确定,但合同或协议约定价值不公允的除外;非货币性资产交换、债务重组、政府补助和企业合并取得的无形资产的成本,应当分别按照《企业会计准则第7号——非货币性资产交换》《企业会计准则第12号——债务重组》《企业会计准则第16号——政府补助》和《企业会计准则第20号——企业合并》确定。

根据《企业所得税法实施条例》规定,外购的无形资产,以购买价款和支付的相关税费以及直接归属于使该资产达到预定用途发生的其他支出为计税基础;自行开发的无形资产,以开发过程中该资产符合资本化条件后至达到预定用途前发生的支出为计税基础,为了鼓励企业研发创新,该实施条例第九十五条规定:企业为开发新技术、新产品、新工艺发生的研究开发费用,未形成无形资产计入当期损益的,在按照规定据实扣除的基础上,按照研究开发费用的50%加计扣除,形成无形资产的,按照无形资产成本的150%摊销;根据财政部、国家税务总局、科技部发布的《关于提高科技型中小企业研究开发费用税前加计扣除比例的通知》规定,科技型中小企业开展研发活动中实际发生的研发费用,未形成无形资产计入当期损益的,在按规定据实扣除的基础上,在2017年1月1日至2019年12月31日期间,再按照实际发生额的75%在税前加计扣除;形成无形资产的,在上述期间按照无形资产成本的175%在税前摊销;通过捐赠、接受投资、非货币性资产交换、债务重组等方式取得的无形资产,以该资产的公允价值和支付的相关税费为计税基础。

对于接受投资人投入的无形资产,注意,根据财政部、国家税务总局联合印发《关于完善股权激励和技术入股有关所得税政策的通知》,企业或个人选择技术成果投资入股递延纳税政策的,经向主管税务机关备案,投资入股当期可暂不纳税,允许递延至转让股权时,按股权转让收入减去技术成果原值和合理税费后的差额计算交纳企业所得税。同时,无论投资者选择适用哪一项政策,被投资企业均可按技术成果评估值入账并在税前摊销扣除。此举将大幅降低企业和个人技术成果投资入股税收负担,积极促进科技成果转化,这与接受固定资产或其他无形资产投资入股的税务处理有不同之处。对于接受捐赠、评估增值、非货币性交换、债务重组取得的无形资产与固定资产处理相同就不再多讲,下面重点介绍具有融资性质的外购无形资产和自行研发的无形资产。

1) 分期付款购买无形资产

【例3-29】甲公司于2015年1月4日从乙公司购买一项专利权,甲公司与乙公司协议采用分期付款方式支付款项。合同规定,该项专利权的价款为80 000 000元,每年年末付款20 000 000元,4年付清,甲公司当日为该专利权支付相关税费100 000元。假定银行同期贷款利率为5%,已知$(P/S,5\%,4)=0.822\,7$,$(P/A,5\%,4)=3.546$,假定该专利权会计与税法上的摊销期都是10年。

2015年会计处理如下:

专利权总价款的现值 = 20 000 000 × 3.546 0 = 70 920 000(元)

该项专利权的入账价值 = 70 920 000 + 100 000 = 71 020 000(元)

无形资产的摊销费用 = 71 020 000 ÷ 10 = 7 102 000(元)

摊销的未确认融资费用 = 70 920 000 × 5% = 3 546 000(元)

借:无形资产	71 020 000
未确认融资费用	9 080 000
贷:长期应付款	80 000 000
银行存款	100 000
借:财务费用	3 546 000
贷:未确认融资费用	3 546 000
借:长期应付款	20 000 000
贷:银行存款	20 000 000
借:管理费用	7 102 000
贷:累计摊销	7 102 000

2015年税务处理如下:

无形资产的计税基础 = 80 100 000(元)

无形资产的摊销费用 = 80 100 000 ÷ 10 = 8 010 000(元)

2015年会计上作费用10 648 000元,税法上可以扣除8 010 000元,纳税调增2 638 000元,具体调整如表3-20、表3-21所示。

A105080

表 3-20   资产折旧、摊销情况及纳税调整明细表

单位：万元

行次	项目	账载金额			税收金额					纳税调整	
		资产账载金额	本年折旧、摊销额	累计折旧、摊销额	资产计税基础	按税收一般规定计算的本年折旧、摊销额	本年加速折旧额	其中：2014年及以后年度新增固定资产加速折旧额（填写A105081）	累计折旧、摊销额	金额	调整原因
		1	2	3	4	5	6	7	8	9(2-5-6)	10
11	三、无形资产(12+13+14+15+16+17+18)						*	*			
12	（一）专利权	7 102	710.2	710.2	8 010	801	*	*		-90.8	
13	（二）商标权						*	*			
14	（三）著作权						*	*			
15	（四）土地使用权						*	*			
16	（五）非专利技术						*	*			
17	（六）特许权使用费						*	*			
18	（七）其他						*	*			

A105000

表 3-21   纳税调整项目明细表

单位：万元

行次	项目	账载金额	税收金额	调增金额	调减金额
		1	2	3	4
12	二、扣除类调整项目(13+14+15+16+17+18+19+20+21+22+23+24+26+27+28+29)	*	*		
13	（一）视同销售成本（填写A105010）	*		*	
14	（二）职工薪酬（填写A105050）				
15	（三）业务招待费支出				*

(续表)

行次	项　目	账载金额	税收金额	调增金额	调减金额
		1	2	3	4
16	（四）广告费和业务宣传费支出（填写A105060）	*	*		
17	（五）捐赠支出（填写A105070）				*
18	（六）利息支出				
19	（七）罚金、罚款和被没收财物的损失			*	*
20	（八）税收滞纳金、加收利息			*	*
21	（九）赞助支出			*	*
22	（十）与未实现融资收益相关在当期确认的财务费用	354.6		354.6	
23	（十一）佣金和手续费支出				*
24	（十二）不征税收入用于支出所形成的费用	*	*		
25	其中：专项用途财政性资金用于支出所形成的费用（填写A105040）	*	*		
26	（十三）跨期扣除项目				
27	（十四）与取得收入无关的支出		*	*	
28	（十五）境外所得分摊的共同支出	*	*		*
29	（十六）其他				
30	三、资产类调整项目（31+32+33+34）	*	*		
31	（一）资产折旧、摊销（填写A105080）				90.8
32	（二）资产减值准备金			*	
33	（三）资产损失（填写A105090）				
34	（四）其他				

2016年企业的会计处理如下：

无形资产的摊销费用＝71 020 000÷10＝7 102 000(元)

摊销的未确认融资费用＝[70 920 000－(20 000 000－3 546 000)]×5％＝2 723 300(元)

借：财务费用　　　　　　　　　　　　　　　　　　　2 723 300
　　贷：未确认融资费用　　　　　　　　　　　　　　　　2 723 300

借：管理费用　　　　　　　　　　　　　　　　　　　7 102 000
　　贷：累计摊销　　　　　　　　　　　　　　　　　　　7 102 000

借：长期应付款　　　　　　　　　　　　　　　　　　20 000 000
　　贷：银行存款　　　　　　　　　　　　　　　　　　　20 000 000

2016年税务处理如下：

$$\text{无形资产的摊销费用} = 80\,100\,000 \div 10 = 8\,010\,000(元)$$

2015年会计上作费用9 825 300元，税法上可以扣除8 010 000元，在2016年企所得税申报表中纳税调增1 815 300元，其他年度的纳税调整略。

2）自形研发的无形资产

企业是否存在自行研发的无形资产，可以结合资产负债表中的开发支出项目进行分析，报表中"开发支出"项目是根据"研发支出——资本化"明细账的余额填列的。根据《企业会计准则第6号——无形资产》规定，企业内部研究开发项目的支出，应当区分研究阶段支出与开发阶段支出。研究是指为获取并理解新的科学或技术知识而进行的独创性的有计划调查。开发是指在进行商业性生产或使用前，将研究成果或其他知识应用于某项计划或设计，以生产出新的或具有实质性改进的材料、装置、产品等。企业内部研究开发项目研究阶段的支出，应当于发生时计入当期损益。企业内部研究开发项目开发阶段的支出，同时满足下列条件的，才能确认为无形资产：一是完成该无形资产以使其能够使用或出售在技术上具有可行性；二是具有完成该无形资产并使用或出售的意图；三是无形资产产生经济利益的方式，包括能够证明运用该无形资产生产的产品存在市场或无形资产自身存在市场，无形资产将在内部使用的，应当证明其有用性；四是有足够的技术、财务资源和其他资源支持，以完成该无形资产的开发，并有能力使用或出售该无形资产；五是归属于该无形资产开发阶段的支出能够可靠地计量。税务人员应注意企业是否存在已符合资本化条件的研发支出，企业费用化在当期全部加计扣除。

根据《企业会计准则》规定，对自行研发的无形资产需要设置"研发支出——费用化支出"和"研发支出——资本化支出"两个明细账，企业对研究阶段和开发阶段符合资本化条件前的支出先通过"研发支出——费用化支出"进行归集，期末不管开发是否完成都转入"管理费用"，结转后"研发支出——费用化支出"期末没有余额，到开发阶段符合资本化条件后，通过"研发支出——资本化支出"来归集研发成本，如果期末开发完成，转入无形资产，结转后"研发支出——资本化支出"没有余额，如果期末开发未完成，"研发支出——资本化支出"的余额填入报表中的"开发支出"，因此报表中"开发支出"有余额，说明企业有正在研发的无形资产。

2008年1月1日新企业所得税法实施以来，为贯彻落实企业研发费用税前加计扣除优惠政策，税务总局下发了《关于印发〈企业研究开发费用税前扣除管理办法（试行）〉的通知》（国税发〔2008〕116号），对有关优惠政策内容及管理规定进行了具体明确。2013年，在总结中关村国家自主创新示范区试点经验基础上，财政部、税务总局联合下发了《关于研究开发费用税前加计扣除有关政策问题的通知》（财税〔2013〕70号），将研发人员"五险一金"、研发仪器设备运行维护费等纳入加计扣除范围。研发费用税前加计扣除优惠政策施行以来，在促进企业科技创新、推动产业结构升级、建设创新型国家等方面发挥了积极的引导作用。但在政策执行中，也存在加计扣除政策不完全适应企业研发活动的一些新要求以及核算管理和审核程序相对复杂等问题。为了进一步落实党的十八届五中全会提出创新、协调、绿色、开放、共享的发展理念,国务院常务会议决定进一步完善企业研发费用税前加计扣除优惠政策,使更多企业能够享受到加计扣除税收优惠,对于推动企业加大研发投入,进而推动企业创新转型将起到重要作用,2015年11月2日,税务总局会同财政部、科技部发布了《关于完善研究开发费用税前加计扣除政策的通知》(财税〔2015〕119号),对有关政策作出明确。为进一步明确政策执行口径及税收征管问题,便利纳税人及时、准确地享受此项优惠政策,2015年12月31日,税务总局发布了《关于研究开发费用税前加计扣除政策有关问题的公告》(国家税务总局公告2015年第97号),明确了落实研发费用税前加计扣除政策有关问题。2017年2月1日国家税务总局所得税司发布了《2016年度企业研究开发费用税前加计扣除企业所得税纳税申报有关问题的通知》(税总所便函〔2017〕5号,以下简称《通知》),《通知》对《国家税务总局关于企业研究开发费用税前加计扣除政策有关问题的公告》(国家税务总局公告2015年第97号,以下简称"97号公告")作了进一步的补充和完善,就2016年度企业研究开发费用税前加计扣除企业所得税纳税申报中关于《研发支出辅助账汇总表》《研发项目可加计扣除研发费用情况归集表》的填写与申报问题提供了实操依据,加强落实,也为企业在申报过程中提供了更多便利。

税务人员必须结合最新研发费用税前加计扣除政策,从可以享受研发费用加计扣除的行业和企业范围、适用研发费用加计扣除政策的研发活动范围、研发费用加计扣除的项目、研发费用的归集和核算管理、享受研发费用税前加计扣除政策的申报及备案管理的基本要求等方面注意进行审核,同时结合企业所得税年度纳税申报表A107010"免税、减计收入及加计扣除优惠明细表"和A107012"研发费用加计扣除优惠明细表"、关注企业是否进行了正确的纳税申报。

3. 无形资产摊销

根据《企业会计准则》规定,企业应当于取得无形资产时分析判断其使用寿命。企业持有的无形资产,通常来源于合同性权利或其他法定权利,且合同规定或法律规定有明确的使用年限。来源于合同性权利或其他法定权利的无形资产,其使用寿命不应超过合同性权利或其他法定权利的期限;合同性权利或其他法定权利在到期时因续约等延续、且有证据表明企业续约不需要付出大额成本的,续约期应当计入使用寿命。合同或法律没有规定使用寿命的,企业应当综合各方面因素判断,以确定无形资产能为企业带来经济利益的期限。比如,与同行业的情况进行比较、参考历史经验,或聘请相关专家进行论证等。按照上述方法仍无法合理确定无形资产为企业带来经济利益期限的,该项无形资产应作为使用寿命不确定的无形资产。使用寿命有限的无形资产应当摊销,使用寿命不确定的无形资产不予摊销。企业摊销无形资产,应当自无形资产可供使用时起,至不再作为无形资产确认时止。企业选择的无形资产摊销方法,应当反映与该项无形资产有关的经济利益的预期实现方式,无法可靠确定预期实现方式的,应当采用直线法摊销。

《中华人民共和国企业所得税法实施条例》规定,无形资产按照直线法计算的摊销费用,准予扣除。作为投资或者受让的无形资产,有关法律规定或者合同约定了使用年限的,可以按照规定或者约定的使用年限分期摊销。如果法律和合同没有规定年限的,无形资产的摊销年限不得低于10年。

由此可见,会计上对使用寿命不确定的无形资产会计上不摊销,而税法上可以按不低于10年的时间摊销;企业所得税法只承认直线法摊销,不承认其他摊销方法,因此税务人员需要注意通过报表附注或通过其他方式了解企业无形资产会计与税法的摊销方法和摊销期是否一致,如果不一致应进一步检查企业所得税年度纳税申报表"A105080 资产折旧、摊销情况及纳税"明细表,关注企业在申报表中是否进行了调整。

4. 无形资产处置

如果企业资产负债表中无形资产大幅减少,则可以结合现金流量表中"处置固定资产、无形资产和其他非流动资产收回的现金净额"进行分析,如果报表中无形资产大幅减少,而现金流量表中相关的现金流量很小或者没有,应了解无形资产的去向,关注企业的无形资产是否存在着销售以外的其他用途,如投资、抵债、捐赠等,由于上述业务不是销售,会计上不一定确认损益,现金流量表中没有资金流也是正常的,但是由于所有权转移,税法都要视同销售,因此税务人员必须进一步落实企业的会计处理和纳税申报是否正确。

【例3-30】 某税务检查人员在对甲房地产企业2016年税收检查时发现,该企业2016年度资产负债表中"无形资产"减少3亿多元,但是现金流量表中"处置固定资产、无形资产和和其他非流动资产收回的现金净额"为0,企业的长期股权投资大幅增加,但是现金流量表中"投资支付的现金""取得子公司及其他营业单位支付的现金"为0,因此怀疑企业可能存在无形资产对外投资的问题,于是检查了"长期股权投资""无形资产"相关账户和记账凭证,发现甲企业发生以下经济业务:

甲房地产企业2016年8月20日以2014年取得的一块土地使用权对外投资,该土地取得时的成本为4亿元,已累计摊销2 400万元,投资时该土地的评估价为6亿元,该企业的城市维护建设税税率7%,教育费附加3%,企业当期未交纳任何税款。

企业的会计处理如下:

借:长期股权投资 376 000 000
　　累计摊销 24 000 000
　　贷:无形资产 400 000 000

根据税法规定,企业需要补交以下税款:

应按产权转移书据补印花税＝60 000×0.5‰＝30(万元)
应补增值税＝60 000/(1＋5%)×5%＝2 857.14(万元)
应补城市维护建设税和教育费附加＝2 857.14×10%＝285.71(万元)

土地增值税计算如下:

土地转让收入＝60 000－2 857.14＝57 142.86(万元)
取得土地使用权时支付的地价款、交纳的有关费用＝40 000(万元)
转让环节的税金印花税＝30(万元)
城市维护建设税和教育费附加＝285.71(万元)
可扣除项目金额＝40 315.71(万元)

增值额＝57 142.86－40 315.71＝16 827.15(万元)

增值率＝16 827.15÷40 315.71×100％＝41.74％＜50％

应补土地增值税＝16 827.15×30％＝5 048.15(万元)

应调增应纳税所得额＝22 400－2 857.14－30－5 048.15－285.71＝14 179(万元)

对于无形资产转让,会计上的转让损失或收益是转让净收入减去转让时的账面价值,无形资产的账面价值是无形资产的历史成本－会计上的累计摊销－无形资产减值准备,税法上的转让所得或损失＝无形资产的历史成本减去税法上的摊销,因此要注意如果无形资产的摊销方法、摊销期限会计与税法不一致,或者会计上计提了无形资产减值准备,在无形资产转让时,企业是否进行了正确的纳税调整。

(十四) 在建工程

"在建工程"科目用来核算企业基建、更新改造等在建工程发生的支出。企业购入需要安装或自行建造固定资产的支出,先记入该科目,达到预定可使用状态时再转入"固定资产"科目。已达到固定资产预定可使用状态、但尚未办理竣工决算手续的在建工程,应按估计价值计入固定资产,并按月计提折旧,待确定实际成本后再调整固定资产原值。该科目期末为借方余额,反映企业尚未达到预定可使用状态的在建工程的成本。在建工程需要注意以下涉税风险。

1. 在建工程期末、期初余额不变

在建工程的期末余额与期初余额保持不变,说明纳税人的在建工程处于停工状态或者完工不结转状态。税务检查人员应注意实地落实在建工程是否达到了预定状态,企业是否存在完工不结转的涉税风险。

【例3-31】 税务检查人员张某在检查时发现A公司"在建工程"项目在资产负债表中挂账长达3年并且没有变化,说明企业很可能存在固定资产建设已经结束,但一直未结转固定资产的问题,税务机关进一步检查发现,在建工程项目是一个6层的办公用房,并且已经开始投入使用,于是询问企业的财务负责人,企业财务负责人的解释:是因为一直未能竣工结算,也没有取得竣工报告,故一直未结转固定资产。税务人员为此感到疑惑,按12 000万元的固定资产计算折旧的话,每年可扣除的折旧是600万元左右,企业所得税是150万元左右,企业为什么不提折旧在企业所得税税前扣除。为了弄清楚真实原因,检查组请承建A公司办公用房的B工程建设公司所在地的税务机关对B公司进行了调查。调查显示,B公司在工程投入使用后不到一年的时间就完成了竣工决算,并且提供了决算报告,A公司也在两年内将工程款全部付给了B公司,但要求B公司不要急于开具工程发票。于是税务局进一步分析B公司不结转固定资产背后的原因:A公司可能现在存在税收优惠,企业可能想递延到税收优惠结束时再转入固定资产计提折旧,想最大限度地抵减企业所得税,但后面经过落实企业不存在税收优惠,企业这几年的实际税负是相同的。经过进一步的分析和检查,企业的目的是为了少交房产税,该问题造成A公司每年少交100万元左右的房产税,但同时多交150多万元的企业所得税,由于多交的企业所得税属于时间性差异,在将来正常计提折旧后还会转回,所以A公司可能出于这样的考虑而不结转固定资产。同时经核实,A公司对因少提折旧和少交房产税而增加的利润,已经通过多结转商品销售成本和期间费用列支。最终,检查组对A公司因弄虚作假而少交有关税款依法进行了处理。

2. 在建工程余额增加

在建工程资产负债表中的余额增加,可能反映企业的在建工程项目在不断的加工过程中。税务检查人员应该关注企业在建工程的成本核算是否正确,企业有没有正确的划分资本化支出和费用化支出,根据《企业会计准则》规定,在建工程达到预定用途前的支出计入工程成本,根据《企业所得税法实施条例》规定,自行建造的固定资产,以竣工结算前发生的支出为计税基础;要关注企业是否处于避税的考虑,而提前或者推后结转固定资产的时间。根据《关于贯彻落实企业所得税法若干税收问题的通知》(国税函〔2010〕79号)企业固定资产投入使用后,由于工程款项尚未结清未取得全额发票的,可暂按合同规定的金额计入固定资产计税基础计提折旧,待发票取得后进行调整。但该项调整应在固定资产投入使用后12个月内进行。

如果企业在建工程期末余额大幅增加,而现金流量表中"购建固定资产、无形资产和其他非流动资产的现金流量"很小或者为0,说明企业的在建工程可能存在领用企业材料、产品的问题,根据《关于企业处置资产所得税处理问题的通知》国税函〔2008〕828号的规定,由于资产所有权属在形式和实质上均不发生改变,可作为内部处置资产,不视同销售确认收入,相关资产的计税基础延续计算。税务检查人员需要关注的是不动产在建工程增值税分期抵扣问题。此外,税务检查人员还应进一步检查企业的在建工程是否存在着"接受投资、评估增值、非货币性资产交换、接受捐赠"等其他来源渠道,如果有要注意企业在建工程计税基础的确定,并关注可能产生的后续调整问题。

3. 在建工程期末余额减少

企业在建工程期末余额比期初余额减少,说明在建工程可能已经完工转入固定资产,或者在建工程的试运行收入冲减了工程成本,或者企业计提了在建工程减值准备,在这里,税务人员要特别注意检查企业在建工程的试运行收入税务处理是否正确。

《企业会计制度》第三十一条规定,企业的在建工程项目在达到预定可使用状态前所取得的试运转过程中形成的、能够对外销售的产品,其发生的成本,计入在建工程成本,销售或转为库存商品时,按实际销售收入或按预计售价冲减工程成本。也就是说,在建工程试运行生产的产品不确认收入,也不确认成本。《企业会计准则》对在建工程试运行形成的产品如何处理虽然并无明确规定,但《企业会计准则第14号——收入》中界定的"收入"是指企业在日常活动中形成的、会导致所有者权益增加的、与所有者投入资本无关的经济利益的总流入。而在建工程达到预定可使用状态前的试运行并不属于日常活动,据此,《企业会计准则》下对在建工程试运行生产的产品也是不应确认收入和成本的。这从《企业会计准则应用指南》中"在建工程"科目说明也可以看出,即在建工程进行负荷联合试车发生的费用,借记本科目(待摊支出),贷记"银行存款""原材料"等科目;试车形成的产品或副产品对外销售或转为库存商品的,借记"银行存款""库存商品"等科目,贷记本科目(待摊支出)。实际上,在建工程达到预定可使用状态前的试运行一般是固定资产达到预定可使用状态前的必经环节,是为了使固定资产达到预定可使用状态所需的必要、合理支出,根据《企业会计准则第4号——固定资产》的规定,试运行的净支出应计入固定资产的成本。因此,在《企业会计准则》下,该企业新建生产线试生产产品的会计处理与《企业会计制度》基本一致,即生产产品发生成本时,借记"在建工程(待摊支出)",贷记"原材料"等;对外销售时,借记"银行存款""应收账款"等,贷记"在建工程(待摊支出)""应交税费——应交增值税(销项税额)"。

根据《企业所得税汇算清缴管理办法》(国税发〔2009〕79号)第三条规定,凡在纳税年度内从事生产、经营(包括试生产、试经营),均应按照《企业所得税法》及其实施条例和本办法的有关规定进行企业所得税汇算清缴。所以,在建工程试生产产品的收入和成本当然应计入当期应纳税所得额。

【例3-32】 某税务检查人员在对A企业2016年企业所得税检查时发现,企业资产负债表中在建工程的期初余额85 678 943元,期末余额为0,后进一步落实是企业新建的一条生产线完工转入固定资产,他考虑生产线的建设一般都会在正式投产之前有试运行收入,于是他检查了"在建工程"账户,发现企业有以下一笔经济业务:

借:在建工程　　　　　　　　　　　　　　　　　　　　　　150 000
　　贷:原材料　　　　　　　　　　　　　　　　　　　　　　150 000

借:银行存款　　　　　　　　　　　　　　　　　　　　　　210 600
　　贷:在建工程　　　　　　　　　　　　　　　　　　　　　180 000
　　　　应交税费——增值税(销项税额)　　　　　　　　　　30 600

企业在2016年的企业所得税申报表中未进行相关的纳税调整,于是根据企业所得税法规定,他调增了企业2016年应纳税所得额30 000元(180 000-150 000),同时要注意在建工程账面价值比计税基础少30 000元,产生可抵扣暂时性差异,如该企业适用税率25%,未来期间很可能取得用来抵扣该差异的应纳税所得额,则应确认递延所得税资产7 500元,借记"递延所得税资产"科目7 500元,贷记"所得税费用"科目7 500元。在建工程转为固定资产后计提折旧时,则相应调减应税所得额,同时转回以前期间确认的递延所得税资产。

(十五) 商誉

商誉是指在同等条件下,由于其所处地理位置的优势,或由于经营效率高、历史悠久、人员素质高等多种原因,能获取高于正常投资报酬率所形成的价值。但是企业自创的商誉不能确认,只有在企业合并过程中才会产生商誉,企业根据我国《企业会计准则第20号——企业合并》(以下简称《企业合并》)的规定,非同一控制下的企业合并有控股合并、吸收合并、新设合并3种形式,3种合并形式在确认商誉时又有不同。在非同一控制下的控股合并中,如果支付对价大于享有被投资单位可辨认净资产的公允价值,差额就是体现为商誉,商誉仅体现在合并方的合并财务报表中,合并方的个别财务报表中不体现商誉。而在非同一控制下的吸收合并、新设合并中,投资方支付对价大于享有被购买方可辨认净资产的公允价值的差额,作为商誉,因为被合并方或合并双方法人资格注销、账簿封存,商誉只体现在合并方或新设方的个别账簿和个别财务报表中,所以如果一个持续经营的企业在资产负债表个别财务报表中商誉年末比年初增加,则说明企业当期有非统一控制下的吸收合并的业务,税务人员应关注企业吸收合并中所存在的税收风险。

在我国,会计与税收的划分标准不同,《财政部 国家税务总局关于企业重组业务企业所得税处理若干问题的通知》(财税〔2009〕59号)规定,合并是指一家或多家企业(以下称为被合并企业)将其全部资产和负债转让给另一家现存或新设企业(以下称为合并企业),被合并企业股东换取合并企业的股权或非股权支付,实现两个或两个以上企业的依法合并。所以税收方面所讲的合并只包含吸收合并和新设合并,不包括控股合并。企业合并,当事各方一般应按下列规定处理:合并企业应按公允价值确定接受被合并企业各项资产和负债的计税基础;被合并企业及其股东都应按清算进行所得税处理;被合并企业的亏损不得在合并企业结转弥补。如果企业股东在该企业合并发生时取得的股权支付金额不低于其交易支付总额的85%,以及同一控制下且不需要支付对价的企业合并,可以选择按以下规定处理:合并企业接受被合并企业资产和负债的计税基础,以被合并企业的原有计税基础确定;被合并企业合并前的相关所得税事项由合并企业承继;可由合并企业弥补的被合并企业亏损的限额=被合并企业净资产公允价值×截至合并业务发生当年年末国家发行的最长期限的国债利率;被合并企业股东取得合并企业股权的计税基础,以其原持有的被合并企业股权的计税基础确定。所以企业合并在所得税方面又分为应税合并和免税合并,对于非同一控制下的企业吸收合并,税务人员应落实企业合并是应税的还是免税的,如果企业选择了免税合并,由于会计上资产和负债都是按公允价值入账,而税法规定合并企业接受被合并企业资产和负债的计税基础,以被合并企业的原有计税基础确定,因此要关注后续资产折旧、摊销、转让过程中产生的税会差异。

【例3-33】 A企业以增发市场价值为15 000万元的自身普通股为对价购入B企业100%的净资产,对B企业进行吸收合并,合并前A企业与B企业不存在任何关联方关系。购买日B企业各项可辨认资产、负债的公允价值及其计税基础如表3-22所示。

表3-22　　　　　B企业可辨认资产、负债的公允价值及其计税基础

单位:万元

	公允价值	计税基础
固定资产	6 750	3 875
应收账款	5 250	5 250
存货	4 350	3 100
其他应付款	750	0
应付账款	3 000	3 000
不包括递延所得税的可辨认资产、负债的公允价值	12 600	9 225

A企业支付的合并对价,全部是自身的股票,假如A企业选择了免税合并,即B企业无需对资产处置损益交纳企业所得税,同时,A企业取得B企业的资产和负债,按其在B企业的原计税基础作为计税基础,但会计上由于是非统一控制下的企业合并,A企业按

取得的资产、负债的公允价值入账：

借：固定资产	67 500 000
应收账款	52 500 000
存货	43 500 000
商誉	24 000 000
贷：其他应付款	7 500 000
应付账款	30 000 000
股本、资本公积——股本溢价	150 000 000

同时，由于A企业合并取得的资产负债账面价值与计税基础不相等，因此，要确认递延所得税负债和递延所得税资产，并调整合并中产生的商誉。

固定资产暂时性差异＝67 500 000－38 750 000＝28 750 000(元)(应纳税)

存货暂时性差异＝43 500 000－31 000 000＝12 500 000(元)(应纳税)

其他应付款暂时性差异＝(7 500 000－0)＝7 500 000(元)(可抵扣)

递延所得税负债＝应纳税(28 750 000＋12 500 000)×25％＝10 312 500(元)

递延所得税资产＝可抵扣7 500 000×25％＝1 875 000(元)

所得税账务处理：

借：递延所得税资产	1 875 000
商誉	8 437 500
贷：递延所得税负债	10 312 500

注意三点：A公司确认的合并商誉2 400万元，税法不认可，即商誉的计税基础为0，产生应纳税暂时性差异2 400万元，但并不为此确认递延所得税负债；可辨认资产负债产生的递延所得税，并不确认为所得税费用，而是计入商誉；A公司取得的各项资产和负债是在B公司原有的计税基础，要特别注意有此引发的后续纳税调整。

企业资产负债表中如果商誉年末比年初减少，要注意企业很可能计提了"商誉减值准备"，报表中资产的减少一般主要是资产的转让、折旧、摊销或计提减值准备等，但是商誉属于不可辨认的资产，不能独立转让，《企业会计准则》规定，商誉不进行摊销，但可以计提减值准备，所以商誉在报表中的减少很可能是计提了商誉减值准备。《企业会计准则第8号——资产减值》(以下简称"《资产减值》")规定，合并所形成的商誉在确认以后，持有期间不需要摊销，但企业至少应当在每一会计年度末进行减值测试。由于企业合并所形成的商誉难以单独产生现金流，所以，商誉是否减值，应当结合与其相关的资产组或资产组组合进行减值测试，这些相关的资产组或资产组组合应当是能够从企业合并的协同效应中受益的资产组或资产组组合。当资产组或资产组组合存在减值迹象时，对其可收回金额低于账面价值的部分应确认为减值损失，并且一旦确认，不允许冲回。《企业所得税法实施条例》规定，外购商誉的支出，在企业整体转让或者清算时，准予扣除。因此税务人员对商誉的减少应结合"资产减值损失"科目进一步检查，并关注企业在"A105000纳税调整项目明细表"中的"资产减值准备金"是否进行了纳税调整。

(十六) 递延所得税资产

1. 递延所得税资产的确认与计量

根据《企业会计准则》规定,所得税会计采用资产负债表债务法核算所得税,资产负债表债务法是从资产负债表出发,通过比较资产负债表上列示的资产、负债按照企业会计准则规定确定的账面价值与按照税法规定确定的计税基础,对于两者之间的差异分别应纳税暂时性差异与可抵扣暂时性差异,确认相关的递延所得税负债与递延所得税资产,并在此基础上确定每一会计期间利润表中的所得税费用。

1) 资产的计税基础

资产的计税基础,指企业收回资产账面价值的过程中,计算应纳税所得额时按照税法可以自应税经济利益中抵扣的金额。

某一资产负债表日资产的计税基础＝历史成本－以前期间已税前列支的金额

第一,固定资产的计税基础。

账面价值＝历史成本－会计累计折旧－固定资产减值准备
计税基础＝历史成本－税法累计折旧

【例3-34】 A企业于20×6年12月20日取得的某项固定资产,原价为750万元,使用年限为10年,会计上采用年限平均法计提折旧,净残值为0。税法规定该类(由于技术进步、产品更新换代较快的)固定资产采用加速折旧法计提的折旧可予税前扣除,该企业在计税时采用双倍余额递减法计列折旧,净残值为0。20×8年12月31日,企业估计该项固定资产的可收回金额为550万元。20×8年12月31日该固定资产的账面价值和计税基础是多少?

20×8年12月31日该项固定资产的账面净值＝750－75×2＝600(万元)

该账面净值大于其可收回金额550万元,两者之间的差额应计提50万元的固定资产减值准备。

20×8年12月31日该项固定资产的账面价值＝750－75×2－50＝550(万元)
其计税基础＝750－750×20%－600×20%＝480(万元)

【例3-35】 B企业于20×6年年末以750万元购入一项生产用固定资产,按照该项固定资产的预计使用情况,B企业在会计核算时估计其使用寿命为5年,计税时,按照适用税法规定,其最低折旧年限为10年,该企业计税时按照10年计算确定可税前扣除的折旧额。假定会计与税收均按年限平均法计列折旧,净残值均为零。20×7年该项固定资产按照12个月计提折旧。本例中假定固定资产未发生减值。

该项固定资产在20×7年12月31日的账面价值＝750－750÷5＝600(万元)
该项固定资产在20×7年12月31日的计税基础＝750－750÷10＝675(万元)

第二,无形资产的计税基础。

对于内部研究开发形成的无形资产,《企业会计准则》规定有关研究开发支出区分两个阶段,研究阶段的支出应当费用化计入当期损益,而开发阶段符合资本化条件以后发生的支出应当资本化作为无形资产的成本;《企业所得税法》规定,企业为开发新技术、新产品、新工艺发生的研究开发费用,未形成无形资产计入当期损益的,在按照规定据实扣除的基础上,按照研究开发费用的50%加计扣除;形成无形资产的,按照无形资产成本的150%摊销。

【例3-36】 大海公司2016年发生研究开发支出共计500万元,其中研究阶段支出100万元,开发阶段不符合资本化条件的支出120万元,开发阶段符合资本化条件的支出280万元,假定大海公司研发形成的无形资产在当期达到预定用途,并在当期摊销10万元。假定会计摊销方法、摊销年限和净残值均符合税法规定。大海公司当期期末该无形资产的计税基础是多少?

大海公司当期期末该无形资产的账面价值=280-10=270(万元)

计税基础=270×150%=405(万元)

无形资产在后续计量时,账面价值与计税基础的差异主要产生于对无形资产是否需要摊销、无形资产摊销方法、摊销年限、预计净残值的不同以及无形资产减值准备的计提。

对于使用寿命有限的无形资产:

账面价值=实际成本-会计累计摊销-无形资产减值准备

计税基础=实际成本-税法累计摊销

对于使用寿命不确定的无形资产:

账面价值=实际成本-无形资产减值准备

计税基础=实际成本-税法累计摊销

【例3-37】 乙企业于20×7年1月1日取得的某项无形资产,取得成本为1 500万元,取得该项无形资产后,根据各方面情况判断,乙企业无法合理预计其使用期限,将其作为使用寿命不确定的无形资产。20×7年12月31日,对该项无形资产进行减值测试表明其未发生减值。企业在计税时,对该项无形资产按照10年的期限采用直线法摊销,摊销金额允许税前扣除。

会计上将该项无形资产作为使用寿命不确定的无形资产,因未发生减值,其在20×7年12月31日的账面价值为取得成本1 500万元。

该项无形资产在20×7年12月31日的计税基础为1 350万元(成本1 500万元-按照税法规定可予税前扣除的摊销额150万元)。该项无形资产的账面价值1 500万元与其计税基础1 350万元之间的差额150万元将计入未来期间企业的应纳税所得额。

第三,以公允价值计量的金融资产。

以公允价值计量的资产,根据《企业会计准则》规定,其账面价值是公允价值,账面价值会随着公允价值的变动而变动,而资产的计税基础是历史成本。

【例3-38】 20×7年10月20日,甲公司自公开市场取得一项权益性投资,支付价款2 000万元,作为交易性金融资产核算。20×7年12月31日,该投资的市价为2 200

万元。

该项交易性金融资产的期末市价为2 200万元,其按照会计准则规定进行核算的、在20×7年资产负债表日的账面价值为2 200万元。

税法规定资产的计税基础是历史成本,其在20×7年资产负债表日的计税基础应维持原取得成本不变,为2 000万元。

第四,其他资产。

因企业会计准则规定与税收法规规定不同,企业持有的其他资产,可能造成其账面价值与计税基础之间存在差异。

a. 采用公允价值模式进行后续计量的投资性房地产。

账面价值:期末按公允价值计量。

计税基础:以历史成本为基础确定(与固定资产或无形资产相同)减去税法上的累计折旧或累计摊销。

b. 其他各种资产减值准备。

【例3-39】 A公司20×7年购入原材料成本为5 000万元,因部分生产线停工,当年未领用任何原材料,20×7年资产负债表日估计该原材料的可变现净值为4 000万元。假定该原材料在20×7年的期初余额为0。

该项原材料因期末可变现净值低于成本,应计提的存货跌价准备=5 000-4 000=1 000(万元)。计提该存货跌价准备后,该项原材料的账面价值为4 000万元。

该项原材料的计税基础不会因存货跌价准备的提取而发生变化,其计税基础为5 000万元不变。

【例3-40】 A公司20×7年12月31日应收账款余额为6 000万元,该公司期末对应收账款计提了600万元的坏账准备。税法规定,不符合国务院财政、税务主管部门规定的各项资产减值准备不允许税前扣除。假定该公司应收账款及坏账准备的期初余额均为0。

该项应收账款在20×7年资产负债表日的账面价值为5 400万元(6 000-600)。因有关的坏账准备不允许税前扣除,其计税基础为6 000万元,该计税基础与其账面价值之间产生600万元暂时性差异,在应收账款发生实质性损失时,会减少未来期间的应纳税所得额和应交企业所得税。

2) 负债的计税基础

负债的计税基础,是指负债的账面价值减去未来期间计算应纳税所得额时按照税法规定可予抵扣的金额。

第一,企业因销售商品提供售后服务等原因确认的预计负债。

按照《企业会计准则第13号——或有事项》的规定,企业应将预计提供售后服务发生的支出满足有关确认条件时,在销售当期确认为费用,同时确认预计负债。但税法规定,销售产品有关的支出可于实际发生时税前扣除。由于该类事项产生的预计负债在期末的计税基础为其账面价值与未来期间可税前扣除的金额之间的差额,因此其计税基础为0。

【例3-41】 甲企业20×7年因销售产品承诺提供3年的保修服务,在当年度利润表中确认了 500 万元的销售费用,同时确认为预计负债,当年度未发生任何保修支出。假定按照税法规定,与产品售后服务相关的费用在实际发生时允许税前扣除。

该项预计负债在甲企业 20×7 年 12 月 31 日资产负债表中的账面价值为 500 万元。

$$该项预计负债的计税基础=账面价值-未来期间计算应纳税所得额时按照税法规定可予抵扣的金额$$
$$=500-500=0$$

因其他事项确认的预计负债,应按照税法规定的计税原则确定其计税基础。某些情况下,因有些事项确认的预计负债,如果税法规定无论是否实际发生均不允许税前扣除,即未来期间按照税法规定可予抵扣的金额为 0,其账面价值与计税基础相同。

第二,预收账款。

预收款项计入当期应纳税所得额(如房地产开发企业),计税基础为 0。

预收款项未计入当期应纳税所得额,计税基础与账面价值相等。

【例 3-42】 大海公司 2016 年 12 月 31 日收到客户预付的款项 100 万元。

若预收的款项计入当期应纳税所得额,2016 年以后年度减少预收账款确认收入时,由税前会计利润计算应纳税所得额时应将其扣除 2016 年 12 月 31 日预收账款的账面价值为 100 万元;因按税法规定预收的款项已计入 2016 年应纳税所得额,所以在以后年度要纳税调减。

$$2016 年 12 月 31 日预收账款的计税基础=账面价值-可从未来经济利益中扣除的金额$$
$$=100-100=0$$

若预收的款项不计入当期应纳税所得额,2016 年 12 月 31 日预收账款的账面价值为 100 万元

$$2016 年 12 月 31 日预收账款的计税基础=账面价值-可从未来经济利益中扣除的金额$$
$$=100-0=100(万元)$$

第三,应付职工薪酬。

会计准则规定,企业为获得职工提供的服务给予的各种形式的报酬以及其他相关支出均应作为企业的成本费用,在未支付之前确认为负债。税法中对于合理的职工薪酬基本允许税前扣除,但税法中如果规定了税前扣除标准的,按照会计准则规定计入成本费用的金额超过规定标准部分,应进行纳税调整。因超过部分在发生当期不允许税前扣除,在以后期间也不允许税前扣除,即该部分差额对未来期间计税不产生影响,所产生应付职工薪酬的账面价值等于计税基础。

【例 3-43】 某企业 2016 年 12 月计入成本费用的职工工资总额为 3 200 万元,至 2016 年 12 月 31 日尚未支付,体现为资产负债表中的应付职工薪酬。假定按照适用税法规定,工资总额中合理部分在实际支付的当期可予税前扣除,当期计入成本费用的 3 200 万元工资支出中的合理部分 2 400 万元(该假定符合税法的规定)。应付职工薪酬账面价值为 3 200 万元。

$$\text{该项负债(应付职工薪酬)的计税基础}=账面价值-\text{未来期间计算应纳税所得额时按照税法规定可予抵扣的金额}=3\,200-2\,400=800(万元)$$

该项负债的账面价值 3 200 万元与其计税基础 800 万元产生可抵扣暂时性差异 2 400 万元。

【提示】以现金结算的股份支付形成的应付职工薪酬,在未来实际支付时可予税前扣除,其计税基础为 0。

第四,递延收益。

对于确认为递延收益的政府补助,如果按税法规定,该政府补助为免税收入,则并不构成收到当期的应纳税所得额,未来期间会计上确认为收益时,也同样不作为应纳税所得额,因此,不会产生递延所得税影响。

对于确认为递延收益的政府补助,如果按税法规定,应作为收到当期的应纳税所得额计缴企业所得税,则该递延收益的计税基础为 0。资产负债表日,该递延收益的账面价值与其计税基础 0 之间将产生可抵扣暂时性差异。如期末递延收益账面价值为 100 万元,则产生 100 万元的可抵扣暂时性差异。

第五,其他负债。

其他负债如企业应交的罚款和滞纳金等,在尚未支付之前按照会计规定确认为费用,同时作为负债反映。税法规定,行政性的罚款和滞纳金不得税前扣除,其计税基础为账面价值减去未来期间计税时可予税前扣除的金额 0 之间的差额,即计税基础等于账面价值。

【例 3-44】 A 公司 20×7 年 12 月因违反当地有关环保法规的规定,接到环保部门的处罚通知,要求其支付罚款 500 万元。税法规定,企业因违反国家有关法律法规支付的罚款和滞纳金,计算应纳税所得额时不允许税前扣除。至 20×7 年 12 月 31 日,该项罚款尚未支付。

应支付罚款产生的负债账面价值为 500 万元。

该项负债的计税基础 = 账面价值 − 未来期间计算应纳税所得额时按照税法规定可予抵扣的金额
= 500 − 0 = 500(万元)

该项负债的账面价值 500 万元与其计税基础 500 万元相同,不形成暂时性差异。

3)递延所得税资产的确认

递延所得税资产是指对于可抵扣暂时性差异,以未来期间很可能取得用来抵扣可抵扣暂时性差异的应纳税所得额为限确认的一项资产。如果资产的账面价值<计税基础或者负债的账面价值>计税基础,则会产生可抵扣暂时性差异,企业确认递延所得税资产的一般原则如下:

(1)资产、负债的账面价值与其计税基础不同产生可抵扣暂时性差异的,在估计未来期间能够取得足够的应纳税所得额用以利用该可抵扣暂时性差异时,应当以很可能取得用来抵扣可抵扣暂时性差异的应纳税所得额为限,确认相关的递延所得税资产。

(2)按照税法规定可以结转以后年度的未弥补亏损和税款抵减,应视同可抵扣暂时性差异处理。在预计可利用未弥补亏损或税款抵减的未来期间内能够取得足够的应纳税所得额时,除《企业会计准则》中规定不予确认的情况外,应当以很可能取得的应纳税所得额为限,确认相应的递延所得税资产,同时减少确认当期的所得税费用。

(3) 企业合并中,按照《企业会计准则》规定确认的合并中取得各项可辨认资产、负债的入账价值与其计税基础之间形成可抵扣暂时性差异的,应确认相应的递延所得税资产,并调整合并中应予确认的商誉等。

(4) 与直接计入所有者权益的交易或事项相关的可抵扣暂时性差异,相应的递延所得税资产应计入所有者权益。

【例3-45】 宏大公司2016年12月1日取得一项可供出售金融资产,取得成本为220万元,2016年12月31日,该项可供出售金融资产的公允价值为200万元。宏大公司适用的所得税税率为25%。

(1) 2016年12月31日:

借:其他综合收益　　　　　　　　　　　　　　　　　　　　200 000
　　贷:可供出售金融资产——公允价值变动　　　　　　　　　200 000

(2) 2016年12月31日该项可供出售金融资产的账面价值为200万元,计税基础为220万元,产生可抵扣暂时性差异20万元,应确认递延所得税资产为5万元(20×25%)。会计处理如下:

借:递延所得税资产　　　　　　　　　　　　　　　　　　　50 000
　　贷:其他综合收益　　　　　　　　　　　　　　　　　　　50 000

4) 递延所得税资产的计量

(1) 确认递延所得税资产时,应估计相关可抵扣暂时性差异的转回时间,采用转回期间适用的企业所得税税率为基础计算确定。无论相关的可抵扣暂时性差异转回期间如何,递延所得税资产均不予折现。

(2) 递延所得税资产的减值。资产负债表日,企业应当对递延所得税资产的账面价值进行复核。如果未来期间很可能无法取得足够的应纳税所得额用以利用可抵扣暂时性差异带来的利益,应当减记递延所得税资产的账面价值。递延所得税资产的账面价值减记以后,继后期间根据新的环境和情况判断能够产生足够的应纳税所得额用以利用可抵扣暂时性差异,使得递延所得税资产包含的经济利益能够实现的,应相应恢复递延所得税资产的账面价值。

5) 不确认递延所得税资产的特殊情况

某些情况下,如果企业发生的某项交易或事项不是企业合并,并且交易发生时既不影响会计利润也不影响应纳税所得额,且该项交易中产生的资产、负债的初始确认金额与其计税基础不同,产生可抵扣暂时性差异的,所得税准则中规定在交易或事项发生时不确认相应的递延所得税资产。其原因在于,如果确认递延所得税资产,则需调整资产、负债的入账价值,对实际成本进行调整将有违会计核算中的历史成本原则,影响会计信息的可靠性,该种情况下不确认相应的递延所得税资产。其原因是无对应科目。

【例3-46】 2016年A企业进行内部研究开发所形成的无形资产成本为1 200万元,因按照税法规定可予未来期间税前扣除的金额为1 800万元,其计税基础为1 800万元。

该项无形资产并非产生于企业合并,同时在初始确认时既不影响会计利润也不影响应纳税所得额,确认其账面价值和计税基础之间产生暂时性差异的所得税影响需要调整该项资产的历史成本,《企业会计准则》规定该种情况下不确认相关的递延所得税资产。

2. 递延所得税资产项目涉税风险分析

递延所得税资产一般反映的是根据企业所得税法规定,现在不能扣除,但是未来可以税前扣除的可抵扣暂时性差异,一般是需要当期纳税调增,未来期间可以纳税调减的。比如,企业计提的资产减值损失、公允价值变动损失、预计负债、固定资产、无形资产和其他长期资产由于折旧、摊销年限或方法与税法不一致造成的本期会计折旧或摊销费用大于税法上的折旧或摊销费用,还有可以向以后结转的超标的业务宣传费和广告费等。如果企业利润表中有"资产减值损失""公允价值变动损益",资产负债表中预计负债的余额增加,当期会计上固定资产、无形资产的折旧、摊销费用大于税法规定,企业有超标的广告费、业务宣传费等,而资产负债表中递延所得税资产期末没有余额,或者期末余额与期初余额相等,则说明企业可能当期没有对暂时性的差异进行调增,应结合企业所得税"纳税调整项目明细表"进一步落实。如果资产负债表中递延所得税资产余额减少,有可能是企业计提了递延所得税资产减值准备或者递延所得税资产的转回,在递延所得税资产转回的时候,企业一般是进行纳税调减的处理,税务检查人员应关注其转回的项目、时间、金额是否正确。

(十七) 长期待摊费用

1. 长期待摊费用的会计处理

"长期待摊费用"账户用于核算企业已经支出,但摊销期限在1年以上(不含1年)的各项费用,包括固定资产修理支出、租入固定资产的改良支出以及摊销期限在1年以上的其他待摊费用。在"长期待摊费用"账户下,企业应按费用的种类设置明细账,进行明细核算,并在会计报表附注中按照费用项目披露其摊余价值、摊销期限、摊销方式等。根据会计准则规定,长期待摊费用的摊销按以下原则处理:

(1) 企业在筹建期间发生的费用,除购置和建造固定资产以外,应先在长期待摊费用中归集,待企业开始生产经营起一次计入开始生产经营当期的损益。

(2) 租入固定资产改良支出应当在租赁期限与预计可使用年限两者孰短的期限内平均摊销。

(3) 固定资产大修理支出采取待摊方法的,实际发生的大修理支出应当在大修理间隔期内平均摊销。

(4) 股份有限公司委托其他单位发行股票支付的手续费或佣金减去发行股票冻结期间的利息收入后的相关费用,从发行股票的溢价中不够抵销的,或者无溢价的,作为长期待摊费用,在不超过2年的期限内平均摊销,计入管理费用。

(5) 其他长期待摊费用应当在受益期内平均摊销。

2. 长期待摊费用的税务处理

根据《企业所得税法》第十三条的规定:在计算应纳税所得额时,企业发生的下列支出作为长期待摊费用,按照规定摊销的,准予扣除:已足额提取折旧的固定资产的改建支出;租入固定资产的改建支出;固定资产的大修理支出;其他应当作为长期待摊费用的支出。

1) 固定资产的改建支出的界定及其税务处理

固定资产的改建支出,是指改变房屋或者建筑物结构、延长使用年限等发生的支出。企业发生的已足额提取折旧的固定资产的改建支出和租入固定资产的改建支出,应作为长期待摊费用,按照规定摊销扣除。

(1) 已足额提取折旧的固定资产的改建支出,按照固定资产预计尚可使用年限分期摊销。

(2) 租入固定资产的改建支出,按照合同约定的剩余租赁期限分期摊销。

(3) 改建的固定资产延长使用年限的,除了属于已足额提取折旧的固定资产和租入固定资产外,应适当延长固定资产的折旧年限。

除了已足额提取折旧的固定资产和以经营租赁方式租入的固定资产外,企业所拥有的固定资产,仍然具有可利用价值,仍然在通过计算折旧予以扣除,而这时企业用于对这些固定资产的改建(良)支出,将增加固定资产的价值或者延长固定资产的使用年限,其性质属于资本化投入,应计入固定资产原价,按规定提取折旧后进行扣除,而不是作为长期待摊费用分期摊销。

2) 固定资产修理支出的税务处理

区分大修理与非大修理(一般修理费用),进行不同的税务处理:

(1) 固定资产的大修理支出,是指同时符合下列条件的支出:一是修理支出达到取得固定资产时的计税基础50%以上;二是修理后固定资产的使用年限延长2年以上。企业固定资产大修理的支出,作长期待摊费用,按照固定资产尚可使用年限分期摊销。

(2) 固定资产的一般修理支出,将不被作为长期待摊费用,而被当作收益性支出当期予以扣除。

3) 其他应当作为长期待摊费用的税务处理

其他应当作为长期待摊费用的支出,自支出发生月份的次月起,分期摊销,摊销年限不得低于3年。企业的开办费也可以按照其他长期待摊费用的规定税前扣除。

开办费是指企业在筹建期间发生的费用,包括筹建期人员工资、办公费、培训费、差旅费、印刷费、注册登记费以及不计入固定资产和无形资产购建成本的汇兑损益和利息支出。筹建期是指企业被批准筹建之日起至开始生产、经营(包括试生产、试营业)之日。《国家税务总局关于企业所得税若干税务事项衔接问题的通知》(国税函〔2009〕98号)规定,新税法中开(筹)办费未明确列作长期待摊费用,企业可以在开始经营之日的当年一次性扣除,也可以按照新税法有关长期待摊费用的处理规定处理,按照不低于3年的时间分期摊销,但一经选定,不得改变。

3. 长期待摊费用的税会差异

(1) 根据《企业会计准则第4号——固定资产》第六条和《企业会计准则第4号——固定资产》应用指南的规定,固定资产的更新改造、装修修理等后续支出,如果与该固定资产有关的经济利益很可能流入企业或该固定资产的成本能可靠地计量,如延长了固定资产的使用寿命,或者使产品质量实质性提高、产品成本实质性降低,则应当计入固定资产成本。如有被替换的部分,应扣除其账面价值;不满足上述规定的后续支出,应当在发生时计入当期损益。会计上对后续支出是资本化还是费用化没有定量标准,而税法上是有定量标准的。

（2）企业开办费会计上是从生产经营起一次计入开始生产经营当期的损益,而税法上可以以在开始经营之日的当年一次性扣除,也可以按照不低于3年的时间分期摊销。

（3）会计上对大修理支出采取待摊方法的,实际发生的大修理支出应当在大修理间隔期内平均摊销。而税法上对大修理支出按照固定资产尚可使用年限分期摊销。

（4）股份有限公司委托其他单位发行股票中确认的长期待摊费用,会计上按不超过2年的期限内平均摊销,而税法的摊销期不低于3年。

（5）会计遵循谨慎性原则,它要求对企业的交易或事项进行会计确认、计量和报告时应当保持应有的谨慎,不应高估资产或收益,也不得低估负债或费用,对长期待摊费用,若其费用项目不能使以后会计期间受益时将尚未摊销的该项目的摊余价值全部转入当期损益,而税法则根据企业生产经营及国家税款征收等综合因素分期扣除。

4. 长期待摊费用的涉税风险分析

如果资产负债表中,长期待摊费用年末与年初相比大幅减少,特别是减少的幅度在1/3以上(因为税法上有一个其他长期待摊费用摊销期不低于3年的规定),或者年初有余额,年末没有,检查人员一定落实企业会计上的摊销期是否与税法的摊销期一致,如果不一致,应关注企业在所得税纳税申报表中是否进行了纳税调整,当然对长期待摊费用的增加也需要关注其摊销是否符合税法规定。

【例3-47】某税务检查人员在对广东一家生产企业2015年的企业所得税进行纳税检查时发现,该企业资产负债表中"长期待摊费用"的期初余额500多万元,期末余额为0,因此询问会计人员"长期待摊费用反映什么业务内容？摊销期是多长时间？"会计人员回答"长期待摊费用是企业围墙的维修支出,因为不能给企业带来经济利益的流入,所以会计上当期全部摊销完毕"。但是根据税法规定,企业围墙维修支出受益期超过了1年,属于税法上的其他长期待摊费用,应该按照不低于3年的时间分期摊销,而不能因为会计上根据谨慎性原则一次转销而税前扣除,因此检查人员对长期待摊费用的摊销调增了2015年的应纳税所得额。

【例3-48】税务检查人员在对长沙一家银行2015年的企业所得税进行纳税检查时发现,该企业资产负债表中"长期待摊费用"的期初余额300多万元,期末余额为100多万元,大概摊销了一半,估算的摊销期为2年,由于会计上的摊销期时间比较短,因此怀疑可能不符合税法上的摊销期,于是检查长期待摊费用明细账和相关会计凭证,发现企业的长期待摊费用是该银行租入的一楼营业厅和二楼办公室的改建支出,会计人员解释"因为改建支出金额比较大,不适合全部费用化,所以先计入长期待摊费用,然后分2年的时间分期摊销"。根据《企业所得税法实施条例》规定,经营租入固定资产的改建支出按照租赁合同约定的剩余期限分期摊销,因此检查人员要企业提供房屋的租赁合同,发现是5年的租赁期,企业长期待摊费用税法上的摊销期是租赁合同的剩余期限,企业会计上两年的摊销期是不符合税法规定的,并且检查企业所得税申报表,企业未在纳税调整项目明细表中进行资产折旧摊销的纳税调整,于是检查人员按照企业所得税法规定,对该企业2015年的装修改建支出进行了纳税调整。

二、负债和所有者权益类报表项目涉税分析

(一) 以公允价值计量且其变动计入当期损益的金融负债

1. 以公允价值计量且其变动计入当期损益的金融负债的确认

以公允价值计量且其变动计入当期损益的金融负债包括交易性金融负债和在初始确认时指定为以公允价值计量且其变动计入当期损益的金融负债。

只有符合下列条件之一的金融负债,确认为交易性金融负债:

(1) 承担该金融负债的目的,主要是为了近期内出售或回购。

(2) 属于进行集中管理的可辨认金融工具组合的一部分,且有客观证据表明企业近期采用短期获利方式对该组合进行管理。

(3) 属于衍生工具。但是,被指定且为有效套期工具的衍生工具、属于财务担保合同的衍生工具、与在活跃市场中没有报价且其公允价值不能可靠计量的权益工具投资挂钩并须通过交付该权益工具结算的衍生工具除外。

只有符合下列条件之一的金融负债,才可以在初始确认时指定为以公允价值计量且其变动计入当期损益的金融负债:

(1) 该指定可以消除或明显减少由于该金融负债的计量基础不同所导致的相关利得或损失在确认或计量方面不一致的情况。

(2) 企业风险管理或投资策略的正式书面文件已载明,该金融负债组合,以公允价值为基础进行管理、评价并向关键管理人员报告。

(3) 在活跃市场中没有报价、公允价值不能可靠计量的金融负债,不得指定为以公允价值计量且其变动计入当期损益的金融负债。

2. 以公允价值计量且其变动计入当期损益的金融负债的计量

(1) 企业初始确认交易性金融负债,应当按照公允价值计量。相关交易费用应当直接计入当期损益(投资收益)。

(2) 后续计量:

一是资产负债表日,按交易性金融负债的票面利率计算利息,借记"投资收益"科目,贷记"应付利息"科目。

二是资产负债表日,企业应当按照公允价值进行后续计量,其公允价值变动形成的利得或损失,除与套期保值有关外,应当计入当期损益(公允价值变动损益)。

(3) 处置或者偿还。

企业偿还时,支付对价与交易性金融负债账面价值之间的差额计入投资收益,并把已计入公允价值变动损益的金额转入投资收益。

3. 以公允价值计量且变动计入当期损益的金融负债的涉税风险

企业的交易性金融负债在初始取得时的相关税费计入投资收益,会计上是作费用列支,而税法上是计入负债的成本,不允许税前扣除。交易性金融负债后续计量中公允价值变动计入当期损益,而税法上不计入当期应纳税所得额,税法上只有符合规定的利息费用

可以税前扣除。交易性金融负债将来偿还时会计上的损益是支付对价与交易性金融负债账面价值之间的差额,而税法上的所得或损失是支付对价与交易性金融负债计税基础之间的差额,因此要注意产生纳税调整。

如果企业资产负债表中以公允价值计量且其变动计入当期损益的金融负债期末余额大于期初余额,则企业可能当期有新增以公允价值计量且其变动计入当期损益的金融负债或者该类负债的公允价值上升,可结合利润表中的"公允价值变动损益"进一步分析,如果资产负债表中以公允价值计量且其变动计入当期损益的金融负债的增加数大于利润表中"公允价值变动损益"的发生额(绝对数),说明企业两种可能性都有,要注意对新增交易性金融负债初始成本的调整和交易性金融负债上升带来的公允价值变动损失的调整。

如果企业资产负债表中以公允价值计量且其变动计入当期损益的金融负债期末余额小于期初余额,则企业可能当期有偿还以公允价值计量且其变动计入当期损益的金融负债或者该类负债的公允价值下降,可结合利润表中的"公允价值变动损益"进一步分析,要注意公允价值变动收益不计入当期应纳税所得额以及偿还过程中产生的税会差异。

(二) 应付账款

应付账款核算的是企业因购买原材料、商品和接受劳务供应等,而应付供应单位的款项。它是一项较常见的流动负债,是尚未结清的债务。对应付账款需要关注以下几方面。

1. 应付账款大幅增加或余额巨大

如果报表中应付账款年末余额与年初余额相比大幅上升或者应付账款余额巨大,而利润表中的"营业收入"本年与上年相比却是持平或者还有所下降,应关注企业是否存在隐瞒收入或者虚增成本的问题。利用应付账款隐匿收入,最常见的手段是将收入挂在"应付账款"上,如将销售收入、无形资产转让收入等隐匿在"应付账款"上,税务检查人员应进一步检查"应付账款"的对应科目,如果对应科目是"银行存款""库存现金""应收账款"等,则说明对应关系异常,要进一步通过会计记录找出相应的记账凭证和原始凭证,从而核实是否存在隐瞒收入的问题。

企业在采购过程中有时会发生货到票未到的情况,会计规定如果月末发票还未到,会计上要求应按暂估价或合同价入账,即借记"原材料""库存商品"科目等,贷记"应付账款——暂估应付账款"科目,下月月初用红字作同样的记录予以冲回。发票账单到达后,再按正常材料采购程序处理。因为如果企业原材料不暂估入账,有可能由于原材料已经到达,实际被生产领用时,企业根据领料单,借记"生产成本"科目,贷记"原材料"科目,而造成盘存类科目出现"负数"或者"红字"。对这类暂估业务,税务人员检查时应检查"应付账款——暂估应付账款"明细账,如果跨期仍挂账,而未冲销或未全额冲销暂估应付账款,则应进一步检查暂估应付账款材料清单,并与相应收到的供货方开具的发票账单相核对,如果两者所列材料品名、数量等一致(说明发票已收到),而会计上又没有作冲销"应付账款——暂估应付账款"处理,则其多转材料成本的事实存在,应作出相应的账务调整。

2. 应付账款余额大幅减少

如果资产负债表中应付账款年末余额与年初余额相比大幅减少,而现金流量表中"购进商品接受劳务支付的现金"本期与上期相比变化不大,企业"短期借款""长期借款""其他应付款"等其他负债类的项目也没有大幅上升,说明企业用货币资金偿债和借新债还旧债的可能性比较小,要关注企业是否可能存在债权人豁免债务、以非货币性资产抵债、债务转股份或者修改债务条件等债务重组问题,并进一步落实企业的会计处理和纳税申报是否正确。

1) 豁免债务

根据《企业会计准则》的规定,债权人豁免的债务,应计入营业外收入与企业所得税法规定一致,但是因为原来的企业会计制度规定,债务重组收益计入资本公积,所以要注意企业对债权人豁免的债务是否按照《企业会计准则》的规定进行了正确的处理,企业是否存在账上隐瞒收入的问题。

2) 以非货币性资产抵债

企业以非货币性资产清偿债务,偷逃增值税销项税额和少计应纳税所得额。这种情况企业直接按"应付账款"的账面余额,借记"应付账款"科目,贷记"库存商品""固定资产清理""无形资产"等科目。对此,应注重对应付账款明细账的审查,如果摘要栏为"抵债",应根据账户记录,找出相应的会计凭证,如果有查账软件的,可以直接查询"借方包含或类似科目应付账款,贷方不包含或不类似会计科目"库存现金、银行存款、其他货币资金"也可以把满足条件的非货币性资产抵债的记账凭证筛选出来,看其会计处理是否符合《企业会计准则第12号——债务重组》的规定。如果不相符,应及时作出调账处理。根据《企业会计准则》规定:以非现金资产清偿债务的,债务人应当将重组债务的账面价值与转让的非现金资产公允价值之间的差额,计入当期损益(营业外收入);转让的非现金资产公允价值与其账面价值之间的差额,计入当期损益;抵债资产为存货的,应当视同销售处理,按存货的公允价值确认商品销售收入,同时结转商品的销售成本,认定相关的税费。根据《财政部 国家税务总局关于企业重组业务企业所得税处理若干问题的通知》(财税〔2009〕59号)第四条第二款规定"以非货币资产清偿债务,应当分解为转让相关非货币性资产、按非货币性资产公允价值清偿债务两项业务,确认相关资产的所得或损失"。因此在非货性资产抵债中有可能由于抵债资产账面价值和计税基础的不一致而产生税会差异。

【例3-49】 某税务检查人员在对A公司(执行《企业会计准则》)2016年度的企业所得税检查中发现,A公司欠B公司货款1 000万元。由于A公司财务发生困难,经双方协商,A公司以其自产产品偿还债务。该产品账面价值为760万元(账面余额860万元,已计提跌价准备100万元),公允价值为800万元。A、B公司均为增值税一般纳税人,适用增值税税率为17%,企业所得税税率为25%。A公司的会计处理如下:

借:应付账款	10 000 000
存货跌价准备	1 000 000
贷:库存商品	8 600 000
应交税费——应交增值税(销项税额)	1 360 000
资本公积	1 040 000

同时,A公司未在企业所得税申报表进行任何的纳税调整。

税务人员认为根据《企业会计准则》规定,A公司存在会计差错,有账上隐瞒收入的问题，A公司正确的会计处理应该是：

借：应付账款　　　　　　　　　　　　　　　　　　　　　　10 000 000
　　贷：主营业务收入　　　　　　　　　　　　　　　　　　　 8 000 000
　　　　应交税费——应交增值税（销项税额）　　　　　　　　1 360 000
　　　　营业外收入——债务重组收益　　　　　　　　　　　　　640 000
借：主营业务成本　　　　　　　　　　　　　　　　　　　　　 7 600 000
　　存货跌价准备　　　　　　　　　　　　　　　　　　　　　 1 000 000
　　贷：库存商品　　　　　　　　　　　　　　　　　　　　　 8 600 000

　　　　会计上当期销售利润＝8 000 000－7 600 000＝400 000（元）
　　　　债务重组收益＝10 000 000－8 000 000×(1＋17％)＝640 000（元）

按照企业所得税法规定：

　　　　企业当期非货币性资产视同销售所得＝8 000 000－8 600 000＝－600 000（元）
　　　　债务重组收益＝10 000 000－8 000 000×(1＋17％)＝640 000（元）

税法上有所得40 000元，与会计利润1 040 000元相比，主要是对以前计提的存货跌价准备要进行纳税调减。

因此税务人员要求企业进行了调账处理，并调增企业的应纳税所得额40 000元。

3）债务转股份

如果企业"应付账款"大幅减少，而"购进商品接受劳务支付的现金"流出很少，同时企业的"股本"或"实收资本"又大幅增加，企业有可能存在债转股的问题，由于"股本"或"实收资本"的业务发生很少，可以直接查这两个科目效率会更高，也可以按条件查询"应付账款"科目来落实企业是否有债转股的业务。

根据根据财税〔2009〕59号债务重组业务一般性税务处理规定，企业发生债权转股权的，应当分解为债务清偿和股权投资两项业务，确认有关债务清偿所得或损失。根据债务重组业务特殊性税务处理规定，企业发生债权转股权业务，对债务清偿和股权投资两项业务暂不确认有关债务清偿所得或损失，股权投资的计税基础以原债权的计税基础确定。企业的其他相关所得税事项保持不变。如果企业选择了特殊性税务处理，要关注企业该项债务重组是否具有合理的商业目的，且不以减少、免除或者推迟交纳税款为主要目的，否则企业不能选择特殊性税务处理，并同时关注企业由于股本增加造成的股权结构变化，企业的实际控制人和关联方的变化。

4）修改债务条件

修改其他债务条件时，如果重组后应付金额超过了正常信用期，会计上的公允价值应考虑货币时间价值进行折现，而税法上应仍按终值确认；附或有条件时，债务人的或有应付金额若符合《企业会计准则第13号——或有事项》中预计负债确认条件的，应将其确认为预计负债。税法上，由于只有实际发生的与取得收入有关的、合理的支出才可在计算应纳税所得额时扣除，因此预计负债确认时不得在税前扣除，只有实际发生时才能扣除。

【例3-50】甲公司于2015年6月份购买乙公司产品价款和税金合计500万元，甲公司签发一张期限为6个月、票面年利率为5%的商业承兑汇票。票据到期日,本息合计512.5万元,由于甲公司无法偿还票据本息,2016年1月经双方协定,延长偿还期限至2017年12月31日,本金降为400万元,免除已欠利息,利率降至3%,但如果甲公司以后年度盈利,则当年利率仍为5%。乙公司适用企业所得税率25%。

债务重组日,乙公司应确认预计负债:

$$4\,000\,000 \times (5\% - 3\%) \times 2 = 160\,000(元)$$

借:应付票据	5 125 000
贷:应付账款	4 000 000
预计负债	160 000
营业外收入——债务重组利得	965 000

税法上应确认债务重组所得数额 = 5 125 000 − 4 000 000 = 1 125 000(元)

应调增应纳税所得额 = 1 125 000 − 965 000 = 160 000(元)

3. 应付账款长期挂账

应付账款属于流动负债,在企业未发生财务危机的情况下是要在1年内偿还的,因此如果一个企业盈利情况较好,货币资金也比较多的情况下,出现大量的应付账款的长期挂账是不正常的。要注意企业是否可能存在虚增成本的问题或者有无法支付的应付款。有的企业为了多计生产成本或者销售成本,往往需要虚构一些采购业务,借记"原材料""库存商品"等科目,贷记"应付账款"科目,然后再转入"生产成本""主营业务成本"科目,这样存货类科目才不会出现异常"负数"。因为是虚假的采购业务,当然不需要付出去,会形成应付账款的长期挂账。因此要检查"原材料""库存商品""应付账款"等科目和相关会计凭证,并通过函证应付账款或者实地盘点库存来落实企业是否存在虚增成本的问题。

【例3-51】 2015年某税务检查人员对某房地产企业所得税纳税检查中发现该企业资产负债表中"应付账款"年末与年初相比大幅增加,而且占负债的比重也很大,而该房地产公司开发的项目已基本销售完毕,按道理应该会有钱支付,不会形成应付账款的巨额挂账,于是该税务检查人员检查了应付账款明细账,发现其中有一笔"借:开发成本8 000万元,贷:应付账款8 000万元"的经济业务,该房地产企业开发项目规模小,该笔应付账款在其开发成本中占有很大比重,房地产企业已取得该笔业务的正规建筑业发票,可这笔款项至检查时点仍未支付,这引起了该税务检查人员的怀疑。随即,税务工作人员开展了外围调查和取证,证实了该房地产企业与开具发票的建筑公司为关联企业(该建筑公司拥有房地产企业100%股权),为了增加房地产企业的开发成本,建筑公司虚开了4 000余万元的建筑业发票,从而帮助房地产企业逃避交纳税款。

根据《企业所得税法》及其实施条例的规定,对于企业因债权人缘故确实无法支付的应付款项,应作为其他收入,并入企业收入总额征收企业所得税。但在实务操作中,长期挂账的问题,涉及的业务时间长、关联关系复杂,因业务、财务等管理人员变化,挂账原因、资金来源、债权人状态等难以追查清晰,如何判断不同种类的长期挂账应付款项属于确实无法支付的款项,对于企业财务人员以及税务检查人员都是一项复杂、困难、难以理清的工作。对于"无法支付的应付款"如何判断,企业所得税也没有明确的标准。在实务操作中,债权人符合下列条件且债务人取得债权人符合下述条件的相关依据时,即可推断为因债权人缘故确实无法支付的应付款项。根据财税〔2009〕57号《财政部 国家税务总局关于企业资产损失税前扣除政策的通知》,企业除贷款类债权外的应收、预付账款符合下列条件之一的,减除可收回金额后确认的无法收回的应收、预付款项,在能够证明资产损失确属已实际发生的合法证据,包括具有法律效力的外部证据、具有法定资质的中介机构的经济鉴证证明、具有法定资质的专业机构的技术鉴定证明下,可以作为坏账损失在计算应纳税所得额时扣除:第一,债务人依法宣告破产、关闭、解散、被撤销,或者被依法注销、吊销营业执照,其清算财产不足清偿的;第二,债务人死亡,或者依法被宣告失踪、死亡,其财产或者遗产不足清偿的;第三,债务人逾期3年以上未清偿,且有确凿证据证明已无力清偿债务的;第四,与债务人达成债务重组协议或法院批准破产重整计划后,无法追偿的;第五,因自然灾害、战争等不可抗力导致无法收回的;第六,国务院财政、税务主管部门规定的其他条件。

当债务人取得债权人符合上述六种情况的相关证明时,即可推断为因债权人缘故确实无法支付的应付款项。有些地方税务机关针对长期挂账的问题已经进行了相应的规定,可以借鉴参考。比如,《大连市国家税务局关于明确企业所得税若干业务问题的通知》(大国税函〔2009〕37号)第七条关于应付账款、坏账损失的确认问题规定,企业确实无法支付的应付账款(超过3年以上),应并入当期应纳税所得依法交纳企业所得税。已经并入当期应纳税所得的应付账款在以后年度支付的,可在支付年度税前扣除。超过3年是指合同到期后的下一年度起的连续3年。再如,《宁波市地方税务局关于明确2008年度企业所得税汇算清缴若干问题的通知》(甬地税一〔2009〕20号)第十一条关于长期挂账未付的应付账款核销的有关问题规定,企业已申报扣除的财产损失又获得价值恢复或补偿,应在价值恢复或实际取得补偿年度并入应纳税所得。因债权人原因确实无法支付的应付账款,包括超过3年以上未支付的应付账款,如果债权人已按本办法规定确认损失并在税前扣除的,应并入当期应纳税所得依法交纳企业所得税。

(三) 预收款项

预收账款核算企业按照合同规定或交易双方之约定,而向购买单位或接受劳务的单位在未发出商品或提供劳务时预收的款项。预收款作为预定货物、商品或者工程,一般情况下都会按照合同或者协议履行。预收款长期挂账或者核销总是存在一些特殊情况,从检查的情况来看,因为对方公司不要求开发票,收了款始终挂在预收款长期不作处理的情况比较多,因此,预收款长期挂账必然成为税务机关的关注对象。预收款在税收检查中主要关注以下两方面的涉税风险。

1. 预收账款余额较大

预收账款存在大量余额的前提条件对一般的制造业来讲是产品供不应求,属于很紧俏的物资,这时企业的库存商品很少,报表中存货的余额一般较小,如果企业的产品并不是供不应求的,而报表中预收账款和存货的余额都很大的情况下,企业就可能存在着取得收入挂"预收账款",账上不确认销售收入和结转销售成本的问题,造成企业一方面好像无货可发挂预收,另一方面库存积压的矛盾。对于如何落实企业是否存在销售挂账的问题,国家税务总局印发了《企业所得税汇算清缴纳税申报鉴证业务准则(试行)》(国税发〔2007〕10号)的通知中明确采用预收账款销售方式的,应于商品已经发出时,确认收入的实现。并结合预收账款、存货等科目,审核是否存在对已收货款并已将商品发出的交易不入账、转为下期收入等情形:

(1) 获取预收货款明细表并与明细账、总账相核对。

(2) 初步确认所列客户的合同、订单及其支付项目是否按税法规定交纳相关的税收。

(3) 审核借方发生额与相关的资产或费用科目。

(4) 审核合同、订货单、验收单、购货发票、客户对账单等有关附件及凭证,核对应付金额是否正确。

(5) 对于长期挂账的金额,应重点审核企业资产和相关费用的合理性和准确性,发生的呆账收益是否已按税法规定作出相应的税务处理。

(6) 在必要的情况下,可函证预收货款。

(7) 核对相关的发货记录或提供服务记录,审核预收账款转销是否及时、正确。未转销的预收货款,应特别关注其是否存在不作或未及时作收入处理的情况。

(8) 审核"预收货款"科目的记账汇率及汇兑损益计算的正确性。

【例3-52】 某税务检查组到一家生产电瓶车配件的甲公司例行检查。检查前分析发现,甲公司的增值税、企业所得税税负均在"警戒线"之上,只是预收账款余额偏大,此外未发现其他疑点。来到该企业,检查组陆组长重点检查了预收账款项目,发现甲公司通过预收账款结转的销售收入约占全年收入的70%,而且每个月及时将上个月登载的预收账款转为销售收入,而且转账凭证后面的发票记账联和出库单等一应俱全,日期也基本吻合,看不出任何破绽。但陆组长通过了解发现,甲公司生产的配件除两个种类外,其他大多数种类并不紧俏,不应该出现大量预收账款的情况。陆组长决定解开这个谜团。通过对预收账款整个核算过程的仔细检查,陆组长发现了三个特点:一是通过预收账款核算的绝大多数都是外地客户;二是货款基本上从甲公司各驻外销售处的账户定期汇回(有6家销售处还用业务员的个人信用卡汇回货款);三是发货日期基本集中在每月中旬。

陆组长分析,由于配件的完工入库时间是均衡的,所以发货的时间也应该是均衡的,即使是外地客户,也不应该都集中在每个月的中旬发货。陆组长认为很可能是各驻外销售处在收到货款后,先通知公司本部发货,公司再在每个月的中旬集中开具发票和出库单。而如果集中开具发票和出库单的时间滞后,则很可能造成通过预收账款核算收入的纳税义务发生时间被人为延迟。分析至此,陆组长请甲公司提供各销售处收款、汇回货款、公司发货和开具发票的详细情况,同时询问甲公司发货与开具发货单之间有无时间差。甲公司不得不承认有1个月的时间差。原来,各驻外销售处在接到客户订货业务后,会即刻电话通知甲公司发货,货款由各销售处统一收取后,每个月两次定时汇回公司(甲公司作预收账款处理),月初通知公司开具上个月的销售发票和出库单,这样就使得甲公司结转销售收入的时间延迟了1个月。

至此,问题应该水落石出了,但认真的陆组长并未就此罢休,他觉得6家销售处通过个人信用卡汇回货款不正常,尽管每月汇回的货款无规律可循,但细心的陆组长还是分析出这部分货款均是各销售处倒轧账后汇出的差额,陆组长凭直觉认为这6家销售处很可能隐瞒了业务收入。于是立即找甲公司财务负责人约谈并说明了情况。甲公司财务负责人深知纸包不住火的道理,很快说明了6家销售处用个人信用卡汇款的真相。原来,甲公司各销售处的业务员都配有个人信用卡,而且均将收取的现金销货款(往往无需开票)存入了信用卡,由于有时销售处账户上的余额不足,就用信用卡上的资金垫付,但不知道这种垫付会成为发现甲公司现金销货不入账的导火线。最终,检查组查明甲公司在前后3个年度中,共隐瞒了360多万元收入没有入账,甲公司自然少不了被补税、罚款。

当然,对房地产企业来讲,在取得房地产预售许可证以后,开发产品没有完工之前,由于产品没有完工,收到的预收购房款只能挂预收账款,随着产品的不断加工,在产品的成本不断增加,报表中的预收账款和存货的余额同时增加是正常的,这时应关注企业对预收的购房款是否按规定预交了企业所得税。

2. 预收账款的减少与利润表中的"营业收入"不匹配

预收账款的减少,一般对应科目是"主营业务收入"或"其他业务收入",如果资产负债表中企业预收账款的减少数除以(1+增值税税率)大于利润表中的营业收入,说明企业存在着预收账款减少未作收入的问题,应检查预收账款明细账,关注其对应科目,如果有查账软件,可直接查询"借方包含或类似科目预收账款,贷方科目不包含或不类似主营业务收入或其他业务收入",则可以把符合条件的筛选出来,如果对应科目是"其他往来"科目,要注意业务是否真实合理,即使对应科目是"银行存款",从对应科目来看是没问题的,但也要注意进一步检查原始凭证,关注企业是否存在真实的退款业务。

【例3-53】 某税务检查人员在对某天然气输送企业2016年度进行企业所得税纳税评估时,企业提供的财务报表如表3-23、表3-24所示。

表3-23 资产负债表

编制单位:某天然气输送公司　　　2016年12月31日　　　　　　　单位:元

资产	行次	期末余额	年初余额	负债及所有者权益	行次	期末余额	年初余额
流动资产:	1			流动负债:	34		
货币资金	2	66 822 099.41	184 319 356.48	短期借款	35	200 000 000.00	120 000 000.00
以公允价值计量且其变动计入当期损益的金融资产	3			以公允价值计量且其变动计入当期损益的金融负债	36		
应收票据	4	20 000 000.00		应付票据	37		
应收账款	5	842 854.58	2 868 791.65	应付账款	38	4 135 930.05	3 803 606.60
预付款项	6			预收款项	39		90 900 344.08

(续表)

资产	行次	期末余额	年初余额	负债及所有者权益	行次	期末余额	年初余额
应收利息	7			应付职工薪酬	40	458 542.82	766 910.34
应收股利	8	438 000 000.00		应交税费	41	933 423.76	380 541.35
其他应收款	9	759 508 865.27	536 666 595.89	应付利息	42	5 706 300.87	1 749 452.05
存货	10	110 157.50	110 157.50	应付股利	43	379 240 251.96	9 240 251.96
一年内到期的非流动资产	11			其他应付款	44	504 788 297.92	279 636 987.30
其他流动资产	12	1 884 534.95	558 616.91	一年内到期的非流动负债	45		17 270 000.00
流动资产合计	13	1 287 168 511.71	724 523 518.43	其他流动负债	46	200 000 000.00	300 000 000.00
非流动资产：	14			流动负债合计	47	1 295 262 747.38	823 748 093.68
可供出售金融资产	15			非流动负债：	48		
持有至到期投资	16			长期借款	49	51 970 000.00	60 000 000.00
长期应收款	17			应付债券	50		
长期股权投资	18	932 295 958.13	890 595 958.13	长期应付款	51		
投资性房地产	19			专项应付款	52		
固定资产	20	228 323 545.47	240 604 307.25	预计负债	53		
在建工程	21	635 985.00	1 284 086.10	递延所得税负债	54		
工程物资	22			其他非流动负债	55		
固定资产清理	23			非流动负债合计	56	51 970 000.00	60 000 000.00
生产性生物资产	24			负债合计	57	1 347 232 747.38	883 748 093.68
油气资产	25			所有者权益(或股东权益)：	58		
无形资产	26	3 993 288.14	4 088 104.34	实收资本(或股本)	59	549 396 700.00	549 396 700.00
开发支出	27			资本公积	60	407 400 016.43	407 400 016.43
商誉	28			减：库存股	61		
长期待摊费用	29			其他综合收益	62		
递延所得税资产	30	75 329.51	403 652.41	盈余公积	63	77 846 315.43	33 606 204.40

(续表)

资产	行次	期末余额	年初余额	负债及所有者权益	行次	期末余额	年初余额
其他非流动资产	31		55 107 227.31	未分配利润	64	70 616 838.72	42 455 839.46
非流动资产合计	32	1 165 324 106.25	1 192 083 335.54	所有者权益（或股东权益）合计	65	1 105 259 870.58	1 032 858 760.29
资产总计	33	2 452 492 617.96	1 916 606 853.97	负债和所有者权益（或股东权益）总计	66	2 452 492 617.96	1 916 606 853.97

表 3-24　　　　　　　　　　　　　利　润　表

编制单位：某天然气输送有限公司　　　　2016 年　　　　　　　　　　单位：元

项目	行次	本期金额	上期金额
一、营业收入	1	69 419 910.92	69 682 003.46
减：营业成本	2	21 297 845.11	20 023 240.99
税金及附加	3	1 805 351.41	2 341 115.16
销售费用	4	0.00	0.00
管理费用	5	6 111 127.71	25 023 495.99
财务费用	6	40 415 278.25	14 734 346.05
资产减值损失	7	−1 313 291.51	841 729.84
加：公允价值变动收益（损失以"−"号填列）	8		
投资收益（损失以"−"号填列）	9	439 609 572.69	
其中：对联营企业和合营企业的投资收益	10		
二、营业利润（亏损以"−"号填列）	11	440 713 172.64	6 718 075.43
加：营业外收入	12	2 083 410.12	
减：营业外支出	13	8 351.10	
其中：非流动资产处置损失	14		
三、利润总额（亏损总额以"−"号填列）	15	442 788 231.66	6 718 075.43
减：所得税费用	16	1 248 795.36	1 679 518.86
四、净利润（净亏损以"−"号填列）	17	441 539 436.30	5 038 556.57

评估人员在对该企业的财务报表进行审核时发现该企业 2016 年资产负债表中预收款项减少 90 900 344.08 元，如果预收款减少都对应收入，收入的发生额大概应该在 81 892 201.87 元[90 900 344.08÷(1+11%)]，而企业利润表上"营业收入"的发生额只有 69 419 910.92 元，企业存在着预收账款减少未作收入的问题，于是检查人员进一步查询预收账款明细账和相关记账凭证，发现企业有大量的"借'预收账款'，贷'银行存款'"的

业务,由于企业还在正常的提供天然气输送劳务,出现大量的退款业务不太可能,于是进一步检查退款业务所附原始凭证,发现所附原始凭证为转账支票,通过与银行对账单进一步核对,发现企业银行对账单中没有这么多的退款业务,后进一步检查证实是企业为了隐瞒不要票的销售收入,怕预收账款长期挂账引起税务机关的重视,于是用作废的支票存根作了假退款的处理。最终企业补交了相关的增值税和企业所得税等。同时也提醒我们税务人员在税收检查中,对不正常的销售款退回或不正常的预付款,要注意与银行对账,防止企业用作废的支票存根假退款或通过预付账款转移资金。

(四) 其他应付款

其他应付款是企业除了购买商品和接受劳务供应以外,应付、暂收其他单位或个人的款项,包括应付经营租赁方式租入固定资产租金,出租、出借包装物收取的押金等,这些暂收应付款构成了企业的一项非经常性负债,然而,实务操作过程中,"其他应付款"却非常吃香,由于很多财务人员以为它是个大杂烩,把搞不清的业务都可以往里装,有些企业将其作为逃避纳税的工具,因此如果企业资产负债表中其他应付款的余额比应付账款的余额还要大,或者占负债的比重比较大,或者趋势变动比较异常,一定要检查其他应付款明细账,关注企业是否存在以下问题。

1. 利用其他应付款隐匿收入

有些企业将应记入收入类科目的金额,记入"其他应付款"科目,从而隐匿收入、偷逃税金。审查时应以其他应付款明细账为审查重点,对明细账设置不合规定的,如户名、类别或摘要不清,应审阅相关会计凭证。

【例3-54】 某税务检查人员在对甲公司2015年度纳税评估时发现该企业资产负债表中其他应付款的余额有8 000多万元,该公司的应付账款只有1 000多万元,其他应付款占到了流动负债的70%以上,因此要求企业说明余额异常的原因,企业在约谈中说明其他应付款主要是企业向社会融资7 580万元,检查人员进一步核对融资明细,发现公司仅对6 800万元的融资部分支付了利息,尚有差额780万元的融资没有结算利息,挂在李某名下的个人往来账上。评估人员随即追查李某个人往来,发现公司以借款形式用李某名义借入资金全年发生额为825.4万元,支出使用45.4万元,两者差额780万元。经查对资金使用明细,支出的部分均为产品销售运费,经进一步核查运费所运货物数量与公司产品出库明细,发现公司商品发出时少计收入825.4万元,金额与李某个人往来借入的全部资金一致。经询问公司有关人员,核实这笔资金是销售产品未作收入的货款。

2. 1年以上包装物租金没有结转收入计税

其他应付款属于流动负债,通常在一个营业周期内偿还。若其他应付款长期挂账,则可能存在收取的逾期未退包装物押金故意不及时结转收入,少计当期实现利润、偷逃税金。税法规定,对逾期未收取的包装物不再退还的和已收取一年以上的押金,应并入应税货物的销售额,征收增值税和消费税,收取的押金扣减相关税金后的差额转入"其他业务收入"科目。审查时,应以其他应付款明细账为依据,重点审查原始凭证,特别是出租、出借合同,看有无购货方未按合同规定的期限返还包装物,而销货方超期不转账的行为。

3. 虚构向股东或员工或借款隐瞒收入

【例 3-55】 某税务检查人员在对甲公司税收检查时发现,该企业资产负债表中"其他应付款"的余额逐年增加,而且余额巨大,于是检查其他应付款明细账,发现 3 年来甲公司欠 A 股东的资金不断增加,中间没有归还也没有支付利息。检查人员马上联想到此前了解到的甲公司货款回笼情况良好,并不缺少资金周转的情况。即使因采购原材料需要临时借款,但在公司有了资金后,为何没有及时归还,而且有增无减且长期不还呢?检查人员进一步检查"其他应付款"的所有会计凭证,发现其他应付款的增加都是"借'银行存款',贷'其他应付款'",所附原始凭证都是现金缴款单,也没有借款协议。再三考虑后,检查人员决定约谈 A 股东。检查人员向 A 股东提出了 3 个问题:是否记得公司欠你的资金额度?公司欠你的资金办理了何种手续?你给公司的借款是以何种资金形式借给公司的?对这 3 个问题,A 股东一个也说不清楚,只是重复说都是财务部帮助办理的,要请财务经理解释。检查人员又提出"由于每次借款所附原始凭证都是现金缴款单,由企业把现金送存银行,个人手里不可能有巨额的现金借给企业,应该会有到银行取款的记录,要 A 股东就指定的几笔大额业务提供资金来源的证明,并且也会要求财务经理进行说明",A 股东看实在无法隐瞒下去,如实交代了"其他应付款"是隐瞒的不要发票的现金销售收入,最后甲公司按规定补交了增值税和企业所得税。

4. 企业资金融通问题

如果其他应付款的余额比较大,企业很可能存在着与金融企业以外的借款方式,可以结合利润表中的财务费用作进一步分析。如果资产负债表中(短期借款平均余额+长期借款平均余额)×银行平均贷款利率>利润表上的财务费用,则说明企业可能存在着支付给金融企业以外的借款利息,如表 3-23 和表 3-24 所示:企业资产负债表中短期借款和长期借款的平均余额为 2.1 亿元左右,结合目前银行贷款的平均利率,支付给银行的借款利息应该不超过 2 000 万元,但是企业利润表中的财务费用为 4 000 多万元,结合资产负债表中其他应付款的余额达到 5 亿元,一定要注意检查其他应付款,关注企业的借款利息扣除。

(五) 应付职工薪酬

1. 会计上职工薪酬包含的内容范围

(1)《企业会计准则第 9 号——职工薪酬》(2014)规定,职工薪酬包含的内容如图 3-1 所示。

(2)《企业会计准则第 11 号——股份支付》规定,"以现金结算的股份支付"计入应付职工薪酬。

2. 税务上涉及"职工薪酬"的相关规定

税法上没有使用"职工薪酬"的概念,而是对会计上的职工薪酬分解为了工资薪金、职工福利费、工会经费、基本养老保险、基本医疗保险、失业保险、工伤保险、生育保险、住房公积金、补充养老保险、补充医疗保险、人身安全保险、企业为投资者或职工支付的商业保险等,分别作出了规定。因此,会计上的"职工薪酬"核算内容与税务上没有必然的对应关

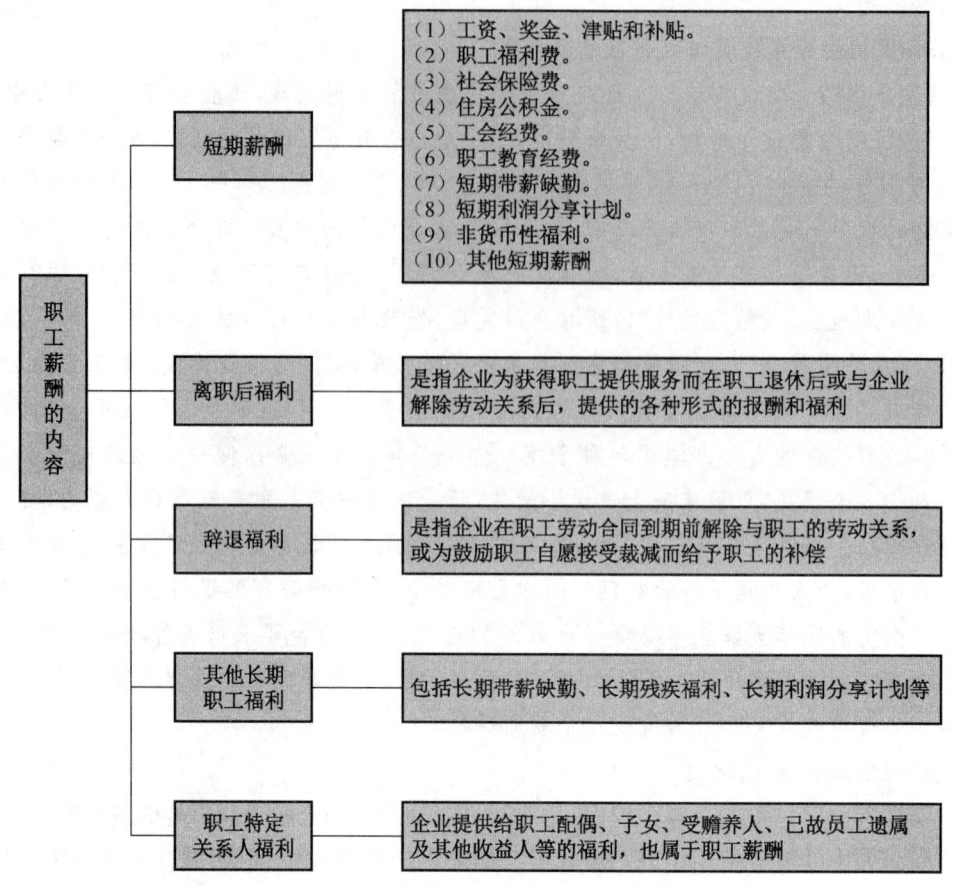

图 3-1 职工薪酬的内容

系,会计上核算的"职工薪酬"内容能否得到税前扣除,需要分解为税务上成本费用支出,然后与税法相关规定进行比对。《企业所得税法实施条例》中的相关规定如下:

第三十四条 企业发生的合理的工资、薪金支出,准予扣除。

前款所称工资、薪金,是指企业每一纳税年度支付给在本企业任职或者受雇的员工的所有现金形式或者非现金形式的劳动报酬,包括基本工资、奖金、津贴、补贴、年终加薪、加班工资,以及与员工任职或者受雇有关的其他支出。

第三十五条 企业依照国务院有关主管部门或者省级人民政府规定的范围和标准为职工交纳的基本养老保险费、基本医疗保险费、失业保险费、工伤保险费、生育保险费等基本社会保险费和住房公积金,准予扣除。

企业为投资者或者职工支付的补充养老保险费、补充医疗保险费,在国务院财政、税务主管部门规定的范围和标准内,准予扣除。

第三十六条 除企业依照国家有关规定为特殊工种职工支付的人身安全保险费和国务院财政、税务主管部门规定可以扣除的其他商业保险费外,企业为投资者或者职工支付的商业保险费,不得扣除。

第四十条 企业发生的职工福利费支出,不超过工资、薪金总额 14% 的部分,准予扣除。

第四十一条 企业拨缴的工会经费，不超过工资、薪金总额2%的部分，准予扣除。

第四十二条 除国务院财政、税务主管部门另有规定外，企业发生的职工教育经费支出，不超过工资、薪金总额2.5%的部分，准予扣除；超过部分，准予在以后纳税年度结转扣除。

3. 应付职工薪酬的涉税风险

1) 注意会计上"应付职工薪酬"与税法上"工资薪金"内容的差异

会计上"应付职工薪酬"包括职工工资、福利费、工会经费、职工教育经费、保险费、住房公积等，而税法上"工资薪金"是基本工资、奖金、津贴、补贴、年终加薪、加班工资，以及与员工任职或者受雇有关的其他支出，是不包括福利费、工会经费、职工教育经费、保险费、住房公积金的，由于税法上的工资薪金只要是合理的并且实际发放的就可以据实扣除，并且可以作为职工福利费、工会经费、职工教育经费的计提基数，而税法上工薪三项经费、保险费、住房公积金等都是有扣除标准的，因此税务人员一定要注意两者之间区别。

国税函〔2009〕3号文件规定，尚未实行分离办社会职能的企业，其内设福利部门所发生的设备、设施和人员费用，包括职工食堂、职工浴室、理发室、医务所、托儿所、疗养院等集体福利部门的设备、设施及维修保养费用和福利部门工作人员的工资薪金、社会保险费、住房公积金、劳务费等。只能以"职工福利费"的名义按规定税前扣除，不能以"工资薪金"进行税前扣除。

国家税务总局公告2012年第15号文件规定，企业因雇用季节工、临时工、实习生、返聘离退休人员以及接受外部劳务派遣用工所实际发生的费用，应区分为工资薪金支出和职工福利费支出，并按《企业所得税法》规定在企业所得税前扣除。其中属于工资薪金支出的，准予计入企业工资薪金总额的基数，作为计算其他各项相关费用扣除的依据。

国家税务总局公告2015年第34号文件规定，企业接受外部劳务派遣用工所实际发生的费用，应分两种情况按规定在税前扣除：按照协议（合同）约定直接支付给劳务派遣公司的费用，应作为劳务费支出；直接支付给员工个人的费用，应作为工资薪金支出和职工福利费支出。其中属于工资薪金支出的费用，准予计入企业工资薪金总额的基数，作为计算其他各项相关费用扣除的依据。

2) 企业工资薪金是否实际支付

《企业会计准则》按照权责发生制确认工资薪金的成本费用，而《企业所得税法》强调实际支付的工资、薪金税前扣除，所以如果企业资产负债表中应付职工薪酬的年末余额大于年初余额，说明企业有当期提取但未实际发放或拨缴的工资薪酬，应进一步关注企业在企业所得税汇算清缴之前是否支付，如果还没支付，要注意进行纳税调整。

如果资产负债表中"长期应付职工薪酬"项目有余额，一定要注意由于税会差异产生的涉税风险，因为长期应付职工薪酬是当期没有支付并且支付期在1年以上的，而且在应付职工薪酬确认时会考虑资金的时间价值，而税法上工资薪金扣除必须实际支付并且不考虑资金的时间价值，设定受益计划、辞退福利、其他长期福利一般都属于"长期应付职工薪酬"。税务检查人员可以进一步阅读报表附注，落实企业工资薪金的具体内容和会计政策,并进一步检查企业的会计处理和纳税申报是否正确。

3) 企业的工资薪金是否合理

税务检查人员可以用现金流量表中"支付给职工以及为职工支付的现金"除以企业在职的生产经营人员的人数,估算一下以货币形式支付给个人的工资薪金是多少,如果企业本期给个人支付的工资薪金大幅上升,或者与同行业比明显偏高,则需要对工资的合理性进行审核,因为不合理的工资薪金不允许税前扣除。国家税务总局《关于企业工资薪金及职工福利费扣除问题的通知》(国税函〔2009〕3号)关于合理工资薪金问题规定如下:

"合理工资薪金"是指企业按照股东大会、董事会、薪酬委员会或相关管理机构制定的工资薪金制度规定实际发放给员工的工资薪金。税务机关在对工资薪金进行合理性确认时,可按以下原则掌握:

(1) 企业制定了较为规范的员工工资薪金制度。

(2) 企业所制定的工资薪金制度符合行业及地区水平。

(3) 企业在一定时期所发放的工资薪金是相对固定的,工资薪金的调整是有序进行的。

(4) 企业对实际发放的工资薪金,已依法履行了代扣代交个人所得税义务。

(5) 有关工资薪金的安排,不以减少或逃避税款为目的。

税务检查人员需要查阅企业关于工资薪金的文件记录,了解同行业同地区的工资薪金水平,与企业以前年度的工资薪金比较判断工资薪金合理性,并进一步与社保部门和地税部门核对,验证其合理性。

4) 注意"股权激励"的税会差异

税务检查人员如果发现期末资产负债中"应付职工薪酬"有期末余额,可以审核企业所得税纳税申报表A105050"职工薪酬纳税调整明细表"中第二行"股权激励"是否有发生额,要注意由于股权激励所带来的纳税调整问题。上市公司依照《上市公司股权激励管理办法》要求建立职工股权激励计划,并按我国《企业会计准则》的有关规定,在股权激励计划授予激励对象时,按照该股票的公允价格及数量,计算确定作为上市公司相关年度的成本或费用,作为换取激励对象提供服务的对价。国家税务总局《关于我国居民企业实行股权激励计划有关企业所得税处理问题的公告》(2012年第18号)规定,上述企业建立的职工股权激励计划,其企业所得税的处理如下:

(1) 对股权激励计划实行后立即可以行权的,上市公司可以根据实际行权时该股票的公允价格与激励对象实际行权支付价格的差额和数量,计算确定作为当年上市公司工资薪金支出,依照税法规定进行税前扣除。

(2) 对股权激励计划实行后,需待一定服务年限或者达到规定业绩条件(以下简称等待期)方可行权的。上市公司等待期内会计上计算确认的相关成本费用,不得在对应年度计算交纳企业所得税时扣除。在股权激励计划可行权后,上市公司方可根据该股票实际行权时的公允价格与当年激励对象实际行权支付价格的差额及数量,计算确定作为当年上市公司工资薪金支出,依照税法规定进行税前扣除。这里所称股票实际行权时的公允价格,以实际行权日该股票的收盘价格确定。

税法上强调工资薪金税前扣除的原则是实际发放,因此等待期内会计处理确认的成本费用就不能税前扣除,应调增应纳税所得额;当职工实际行权时,视为发放工资薪金,调减前期确认的费用进入会计利润的部分。

5)注意离职后福利的税会差异

离职后福利是指企业为获得职工提供的服务而在职工退休或与企业解除劳动关系后,提供的各种形式的报酬和福利,短期薪酬和辞退福利除外。企业应当将离职后福利计划分类为设定提存计划和设定受益计划。

设定提存计划(Defined Contribution Plan,DCP)是指企业向一个独立主体(通常是基金)支付固定提存金,如果该基金不能拥有足够资产以支付与当期和以前期间职工服务相关的所有职工福利,企业不再负有进一步支付提存金的法定义务和推定义务。根据我国养老保险制度相关文件的规定,职工养老保险、失业保险待遇即收益水平与企业在职工提供服务各期的缴费水平不直接挂钩,企业承担的义务仅限于按照规定标准提存的金额,属于设定提存计划。企业为职工交纳的基本养老保险和补充养老保险属于设定提存计划,根据会计规定,企业应当在职工为其提供服务的会计期间,将根据设定提存计划计算的应缴存金额确认为负债,并计入当期损益或相关资产成本。根据《企业所得税法实施条例》规定,企业依照国务院有关主管部门或者省级人民政府规定的范围和标准为职工交纳的基本养老保险费,准予扣除。财政部国家税务总局《关于补充养老保险费补充医疗保险费有关企业所得税政策问题的通知》(财税〔2009〕27号)自2008年1月1日起,企业根据国家有关政策规定,为在本企业任职或者受雇的全体员工支付的补充养老保险费、补充医疗保险费,分别在不超过职工工资总额5%标准内的部分,在计算应纳税所得额时准予扣除;超过的部分,不予扣除。

设定受益计划是在企业年金计划中根据一定的标准(职工服务年限、工资水平等)确定每个职工退休后每期的年金收益水平,由此倒算出企业每期应为职工缴费的金额。由于职工在退休后每期所能获得的年金是固定的,年金缴费和投资运营的风险都由企业承担,因而也称作"待遇确定型计划"。我国只是刚刚将其引入。但随着社会的进步,将有越来越多的企业引入设定收益计划。多家上市公司已经出现了设定受益计划并已经按照新《企业会计准则》进行了处理(包括中兴通讯、中国中铁股份、中国东方航空、淮柴动力、上海电气集团等多家公司都推出了设定受益计划,设定受益计划简言之就是企业因承诺对退休职工支付退休金(除社保之外的)而承担负债。企业可以用投资工具(金融资产,比如购置国债)作为上述负债的准备,用该资产及其收益支付上述退休金。资产负债表日,比较设定受益计划负债现值和上述资产公允价值,以确认一项设定受益计划净负债(资产公允价值小于负债现值)或净资产(相反情形)。

设定受益计划的会计处理比较麻烦,《国际会计准则第19号——职工福利》大篇幅都在介绍设定受益计划的确认、计量与列报方法。我国《企业会计准则第9号——职工薪酬》第13条至第19条,对设定受益计划的确认和计量进行了细致的规定,主要包括以下三个方面:首先,要对职工福利有关的各个方面进行精算,并进行折现。其次,把折现后的金额平均分摊于职工提供服务的各个期间,计入当期损益或资产成本。最后,重新计量设定受益计划净负债或净资产导致的变动,计入其他综合收益。《企业会计准则解释第7号》明确对重新计量设定受益计划净负债或者净资产所产生的变动应计入其他综合收益,后续会计期间应如何进行会计处理进行了补充规定。这样,设定受益计划从确认到终止都有了准则依据,使得该项经济业务的处理有始有终,至此,设定受益计划的会计处理已经形成了明确架构。企业在半年和年度资产负债表日由独立精算师进行精算估值,根据预期累计福利单位法确定的公式将设定受益计划产生的福利义务归属于职工提供服务的期间,并计入当期损益或相关资产成本。设定受益计划产生的职工薪酬成本划分为下列组成部分(见表3-25)。

表3-25 设定受益计划会计处理

设定受益计划薪酬成本组成部分	各个组成部分具体包括的内容	是否计入损益
服务成本	当期服务成本	计入当期损益
	过去服务成本	
	结算利得或损失	
设定受益计划净负债或净资产的利息净额	计划资产的利息收益	计入当期损益
	设定受益计划义务的利息费用	
	资产上限影响的利息	
重新计量设定受益计划净负债或净资产所产生的变动	计划资产回报,扣除包括在设定受益计划净负债或净资产的利息净额中的金额	计入其他综合收益
	资产上限影响的变动,扣除包括在设定受益计划净负债或净资产的利息净额中的金额	

对于设定受益计划,在大陆地区尚属于新生事物,国税总局尚未明确该事项的企业所得税处理模式,中国中铁股份公司年报披露情况显示:中铁股份已经就该事项请示国税总局。其原文为:"本集团认为在资产负债表上确认的设定受益计划负债在实际支付时可以进行所得税前扣除,并已正式向国家税务总局递交。"笔者认为,企业在当期确认了费用,但是由于并未实际支付,并不能在当期作税前扣除,需要纳税调增并确认一项递延所得税资产。

6) 注意带薪缺勤的税会差异

《财政部关于印发修订〈企业会计准则第9号——职工薪酬〉的通知》(财会〔2014〕8号)规定,带薪缺勤是指企业支付工资或提供补偿的职工缺勤,包括年休假、病假、短期伤残、婚假、产假、丧假、探亲假等。根据时间长短不同,带薪缺勤分为短期带薪缺勤和长期带薪缺勤。前者属于短期薪酬,后者属于其他长期职工福利,均属于职工薪酬。从会计处理角度,带薪缺勤分为累积带薪缺勤和非累积带薪缺勤,财会〔2014〕8号第八条第一款规定:"企业应当在职工提供服务从而增加了其未来享有的带薪缺勤权利时,确认与累积带薪缺勤相关的职工薪酬,并以累积未行使权利而增加的预期支付金额计量。企业应当在职工实际发生缺勤的会计期间确认与非累积带薪缺勤相关的职工薪酬。"

非累积带薪缺勤是指带薪缺勤权利不能结转下期的带薪缺勤,本期尚未用完的带薪缺勤权利将予以取消,并且职工离开企业时也无权获得现金支付。由于职工提供服务本身不能增加其能够享受的福利金额,企业应当在职工缺勤时确认负债和相关资产成本或当期损益。在实务中,一般是在缺勤期间计提应付工资时一并处理。

【例3-56】 大华公司2016年10月有2名管理人员放弃15天的婚假,假设平均每名职工每个工作日工资为200元,月工资为6 000元。

(1)假设该公司未实行非累积带薪缺勤货币补偿制度,会计处理如下:

借:销售费用　　　　　　　　　　　　　　　　　　　　　　　　　12 000
　　贷:应付职工薪酬——工资　　　　　　　　　　　　　　　　　　　12 000

(2)假设该公司实行非累积带薪缺勤货币补偿制度,补偿金额为放弃带薪休假期间平均日工资的2倍,会计处理如下:

借:销售费用　　　　　　　　　　　　　　　　　　　　　　　　　24 000
　　贷:应付职工薪酬——工资　　　　　　　　　　　　　　　　　　　12 000
　　　　应付职工薪酬——非累积带薪休假(2×15×200×2)　　　　　　12 000

实际补偿时一般随工资同时支付:

借:应付职工薪酬——工资　　　　　　　　　　　　　　　　　　　12 000
　　应付职工薪酬——非累积带薪休假　　　　　　　　　　　　　　12 000
　　贷:银行存款　　　　　　　　　　　　　　　　　　　　　　　　　24 000

该非累积带薪缺勤货币补偿在本年度企业所得税汇算清缴前已经实际支付,不需要纳税调整。

累积带薪缺勤是指带薪缺勤权利可以结转下期的带薪缺勤,本期尚未用完的带薪缺勤权利可以在未来期间使用。如果职工在离开企业时能够获得现金支付,企业就应当确认企业必须支付的、职工全部累积未使用权利的金额。如果职工在离开企业时不能获得现金支付,则企业应当根据资产负债表日因累积未使用权利而导致的预期支付的追加金额,作为累积带薪缺勤费用进行预计。

【例3-57】 甲公司共有1 000名职工,该公司实行累积带薪缺勤制度。该制度规定,每个职工每年可享受5个工作日带薪病假,未使用的病假只能向后结转一个日历年度,超过1年未使用的权利作废,不能在职工离开公司时获得现金支付;职工休病假是以后进先出为基础,即首先从当年可享受的权利中扣除,再从上年结转的带薪病假余额中扣除;职工离开公司时,公司对职工未使用的累积带薪病假不支付现金。2016年12月31日,每个职工当年平均未使用带薪病假为2天。根据过去的经验并预期该经验将继续适用,甲公司预计2017年有950名职工将享受不超过5天的带薪病假,剩余50名职工每人将平均享受6天半病假,假定这50名职工全部为总部各部门经理,该公司平均每名职工每个工作日工资为300元。

甲公司在2016年12月31应当预计由于职工累积未使用的带薪病假权利而导致的预期支付的追加金额,即相当于75天(50×1.5)的病假工资22 500元(75×300),并作如下账务处理:

借：管理费用 22 500
　　贷：应付职工薪酬——累积带薪缺勤 22 500

接上例，假定2017年12月31日，上述50名部门经理中有40名享受了6天半病假，并随同正常工资以银行存款支付。另有10名只享受了5天病假，由于该公司的带薪缺勤制度规定，未使用的权利只能结转1年，超过1年未使用的权利将作废。2017年年末，甲公司应作如下账务处理：

借：应付职工薪酬——累积带薪缺勤 18 000
　　贷：银行存款（40×1.5×300） 18 000
借：应付职工薪酬——累积带薪缺勤 4 500
　　贷：管理费用（10×1.5×300） 4 500（冲回未使用）

税法上强调工资薪金税前扣除的原则是实际发放，企业预提的工资薪金不能税前扣除，所以企业2016年应纳税调增22 500元。

7）注意辞退福利的税会差异

辞退福利是指企业在职工劳动合同到期之前解除与职工的劳动关系，或者为鼓励职工自愿接受裁减而给予职工的补偿。企业需要注意的是，企业在职工劳动合同到期之前解除与职工的劳动关系，或者为鼓励职工自愿接受裁减而提出给予补偿的建议，同时满足下列条件的，应当确认因解除与职工的劳动关系给予补偿而产生的预计负债（应付职工薪酬），同时计入当期损益。即一是企业已经制订正式的解除劳动关系计划或提出自愿裁减建议，并即将实施。该计划或建议应当包括拟解除劳动关系或裁减的职工所在部门、职位及数量。根据有关规定按工作类别或职工确定的解除劳动关系或裁减补偿金额；拟解除劳动关系或裁减的时间。二是企业不能单方面撤回解除劳动关系或裁减建议。辞退福利预期在其确认的年度报告期结束后12个月内完全支付的，应当适用短期薪酬的相关规定；辞退福利预期在年度报告期结束后12个月内不能完全支付的，应当适用《企业会计准则》关于其他长期职工福利的有关规定。辞退补偿的责任应该由企业管理层承担，辞退福利一律计入管理费用：

（1）1年内支付的，不考虑折现：

借：管理费用（补偿额）
　　贷：应付职工薪酬（补偿额）

（2）1年后支付的，应考虑折现：

借：管理费用（补偿额现值）
　　未确认融资费用（利息）
　　贷：应付职工薪酬（补偿额）

期末：

借：财务费用
　　贷：未确认融资费用

《企业所得税法实施条例》第三十四条规定,企业发生的合理的工资、薪金支出,准予扣除。工资、薪金,是指企业每一纳税年度支付给在本企业任职或者受雇的员工的所有现金形式或者非现金形式的劳动报酬,包括基本工资、奖金、津贴、补贴、年终加薪、加班工资,以及与员工任职或者受雇有关的其他支出。因此,作为企业税前扣项目的员工辞退福利,应该是企业已经实际支付给职工的那部分支出,尚未支付的部分,不能在其未支付的这个纳税年度内扣除。对于1年后支付的辞退福利,会计上会考虑资金的时间价值,而税法上不考虑,还应注意财务费用的调整。

8) 注意其他长期职工福利的税会差异

其他长期职工福利是指除短期薪酬、离职后福利、辞退福利之外所有的职工薪酬,主要包括长期带薪缺勤(如提前1年以上内退)、长期残疾福利、长期利润分享计划等。

【例3-58】 荷花是甲公司的一名员工,在2014年1月1日内部退休(50岁),将于2018年12月31日正式退休(55岁)。假设在每年年末应支付荷花内退工资和福利5万元,并假定折现率为6%。则甲公司会计处理如下:

(1) 2014年1月1日:

借:管理费用   210 700
    未确认融资费用   39 300
    贷:应付职工薪酬   250 000

(2) 2014年年末:

2014年12月31日确认利息费用:

借:财务费用   12 600
    贷:未确认融资费用   12 600

2014年年末支付内退工资和福利:

借:应付职工薪酬   50 000
    贷:银行存款   50 000

(3) 2015年年末:

2015年12月31日确认利息费用:

借:财务费用   104 000
    贷:未确认融资费用   104 000

2015年年末支付内退工资和福利:

借:应付职工薪酬   50 000
    贷:银行存款   50 000

(4) 2016—2018年的会计处理略。

根据《企业所得税法实施条例》的规定,企业实际支付的工资薪金税前扣除,所以要注意企业2014年会计上列支费用21.07+1.26=22.33(万元),税法上可以扣除5万元,纳税调增17.33万元;2015年会计上列支费用1.04万元,税法上可以扣除5万元,纳税调减 3.96 万元,其他年度略。

9) 注意非货币性福利的会计处理与纳税申报是否正确

《企业会计准则第9号——职工薪酬》第六条规定,"企业发生的职工福利费,应当在实际发生时根据实际发生额计入当期损益或相关资产成本。职工福利费为非货币性福利的,应当按照公允价值计量。"

由于非货币性福利的形式多样,下面将几种常见非货币性福利的会计处理和税务处理分别进行说明。

第一,以自产或委托加工的产品发放给职工。

决定发放时:

借:生产成本、管理费用等
　　贷:应付职工薪酬——非货币性福利(产品的公允价值+相关税费)

实际发放时:

借:应付职工薪酬——非货币性福利
　　贷:主营业务收入
　　　　应交税费——应交增值税(销项税额)

借:主营业务成本
　　贷:库存商品

税务处理:《企业所得税法实施条例》第二十五条规定,企业发生非货币性资产交换,以及将货物、财产、劳务用于捐赠、偿债、赞助、集资、广告、样品、职工福利或者利润分配等用途的,应当视同销售货物、转让财产或者提供劳务,但国务院财政、税务主管部门另有规定的除外。

该条明确了非货币性福利是要视同销售的,会计上也作了销售处理,与税法规定一致,税务检查人员主要关注企业是否按照公允价值确认销售损益,要注意非货币性福利要和其他的福利费合在一起是否超过了工资薪金的14%,超过部分要进行调增。

第二,外购商品发放给职工。

外购商品发放给职工有两种情况:一种是购买后直接就发放给职工,第二种是从库存的外购商品中发放给职工。

a. 外购商品购买后直接发放给职工。

决定发放时:

借:生产成本、管理费用等
　　贷:应付职工薪酬——非货币性福利

实际发放时:

借:应付职工薪酬——非货币性福利
　　贷:银行存款等

b. 从库存的外购商品中发放给职工。

决定发放时：

借：生产成本、管理费用等
　　贷：应付职工薪酬——非货币性福利

实际发放时：

借：应付职工薪酬——非货币性福利
　　贷：原材料等
　　　　应交税费——应交增值税（进项税额转出）

税务处理：根据《关于企业处置资产所得税处理问题的通知》（国税函〔2008〕828号）的规定，企业资产用于职工奖励或福利，因资产所有权属已发生改变而不属于内部处置资产，应按规定视同销售确定收入；属于企业自制的资产，应按企业同类资产同期对外销售价格确定销售收入；属于外购的资产，如果企业处置该项资产不是以销售为目的，而是具有替代职工福利等费用支出性质，且购买后一般在一个纳税年度内处置。可按购入时的价格确定销售收入。由于会计上没有确认收入，税务人员要关注企业是否在企业所得税申报表中申报了视同销售收入和视同销售成本，并注意非货币性福利要和其他的福利费合在一起是否超过了工资薪金的14%，超过部分要进行调增。

第三，将企业的资产无偿提供给职工使用（如住房）。

确认计提：

借：生产成本、管理费用等
　　贷：应付职工薪酬——非货币性福利（每期应计提的折旧）

折旧时冲减：

借：应付职工薪酬——非货币性福利
　　贷：累计折旧

税务处理：每期计提的折旧费用属于福利费支出，受工资薪金总额14%的控制。

（六）长期应付款

长期应付款是企业除长期借款和应付债券以外的其他各种长期应付款项，包括应付融资租入固定资产的租赁费、以分期付款方式购入固定资产等发生的应付款项等。

1. 应付融资租赁款

应付融资租赁款是企业融资租入固定资产而发生的应付款，是在租赁开始日承租人应向出租人支付的最低租赁付款额。融资租入固定资产时，在租赁期开始日，按应计入固定资产成本的金额（租赁开始日租赁资产公允价值与最低租赁付款额现值两者中较低者，加上初始直接费用），借记"在建工程"或"固定资产"科目，按最低租赁付款额，贷记"长期应付款"科目，按发生的初始直接费用，贷记"银行存款"等科目，按其差额，借记"未确认融资费用"科目。按期支付融资租赁费时，借记"长期应付款——应付融资租赁款"科目，贷记"银行存款"科目。

2. 以分期付款方式购入固定资产发生的应付款

企业分期付款购买固定资产时，固定资产的成本以购买价款的现值为基础确定，以实际支付的价款作为长期应付款的入账价值，两者之间的差额作为未确认融资费用，应当在信用期间内采用实际利率法进行摊销。即按所购固定资产购买价款的现值，借记"固定资产"或"在建工程"科目，按应支付的金额，贷记"长期应付款"科目，按其差额，借记"未确认融资费用"科目。支付购买价款时，借记"长期应付款"科目，贷记"银行存款"科目。

企业资产负债表中"长期应付款"有余额时，要注意企业可能存在着融资租赁和分期付款购买固定资产、无形资产等业务，要注意进一步检查相关科目和会计凭证，关注其会计处理和纳税申报是否正确，具体处理在固定资产和无形资产项目中已讲，本处不再重述。

（七）专项应付款

本项目反映企业取得的国家指定为资本性投入的具有专项或特定用途的款项，如报表中专项应付款有余额，要注意企业可能有政策性搬迁事项，由于政策性搬迁税会差异较大，税务人员要注意其中存在的涉税风险。

1. 企业政策性搬迁的会计处理

对企业搬迁补偿款会计处理的规范，主要涉及《企业会计准则解释第3号》（财会〔2009〕8号）、《企业会计准则第4号——固定资产》和《企业会计准则第16号——政府补助》等。

因公共利益搬迁而收到的从财政预算直接拨付的搬迁补偿款。企业应于收到补偿款时，借记"银行存款"科目，贷记"专项应付款"科目。然后区别以下情况分别进行处理：

第一，属于补偿搬迁过程中发生的费用性支出和停工损失的，应从"专项应付款"科目转入"递延收益"科目，借记"专项应付款"科目，贷记"递延收益"科目；并作为与收益相关的政府补助计入营业外收入，即借记"递延收益"科目，贷记"营业外收入"科目。

第二，属于补偿固定资产和无形资产（土地使用权）搬迁损失的，应从"专项应付款"科目转入"递延收益"科目。在固定资产清理损失计入营业外支出时，借记"递延收益"科目，贷记"营业外收入"科目；在无形资产转销计入营业外支出时，借记"递延收益"科目，贷记"营业外收入"科目。

第三，属于补偿搬迁后新建资产（主要为固定资产和土地使用权）的，应从"专项应付款"科目转入"递延收益"科目，并作为与资产相关的政府补助，在相关资产使用寿命内平均分配，分期计入当期损益，借记"递延收益"科目，贷记"营业外收入"科目。

第四，企业取得的搬迁补偿款扣除转入递延收益后的结余，应当转入"资本公积"科目中的"其他资本公积"明细科目，由全体股东共同享有，借记"专项应付款"科目，贷记"资本公积"科目。

2. 政策性搬迁税法规定

关于政策性搬迁的税务文件主要有国家税务总局发布的《企业政策性搬迁所得税管理办法》的公告（国家税务总局公告2012年第40号）和《国家税务总局关于企业政策性搬迁所得税有关问题的公告》（国家税务总局公告2013年第11号）。

1) 企业政策性搬迁的范围和核算要求

企业政策性搬迁是指由于社会公共利益的需要,在政府主导下企业进行整体搬迁或部分搬迁。企业由于下列需要之一,提供相关文件证明资料的,属于政策性搬迁:

(1) 国防和外交的需要。

(2) 由政府组织实施的能源、交通、水利等基础设施的需要。

(3) 由政府组织实施的科技、教育、文化、卫生、体育、环境和资源保护、防灾减灾、文物保护、社会福利、市政公用等公共事业的需要。

(4) 由政府组织实施的保障性安居工程建设的需要。

(5) 由政府依照《中华人民共和国城乡规划法》有关规定组织实施的对危房集中、基础设施落后等地段进行旧城区改建的需要。

(6) 法律、行政法规规定的其他公共利益的需要。

企业应按《企业政策性搬迁所得税管理办法》的要求,就政策性搬迁过程中涉及的搬迁收入、搬迁支出、搬迁资产税务处理、搬迁所得等所得税征收管理事项,单独进行税务管理和核算。不能单独进行税务管理和核算的,应视为企业自行搬迁或商业性搬迁等非政策性搬迁进行所得税处理,不得执行本办法规定。

2) 企业政策性搬迁收入和搬迁支出

企业的政策性搬迁收入,包括搬迁过程中从本企业以外(包括政府或其他单位)取得的搬迁补偿收入,以及本企业搬迁资产处置收入等。企业取得的搬迁补偿收入是指企业由于搬迁取得的货币性和非货币性补偿收入。具体包括:对被征用资产价值的补偿;因搬迁、安置而给予的补偿;对停产停业形成的损失而给予的补偿;资产搬迁过程中遭到毁损而取得的保险赔款;其他补偿收入。

企业搬迁资产处置收入,是指企业由于搬迁而处置企业各类资产所取得的收入。企业由于搬迁处置存货而取得的收入,应按正常经营活动取得的收入进行所得税处理,不作为企业搬迁收入。

企业的搬迁支出包括搬迁费用支出以及由于搬迁所发生的企业资产处置支出。搬迁费用支出是指企业搬迁期间所发生的各项费用,包括安置职工实际发生的费用、停工期间支付给职工的工资及福利费、临时存放搬迁资产而发生的费用、各类资产搬迁安装费用以及其他与搬迁相关的费用。资产处置支出是指企业由于搬迁而处置各类资产所发生的支出,包括变卖及处置各类资产的净值、处置过程中所发生的税费等支出。企业由于搬迁而报废的资产,如无转让价值,其净值作为企业的资产处置支出。

3) 企业政策性搬迁资产税务处理

(1) 企业搬迁的资产,简单安装或不需要安装即可继续使用的,在该项资产重新投入使用后,就其净值按《企业所得税法》及其实施条例规定的该资产尚未折旧或摊销的年限,继续计提折旧或摊销。

(2) 企业搬迁的资产,需要进行大修理后才能重新使用的,应就该资产的净值,加上大修理过程所发生的支出,为该资产的计税成本。在该项资产重新投入使用后,按该资产尚可使用的年限,计提折旧或摊销。

(3) 企业搬迁中被征用的土地,采取土地置换的,换入土地的计税成本按被征用土地的净值,以及该换入土地投入使用前所发生的各项费用支出,为该换入土地的计税成本,在该换入土地投入使用后,按《企业所得税法》及其实施条例规定年限摊销。

(4) 企业搬迁期间新购置的各类资产,应按《企业所得税法》及其实施条例等有关规定,计算确定资产的计税成本及折旧或摊销年限。企业发生的购置资产支出,不得从搬迁收入中扣除。

4) 企业政策性搬迁应税所得

(1) 企业在搬迁期间发生的搬迁收入和搬迁支出,可以暂不计入当期应纳税所得额,而在完成搬迁的年度,对搬迁收入和支出进行汇总清算。

(2) 企业的搬迁收入,扣除搬迁支出后的余额,为企业的搬迁所得。

(3) 企业应在搬迁完成年度,将搬迁所得计入当年度企业应纳税所得额计算纳税。

(4) 企业从搬迁开始,5年内(包括搬迁当年度)任何一年完成搬迁的,或者从搬迁开始,搬迁时间满5年(包括搬迁当年度)的年度为搬迁完成年度,企业应进行搬迁清算,计算搬迁所得。

(5) 企业搬迁收入扣除搬迁支出后为负数的,应为搬迁损失。搬迁损失可在搬迁完成年度,一次性作为损失进行扣除,也可以自搬迁完成年度起分3个年度,均匀在税前扣除,上述方法由企业自行选择,但一经选定,不得改变。

(6) 企业如果搬迁规划已基本完成,并且当年生产经营收入占规划搬迁前年度生产经营收入50%以上,视为已经完成搬迁。

(7) 企业边搬迁、边生产的,搬迁年度应从实际开始搬迁的年度计算。

(8) 企业以前年度发生尚未弥补的亏损的,凡企业由于搬迁停止生产经营无所得的,从搬迁年度次年起,至搬迁完成年度前一年度止,可作为停止生产经营活动年度,从法定亏损结转弥补年限中减除;企业边搬迁、边生产的,其亏损结转年度应连续计算。

5) 企业政策性搬迁征收管理

(1) 企业应当自搬迁开始年度,至次年5月31日前,向主管税务机关(包括迁出地和迁入地)报送政策性搬迁依据、搬迁规划等相关材料。逾期未报的,除特殊原因并经主管税务机关认可外,按非政策性搬迁处理,不得执行本办法的规定。

(2) 企业应向主管税务机关报送的政策性搬迁依据、搬迁规划等相关材料,包括:政府搬迁文件或公告;搬迁重置总体规划;拆迁补偿协议;资产处置计划;其他与搬迁相关的事项。

【例3-59】 2013年11月甲公司发生政策性搬迁业务,当地政府给予200万元的经济补偿。2014年取得保险公司给予的赔偿30万元,甲企业变卖机器设备(原价400万元,已计提折旧350万元)取得变卖收入20万元,处置存货(成本90万元)取得收入100万元和增值税17万元。2015年发生搬迁设备拆卸、运输、安装费用20万元,发生职工安置费30万元,用搬迁补偿资金重置生产设备100万元,2015年完成搬迁。假设以前年度均盈利,暂不考虑各项税费。

第一,2013年11月取得搬迁补偿收入。

(1) 会计处理：

借：银行存款 2 000 000
　　贷：专项应付款 2 000 000

(2) 税务处理：

由于搬迁尚未完成，搬迁收入暂不计入当期应纳税所得额，不存在税会差异，不需要进行纳税调整。

第二，2014年。

(1) 会计处理：

取得保险赔款时：

借：银行存款 300 000
　　贷：专项应付款 300 000

变卖机器设备时：

借：固定资产清理 500 000
　　累计折旧 3 500 000
　　贷：固定资产 4 000 000

借：营业外支出 300 000
　　银行存款 200 000
　　贷：固定资产清理 500 000

借：专项应付款 300 000
　　贷：递延收益 300 000

借：递延收益 300 000
　　贷：营业外收入 300 000

处置存货时：

借：银行存款 1 170 000
　　贷：主营业务收入 1 000 000
　　　　应交税费——应交增值税(销项税额) 170 000

借：主营业务成本 900 000
　　贷：库存商品 900 000

(2) 税务处理：

由于搬迁尚未完成，收入和支出均暂不计入应纳税所得额。因此，变卖机器设备形成的资产损失30万元不得在税前扣除，要作纳税调增处理。

搬迁收入暂不计入当期应纳税所得额，因此递延收益形成的30万元营业外收入应作纳税调减处理。

此外，对于存货处置所得应计入当年应纳税所得额。

当期应纳税所得额＝100－90＝10(万元)

第三,2015 年。

(1) 会计处理:

支付搬迁设备拆卸、运输、安装费用及安置职工费用时:

| 借:管理费用 | 500 000 |
| 贷:银行存款 | 500 000 |

| 借:专项应付款 | 500 000 |
| 贷:递延收益 | 500 000 |

| 借:递延收益 | 500 000 |
| 贷:营业外收入 | 500 000 |

重置固定资产时:

| 借:固定资产 | 1 000 000 |
| 贷:银行存款 | 1 000 000 |

| 借:专项应付款 | 1 000 000 |
| 贷:递延收益 | 1 000 000 |

搬迁完成时:

| 借:专项应付款 | 500 000 |
| 贷:资本公积 | 500 000 |

(2) 税务处理:

2015年搬迁完成,应计算搬迁所得,在2015年汇算清缴时申报纳税。

搬迁所得＝搬迁收入－搬迁支出＝(200＋30＋20)－(400－350＋20＋30)＝150(万元)

应计入 2015 年应纳税所得额。

固定资产损失的 30 万元应在 2015 年度申报时向税务机关进行专项申报后才能税前扣除。

第四,企业搬迁完成当年,其向主管税务机关报送企业所得税年度纳税申报表时,应同时报送企业政策性搬迁清算损益表及相关材料。

第五,2016 年重置设备计提折旧。

(1) 会计处理:

| 借:制造费用 | 100 000 |
| 贷:累计折旧 | 100 000 |

(2) 税务处理:重置固定资产的计税基础为 100 万元。会计处理与税法处理一致,不需要进行纳税调整。

(八) 预计负债

预计负债核算企业根据《企业会计准则》确认的各项预计负债,包括对外提供担保、未决诉讼、产品质量保证、重组义务、亏损性合同以及固定资产和矿区权益弃置义务等产生的预计负债。由于预计负债会计与税务处理存在差异,因此如果资产负债表中预计负债有余额,一定要关注企业的会计处理和纳税申报是否正确。

1. 预计负债的会计处理

1) 或有事项的特征

或有事项是指过去的交易或者事项形成的,其结果须由某些未来事项的发生或不发生才能决定的不确定事项。

(1) 由过去交易或事项形成,是指或有事项的现存状况是过去交易或事项引起的客观存在。比如,未决诉讼虽然是正在进行中的诉讼,但该诉讼是企业因过去的经济行为导致起诉其他单位或被其他单位起诉。这是现存的一种状况而不是未来将要发生的事项。未来可能发生的自然灾害、交通事故、经营亏损等,不属于或有事项。

(2) 结果具有不确定性,是指或有事项的结果是否发生具有不确定性,或者或有事项的结果预计将会发生,但发生的具体时间或金额具有不确定性。比如,债务担保事项的担保方到期是否承担和履行连带责任,需要根据债务到期时被担保方能否按时还款加以确定。这一事项的结果在担保协议达成时具有不确定性。

(3) 由未来事项决定,是指或有事项的结果只能由未来不确定事项的发生或不发生才能决定。比如,债务担保事项只有在被担保方到期无力还款时企业(担保方)才履行连带责任。

2) 或有事项相关义务确认为预计负债的条件

或有事项相关义务确认为预计负债应当同时满足的条件:

(1) 该义务是企业承担的现时义务。企业没有其他现实的选择,只能履行该义务,如法律要求企业必须履行、有关各方合理预期企业应当履行等。

(2) 履行该义务很可能导致经济利益流出企业,通常是指履行与或有事项相关的现时义务时,导致经济利益流出企业的可能性超过50%。

(3) 该义务的金额能够可靠地计量。预计负债应当按照履行相关现时义务所需支出的最佳估计数进行初始计量。预计负债的金额通常等于未来应支付的金额,但未来应支付金额与其现值相差较大的,如油气井及相关设施或核电站的弃置费用等,应当按照未来应支付金额的现值确定。有确凿证据表明相关未来事项将会发生的,如未来技术进步、相关法规出台等,确定预计负债金额时应考虑相关未来事项的影响。确定预计负债的金额不应考虑预期处置相关资产形成的利得。

3) 预计负债的会计核算

(1) 未决诉讼或未决仲裁产生的预计负债。企业因合同违约、侵权等被诉讼或仲裁,在诉讼或仲裁结果未裁决前,可能产生一项或有负债或者预计负债,应按确定的金额,借记"营业外支出"科目,贷记"预计负债"科目。

(2) 因债务担保而产生的预计负债。企业作为提供担保一方,在被担保方无法履行合同的情况下,常常承担连带责任。可能产生一项或有负债或者预计负债。应按确定的金额,借记"营业外支出"科目,贷记"预计负债"科目。

（3）产品质量保证产生的预计负债。产品质量保证是指销售商或制造商在销售产品或提供劳务后，对客户提供服务的一种承诺。应按确定的金额，借记"销售费用"科目，贷记"预计负债"科目。

（4）亏损合同。待执行合同变为亏损合同，待执行合同变成亏损合同时，企业拥有合同标的资产的，应当先对标的资产进行减值测试并按规定确认减值损失，如预计亏损超过该减值损失，应将超过部分确认为预计负债；无合同标的资产的，亏损合同相关义务满足预计负债确认条件时，应当确认为预计负债。

【例 3-60】 乙企业 2016 年 12 月 1 日与 A 公司签订了一项产品销售合同，约定在 2016 年 12 月 15 日以每件产品 150 元的价格向 A 公司提供 10 000 件 A 产品，若不能按期交货，乙企业将被处以 45 万元的违约金。由于这批产品为定制产品，签订合同时产品尚未开始生产。但企业开始筹备原材料以生产这批产品时，原材料价格突然上涨，预计生产每件产品需要花费成本 175 元。

乙企业产品成本为每件 175 元，而销售价格为每件 150 元，每销售 1 件产品亏损 25 元，共计损失 25 万元。如果撤销合同，则需要交纳 45 万元的违约金。因此，这项销售合同是一项亏损合同。由于该合同签订时不存在标的资产，乙企业应当按照履行合同所需成本与违约金中的较低者确认一项预计负债。

2016 年 12 月会计处理如下：

借：营业外支出　　　　　　　　　　　　　　　　　　　　　　　　250 000
　　贷：预计负债　　　　　　　　　　　　　　　　　　　　　　　　250 000

（5）重组义务。企业因重组而承担了重组义务，在满足预计负债确认的条件时，可将重组义务确认为预计负债，借记"营业外支出"科目，贷记"预计负债"科目。

（6）固定资产和矿区权益弃置义务。根据《企业会计准则》确认的由弃置义务产生的预计负债，应按确定的金额，借记"固定资产"或"油气资产"科目，贷记本科目（预计弃置费用）。在固定资产或油气资产的使用寿命内，按弃置费用计算确定各期应负担的利息费用，借记"财务费用"科目，贷记本科目（预计弃置费用）。

2. 预计负债的税务处理

《企业所得税法》第八条规定，企业实际发生的与取得收入有关的、合理的支出，包括成本、费用、税金、损失和其他支出，准予在计算应纳税所得额时扣除。预计负债只是履行相关义务很可能导致经济利益流出企业，还没有实际发生，不符合税法规定的实际发生原则，所以不允许在计算应纳税所得额时扣除。企业对未决诉讼、未决仲裁、债务担保、产品质量保证（含产品安全保证）、承诺、环境污染整治等方面计提的预计负债，在申报企业所得税时应调增应纳税所得额，待这些方面的支出实际发生时，才允许扣除。

3. 预计负债涉税风险分析

如果企业资产负债表中预计负债年末余额大于年初余额，说明企业根据《企业会计准则》预计了损失和费用，而根据税法规定，预计损失不允许税前扣除，要关注企业是否进行了纳税调整。如果资产负债表中预计负债年末余额小于年初余额，要关注预计负债实际发生时,是否符合纳税调减的规定。比如,企业计提的产品质量保证金,计提的时候不允许税前扣除,实际发生时可以税前扣除,所以预计负债余额减少时可以进行纳税调减;而企业由于违反环保法等法律规定而引发的诉讼,在法院没有判决之前的预计损失不允许税前扣除,法院实际判决后发生的实际损失也不允许税前扣除,对该项预计负债只调增不调减。因此预计负债余额减少是否可以纳税调减,还需要进一步关注。

【例3-61】 2015年1月份A公司因与B公司签订了互相担保协议,而成为相关诉讼的第二被告,截至2015年12月31日,诉讼尚未判决。但是,由于B公司经营困难,A公司很可能要承担还款连带责任。预计A公司承担还款金额100万元责任的可能性为70%,而承担还款金额80万元责任的可能性为30%。假定2015年所得税汇算清缴时尚未判决。

本例中,A公司因连带责任而承担了现时义务,该义务的履行很可能导致经济利益流出企业,且该义务的金额能够可靠地计量。因此,A公司应在2015年12月31日确认一项负债100万元(假定A公司不负担诉讼费)。

借:营业外支出　　　　　　　　　　　　　　　　　　　　　　1 000 000
　　贷:预计负债——未决诉讼　　　　　　　　　　　　　　　　　　1 000 000

税务处理:2015年所得税汇算清缴时预计担保损失1 000 000元不允许税前扣除,进行纳税调增。2016年法院判决后,按实际损失税前扣除。

【例3-62】 A公司为生产和销售电冰箱的企业,2016年销售收入为10 000万元。A公司对购买其产品的消费者作出如下承诺:电冰箱售出后1年内如发生非意外事件造成的故障和质量问题,公司免费负债保修。根据近年来的经验,发生的保修费通常在销售额的1.5%~2.5%,假定A公司本年度实际发生洗衣机维修费150万元。

2016年A公司的会计处理如下:

借:销售费用　　　　　　　　　　　　　　　　　　　　　　　2 000 000
　　贷:预计负债　　　　　　　　　　　　　　　　　　　　　　　2 000 000

借:预计负债——产品质量保证　　　　　　　　　　　　　　　　1 500 000
　　贷:银行存款　　　　　　　　　　　　　　　　　　　　　　　1 500 000

税务处理:2016年会计上确认费用200万元,根据税法规定实际发生的维修费150万元可以税前扣除,2016年纳税调增50万元。

【例3-63】 甲公司经国家批准2×10年1月1日建造完成核电站核反应堆并交付使用,建造成本为2 500 000万元,预计使用寿命40年,假定不考虑预计净残值,该固定资产采用直线法折旧。根据法律规定,该核反应堆将会对当地的生态环境产生一定的影响,企业应在该项设施使用期满后将其拆除,并对造成的污染进行整治,预计发生弃置费用250 000万元。假定适用的折现率为10%。

企业2×10的会计处理如下:

(1) 2×10年1月1日弃置费用的现值=250 000×$(P/F, 10\%, 40)$=250 000×0.022 1=5 525(万元)

借:固定资产　　　　　　　　　　　　　　　　　　　　　　25 055 250 000
　　贷:在建工程　　　　　　　　　　　　　　　　　　　　25 000 000 000
　　　　预计负债　　　　　　　　　　　　　　　　　　　　　　 55 250 000

(2) 第1年应负担的利息费用＝55 250 000×10％＝5 525 000(元)

借:财务费用　　　　　　　　　　　　　　　　　　　　　　　　 5 525 000
　　贷:预计负债　　　　　　　　　　　　　　　　　　　　　　 5 525 000

(3) 第1年的折旧费用＝25 055 250 000÷480×11＝574 182 812.5(元)

借:制造费用　　　　　　　　　　　　　　　　　　　　　　　　574 182 812.50
　　贷:预计负债　　　　　　　　　　　　　　　　　　　　　　574 182 812.50

税务处理:依据《企业所得税法》税前据实扣除原则,弃置费用不构成固定资产的成本,在实际发生时,作为当期费用一次性扣除。企业固定资产的入账价值为25 055 250 000元,计税基础为25 000 000 000元,2×10年固定资产会计上计提折旧574 182 812.5元,税法上计提折旧572 916 666.67元,在"A105080资产折旧、摊销情况及纳税调整明细表"调增1 266 145.83元,在"A105000纳税调整项目明细表"调增财务费用5 525 000元。

(九) 递延所得税负债

1. 递延所得税负债的确认

递延所得税负债是指根据应税暂时性差异计算的未来期间应付所得税的金额。根据《企业会计准则》规定,下列情况可能产生递延所得税负债。

1) 资产的账面账值大于其计税基础

资产的账面价值大于其计税基础,产生应纳税暂时性差异,确认递延所得税负债。

(1) 交易性金融资产的公允价值上升。按照《企业会计准则》规定,交易性金融资产期末以公允价值计量,公允价值上升记入"公允价值变动损益"科目,会增加当期利润,按照税法规定,交易性金融资产在持有期间公允价值变动不计入应纳税所得额,因此要在纳税调整项目明细表中进行纳税调减,但是需要注意的是期末交易性金融资产的账面价值是公允价值,但税法规定资产的计税基础是历史成本,期末交易性金融资产的账面价值大于计税基础,未来企业交易性金融资产处置时,税前列支的金额小,未来会多纳税,形成递延所得税负债。

(2) 可供出售金融资产的公允价值上升。按照《企业会计准则》规定,可供出售金融资产期末应以公允价值计量,公允价值的变动记入所有者权益"其他综合收益"科目,虽然公允价值变动不影响当期损益,不需要在纳税申报表中进行纳税调整,但是由于账面价值与计税基础有差,根据《企业会计准则》规定,企业也需要借记"其他综合收益"科目,贷记"递延所得税负债"科目。

(3) 固定资产、无形资产、生产性生物资产由于会计折旧或摊销的年限、方法与税法不同,造成的账面价值与计税基础的差异。比如,符合加速折旧政策的固定资产,税法上缩短折旧年限或采用加速折旧法,而会计上采用年限平均法,会造成固定资产的账面价值大于计税基础。

【例3-64】 某企业2015年12月31日购入某工作设备,账面价值320万元,净残值20万元,会计按折旧年限10年计提折旧。由于工作环境恶劣,税收上允许其采用双倍余额递减法计提折旧。企业已按规定进行加速折旧涉税处理,企业的适用企业所得税税率为25%。

会计年折旧额＝(320－20)÷10＝30(万元)

税收年折旧额＝320×2÷10＝64(万元)

2016年年末该固定资产的账面价值320－30＝290(万元),计税基础320－64＝256(万元),固定资产的账面价值大于计税基础34万元,企业当期在纳税申报表105080"资产折旧、摊销情况及纳税调整明细表"中调减34万元,但由于资产的账面价值大于计税基础,未来税前列支的金额小,未来会多纳税,因此需要确认递延所得税负债8.5万元。

(4) 企业以非货币性资产对外投资递延纳税所产生的长期股权投资账面价值和计税基础的差异。《财政部 国家税务总局关于非货币性资产投资企业所得税政策问题的通知》财税〔2014〕116号文件规定"居民企业(以下简称企业)以非货币性资产对外投资确认的非货币性资产转让所得,可在不超过5年期限内,分期均匀计入相应年度的应纳税所得额,按规定计算缴纳企业所得税。企业以非货币性资产对外投资而取得被投资企业的股权,应以非货币性资产的原计税成本为计税基础,加上每年确认的非货币性资产转让所得,逐年进行调整。"

【例3-65】 甲企业2015年12月以产品成本500万元,市价600万元的产品对乙企业投资,产品适用的增值税税率为17%,企业的所得税税率为25%,取得乙企业30%的股份,乙企业可辨认净资产的公允价值2 000万元,企业的会计处理如下:

借：长期股权投资　　　　　　　　　　　　　　　　　7 020 000
　　贷：主营业务收入　　　　　　　　　　　　　　　　6 000 000
　　　　应交税费——应交增值税(销项税额)　　　　　1 020 000
借：主营业务成本　　　　　　　　　　　　　　　　　5 000 000
　　贷：库存商品　　　　　　　　　　　　　　　　　　5 000 000

税务处理：

企业以非货币性资产对外投资视同销售,企业有非货币性资产转让所得100万元,甲企业选择了分5年申报,2015年企业有会计利润100万元,税法上的所得20万元,纳税调减80万元,假定不考虑其他事项,2015年年末长期股权投资的账面价值702万元,计税基础622万元,账面价值大于计税基础80万,企业未来税前列支的金额减少80万元,企业要确认递延所得税负债为20万元(80×25%)。

2) 负债的账面价值小于其计税基础

负债的账面价值小于其计税基础,产生应纳税暂时性差异,确认递延所得税负债。

《企业会计准则第22号——金融工具确认和计量》第八条规定,"金融负债应当在初始确认时划分为下列两类:(一)以公允价值计量且其变动计入当期损益的金融负债,包括交易性金融负债和指定为以公允价值计量且其变动计入当期损益的金融负债;(二)其他金融负债。"对于第一类金融负债因公允价值下降,而计入公允价值变动损益增加当期利润的,税法上不计入当期应纳税所得额,在纳税调整项目明细表中进行纳税调减,但同时由于负债的账面价值小于其计税基础,将产生应纳税暂时性差异,企业需要确认递延所得税负债。

2. 递延所得税负债涉税风险分析

递延所得税负债反映的是应纳税暂时性差异,企业未来的所得税流出,因此税务检查人员应结合所得税纳税调整项目明细表,关注企业当期纳税调减的项目,是否会在未来期间纳税调增,企业是否在资产负债表中确认了递延所得税负债。如果企业资产负债表中递延所得税负债有期初余额,说明企业以前年度有递延所得税,要关注本期是否应该转回,是否应该交纳企业所得税。

三、所有者权益项目涉税分析

(一)实收资本

实收资本是公司成立时实际收到的股东的出资总额,是公司现实拥有的资本。国家工商行政管理总局令第64号文件《公司注册资本登记管理规定》第二条规定有限责任公司的注册资本为在公司登记机关依法登记的全体股东认缴的出资额;股份有限公司采取发起设立方式设立的,注册资本为在公司登记机关依法登记的全体发起人认购的股本总额;股份有限公司采取募集设立方式设立的,注册资本为在公司登记机关依法登记的实收股本总额。法律、行政法规以及国务院决定规定公司注册资本实行实缴的,注册资本为股东或者发起人实缴的出资额或者实收股本总额。

公司注册资本认缴制,是注册公司时,工商部门只登记公司股东认缴的注册资本总额,无须登记实收资本,也不再收取验资证明文件,实缴注册资本可以为零。公司股东认购的股份须要资金足额到位,允许先到一部分,到位时间可以由股东自行决定,不需要验资,只需要在每年的年度报告上申报反映及存档到登记机关。公司实收资本由验资制向自行申报制过渡。如申报与事实不符,公司的股东需要承担法律责任。

《公司法》第二十五条规定,有限责任公司的股东应当对出资额、出资时间、出资方式和非货币出资缴付比例进行约定,并记载于章程。股东缴纳出资的,有限责任公司应当向股东出具出资证明书。出资证明书应当由全体股东签字,未签字的应当注明理由。股东对注册资本缴付情况的真实性负责。对实收资本主要关注以下涉税风险。

1. 实收资本增加

如果企业资产负债表中实收资本期末余额大于期初余额,应注意企业是否存在政府或股东划入资产、资产股权划转等特殊业务的税务处理。

企业在生产经营过程中可能会收到来自于政府或股东以各种名义投入的资产,如政府以股权投资方式投入资产,或政府指定专门用途投入资产,而企业的股东也可能向企业划入资产作为企业的资本金(或资本公积),或作为企业的收入。根据《国家税务总局关于企业所得税应纳税所得额若干问题的公告》(国家税务总局公告2014年第29号),其所得税的处理如下。

1) 接受政府划入资产

（1）以股权投资方式投入资产

县级以上人民政府（包括政府有关部门）将国有资产明确以股权投资方式投入企业，企业应作为国家资本金（包括资本公积）处理。该项资产如为非货币性资产，应按政府确定的接收价值确定计税基础。属于政府以投资入股的形式取得的资产。企业不交纳所得税，但应按政府确定的价值确认计税基础，并将取得的资产记入"实收资本"或"资本公积"科目。

执行该规定要注意以下三点：

一是企业必须获取县级以上人民政府明确以股权投资方式投入企业的相关批文及股东各方签订的投资协议。

二是企业应根据投入的不同资产分别作相应的会计处理，如借记"银行存款""固定资产""无形资产"等科目，贷记"实收资本""资本公积"科目。如果投入资产的价值超过了应该投入的国家资本金，其差额应作为资本溢价（或股本溢价），贷记"资本公积——资本溢价或股本溢价"科目。

三是如果投入资产为非货币性资产，则应以政府相关批文或文件上确定的接收价值确定计税基础，并以此作为今后对相关资产进行折旧、摊销、转让、处置等税前扣除的依据。

（2）指定专门用途投入资产

县级以上人民政府将国有资产无偿划入企业，凡指定专门用途并按《财政部国家税务总局关于专项用途财政性资金企业所得税处理问题的通知》（财税〔2011〕70号）规定进行管理的，企业可作为不征税收入进行企业所得税处理。其中，该项资产属于非货币性资产的，应按政府确定的接收价值计算不征税收入。但是对该条规定，需注意以下三点：

一是企业不仅要获取并提供县级以上人民政府将国有资产无偿划入并指定了专门用途的带有文号的批文，而且还必须按财税〔2011〕70号文的规定进行管理，即要能够提供县级以上人民政府对该资金专门的资金管理办法或具体管理要求，同时企业对该资金以及以该资金发生的支出单独进行了会计核算。

必须注意的是，如果企业将上述指定专门用途的投入资产作不征税收入处理后，在5年（60个月）内未发生支出且未缴回县级以上人民政府的部分，则应计入取得该资金第六年的应税收入总额，但计入应税收入总额的相关资金发生的支出，可以在以后计算应纳税所得额时扣除。

二是如果无偿划入的为非货币性资产，则应以政府相关批文或文件上确定的接收价值作为不征税收入及对相关资产进行会计核算的成本。但该不征税收入用于支出所形成的费用，不得在计算应纳税所得额时扣除，用于支出所形成的资产，其计算的折旧、摊销及损失等也不得在计算应纳税所得额时扣除，均必须进行纳税调整。

三是企业应根据无偿划入的不同类型的资产及能否确认当期收益进行相应的会计处理。如果接受投入资产时能够直接确认当期收益，则应根据不同类型的资产，借记"银行存款""原材料""长期股权投资"等科目，贷记"营业外收入"科目；如果不能直接确认为当期收益,则应借记"固定资产""在建工程""无形资产"等科目,贷记"递延收益"科目。递延收益应从相关资产达到预定可使用状态时起,在相关资产使用寿命内平均分配,分次计入以后各期的收益,借记"递延收益"科目,贷记"营业外收入"科目,同时对相关资产正常进行折旧或摊销,借记"成本/费用"等科目,贷记"累计折旧/摊销"等科目。但是,如果相关资产在使用寿命结束前被出售、转让、报废或发生毁损的,则应将尚未分配的递延收益余额一次性转入资产处置当期的损益(营业外收入),同时转销相关资产。

(3) 其他无偿划入

县级以上人民政府将国有资产划入企业,除上述以外情形的,应按政府确定的接收价值计入当期收入总额计算交纳企业所得税。政府没有确定接收价值的,按资产的公允价值计算确定应税收入。对于第三种情形,企业取得政府划入的资产,既不属于股权投资形式,又不属于无偿划拨的,应按政府确定的接收价值或资产的公允价值,依法交纳企业所得税。

2) 接收股东划入资产

第一,接受股东划入资产作为资本金(包括资本公积)。

企业接收股东划入资产(包括股东赠予资产、上市公司在股权分置改革过程中接收原非流通股股东和新非流通股股东赠予的资产、股东放弃本企业的股权),凡合同、协议约定作为资本金(包括资本公积)且在会计上已做实际处理的,不计入企业的收入总额,企业应按公允价值确定该项资产的计税基础。

作为上市公司会计管理部门的中国证监会会计部在2008年发布的《关于做好上市公司2008年度报告相关工作安排的公告》(证监会公告〔2008〕48号),中也做出了类似的规定"公司应充分关注控股股东、控股股东控制的其他关联方、上市公司的实际控制人等向公司进行直接或间接捐赠行为(包括直接捐赠现金或实物资产、直接豁免或代为清偿债务等)的经济实质。如果交易的经济实质表明属于控股股东、控股股东控制的其他关联方或上市公司实际控制人向上市公司资本投入性质的,公司应当按照企业会计准则中"实质重于形式"的原则,将该交易作为权益交易,形成的利得计入所有者权益(资本公积)。"

执行该规定需注意以下四点:

一是企业要有股东各方签订的由股东划入资产作为资本金(包括资本公积)的合同或协议。

二是企业需对股东划入资产作为资本金进行了相应的会计处理。如股东划入资产(包括股东赠予资产、上市公司在股权分置改革过程中接收原非流通股股东和新非流通股股东赠予的资产)时,企业借记"银行存款""固定资产""无形资产"等科目,贷记"实收资本""资本公积"科目(股份有限公司应将"实收资本"科目改为"股本"科目);股东放弃本企业股权时,企业应借记"实收资本——×××股东"科目,贷记"实收资本——×××股东"或"资本公积——资本溢价"等科目。

三是企业对股东划入资产并经合同、协议约定作为资本金(包括资本公积)且在会计上已作实际处理的,可不将其计入企业的应税收入总额。但如果企业虽有合同、协议约定,但未作相关会计处理,或虽已作相关会计处理,但没有合同、协议约定,在这两种情况下,股东划入的资产均应计入企业的收入总额计交企业所得税。

四是企业接收股东划入资产作为资本金(包括资本公积)应按公允价值确定相关资产的计税基础,并以此作为今后对相关资产进行折旧、摊销、转让、处置等税前扣除的依据。日常实务中经常采用的公允价值既可能是委托评估机构对划入资产评估的价值,也可能是股东购买相关资产时获取的销售发票上注明的符合近期市场行情的价值。但必须注意的是,如果企业采用的公允价值明显不公允,税务机关有权作出合理调整。

第二,企业接受股东划入资产作为收入处理。

企业接收股东划入资产,凡作为收入处理的,应按公允价值计入收入总额,计算交纳企业所得税,同时按公允价值确定该项资产的计税基础。

执行该规定需注意以下两点:

一是企业要有股东签署的划入资产的书面文件及相关证据,以证明股东划入资产,同时企业账簿要对划入资产作为收入进行了会计处理,如企业应借记"银行存款""固定资产""无形资产"等科目,贷记"营业外收入"科目。

二是企业对股东划入资产作为收入处理的,应按公允价值计入收入总额,计算交纳企业所得税,同时,企业还应以公允价值作为相关资产的计税基础,作为今后对相关资产进行折旧、摊销、转让、处置等税前扣除的依据。日常实务中经常采用的公允价值既可能是委托评估机构对划入资产评估的价值,也可能是股东购买相关资产时获取的销售发票上注明的符合近期市场行情的价值。但必须注意的是,如果企业采用的公允价值明显不公允,税务机关有权作出合理调整。

3)资产股权划转

根据《财政部 国家税务总局关于促进企业重组有关企业所得税处理问题的通知》财税〔2014〕109号文件对100%直接控制的居民企业之间,以及受同一或相同多家居民企业100%直接控制的居民企业之间按账面净值划转股权或资产,凡具有合理商业目的、不以减少、免除或者推迟交纳税款为主要目的,股权或资产划转后连续12个月内不改变被划转股权或资产原来实质性经营活动,且划出方企业和划入方企业均未在会计上确认损益的,可以选择按以下规定进行特殊性税务处理:

(1)划出方企业和划入方企业均不确认所得。

(2)划入方企业取得被划转股权或资产的计税基础,以被划转股权或资产的原账面净值确定。

(3)划入方企业取得的被划转资产,应按其原账面净值计算折旧扣除。

《国务院关于进一步优化企业兼并重组市场环境的意见》(国发〔2014〕14号)和《财政部 国家税务总局关于促进企业重组有关企业所得税处理问题的通知》(财税〔2014〕109号,以下简称《通知》)下发后,各地陆续反映在企业重组所得税政策执行过程中有些征管问题亟须明确,为了解决这些问题,国家税务总局又接着出台了《关于资产(股权)划转企业所得税征管问题的公告》(国家税务总局公告2015年第40号),为便于企业更好地享受企业资产(股权)划转的企业所得税优惠政策,40号公告包括母公司向子公司、子公司向母公司以及子公司之间等四种情形的股权或资产划转,暂不确认股权或资产转让所得,可以享受递延纳税待遇;界定了"连续12个月内不改变被划转股权或资产原来实质性经营活动"计算时点,对于交易一方在股权或资产划转完成日后连续12个月内发生生产经营业务、公司性质、资产或股权结构等情况变化,致使股权或资产划转不再符合特殊性税务处理条件的,原交易双方均需向主管税务机关报告,在情况变化后60日内,改为一般性税务处理,并调整划转完成纳税年度的应纳税所得额及相应股权或资产的计税基础;修正了"划入方企业取得被划转股权或资产的计税基础"的表述,将"原账面净值"均改为了"原计税基础";对于企业资产(股权)划转选择特殊性税务处理的,要求交易双方采取一致处理原则;对于企业资产(股权)划转选择特殊性税务处理的,交易双方应在企业所得税年度汇算清缴时分别向各自主管税务机关报送《居民企业资产(股权)划转特殊性税务处理申报表》和相关资料。

【例 3-66】 A公司持有B公司100%的股权,2015年1月,A公司将两项资产划转至B公司,其中包括:计税基础为600万元,公允价格为1 000万元的办公楼,划转日办公楼的账面净值与计税基础一致;A公司持有的M公司60%股份,其计税基础为600万元,公允价值为1 000万元。

A公司账务处理如下:

借:长期股权投资——B公司　　　　　　　　　　　　　　　12 000 000
　　贷:固定资产清理　　　　　　　　　　　　　　　　　　6 000 000
　　　　长期股权投资——M公司60%股份　　　　　　　　　6 000 000

B公司账务处理如下:

借:固定资产　　　　　　　　　　　　　　　　　　　　　　6 000 000
　　长期股权投资——M公司60%股份　　　　　　　　　　　6 000 000
　　贷:实收资本　　　　　　　　　　　　　　　　　　　　10 000 000
　　　　资本公积　　　　　　　　　　　　　　　　　　　　2 000 000

此例符合40号公告第一条规定的第一种情形,100%直接控制的母子公司之间,母公司A公司向子公司B公司按账面净值划转其持有的股权或资产,母公司A公司获得子公司B公司100%的股权支付。可以选择特殊性税务处理如下:母公司A公司按增加长期股权投资处理,子公司B公司按接受投资(包括资本公积,下同)处理。母公司获得子公司股权的计税基础以划转股权或资产的原计税基础确定。

【例 3-67】 接[例3-66],B公司在完成划转交易后的第7个月(2015年8月)增资扩股,引进了战略投资者C公司,增资扩股完成后,A公司占B公司80%股份,C公司占B公司20%股份,A、B公司应当如何进行税务处理?

40号公告第七条规定:"交易一方在股权或资产划转完成日后连续12个月内发生生产经营业务、公司性质、资产或股权结构等情况变化,致使股权或资产划转不再符合特殊性税务处理条件的,发生变化的交易一方应在情况发生变化的30日内报告其主管税务机关。另一方应在接到通知后的30日内将有关变化报告其主管税务机关。"

因此本例中A公司的资产(股权)划转交易不再符合特殊性税务处理条件,应当进行纳税调整。按照40号公告第八条的规定,特殊性税务处理条件发生变化后,A、B公司应当分别进行如下税务处理：

A公司应当视同销售，确认应纳税所得额：

$$2\,000-1\,200=800(万元)$$

B公司税务处理为：一是将取得M公司股权的计税基础由600万元，调整为1 000万元；二是将取得的不动产计税基础调整为1 000万元，并对此前已经确认的折旧费用进行纳税调整（当年度事项可以在汇算清缴调整，跨年度事项则追溯进行纳税调减）。

2. 实收资本减少

按照资本不变原则，公司的资本通常情况下是不允许减少的。我国法律允许减少资本，主要有下列情形：原有公司资本过多，形成资本过剩，再保持资本不变，就会导致资本在公司中的闲置和浪费，也增加了分红的负担；公司严重亏损，资本总额与其实有资产悬殊过大，公司资本已失去应有的证明公司资信状况的法律意义；此外，将公司中某些部门分离独立时，资产也随之分离，这不同于一般意义上的减资，而是公司分立。

1）企业实收资本减少的会计处理

第一，企业发生重大亏损减资。

企业因发生严重亏损而需要减少实收资本（股本），一般可采取销除股份或注销每股部分金额的办法，这实际上是用实收资本（股本）弥补亏损。在会计处理上，企业应按销除股份的面值或注销每股部分金额的合计数，借记"实收资本"（或股本）科目，贷记"利润分配——未分配利润"科目。这种的会计处理并不影响公司所有者权益总额。但是如果一个企业发生重大亏损，且亏损达到近几年内将无法用利润、公积金来弥补的程度，那么根据制度规定，即使亏损年度以后的年度有利润，但只要有未弥补亏损就不能发放股利。所以在此情况下，用实收资本（股本）的一部分弥补亏损以后，亏损年度的以后年度有利润的就可以发放股利，企业资产负债表中的未分配利润项目体现的也是正数，这样有利于股东，也有利于企业形象。

第二，资本过剩减资。

企业经营规模下降，资金利用不起来，使资金成本的上升，造成资金的浪费。有限责任公司和一般企业发还投资比较简单，按发还投资的数额，借记"实收资本"科目，贷记"银行存款"等科目。股份有限公司是采用发行股票的方式筹集资本的，因资本过剩减资发还股款时，需采取收购发行股票的方式。股份有限公司采用收购本公司股票方式减资的，按股票面值和注销股数计算的股票面值总额，借记本科目，按所注销库存股的账面余额，贷记"库存股"科目，按其差额，借记"资本公积——股本溢价"科目，股本溢价不足冲减的，应借记"盈余公积""利润分配——未分配利润"科目；购回股票支付的价款低于面值总额的，应按股票面值总额，借记本科目，按所注销库存股的账面余额，贷记"库存股"科目，按其差额，贷记"资本公积——股本溢价"科目。

【例3-68】甲公司2016年股东大会决议减少注册资金3 000万股，每股价格3元，甲公司原股本为10 000万元，目前账上资本公积为2 800万元（为投入时溢价部分），盈余公积1 000万元，未分配利润5 000万元。甲公司的会计处理如下：

```
借：库存股                                    90 000 000
    贷：银行存款                                        90 000 000
借：股本                                      30 000 000
    资本公积                                  28 000 000
    盈余公积                                  10 000 000
    利润分配——未分配利润                      22 000 000
    贷：库存股                                         90 000 000
```

2）实收资本减少的税务处理

第一，减资补亏的税务处理。

企业因发生重大亏损而减资，会造成资产负债表上"未分配利润"未弥补的亏损减少，但是减资补亏在税务处理上将其看作是减少注册资本，然后股东再把减资分回的金额投到企业。因为不需要增加股东的计税基础，所以，只能计入应纳税所得额了。所得税法理论关于应纳税收入的法律假设是企业所有的经济利益流入都纳入收入总额中，法律正面规定收入总额剔除项目，凡法律没有规定剔除的收入项目，都是应纳税所得。从这个意义上说，股东以减资取回的金额再次投入到企业以弥补亏损，除非税法有明确规定可以不纳入收入总额，否则，按税法关于收入的一般原理，纳入企业的应纳税所得额中并无问题。至于是按捐赠确认所得，还是按其他项目确认所得，这个问题并不重要。

【例3-69】 问题内容：

我公司是一家外商投资企业，现为改善公司财务结构，拟减少公司实收资本4 000万元，此减资额不汇给股东，直接用来弥补以前年度累积亏损，账务处理如下：借记"实收资本"科目4 000万元，贷记"未分配利润"科目4 000万元。请问，该事项是否应调增当年度应纳税所得额？

回复意见：

上述事项可以理解为你公司减资后将款项归还给股东，股东再以同样的款项捐赠给你公司用以弥补亏损，根据《企业所得税法》第六条八款规定："企业以货币形式和非货币形式从各种来源取得的收入，为收入总额，其中第八款为接受捐赠收入。"因此应调增当年度应纳税所得额。

国家税务总局　　　　2010年12月28日

第二，资本过剩减资的税务处理。

减资行为对于企业来说，一方面是注册资金减少，另一方面是企业的现金或非货币性资产减少，减资企业如果以非货币性资产减资，转出的非货币性资产企业所得税是否要视同销售，现行税法中没有明文规定，但按税收一般的处理原则，此类业务应当分解为以公允价值销售非货币性资产和减资两项业务分别进行税务处理，转出去的非货币性资产要视同销售交纳企业所得税。

（二）资本公积

资本公积的来源包括资本（或股本）溢价以及其他资本公积。

资本（或股本）溢价是指企业收到投资者的超过其在企业注册资本（或股本）中所占份

额的投资。形成资本溢价(或股本溢价)的原因有溢价发行股票,投资者超额缴入资本等。

其他资本公积包括以权益结算的股份支付在等待期每个资产负债表日,按确定的金额记入资本公积的金额和采用权益法核算的长期股权投资,被投资单位除净损益、其他综合收益和利润分配以外的所有者权益的其他变动,投资方按持股比例计算应享有的份额。

1. 资本公积期末余额增加

1) 资产评估增值

企业可以根据自身需要随时进行资产评估,但是以资产评估值调整账务是有特定法律适用条件的。资产重估增值只有在法定重估和企业产权变动的情况下,才能调整被重估资产账面价值。企业因向银行贷款,由贷款银行指定的资产评估机构对企业进行资产重估发生的资产评估增值,只能作为银行对企业进行贷款的依据,不属于法定重估业务,企业不得自行调整资产的账面价值。滥用资产评估结果调账以及调增资本公积的行为不仅违反国家统一的会计制度、动摇历史成本计量原则,还严重影响会计信息的质量,损害国家、股东以及债权人等利益相关者的利益。

《企业所得税法实施条例》第五十六条规定,企业的各项资产,包括固定资产、生物资产、无形资产、长期待摊费用、投资资产、存货等,以历史成本为计税基础。前款所称历史成本,是指企业取得该项资产时实际发生的支出。

企业持有各项资产期间资产增值或者减值,除国务院财政、税务主管部门规定可以确认损益外,不得调整该资产的计税基础。

根据上述规定,企业持有各项资产期间资产增值或者减值,除国务院财政、税务主管部门规定可以确认损益外,不得调整该资产的计税基础。评估增值部分提取的折旧依法不能在税前扣除。财税主管部门对特定企业下发过文件的除外。

例如,《财政部 国家税务总局关于中国中化集团有限公司重组上市资产评估增值有关企业所得税政策问题的通知》(财税〔2010〕49号)第一条规定,中国中化集团公司在重组改制上市过程中发生的资产评估增值5 060 464.25万元,应交纳的企业所得税不征收入库,直接转计中国中化集团公司的国有资本金。

第二条对上述经过评估的资产,中国中化集团公司及其所属子公司可按评估后的资产价值计提折旧或摊销,并在企业所得税税前扣除。上述税收政策主要针对央企的改组、改制。因此对于企业股份制改组改制过程中的资产评估增值,如果企业不能提供财政部、国家税务总局下发给企业的文件"按评估后的价值计提折旧或摊销,并在企业所得税前扣除",则资产的计税基础是评估增值以前的,要注意企业固定资产折旧、无形资产摊销的税前扣除调整和存货、投资等其他资产处置时的纳税调整。

2) 以权益结算的股份支付

第一,以权益结算的股份支付会计处理。

a. 立即可行权的股份支付。

借:管理费用
　　贷:资本公积——股本溢价

除了立即可行权的股份支付外,在授予日均不作会计处理。

b. 在等待期内的每个资产负债表日。

借:管理费用等
　　贷:资本公积——其他资本公积

c. 可行权日之后。

对于权益结算的股份支付,在可行权日之后不再对已确认的成本费用和所有者权益总额进行调整。

d. 行权日。

在行权日,应按实际行权的权益工具数量计算确定的金额:

借:银行存款(按行权价收取的金额)
　　资本公积——其他资本公积(等待期累计确定的金额)
　　贷:股本(增加股份的面值)
　　　　资本公积——股本溢价(差额)

【例 3-70】 2015 年 1 月 1 日,甲公司向其 32 名管理人员每人授予 15 万份股票期权。其行权条件为:

(1) 2015 年年末,可行权条件为公司净利润增长率不低于 18%;2016 年年末的可行权条件为 2015—2016 年两年净利润平均增长率不低于 15%;2017 年年末的可行权条件为 2015—2017 年三年净利润平均增长率不低于 12%。

(2) 每份期权在授予日的公允价值为 6 元,行权价格为 3 元/股。

(3) 2015 年年末,净利润增长率为 16%,甲公司预计 2016 年有望达到可行权条件。同时,当年有 2 人离开,预计未来无人离开公司。2016 年年末,净利润增长率为 12%,但公司预计 2017 年有望达到可行权条件。2016 年实际有 2 人离开,预计 2017 年无人离开公司。2017 年年末,净利润增长率为 10%,当年无人离开。

(4) 2017 年年末,激励对象全部行权,行权日股票的公允价值为 10 元。

2015 年年末:

$$应确认的管理费用=(32-2)\times 15 \times 6 \times \frac{1}{2}=1\,350(万元)$$

借:管理费用	13 500 000
贷:资本公积——其他资本公积	13 500 000

2016 年年末:

$$应确认的管理费用=(32-2-2)\times 15 \times 6 \times \frac{2}{3}-1\,350=330(万元)$$

借:管理费用	3 300 000
贷:资本公积——其他资本公积	3 300 000

2017 年年末:

$$应确认的管理费用=(32-2-2)\times15\times6\times\frac{3}{3}-1\,350-330$$
$$=840(万元)$$

行权时,计入资本公积——股本溢价的金额$=(32-2-2)\times15\times3+1\,350+330+840$
$$-(32-2-2)\times15\times1=3\,360(万元)$$

借:管理费用	8 400 000
贷:资本公积——其他资本公积	8 400 000
借:银行存款$[(32-2-2)\times15\times3]$	12 600 000
资本公积——其他资本公积	25 200 000
贷:股本$[(32-2-2)\times15]$	4 200 000
资本公积——股本溢价	33 600 000

第二,以权益结算的股份支付的税务处理。

2012年5月23日,国家税务总局发布了《国家税务总局关于我国居民企业实行股权激励计划有关企业所得税处理问题的公告》(国家税务总局公告2012年第18号),明确了我国对于股权激励企业所得税的处理原则。

(1)对股权激励计划实行后立即可以行权的,上市公司可以根据实际行权时该股票的公允价格与激励对象实际行权支付价格的差额和数量,计算确定作为当年上市公司工资薪金支出,依照税法规定进行税前扣除。

(2)对股权激励计划实行后,需待一定服务年限或者达到规定业绩条件(以下简称等待期)方可行权的。上市公司等待期内会计上计算确认的相关成本费用,不得在对应年度计算交纳企业所得税时扣除。在股权激励计划可行权后,上市公司方可根据该股票实际行权时的公允价格与当年激励对象实际行权支付价格的差额及数量,计算确定作为当年上市公司工资薪金支出,依照税法规定进行税前扣除。

(3)本条所指股票实际行权时的公允价格,以实际行权日该股票的收盘价格确定。

在[例3-70]中,甲公司2015年、2016年在等待期内会计上计算确认的相关成本费用,不得在对应年度计算交纳企业所得税时扣除,因此2015年度调增所得1 350万元,2016年度调增所得330万元,2017年度企业可以作为工资薪金在企业所得税税前扣除的金额是:$(32-2-2)\times15\times(10-3)=2\,940$万元,而会计上列支费用840万元,纳税调减2 100万元。

3)采用权益法核算的长期股权投资

(1)被投资单位除净损益、其他综合收益和利润分配以外的所有者权益的其他变动,投资方按持股比例计算应享有的份额:

借:长期股权投资——其他权益变动
  贷:资本公积——其他资本公积

或作相反会计分录

(2)处置采用权益法核算的长期股权投资。

借:资本公积——其他资本公积
  贷:投资收益(或相反分录)

（3）税务处理。

权益法核算的股权投资，会计上长期股权投资的账面价值会随着被投资企业的所有者权益变动而变动，税法上长期股权投资的计税基础是历史成本，对于被投资单位除净损益、其他综合收益和利润分配以外的所有者权益的其他变动，投资方按持股比例计算应享有的份额会计上记入"资本公积"科目，不计入当期损益，不需要在申报表中调整，将来股权转让时会计上应把记入"资本公积"科目的金额转到投资收益，一般情况下，只要企业进行正确的会计处理，其税法上的所得与会计利润相同。

2. 资本公积期末余额减少

资本公积期末余额减少，要注意企业可能发生减资、资本公积转增资本等经济业务，对减资前面已作了讲解，本处主要讲解资本公积转增资本的涉税风险。

《国家税务总局关于贯彻落实企业所得税法若干税收问题的通知》（国税函〔2010〕79号）第四条规定，被投资企业将股权（票）溢价所形成的资本公积转为股本的，不作为投资方企业的股息、红利收入，投资方企业也不得增加该项长期投资的计税基础。

按照现行的《企业会计准则》或会计制度规定，个别类型的资产在持有期间产生的增值暂时计入了资本公积，从属性上属于"未实现收益"，增值部分待资产处置即收益真正实现时方能确认损益，在资产处置前，不能转增资本。若企业将其进行了转增资本，事实上是将相应的资产处置收益提前予以了确认，并用之转增了资本，自然需要交纳企业所得税。

（三）其他综合收益

1. 其他综合收益的确认与计量

其他综合收益是指企业根据《企业会计准则》规定未在当期损益中确认的各项利得和损失，包括以后会计期间不能重分类进损益的其他综合收益和以后会计期间满足规定条件时将重分类进损益的其他综合收益两类。

1）以后会计期间不能重分类进损益的其他综合收益项目

它主要包括重新计量设定受益计划净负债或净资产导致的变动，以及按照权益法核算因被投资单位重新计量设定受益计划净负债或净资产变动导致的权益变动，投资企业按持股比例计算确认的该部分其他综合收益项目。

2）以后会计期间满足规定条件时将重分类进损益的其他综合收益项目

第一，可供出售金融资产公允价值的变动。

可供出售金融资产公允价值变动形成的利得，除减值损失和外币货币性金融资产形成的汇兑差额外

借：可供出售金融资产——公允价值变动
　　贷：其他综合收益

或作相反的会计分录。

第二，金融资产的重分类。

a. 将可供出售金融资产重分类为采用成本或摊余成本计量的金融资产。

重分类日该项金融资产的公允价值或账面价值作为成本或摊余成本,该项金融资产没有固定到期日的,与该金融资产相关、原直接计入所有者权益的利得或损失,仍应记入"其他综合收益"科目,在该金融资产被处置时转入当期损益。

b. 将持有至到期投资重分类为可供出售金融资产,并以公允价值进行后续计量。

借:可供出售金融资产(金融资产的公允价值)
　　持有至到期投资减值准备
　贷:持有至到期投资
　　　其他综合收益(差额,或借方)

产生的"其他综合收益"在该可供出售金融资产发生减值或终止确认时转入当期损益。

c. 按规定应当以公允价值计量,但以前公允价值不能可靠计量的可供出售金融资产,在其公允价值能够可靠计量时改按公允价值计量,将相关账面价值与公允价值之间的差额记入"其他综合收益"科目,在该可供出售金融资产发生减值或终止确认时转入当期损益。

第三,采用权益法核算的长期股权投资。

a. 被投资单位其他综合收益变动,投资方按持股比例计算应享有的份额。

借:长期股权投资——其他综合收益
　贷:其他综合收益

被投资单位其他综合收益减少作相反的会计分录。

b. 处置采用权益法核算的长期股权投资时。

借:其他综合收益
　贷:投资收益(或相反分录)

第四,存货或自用房地产转换为投资性房地产。

a. 企业将作为存货的房地产转为采用公允价值模式计量的投资性房地产,其公允价值大于账面价值的。

借:投资性房地产——成本(转换日的公允价值)
　贷:开发产品等
　　　其他综合收益(差额)

b. 企业将自用房地产转为采用公允价值模式计量的投资性房地产,其公允价值大于账面价值的。

借:投资性房地产——成本(转换日的公允价值)
　　累计折旧
　　固定资产减值准备
　贷:固定资产
　　　其他综合收益(差额)

处置该项投资性房地产时,因转换计入其他综合收益的金额应转入当期其他业务成本。

借:其他综合收益
　　贷:其他业务成本

2. 其他综合收益的涉税风险

资产负债表中其他综合收益项目有余额,反映了企业可能存在设定受益计划、以公允价值计量的可供出售金融资产、对联营企业合营企业的长期股权投资、以存货或自用房地产转换为投资性房地产等的经济业务,如果企业没有这些经济业务,要注意企业是否存在着应该计入当期损益的计入了其他综合收益,企业是否存在账上隐瞒收入的问题,同时关注以后会计期间满足规定条件时将重分类进损益的其他综合收益项目,是否按规定进行了会计处理,其收益或损失是否与税法一致。

(四)盈余公积

盈余公积(Features Surplus;Earned Surplus),是指公司按照法律规定从净利润中提取的的法定公积金和任意公积金。法定盈余公积金是按税后利润的10%提取的,任意盈余公积金是在提取法定盈余公积金后,经股东会决议,从税后利润中提取的公积金。企业提取的法定盈余公积累计额超过其注册资本的50%以上的,可以不再提。盈余公积主要用于弥补公司亏损,扩大公司生产经营,转增公司资本。

1. 盈余公积在报表中余额为0

如果一个企业资产负债表中盈余公积期末期初余额为0,说明这个企业还未弥补完亏损,这个企业很可能是连续亏损的企业,这个企业可能没有上交过企业所得税,如果这个企业总资产规模又在不断地增加,这种长亏不倒的企业存在涉税风险的可能性会比较大,要注意把这样的企业作为重点检查对象。

2. 盈余公积期末余额增加

对连续盈利的企业来讲,资产负债表中盈余公积的增加数一般是净利润的10%,当然当盈余公积达到注册资金的50%时,也可能不再计提,期末期初余额不变,但是当盈余公积的增加数大于利润表中净利润的10%时,要注意检查企业的利润分配方案,看企业有没有计提任意盈余公积,并进一步检查"盈余公积"科目,关注其对应的借方科目是否是"利润分配",因为其来源只能是净利润中提取,如果借方科目是"库存现金""银行存款""原材料"等,这都说明企业把货币性和非货币性所得计入了盈余公积,企业账上存在隐瞒收入的问题。

【例3-71】 税务人员张某在对甲企业2015年企业所得税纳税检查时发现,企业资产负债表中盈余公积期初有余额1 350万元,期末余额2 000万元,甲企业期初没有未弥补的亏损,甲企业当期利润表中实现的净利润为3 000万元,假定企业按照净利润的10%提法定盈余公积,盈余公积的增加数应该是300万元,而企业的盈余公积增加650万元,于是张某要求甲企业提供2015年的利润分配方案,方案中未提到计提任意盈余公积。再看甲企业的所有者权益变动表,企业的所有者权益变动表中只反映了计提法定盈余公积

300万元。最后张某检查"盈余公积"科目,发现企业有借记"原材料"科目 3 500 000 元,贷记"盈余公积"科目 3 500 000 元,查原始凭证,企业是把材料盘盈计入了盈余公积,根据《企业所得税法》规定资产盘盈应该计入当期所得,因此调增了企业 2015 年度的应纳税所得额 350 万元。

3. 盈余公积期末余额减少

盈余公积减少主要存在盈余公积转增资本和盈余公积弥补亏损,但法定盈余公积金转增资本时,留存的法定盈余公积金不得少于转增前公司注册资本的 25%。公司将从税后利润中提取的法定公积金和任意公积金转增注册资本,即该公司以盈余公积金向股东分配了股息、红利,股东再以分得的股息、红利增加注册资本。《企业所得税法》第二十六条规定,符合条件的居民企业之间的股息、红利等权益性投资收益属于免税收入。《中华人民共和国企业所得税法实施条例》第八十三条规定:企业所得税法第二十六条第(二)项所称符合条件的居民企业之间的股息、红利等权益性投资收益,是指居民企业直接投资于其他居民企业取得的投资收益。《企业所得税法》第二十六条第(二)项和第(三)项所称股息、红利等权益性投资收益,不包括连续持有居民企业公开发行并上市流通的股票不足 12 个月取得的投资收益。因此,当被投资企业的盈余公积转增资本时,法人股东按照投资比例增加的部分注册资本免交企业所得税。

对于企业弥补亏损,一般先是用以后年度的税前利润弥补,如果连续 5 年仍没有弥补完,则按规定 5 年后只能用税后利润弥补。如果以后年度仍然亏损,或者即使盈利但仍不能将亏损弥补完,则可以考虑动用盈余公积补亏;盈余公积是以前的净利润中提取的积累,企业积累的目的是为了应对将来的困难和危机,因此盈余公积主要用来弥补亏损,如果企业盈余公积用于弥补的亏损是超过 5 年的税法上的亏损,会计与税法是一致的,如果企业盈余公积弥补的亏损是 5 年之内的,未超过税法上的弥补期,在企业所得税方面应如何处理?

【例 3-72】某企业当年亏损 2 亿元,用盈余公积弥补亏损 1.5 亿元,那么随后的 5 年还能按照 2 亿元的亏损用税前利润弥补吗?还是只能使用税前利润弥补剩余的 5 000 万元了?

深圳 12366 答复:没有明确的税务文件界定这块,故根据《企业所得税法》立法精神,既然提前用了盈余公积弥补,就只能用未来利润弥补剩余的亏损了。

(五) 未分配利润

未分配利润是指企业实现的净利润经过弥补亏损、提取盈余公积和向投资者分配利润后留存在企业的、历年结存的利润。有两层含义:一是留待以后年度处理的利润;二是未指明特定用途的利润。相对于所有者权益的其他部分来说,企业对于未分配利润的使用有较大的自主权。

企业的未分配利润项目如果在资产负债表中为负数,说明"未分配利润"的科目余额在借方,说明企业存在未弥补的亏损。如果企业的未分配利润期初余额为负数,期末负数继续增加,说明企业当期继续新增亏损,未分配利润的差额应该是当期新增亏损额,应该与利润表中的利润总额相等,但实际的税收检查工作中,往往出现对不上的情况,税务人员应进一步落实原因。

【例 3-73】 某税务检查人员在对某商贸企业纳税评估时发现,企业资产负债表中期初未分配利润－900 多万元,期末未分配利润－1 500 多万元,当期新增亏损 600 多万元,而企业利润表中企业的利润总额为－400 多万元,后询问会计,会计解释说"未分配利润两年前就对不上了,所以现在还是对不上",其实企业的会计回答是错误的,如果两年前未分配利润的余额有错,会影响本年的期末余额错误,不会影响未分配利润期初期末的差额,其差额应该是当年的新增亏损额,税务人员要注意企业通过这种方式虚报亏损的问题。

如果企业资产负债表中未分配利润的期末余期初相等,是否就没问题?请看下例。

【例 3-74】 某税务检查人员 2017 年对××铜线缆加工企业 2016 年度企业所得税纳税检查时,取得的企业财务报表如表 3-26 和 3-27 所示。

表 3-26　　　　　　　　　　　资产负债表

编制单位:××铜线缆加工企业　　　2016 年 12 月 31 日　　　　　　　　　　单位:元

资　产	期末数	年初数	负债和所有者权益(或股东权益)	期末数	年初数
流动资产:			流动负债:		
货币资金	1 628 682.03	1 436 135.64	短期借款	12 000 000.00	6 707 500.00
以公允价值计量且其变动计入当期损益的金融资产	0	0	以公允价值计量且变动计入当期损益的金融负债	0	0
应收票据	0	0	应付票据	0	0
应收账款	2 203 415.57	954 327.02	应付账款	2 121 037.00	－390 496.78
预付款项	200.00	713 179.00	预收款项	694 755.69	2 448.00
应收利息	0	0	应付职工薪酬	89 999.00	0
应收股利	0	0	应交税费	－246 998.76	39 842.92
其他应收款	108 021.60	207 541.60	应付利息	0	0
存货	4 353 236.23	2 161 995.44	应付股利	0	0
一年内到期的非流动资产	0	0	其他应付款	106 145.42	462 570.68
其他流动资产	0	0	一年内到期的非流动负债	0	0
流动资产合计	8 393 075.43	5 373 658.70	其他流动负债	0	0
			流动负债合计	14 764 938.35	6 821 864.82
非流动资产:			非流动负债:		

(续表)

资产	期末数	年初数	负债和所有者权益（或股东权益）	期末数	年初数
可供出售金融资产	0	0	长期借款	1 000 000.00	4 500 000.00
持有至到期投资	0	0	应付债券	0	0
长期应收款	0	0	长期应付款	0	0
			专项应付款	0	0
长期股权投资	100 000.00	100 000.00	预计负债	0	0
投资性房地产	0	0	递延所得税负债	0	0
固定资产	5 766 699.97	6 168 961.94	其他非流动负债	0	0
在建工程	150 040.00	0	非流动负债合计	1 000 000.00	4 500 000.00
工程物资	0	0	负债合计	15 764 938.35	11 321 864.82
固定资产清理	0	0			
生物性资产	0	0	所有者权益（或股东权益）：		
无形资产	2 591 368.51	685 668.75			
开发支出	0	0	实收资本（股本）	1 000 000.00	560 000.00
商誉	0	0	资本公积	3 053 100.86	1 853 100.86
长期待摊费用	87 254.78	116 817.56	减：库存股	0	0
递延所得税资产	0	0	盈余公积	0	0
其他非流动资产	0	0	未分配利润	−2 729 600.52	−1 289 858.73
			其他综合收益	0	0
非流动资产合计	8 695 363.26	7 071 448.25	所有者权益合计	1 323 500.34	1 123 242.13
资产总计	17 088 438.69	12 445 106.95	负债和所有者权益（或股东权益）总计	17 088 438.69	12 445 106.95

表 3-27　　　　　　　　　　　　　　利　润　表

编制单位:××铜线缆加工企业　　　　　2016 年　　　　　　　　　　　　　单位:元

项　目	本期累计数	本月数
一、营业收入	79,798 577.73	3 755 502.20
减:营业成本	78 724 327.68	3 749 297.55
税金及附加	25 120.70	1 407.31
销售费用	280 653.03	9 643.74
管理费用	914 980.03	77 343.91
财务费用	1 202 500.20	87 613.49
资产减值损失	0	0
加:公允价值变动收益(损失以"一"号填列)	0	0
投资收益(损失以"一"号填列)	10 000.00	0
其中:对联营企业合营企业的投资收益	0	0
二、营业利润(亏损以"一"号填列)	−1 339 003.91	−169 803.8
加:营业外收入	0	0
减:营业外支出	4 444.84	325.84
加:以前年度损益调整	−96 293.04	0
三、利润总额(亏损总额以"一"号填列)	−1 439 741.79	−170 129.64
减:所得税费用	0	0
四、净利润(净亏损以"一"号填列)	−1 439 741.79	−170 129.6

该企业资产负债表中 2016 年期末未分配利润减期初未分配利润=−2 729 600.52−(−1 289 858.73)=−1 439 741.79 元,与利润表中的利润总额完全相等,但是一定要注意并不代表企业不存在涉税问题,因为企业的利润总额构成中多了"以前年度损益调整",根据会计规定,利润表是当年的发生额,不能把以前年度减少的利润计入当年的利润表,加大当年的亏损,以前年度损益调整是一个暂记科目,调完了以后应该转到"利润分配——未分配利润"科目,应该调整资产负债表中的期初未分配利润,而不应该计入当年的利润表,如果检查人员不注意,会把以前年度的亏损作为利润表当年的亏损,从当前年度计算弥补期。

资产负债表中如果未分配利润期初是正数,期末继续增加,说明该企业期初没有未弥补的亏损,而且本期继续盈利,其未分配利润的增加数应该是利润表中的净利润减去资产负债表中盈余公积的增加数减去分红支出,如果未分配利润的增加数大于计算的数据,要注意有的企业把所得直接计入未分配利润,这样造成企业少交流转税和企业所得税,这时我们应检查"利润分配"科目,要注意该科目借方的对应科目主要是"本年利润""以前年度损益调整",如果出现"银行存款""固定资产""无形资产""应付账款""预收账款"等科目,要注意企业很可能存在隐瞒收入的问题,必须进一步落实。

第二节 资产负债表结构分析

资产负债表是总括反映企业在某一特定日期资产、负债和所有者权益的会计报表。对资产负债表进行结构分析,其目的就在于从总体上把握企业在特定日期财务状况的全貌。首先,可以查询企业资产总额,了解该企业经营规模的大小,并结合企业所在行业的平均资产,推测该企业在行业中的地位;其次,通过流动资产、非流动资产、负债、所有者权益等大项目的合计数在资产总额与负债和所有者权益总额中所占的比重,可以一定程度地了解企业资产的流动性、负债的流动性以及企业负债经营的程度等。再次,可以进一步计算各项资产、负债、所有者权益分别在资产总额、负债与所有者权益总额中所占的比重,列出百分比资产负债表,从而可以了解企业资产的分布状况,了解企业资金来源的渠道。这样有助于进一步分析和发现问题。

一、资产结构分析

通过资产负债表结构分析,可以判断企业生产经营情况,可以反映出不少问题。例如,固定资产和存货的比例过大,说明企业的销售情况不乐观;而如果银行存款的比例过小,应收账款的比例过大,说明企业的资金回笼有问题。长期股权投资和交易性金融资产等表明了企业的投资活动,固定资产的增加数以及在建工程项目都可以说明企业的投资情况,预付账款的数额说明企业与供货商的业务关系和规则。

(一)经营资产与非经营资产的比例分析

企业所占有的资产是企业进行生产活动的物质基础,但并不是所有的资产都是用于企业自身经营的,都会产生营业收入,其中有些资产被其他企业所运用,如一些债权和股权投资;有些资产转化为今后的费用,如长期待摊费用和递延所得税资产等。这些资产尽管是企业的资产,但已无助于企业自身经营。如果这些非经营资产所占比重过大,企业的经营能力就会远远小于企业总资产所表现的经营能力。当企业资产规模增长时,从表面上看,似乎是企业经营能力增加了,但如果仅仅是非经营资产比重增加,经营资产比重反而下降,是不能真正提高企业的经营能力的。

【例3-75】 大昌公司成立于2007年,所属行业日用百货零售业,经营范围:百货,针纺织品,五金交电,文教用品,日用杂货,生鲜食品,实业投资,物业管理等,该公司2016年相关财务报表如表3-28、表3-29所示。

表3-28　　　　　　　　　资产负债表
编制单位:大昌公司　　　2016年12月31日　　　　　　　　　　单位:元

资产	年初数	结构百分比	期末数	结构百分比
流动资产				
货币资金	11 796 892.86	12.56%	3 291 179.37	2.75%

(续表)

资　产	年初数	结构百分比	期末数	结构百分比
以公允价值且其变动计入当期损益的金融资产	0	0.00%	0	0.00%
应收票据	0.00	0.00%	0.00	0.00%
应收股利	0.00	0.00%	0.00	0.00%
应收利息	0.00	0.00%	0.00	0.00%
应收账款	209 768.16	0.22%	63 3727.85	0.53%
其他应收款	3 383 446.94	3.60%	9 013 960.00	7.53%
预付款项	4 857 495.04	5.17%	5 850 558.42	4.89%
存货	15 826 624.67	16.85%	15 241 656.89	12.73%
一年内到期的非流动资产	525 000.00	0.56%	825 786.80	0.69%
其他流动资产	0.00	0.00%	0.00	0.00%
流动资产合计	36 599 227.67	38.97%	34 856 869.33	29.12%
非流动资产：				
可供出售金融资产	0.00	0.00%	0.00	0.00%
持有至到期投资	0.00	0.00%	0.00	0.00%
长期股权投资	0.00	0.00%	11 741 229.44	9.81%
长期应收款	0.00	0.00%	0.00	0.00%
固定资产	55 139 371.97	58.71%	52 641 064.44	43.98%
工程物资	0.00	0.00%	0.00	0.00%
在建工程	2 015 364.60	2.15%	20 415 364.60	17.06%
固定资产清理	0.00	0.00%	0.00	0.00%
生产性生物资产	0.00	0.00%	0.00	0.00%
无形资产	0.00	0.00%	0.00	0.00%
开发支出	0.00	0.00%	0.00	0.00%
商誉	0.00	0.00%	0.00	0.00%
长期待摊费用	171 416.80	0.18%	31 317.00	0.03%
递延所得税资产	0.00	0.00%	0.00	0.00%
其他长期资产	0.00	0.00%	0.00	0.00%
非流动资产合计	57 326 153.37	61.03%	84 828 975.48	70.88%
资产总计	93 925 381.04	100.00%	119 685 844.81	100.00%

（续表）

负债和所有者权益	年初数	结构百分比	期末数	结构百分比
流动负债				
短期借款	45 000 000.00	47.91%	45 000 000.00	37.60%
应付票据	0.00	0.00%	0.00	0.00%
应付账款	4 404 442.75	4.69%	1 230 318.00	1.03%
预收款项	1 415 048.00	1.51%	1 576 354.00	1.32%
应付职工薪酬	1 845 174.62	1.97%	1 351 798.26	1.13%
应交税费	395 466.67	0.42%	563 104.44	0.47%
应付利息	0.00	0.00%	0.00	0.00%
应付股利	0.00	0.00%	0.00	0.00%
其他应付款	4 931 197.10	5.25%	34 487 524.33	28.82%
一年内到期的非流动负债	0.00	0.00%	0.00	0.00%
其他流动负债	0.00	0.00%	0.00	0.00%
流动负债合计	57 991 329.14	61.74%	84 209 099.03	70.36%
长期负债：				
长期借款	7 058 928.25	7.52%	5 848 139.68	4.89%
应付债券	0.00	0.00%	0.00	0.00%
长期应付款	1 960 222.03	2.09%	3 465 817.02	2.90%
专项应付款	0.00	0.00%	0.00	0.00%
预计负债	0.00	0.00%	0.00	0.00%
递延所得税负债	0.00	0.00%	0.00	0.00%
其他非流动负债	0.00	0.00%	0.00	0.00%
非流动负债合计	9 019 150.28	9.60%	9 313 956.70	7.78%
负债合计	67 010 479.42	71.34%	93 523 055.73	78.14%
所有者权益(或股东权益)：				
实收资本(或股本)	40 000 000.00	42.59%	40 000 000.00	33.42%
资本公积	2 229 187.00	2.37%	2 229 187.00	1.86%
减：库存股	0.00	0.00%	0.00	0.00%
盈余公积	0.00	0.00%	0.00	0.00%
未分配利润	−15 314 285.38	−16.30%	−16 066 397.92	−13.42%
其他综合收益	0.00	0.00%	0.00	0.00%
所有者权益(或股东权益)合计	26 914 901.62	28.66%	26 162 789.08	21.86%
负债及所有者权益总计	93 925 381.04	100.00%	119 685 844.81	100.00%

从表 3-28 可以看出,大昌公司 2015 年总资产中,经营性资产占的比重非常高,企业没有投资业务,长期待摊费用也很小,2016 年企业的总资产增加 25 760 463.77 元,但企业增加的主要是长期股权投资和在建工程,对于长期股权投资产生的是投资收益,对于在建工程由于还在建设期尚未形成经营能力,因此 2016 年利润表上的营业收入与 2015 年相比没有大幅增加也是正常的。

表 3-29　　　　　　　　　　　　　利　润　表

编制单位:大昌公司　　　　　　　　　　2016 年　　　　　　　　　　　　单位:元

项目	本年累计数	上年累计数
一、营业收入	58 506 239.77	57 985 939.82
减:营业成本	42 742 863.97	45 955 994.23
税金及附加	353 587.57	410 659.03
销售费用	10 301 133.84	9 479 909.91
管理费用	2 870 788.57	3 917 707.50
财务费用	2 884 442.12	3 190 782.24
资产减值损失	0	0
加:公允价值变动收益(损失以"一"号填列)	0	0
投资收益(损失以"一"号填列)	1 301.11	0
其中:对联营企业合营企业的投资收益	0	0
二、营业利润(亏损以"一"号填列)	−645 275.19	−4 969 113.09
加:营业外收入	199 300.65	21 601.06
减:营业外支出	166 083.50	40 453.79
其中:非流动资产处置损失	0	0
三、利润总额(亏损总额以"一"号填列)	−612 055.04	−4 987 965.82
减:所得税费用	0	0
四、净利润(净亏损以"一"号填列)	−612 055.04	−4 987 965.82

(二) 流动资产和非流动资产的比例分析

一般而言,企业固定资产与流动资产之间只有保持合理的比例结构,才能形成现实的生产能力;否则,就有可能造成部分生产能力闲置或加工能力不足。以下三种固流结构政策可供企业选择:

(1) 适中的固流结构政策采取这种策略,就是将固定资产的存量与流动资产存量的比例保持在平均水平。这种情况下,企业的盈利水平一般,风险程度一般。

(2) 保守的固流结构政策。采取这种策略,流动资产的比例较高。这种情况下,由于增加了流动资产,企业资产的流动性提高,资产风险会因此降低,但可能导致盈利水平的下降。

(3) 激进的固流结构政策。采取这种策略,固定资产的比例较高。这种情况下,由于增加了固定资产,会相应提高企业的盈利水平,同时可能导致企业资产的流动性降低,资产的风险会因此提高。

一般而言,为了保证资产的流动性,比较理想的资产结构是流动资产占总资产的60%,非流动资产占总资产的40%,但是非流动资产和流动资产的比例因行业不同而不同,对传统的制造业来讲,因为生产需要的厂房、机器设备、运输工具比较多,因此固定资产规模会很大,非流动资产占总资产的比例会比较高,比如电力行业的非流动资产一般占到总资产的60%以上,而房地产企业不需要厂房、机器设备等固定资产,因此非流动资产占总资产的比重比较低,对传统的商贸业来讲,如果拥有大量的商业地产,其非流动资产的规模会比较大,流动资产的规模会比较小。

从表3-29可以看出,该商贸企业年初流动资产大概占总资产的40%,非流动资产大概占总资产60%,年末由于长期股权投资大幅增加,流动资产的比例下降为30%左右,非流动资产的比例上升到70%左右,要注意该企业长期股权投资的获利能力;否则,会造成企业短期偿债能力出现问题。

(三) 流动资产的内部结构分析

一般情况下流动资产可以分为四类:货币资金、短期投资、应收预付款和存货。由于大多数企业由于流动资金短缺和短期投资的风险比较大,因此很多企业的流动资产中没有短期投资业务,企业的流动资产主要包括货币资金、应收预付款和存货三类。

货币资金是指企业在报表报出日以货币形式存在的所有货币资金,包括库存现金、银行存款、其他货币资金。一般来说"货币资金"占总资产比重越高,说明本企业的资金储备率越高,经营风险越小,偿债能力也越强。如占总资产比重过低,则说明企业的资金链有一定风险,且偿债能力也越弱。但货币资金也有其两重性。如货币资金过多也说明企业资金利用率不高,势必影响其盈利能力。因此一般认为货币资金占总资产的比重为15%~25%比较合理,当然行业不同会有所不同,现销方式为主的企业货币资金会比较多。如果企业的收入规模比较大,货币资金占总资产的比重又非常低,要注意企业可能存在现金未入账的情况。

应收及预付款主要包括应收账款、应收票据、预付账款、其他应收款。对于一般企业来讲应收账款的余额占流动资产的比重一般会比较大,其他应收款和预付款项的余额占流动资产的比重一般比较低,如制造业的应收账款在流动资产中占的比例很高,一般仅次于存货,其他应收款和预付款项流动资产的比重会比较低。但是提请大家注意的是,以现销方式为主的商品零售企业和预售方式为主的房地产等企业来讲,应收账款的余额比较小也是正常的,因为对商品零售企业来讲,企业应收的租金、保证金、进场费,会造成其他应收款的余额比较大,而房地产企业预交的土地出让金或预付的工程款会造成预付款项的余额比较大。

【例3-76】 某税务检查人员在对甲房地产企业进行纳税检查时发现:该企业2015年资产负债表中预付款项年末与年初相比大幅增加,并且占到了流动资产的30%,远远超过了企业应收账款的余额,后进一步检查发现预付款项年末与年初相比大幅增加的原因是该企业通过拍卖取得了一块土地,已交纳了土地出让金,但还未拿到土地证造成了预付款的大幅增加,这对房地产企业来讲也属于正常现象。

存货主要包括生产销售所储备的原材料、在产品、半成品、库存商品等,对于制造业,由于要生产产品,所以存货的余额一般会很大,基本上占到了流动资产的50%左右,当然制造业也会有所不同,同样属于电力企业,火电和核电的存货比较多,而水电和风电的存货会比较小;对于房地产企业来讲,为了开发产品所储备的土地、正在开发的商品房、商品地以及开发完工的产品会占用很多的资金,因此存货所占流动资产的比重会更高;而对于传统的商贸企业来讲,由于货物品种较多,存货余额也会比较高;而如果是从事广告代理或广告播映的企业以及物流业等由于企业不生产产品,存货的余额很小或者没有余额也是正常的。

从大昌公司2016年度资产负债表来看,企业期初流动资产中存货所占的比重最大,占总资产的16.85%,其次是货币资金占总资产的12.56%,预付款项占总资产的5.17%,其他应收款占总资产的3.6%,应收账款占总资产的0.22%,从结构来看基本符合商贸企业的特点。企业期末流动资产中存货占总资产的12.73%,其次是其他应收款占总资产的7.53%,预付款项占总资产的4.89%,货币资金占总资产的2.75%,应收账款占总资产的0.53%,从结构来看期末货币资金所占的比重大幅下降,不太符合商品零售企业的特征,同时其他应收款所占的比重也上升幅度较大,应关注可能产生的涉税问题。

二、负债结构分析

负债的不同分类方式,可以形成不同的负债结构,因此,对负债结构的分析,可以从以下几个方面来进行。

(一)负债期限结构分析评价

负债按期限长短分为流动负债和长期负债,企业的流动负债是1年或者一个营业周期内需要偿还的负债,流动负债的比率越高,企业偿还短期债务的压力越大,因此要考虑企业的负税能力。

从表3-30可以看出,大昌公司2016年期初流动负债占负债的比重为86.54%,期末为90.04%,表明该公司在使用负债资金时,以短期资金为主,要注意企业的短期支付能力。

表3-30 大昌公司负债期限结构分析

单位:元

项 目	金额		结构百分比	
	年初	期末	年初	期末
流动负债	57 991 329.14	84 209 099.03	86.54%	90.04%
长期负债	9 019 150.28	9 313 956.70	13.46%	9.96%
负债合计	67 010 479.42	93 523 055.73	100.00%	100.00%

(二)负债来源方式结构分析评价

负债按其取得方式的不同一般可以分为金融企业借款、商业信用、应付债券、应付职工薪酬、应交税费、长期应付款、应付股利和其他负债等。企业的金融企业借款包括短期借款和长期借款，商业信用包括应付账款、应付票据、预收款项，企业的其他负债包括其他应付款、预计负债等。一般情况下企业的负债中金融企业借款和商业信用占的比重比较高，因为大部分企业没有资格发行债券，所以应付债券的余额一般为0，企业的应付股利一般是年度中间宣告、年度中间收回，所以期初期末一般也余额为0，企业的应付职工薪酬和应交税费一般情况下会实际发放和交纳，因此一般余额不大，其他负债是购进商品、接受劳务以外的其他应付款或者预计负债等，该部分负债正常情况下应该比重不大，如果余额较大，应进一步分析可能存在的涉税问题。

根据大昌公司的资产负债表，将负债按取得来源和方式汇总整理后，其结构分析如表3-31所示。

表3-31　　　　　　　　　　负债方式结构分析表

单位：元

项目	金额		结构百分比	
	年初	期末	年初	期末
金融企业借款	52 058 928.25	50 848 139.68	77.69%	54.73%
商业信用	5 819 490.75	2 806 672.00	8.68%	3.00%
应付债券	0.00	0.00	0.00%	0.00%
应付职工薪酬	1 845 174.62	1 351 798.26	2.75%	1.45%
应交税费	395 466.67	563 104.44	0.59%	0.60%
长期应付款	1 960 222.03	3 465 817.02	2.93%	3.71%
应付股利	0.00	0.00	0.00%	0.00%
其他负债	4 931 197.10	34 487 524.33	7.36%	36.88%
负债总计	67 010 479.42	93 523 055.73	100.00%	100.00%

从表3-31可以看出，期初金融企业借款和商业信用是该公司负债资金的主要来源，企业的商业信用一般来讲是无息的，与金融企业的借款与其他的融资方式相比，一般是资金成本率最低的，企业期末负债的资金来源中其他负债所占的比重大幅上升，特别是其他应付款的余额大幅增加，要注意进一步关注企业是否存在隐瞒收入的问题或者存在金融企业以外的借款方式。

三、股东权益结构分析

股东权益是指所有者在企业资产中享有的经济利益，其金额为资产减去负债后的余额。股东权益是有企业投资人投资和企业生产经营所得净收益的积累而形成的，主要包括四个部分：投资人直接投资所形成的投入资本、资本公积、从生产经营所得净收益中提取的盈余公积、保留的未分配利润的积累。股东权益结构是企业采用产权筹资方式形成的结果。

从表 3-32 中可以看出,投入资本是该公司股东权益的最主要来源,企业的盈余公积期初、期末都是 0,未分配利润为负,说明企业有未弥补完的亏损;从动态方面分析,投入资本没有发生变化,但因为期末企业亏损加大,期初负 1 500 多万元,期末负 1 600 多万元,企业当期继续新增亏损,期末的留存收益下降,使投入资本的比重下上升 4.51%,内部形成的留存收益资金比重相应下降了 4.51%,说明该公司股东权益结构这种变化主要是企业亏损的原因引起的。

表 3-32　　　　　　　　　　股东权益结构变动情况分析表　　　　　　　　　　单位:元

项目	金额		结构百分比	
	年初数	期末数	年初数	期末数
股本	40 000 000.00	40 000 000.00	148.62%	152.89%
资本公积	2 229 187.00	2 229 187.00	8.28%	8.52%
盈余公积	0.00	0.00	0.00%	0.00%
未分配利润	−15 314 285.38	−16 066 397.92	−56.90%	−61.41%
所有者权益合计	26 914 901.62	26 162 789.08	100%	100%

第三节　资产负债表财务比率分析

通过企业资产负债表财务比率分析,一方面可以了解企业的偿债能力和营运能力,另一方面可以结合国家税务总局《纳税评估管理办法(试行)》中的纳税评估指标,分析企业可能存在的涉税风险。为了便于说明,本节财务比率的计算将以红星白酒股份有限公司为例,该公司的资产负债表和利润表如表 3-33 和表 3-34 所示。

表 3-33　　　　　　　　　　资产负债表
编制单位:红星白酒股份有限公司　　　2017 年 12 月 31 日　　　　　　单位:元

资产	期末余额	年初余额	负债和所有者权益(或股东权益)	期末余额	年初余额
流动资产:			流动负债:		
货币资金	1 033 400 357.51	2 390 346 607.43	短期借款		
以公允价值计量且其变动计入当期损益的金融资产			以公允价值计量且其变动计入当期损益的金融负债		
衍生金融资产			衍生金融负债		
应收票据	168 526 336.65	139 414 615.95	应付票据	26 150 000.00	80 000 000.00
应收账款	1 296 956.53	1 293 202.89	应付账款	413 905 752.76	285 776 254.26
预付款项	2 225 794.44	3 879 545.74	预收款项	871 435 205.05	721 255 310.73

(续表)

资产	期末余额	年初余额	负债和所有者权益(或股东权益)	期末余额	年初余额
应收利息	4 669 943.55	6 129 902.78	应付职工薪酬	105 562 969.03	91 105 605.90
应收股利			应交税费	184 084 244.30	318 238 863.66
其他应收款	150 965 565.16	161 967 822.69	应付利息		
存货	1 042 769 681.16	748 777 364.57	应付股利		
划分为持有待售的资产			其他应付款	126 315 089.88	157 016 054.05
一年内到期的非流动资产			划分持有待售的负债		
其他流动资产	900 000 000.00		一年内到期的非流动负债	3 112 595.04	1 998 845.04
流动资产合计	3 303 854 635.00	3 451 809 062.05	其他流动负债		
非流动资产:			流动负债合计	1 730 565 856.06	1 655 390 933.64
可供出售金融资产	24 075 687.00	27 991 376.84	非流动负债:		
持有至到期投资			长期借款		
长期应收款	4 494 950.37	4 172 166.85	应付债券		
长期股权投资	320 271 356.05	270 271 356.05	其中:优先股		
投资性房地产	15 746 243.53	16 944 494.83	永续债		
固定资产	939 119 708.14	575 863 687.36	长期应付款		
在建工程	488 280 344.65	259 829 491.61	专项应付款		
工程物资			预计负债		
固定资产清理			递延收益		
生产性生物资产			递延所得税负债		697 845.96
油气资产			其他非流动负债	13 829 227.99	8 403 073.03
无形资产	171 943 423.39	2 00 084 457.08	非流动负债合计	13 829 227.99	9 100 918.99
开发支出			负债合计	1 744 395 084.05	1 664 491 852.63
商誉			所有者权益(或股东权益):		
长期待摊费用	59 482 540.30	27 338 996.93	实收资本(或股本)	503 600 000.00	503 600 000.00
递延所得税资产	20 243 152.25	19 962 075.75	其他权益工具		
其他非流动资产			其中:优先股		

(续表)

资产	期末余额	年初余额	负债和所有者权益(或股东权益)	期末余额	年初余额
非流动资产合计	2 043 657 405.68	1 402 458 103.30	永续债		
			资本公积	1 246 318 877.85	1 249 255 645.23
			减:库存股		
			其他综合收益		
			盈余公积	251 800 000.00	208 025 509.68
			未分配利润	1 601 398 078.78	1 228 894 157.81
			所有者权益(或股东)合计	3 603 116 956.63	3 189 775 312.72
资产总计	5 347 512 040.68	4 854 267 165.35	负债和所有者权益(或股东权益)总计	5 347 512 040.68	4 854 267 165.35

表 3-34　　　　　　　　　　　　利 润 表

编制单位:红星白酒股份有限公司　　　　　2017 年　　　　　　　　　　单位:元

项目	本期金额	上期金额
一、营业收入	2 515 124 775.58	2 552 866 519.70
减:营业成本	1 450 834 136.48	1 224 766 793.64
税金及附加	582 388 613.95	642 695 511.51
销售费用	124 707 887.53	307 189 848.31
管理费用	309 396 376.81	238 425 109.45
财务费用(收益以"－"号填列)	－48 995 911.89	－71 949 250.84
资产减值损失	8 047 232.79	1 000 635.85
加:公允价值变动收益(损失以"－"号填列)		
投资收益(损失以"－"号填列)	600 946 599.56	570 794 532.17
其中:对联营企业和合营企业的投资收益		
资产处置收益(损失以"－"号填列)		
其他收益		
二、营业利润(亏损以"－"号填列)	689 693 039.47	781 532 403.95
加:营业外收入	16 000 980.87	15 984 988.19
减:营业外支出	3 242 473.29	1 377 221.18
三、利润总额(亏损以"－"号填列)	702 451 547.05	796 140 170.96
减:所得税费用	34 373 135.76	71 501 371.46

(续表)

项目	本期金额	上期金额
四、净利润（净亏损以"-"号填列）	668 078 411.29	724 638 799.50
（一）持续经营净利润（净亏损以"-"号填列）	668 078 411.29	724 638 799.50
（二）终止经营净利润（净亏损以"-"号填列）		
五、其他综合收益：		
（一）以后会计期间不能重分类进损益的其他综合收益		
1. 括重新计量设定受益计划净负债或净资产导致的变动的税后净额		
2. 按照权益法核算的在被投资单位以后会计期间不能重分类进损益的其他综合收益中所享有的份额的税后净额		
……		
（二）以后会计期间在满足规定条件时将重分类进损益的其他综合收益		
1. 按照权益法核算的在被投资单位以后会计期间在满足规定条件时将重分类进损益的其他综合收益中所享有的份额的税后净额		
2. 可供出售金融资产公允价值变动形成的利得或损失的税后净额		
3. 持有至到期投资重分类为可供出售金融资产形成的利得或损失的税后净额		
4. 现金流量套期工具产生的利得或损失中属于有效套期的部分的税后净额		
5. 外币财务报表折算差额的税后净额		
……		
其他综合收益税后净额		
六、综合收益总额		
七、每股收益		
（一）基本每股收益	1.33	1.44
（二）稀释每股收益		

一、反映企业偿债能力的比率

（一）短期偿债能力

短期偿债能力是针对流动负债的偿还，包括流动比率、速动比率、现金比率。

1. 流动比率

$$流动比率＝流动资产÷流动负债$$

该公司年初、年末流动比率可计算如下：

年初流动比率＝3 451 809 062.05÷1 655 390 933.64＝2.08

年末流动比率＝3 303 854 635.00÷1 730 565 856.06＝1.91

一般来说，流动比率越高，说明企业的流动性越强，短期偿债能力越强；流动比率越低，说明企业的流动性越差，短期偿债能力越弱。西方会计界过去认为比率为2比较合理，但是我国经常存在着固定资产投资规模增长过快，流动资金不足问题，因此很多制造业流动比率是低于1的。比如，一些能源电力行业由于固定资产规模很大，流动资产不足，造成流动比率比较低。例如，深圳能源2017年第一季度流动比率为0.37，中国核电2017年第一季度流动比率为0.78。所以，在进行流动比率分析时，与行业平均水平比较是十分必要的。另外，企业的经营和财务管理方式也影响流动比率。比如，采用宽松信用政策，以赊销为主的企业，应收账款就会较多，因此流动比率高于现销方式为主的企业。企业的短期偿债能力可能会受到影响。但是流动比率并不是越高越好，流动比率作为衡量短期偿债能力的指标还存在一些不足，过高的流动比率，也许是存货超储积压、存在大量应收账款的结果，或者较高的流动比率可能反映企业拥有过分充裕的现金，如果现金没有充分使用，有可能降低企业的获利能力。该企业期初、期末的流动比率为2左右，资产的流动性比较强。

2．速动比率

速动比率＝速动资产÷流动负债

该公司年初、年末速动比率可计算如下：

年初速动比率＝（3 451 809 062.05－748 777 364.57）÷1 655 390 933.64＝1.54

年末速动比率＝（3 303 854 635.00－1 042 769 681.16－900 000 000.00）÷1 730 565 856.06＝0.79

速动比率又称"酸性测验比率"（Acid-test Ratio），是指速动资产对流动负债的比率。它是衡量企业流动资产中可以立即变现用于偿还流动负债的能力。企业在短期内可变现的资产，等于流动资产减去存货、一年内到期的非流动资产及其他流动资产后的余额，包括货币资金、交易性金融资产和各种应收款项等。速动比率的高低能直接反映企业的短期偿债能力强弱，它是对流动比率的补充，并且比流动比率反映得更加直观可信。如果流动比率较高，但流动资产的流动性却很低，则企业的短期偿债能力仍然不高。在流动资产中有价证券一般可以立刻在证券市场上出售，转化为现金、应收账款、应收票据、预付账款等项目，可以在短时期内变现，而存货、其他流动资产等项目变现时间较长，特别是存货很可能发生积压、滞销、残次、冷背等情况，其流动性较差，因此流动比率较高的企业，并不一定偿还短期债务的能力很强，而速动比率就避免了这种情况的发生。西方会计界过去认为速动比率结果为1比较合适，比率多高合适，应视不同行业具体情况而定。速动比率的局限是未考虑应收账款的可回收性和期限，易于被操纵。红星白酒股份有限公司年末速动比率大幅下降，低于标准值，要注意企业的短期偿债能力是否存在问题。

3．现金比率

现金比率＝（货币资金＋有价证券）÷流动负债

年初现金比率＝2 390 346 607.43÷1 655 390 933.64＝1.44

年末现金比率＝1 033 400 357.5÷1 655 390 933.64＝0.62

如果企业的存货严重积压、应收账款余额巨大且可能无法收回，流动比率和速动比率再高，也不能保证企业的短期偿债能力，税务人员想要了解企业的付税能力，最有效的就是看企业的现金比率。现金比率是现金资产（货币资金＋交易性金融资产）作为偿付流动负债的基础，但现金持有量过大会对企业资产利用效果产生负作用，这种指标仅在企业面临财务危机时使用，相对于流动比率和速动比率来说，其作用力度较小。现金比率一般认为20%以上为好。但这一比率过高，就意味着企业流动负债未能得到合理运用，而现金类资产获利能力低，这类资产金额太高会导致企业机会成本增加。

红星白酒股份年初现金比率非常高，货币资金高达23亿多元，年末的现金比率也比较高，该企业需要寻找投资机会，降低现金比率。

（二）长期偿债能力

长期偿债能力是针对全部负债的偿还而言的，最主要的财务指标有资产负债率和已获利息倍数。

1. 资产负债率

资产负债率＝负债总额÷资产总额

年初资产负债率＝1 664 491 852.63÷4 854 267 165.35＝34.29%

年末资产负债率＝1 744 395 084.05÷5 347 512 040.68＝32.62%

资产负债率是衡量企业负债水平及风险程度的重要标志。资产负债率越低，说明以负债取得的资产越少，企业运用外部资金的能力较差；资产负债越高，说明企业通过借债筹资的资产越多，风险越大。因此，资产负债率应保持在一定的水平上为佳。一般来说，适宜水平在40%～60%。但处于不同行业、地区的企业对债务的态度是有差别的。经营风险比较高的企业，为减少财务风险通常选择比较低的资产负债率，如许多高科技的企业负债率都比较低；经营风险低的企业，为增加股东收益通常选择比较高的资产负债率，如供水、供电企业的资产负债率都比较高。我国交通、运输、电力等基础行业对债务的态度除了行业差别之外，不同国家或地区也有差别。英国和美国公司的资产负债率很少超过50%，而亚洲和欧盟公司的资产负债率要明显高于50%，有的成功企业甚至达到70%。但是对资产负债率过高的企业，税务人员除了关注企业的财务风险，还要注意企业是否存在与金融企业以外的融资方式。红星白酒股份有限公司2015年年初、年末的资产负债率都在30%左右，财务状况良好。

2. 已获利息倍数

已获利息倍数计算公式如下：

已获利息倍数＝息税前的利润÷利息费用

公式中的息税前利润总额为：

企业的净利润＋企业支付的利息费用＋企业支付的所得税

公式分子中的利息费用只包括财务费用中的利息支出，而分母中的利息费用包括财务费用中的利息支出和资本化利息。

一般情况下,已获利息倍数越高,企业长期偿债能力越强。从理论上讲该指标至少要大于1,企业才能偿付到期利息,才能借新债还旧债,才能继续持续经营。

由于红星白酒股份有限公司有巨额的货币资金,没有短期借款、长期借款,也没有发行债券,没有利息费用,而是存在着利息收入,计算该指标没有什么实际意义。

二、反映营运能力的比率

营运能力是指企业的经营运行能力,即企业运用各项资产以赚取利润的能力。企业营运能力的财务分析比率有:存货周转率、应收账款周转率、固定资产周转率和总资产周转率等。

(一) 存货周转率

存货周转率的计算公式如下:

存货周转率=营业成本÷[(期初存货成本+期末存货成本)÷2]×100%
2017年存货周转率=1 450 834 136.48÷[(748 777 364.57+1 042 769 681.16)÷2]×100%
=1 450 834 136.48÷895 773 522.865=1.62

《纳税评估管理办法(试行)》的通知中指出如果存货周转率加快,而应纳税额减少,可能存在隐瞒收入、虚增成本的问题。但是笔者建议大家可以进一步计算存货周转期(企业的存货周转期是指企业从投产、到完工、到销售所用的时间),如果企业的存货周转期都不符合行业特点,那么存在问题的可能性就会非常大,必须进一步深入检查。比如一个面包坊、蛋糕坊的存货周转期要30多天,要不就是企业卖的是过期的食品,要不企业的报表有问题,而对于房地产企业或大型机械设备企业来讲,存货周转期超过1年也是正常的。企业存货周转期的计算公式如下:

企业的存货周转期=360÷存货周转率
2017年存货周转期=360÷1.62=222.22(天)

应该说明的是,如果数据来源于半年度报表,公式中分子用180天;如果数据来源于季度报表,公式中分子用90天。

该企业的存货周转期为222.22天,对白酒生产企业来讲也是正常的,因为白酒加工完成后窖藏和封存的时间会比较长。比如,贵州茅台2016年存货周转率为0.18次,存货周转期为2 000天,对于以销售年份酒为主的白酒企业来讲存货周转期很长也是正常的。

【例3-77】 表3-35中是一些企业年度资产负债表和年度利润表中的数据。

表3-35　　　　　　　　　　报表数据　　　　　　　　　　单位:万元

企业名称	期初存货	期末存货	营业成本
×××面包坊	50	60	220
×××白酒生产企业	1 200	1 300	800
×××综合超市	500	600	5 500

要求:计算各企业的存货周转率和存货周转期,并分析指出各企业存货周转期是否正常。

1. 各企业存货周转率和存货周转期的计算

×××面包坊存货周转率＝220÷[(50＋60)÷2]＝4(次)
×××面包坊存货周转期＝360÷4＝90(天)
×××白酒生产企存货周转率＝800÷[(1 200＋1300)÷2]＝0.64(次)
×××白酒生产企存货周转期＝360÷0.64＝562.5(天)
×××连锁超市存货周转率＝5 500÷[(500＋600)÷2]＝10(次)
×××连锁超市存货周转期＝360÷10＝36(天)

2. 分析各企业存货周转期是否正常

面包坊可能存在问题,因为面包从投产到完工和销售很快,而且面包有保质期,应该时间很短,该企业不符合行业特点。

白酒企业正常,因为白酒有的窖藏时间很长。综合超市正常,因为生鲜食品卖的快,但家电和服装会比较慢,因此属于正常范围。

(二) 应收账款周转率

应收账款周转率的计算公式如下:

应收账款周转率＝营业收入÷[(期初应收账款＋期末应收账款)÷2]×100%
2017年应收账款周转率＝2 515 124 775.58÷[(1 293 202.89＋139 414 615.95
　　　　　　　　　＋1 296 956.53＋168 526 336.65)÷2]×100%
　　　　　　　　　＝2 515 124 775.58÷155 265 556.01＝16.20(次)
应收账款收账期＝360÷16.20＝22.22(天)

应收账款的收账期因销售方式不同而相差很远,现销方式为主的企业应收账款的收账期很短,例如步步高(商业连锁企业)2016年应收账款周转率为133.68次,应收账款的周转期为2.69天,而湘电(制造业)股份2016年应收账款周转率为1.63次,应收账款的周转期为220.86天。对收账期很长的企业或者收账期大幅上升的企业要注意坏账的风险,同时要注意企业也可能存在隐瞒收入的问题。

(三) 固定资产周转率

固定资产周转率的计算公式如下:

固定资产周转率＝营业收入÷[(期初固定资产＋期末固定资产)÷2]×100%
2017年固定资产周转率＝2 515 124 775.5÷[(575 863 687.36＋939 119 708.14)÷2]×100%
　　　　　　　　　＝2 515 124 775.58÷757 491 697.75＝3.32

因为企业利润表上的营业收入与固定资产规模密切相关,所以可以根据固定资产的周转率,推测企业的收入规模是否恰当,企业是否存在闲置未用的固定资产或者有隐瞒收入的问题。

【例3-78】 甲企业2016年度资产负债表上固定资产的期初余额为125 356 485.72元,期末余额为145 823 268.25元,利润表上的营业收入为321 528 625.83元,甲企业所处行业的固定资产平均周转率为 3.2 次,请分析该企业可能存在的涉税问题。

$$营业收入＝平均固定资产×固定资产周转率$$
$$＝[(125\ 356\ 485.72＋145\ 823\ 268.25)÷2]×3.2$$
$$＝135\ 589\ 876.985×3.2＝433\ 887\ 606.352$$

根据测算该企业的营业收入在 433 887 606.352 元,但是利润表上的营业收入只有 321 528 625.83 元,企业可能存在隐瞒收入或者有闲置未用的固定资产或者有非生产用的固定资产。

(四) 总资产周转率

总资产周转率的计算公式如下:

总资产周转率＝营业收入÷[(期初总资产＋期末总资产)÷2]×100%
2015 年总资产周转率＝2 515 124 775.58÷[(4 854 267 165.35＋5 347 512 040.68)÷2]×100%＝0.49

在总局评估文件中,总资产周转率的计算公式如下:

$$总资产周转率＝(利润总额＋利息支出)÷平均总资产×100\%$$

总局评估文件中指出,根据总资产周转情况可以推测企业的销售能力,如总资产周转率加快,而应纳税额减少,可能存在隐瞒收入、虚增成本的问题。

但是对总资产周转率大幅下降,或者明显偏低的企业也要特别注意,要关注资产周转率下降的原因是什么?如果企业的资产规模没什么变化,收入出现大幅下降,要关注企业是否可能存在隐瞒收入的问题,或者有闲置未用的固定资产,对隐瞒收入的问题需要进一步取证落实,对房屋建筑物以外的固定资产,要注意计提的折旧不能税前扣除,如果企业的收入没什么变化,而总资产规模大幅增加,要注意企业是否可能存在隐瞒产量、隐瞒收入或者增加的非生产用固定资产的问题。

三、其他涉税评估指标

(一) 应收(付)账款变动率

应收(付)账款变动率的计算公式如下:

应收(付)账款变动率＝(期末应收(付)账款－期初应收(付)账款)÷期初应收(付)账款×100%。

分析纳税人应收(付)账款增减变动情况,判断其销售实现和可能发生坏账情况。如应收(付)账款增长率增高,而销售收入减少,可能存在隐瞒收入、虚增成本的问题。

2017 年应收账款变动率＝(1 296 956.53－1 293 202.89)÷1 293 202.89＝0.29%
2017 年应付账款变动率＝(413 905 752.76－285 776 254.26)÷285 776 254.26＝44.84%
2017 年营业收入变动率＝(2 515 124 775.58－2 552 866 519.70)÷2 552 866 519.70＝－1.5%

该企业 2017 年应收账款增长幅度不大,应付账款大幅增加,而企业的收入有所下降,要注意企业是否存在隐瞒收入、虚增成本的问题。

(二) 固定资产综合折旧率

固定资产综合折旧率的计算公式如下:

固定资产综合折旧率＝基期固定资产折旧总额÷基期固定资产原值总额×100％。

固定资产综合折旧率高于与基期标准值,可能存在税前多列支固定资产折旧额问题。要求企业提供各类固定资产的折旧计算情况,分析固定资产综合折旧率变化的原因。

由于企业会计准则中固定资产项目是固定资产原值减累计折旧减减值准备后的净额填列,因此从报表中无法获取折旧的数据,需要从报表附注或者账户取数。

四、财务指标分析在运用中存在的问题

(一) 行业标准值难以确定

一般来说,在纳税评估指标分析中,只有将企业评估指标与行业平均数或预警值进行对比才能发现企业可能存在的涉税问题,而由于各地区实际情况不一样,企业规模大小不一样,企业产品类似程度不一样等因素都会对"行业峰值"产生较大影响,特别是计算"行业峰值"的样本中或多或少存在虚假的纳税申报资料,因此行业标准值难以科学合理的确定。

(二) 评估指标体系的局限性

现行的纳税评估主要是企业被测算的评估指标只要处于正常值的合理变动幅度范围内即被认为已真实申报,如果企业隐瞒部分销售收入,只要收入变动率在正常值范围内,通过评估指标就难以发现问题;或者企业隐瞒收入的同时,成本也不在企业列支,那么通过收入与成本的配比分析也难以发现问题;此外评估指标设计中只包含了"主营业务收入""主营业务成本"等报表重要项目,而没有考虑"其他应收款""其他应付款""预收账款""资本公积"等高风险项目;而且评估指标设计也没有利用现金流量表的资料,没有把企业的物流和资金流结合起来发现问题。

(三) 没有考虑会计与税法的差异

由于评估人员的财务会计知识相对缺乏,大部分评估人员对企业的纳税评估评估就仅限于总局评估文件中所列的评估指标,没有对财务报表项目进行深入的分析,而随着经济的发展,法制的完备,财务会计与税法的差异将会越来越大,有鉴于此,我们在进行纳税评估时,对取自纳税人的财务指标,必须按期进行全面分析,有些财务指标是不能直接用的。比如某企业本期利润表中主营业务收入与上期相比大幅下降,评估文件中只讲到企业可能存在隐瞒收入、多计成本费用的问题,而没有考虑企业的存货是否存在对外投资、抵债、捐赠等视同销售的问题,由于不是销售业务,会计上不一定确认换出资产的损益,利润表上收入没有上去也是正常的,但是按照税法规定都要视同销售,这时必须结合纳税申报表才能定论企业是否存在问题,而怎样发现企业是否存在视同销售的问题,则是通过对财务报表项目深入分析来解决的问题。

第四章 利润表分析

第一节 利润表主要项目涉税分析

一、营业收入

营业收入是指企业在从事销售商品,提供劳务和让渡资产使用权等日常经营业务过程中所形成的经济利益的总流入。营业收入是企业补偿生产经营耗费的资金来源,营业收入的实现关系到企业生产活动的正常进行。加强营业收入管理,可以使企业的各种耗费得到合理补偿,有利于再生产活动的顺利进行。对于营业收入的分析需要关注以下几个方面。

(一) 会计准则与企业所得税法收入确认的差异分析

财政部为了适应社会主义市场经济发展需要,规范收入的会计处理,提高会计信息质量,根据《企业会计准则——基本准则》对《企业会计准则第 14 号——收入》[以下简称"收入准则(2006)"]进行了修订,并于 2017 年 7 月 19 号印发颁布了关于修订印发《企业会计准则第 14 号——收入》[以下简称"新收入准则"或"收入准则(2017)"],新收入准则采用分步实施的方式,具体时间表如表 4-1 所示,对于条件具备、有意愿和有能力提前执行新收入准则的企业,允许其提前执行本准则。

表 4-1　　　　　　　　　　　新收入准则实施时间表

适用主体	新收入准则实施时间
在境内外同时上市的企业以及在境外上市并采用国际财务报告准则或企业会计准则编制财务报表的企业	自 2018 年 1 月 1 日起施行
其他境内上市企业	自 2020 年 1 月 1 日起施行
执行企业会计准则的非上市企业	自 2021 年 1 月 1 日起施行

执行本准则的企业,不再执行财政部于 2006 年 2 月 15 日印发的《财政部关于印发〈企业会计准则第 1 号——存货〉等 38 项具体准则的通知》(财会〔2006〕3 号)中的《企业

会计准则第 14 号——收入》和《企业会计准则第 15 号——建造合同》,以及财政部于 2006 年 10 月 30 日印发的《财政部关于印发〈企业会计准则——应用指南〉的通知》(财会〔2006〕18 号)中的《〈企业会计准则第 14 号——收入〉应用指南》。

由于新收入准则采取分步实施,所以在 2018—2020 年期间,存在收入准则(2006)和新收入准则(2017)并行的情况。

1. 会计准则收入确认条件与企业所得税法收入确认条件的差异

1) 收入准则(2006)收入确认条件

收入准则(2006)包含了商品销售收入、提供劳务收入和让渡资产使用权收入的确认条件。

第一,商品销售收入确认的条件:
(1) 企业已将商品所有权上的主要风险和报酬转移给购货方。
(2) 企业既没有保留通常与所有权相联系的继续管理权,也没有对已售出的商品实施有效控制。
(3) 收入的金额能够可靠地计量。
(4) 相关的经济利益很可能流入企业
(5) 相关的已发生或将发生的成本能够可靠地计量。

第二,劳务收入确认的条件。

企业在资产负债表日提供劳务交易的结果能够可靠估计的,应当采用完工百分比法确认提供劳务收入。完工百分比法是指按照提供劳务交易的完工进度确认收入与费用的方法。

提供劳务交易的结果能够可靠估计,是指同时满足下列条件:
(1) 收入的金额能够可靠地计量。
(2) 相关的经济利益很可能流入企业。
(3) 交易的完工进度能够可靠地确定。
(4) 交易中已发生和将发生的成本能够可靠地计量。

企业在资产负债表日提供劳务交易结果不能够可靠估计的,应当分别下列情况处理:
(1) 已经发生的劳务成本预计能够得到补偿的,按照已经发生的劳务成本金额确认提供劳务收入,并按相同金额结转劳务成本。
(2) 已经发生的劳务成本预计不能够得到补偿的,应当将已经发生的劳务成本计入当期损益,不确认提供劳务收入。

第三,让渡资产使用权收入确认的条件:
(1) 相关的经济利益很可能流入企业。
(2) 收入的金额能够可靠地计量。

2) 收入准则(2017)收入确认条件

收入准则(2017)统一规定,在取得商品控制权时确认收入,这里的商品是广义的"商品","品"是广义的商品,包含商品或劳务等。

取得相关商品控制权是指能够主导该商品的使用并从中获得几乎全部的经济利益。

当企业与客户之间的合同同时满足下列条件时,企业应当在客户取得相关商品控制权时确认收入:

(1) 合同各方已批准该合同并承诺将履行各自义务。

(2) 该合同明确了合同各方与所转让商品或提供劳务(以下简称"转让商品")相关的权利和义务。

(3) 该合同有明确的与所转让商品相关的支付条款。

(4) 该合同具有商业实质,即履行该合同将改变企业未来现金流量的风险、时间分布或金额。

(5) 企业因向客户转让商品而有权取得的对价很可能收回。

在合同开始日不符合第(5)条规定的合同,企业应当对其进行持续评估,并在其满足第(5)条规定时按照该条的规定进行会计处理。

对于不符合第(5)条规定的合同,企业只有在不再负有向客户转让商品的剩余义务,且已向客户收取的对价无须退回时,才能将已收取的对价确认为收入;否则,应当将已收取的对价作为负债进行会计处理。没有商业实质的非货币性资产交换,不确认收入。

3) 企业所得税法收入确认条件

《国家税务总局关于确认企业所得税收入若干问题的通知》(国税函〔2008〕875)号规定:

第一,商品销售收入确认条件:

(1) 商品销售合同已经签订,企业已将商品所有权相关的主要风险和报酬转移给购货方。

(2) 企业对已售出的商品既没有保留通常与所有权相联系的继续管理权,也没有实施有效控制。

(3) 收入的金额能够可靠地计量。

(4) 已发生或将发生的销售方的成本能够可靠地核算。

第二,劳务收入确认条件。

企业在各个纳税期末,提供劳务交易的结果能够可靠估计的,应采用完工进度(完工百分比)法确认提供劳务收入。提供劳务交易的结果能够可靠估计,是指同时满足下列条件:

(1) 收入的金额能够可靠地计量。

(2) 交易的完工进度能够可靠地确定。

(3) 交易中已发生和将发生的成本能够可靠地核算。

通过《企业会计准则》和企业所得税收入确认条件的比较,可以看出会计上销售商品和提供劳务收入确认都强调"相关的经济利益很可能流入企业"或"企业因向客户转让商品而有权取得的对价很可能收回",而税法上不考虑企业的经营风险,如果符合《企业所得税法》规定的其他条件,按《企业所得税法》规定要确认收入,当期要进行纳税调增,将来实际发生坏账时,企业申报坏账损失税前扣除。税务人员在税收检查过程中应重点检查"发出商品"科目,因为该账户反映货物已经发出,但是由于不符合会计上收入确认条件,而未作销售收入的业务。

【例 4-1】 甲公司 2017 年 12 月企业销售商品一批,产品的价款 100 万,成本 80 万,增值税 17 万元,货物发出,发票开具,已在银行办妥托收手续,但根据可靠证据证明购买方发生重大财务困难,无力付款,甲公司的会计处理如下:

借:发出商品	800 000
贷:库存商品	800 000
借:应收账款	170 000
贷:应交税费——应交增值税(销项税额)	170 000

该笔业务 2017 年会计上未确认收入,但是企业所得税要确认收入,要注意 2017 年调增企业的销售所得 20 万元。如果企业在 2018 年或以后年度销货款确实无法收回,再作坏账损失税前扣除。

【例 4-2】 A 企业于 2016 年 11 月受托为 B 企业培训一批学员,培训期为 6 个月,11 月 1 日开学。双方签订的协议注明,B 企业应支付培训费总额为 60 000 元,分 3 次支付,第一次在开学时预付,第二次在培训期中间,即 2017 年 2 月 1 日支付,第三次在培训结束时支付。每期支付 20 000 元。预计培训总成本为 50 000 元,到 12 月 31 日已实际发生培训成本 30 000 元,B 企业已在 11 月 1 日预付第一期款项。2016 年 12 月 31 日,A 企业得知 B 企业当年效益不好,经营发生困难,后两次的培训费是否能收回,没有把握。因此 A 企业只将已经发生的培训成本 30 000 元中能够得到补偿的部分(即 20 000 元)确认为收入,并将发生的 30 000 元成本全部确认为当年费用。A 企业应作如下会计分录:

(1) 2016 年 11 月 1 日,收到 B 企业预付的培训费时:

借:银行存款	20 000
贷:预收账款	20 000

(2) A 企业发生成本时:

借:劳务成本	30 000
贷:银行存款(等)	30 000

(3) 2016 年 12 月 31 日,确认收入时:

借:预收账款	20 000
贷:主营业务收入	20 000
借:主营业务成本	30 000
贷:劳务成本	30 000

会计上由于预期经济利益不一定能流入企业,因此会计上属于交易结果不能可靠估计,会计上按能得到补偿的金额确认收入 20 000 元,按已发生的劳务成本确认当期费用 30 000 元,会计上有损失 10 000 元,而税法上属于交易结果能够可靠地估计,按完工程度确认收入 $60\ 000 \times (30\ 000 \div 50\ 000) = 36\ 000$(元),成本 30 000 元,有所得 6 000 元,企业当期要调整所得 16 000 元。

2.《企业会计准则》收入确认时点、金额与企业所得税法的差异

1) 收入准则(2006)收入确认的时点和金额

根据《企业会计准则》规定,通常按下列规定的时点确认为收入:

(1) 销售商品采用托收承付方式的,在办妥托收手续时确认收入。

(2) 销售商品采用预收款方式的,在发出商品时确认收入,预收的货款应确认为负债。

(3) 销售商品需要安装和检验的,在购买方接受商品以及安装和检验完毕前,不确认收入,待安装和检验完毕时确认收入。如果安装程序比较简单,可在发出商品时确认收入。

(4) 销售商品采用支付手续费方式委托代销的,在收到代销清单时确认收入。

根据《企业会计准则》规定,企业应当按照从购货方已收或应收的合同或协议价款确定销售商品收入金额,但已收或应收的合同或协议价款不公允的除外。合同或协议价款的收取采用递延方式,实质上具有融资性质的,应当按照应收的合同或协议价款的公允价值确定销售商品收入金额。应收的合同或协议价款与其公允价值之间的差额,应当在合同或协议期间内采用实际利率法进行摊销,计入当期损益。

2) 收入准则(2017)收入确认的时间和金额

企业应当在履行了合同中的履约义务,即在客户取得相关商品控制权时确认收入。

对于在某一时段内履行的履约义务,企业应当在该段时间内按照履约进度确认收入,但是,履约进度不能合理确定的除外。企业应当考虑商品的性质,采用产出法或投入法确定恰当的履约进度。其中,产出法是根据已转移给客户的商品对于客户的价值确定履约进度;投入法是根据企业为履行履约义务的投入确定履约进度。对于类似情况下的类似履约义务,企业应当采用相同的方法确定履约进度。当履约进度不能合理确定时,企业已经发生的成本预计能够得到补偿的,应当按照已经发生的成本金额确认收入,直到履约进度能够合理确定为止。

对于在某一时点履行的履约义务,企业应当在客户取得相关商品控制权时点确认收入。在判断客户是否已取得商品控制权时,企业应当考虑下列迹象:

(1) 企业就该商品享有现时收款权利,即客户就该商品负有现时付款义务。

(2) 企业已将该商品的法定所有权转移给客户,即客户已拥有该商品的法定所有权。

(3) 企业已将该商品实物转移给客户,即客户已实物占有该商品。

(4) 企业已将该商品所有权上的主要风险和报酬转移给客户,即客户已取得该商品所有权上的主要风险和报酬。

(5) 客户已接受该商品。

(6) 其他表明客户已取得商品控制权的迹象。

企业应当按照分摊至各单项履约义务的交易价格计量收入。企业应当根据合同条款,并结合其以往的习惯做法确定交易价格。在确定交易价格时,企业应当考虑可变对价、合同中存在的重大融资成分、非现金对价、应付客户对价等因素的影响。

合同中存在可变对价的,企业应当按照期望值或最可能发生金额确定可变对价的最

佳估计数,但包含可变对价的交易价格,应当不超过在相关不确定性消除时累计已确认收入极可能不会发生重大转回的金额。企业在评估累计已确认收入是否极可能不会发生重大转回时,应当同时考虑收入转回的可能性及其比重。

合同中存在重大融资成分的,企业应当按照假定客户在取得商品控制权时即以现金支付的应付金额确定交易价格。该交易价格与合同对价之间的差额,应当在合同期间内采用实际利率法摊销。

3) 企业所得税法收入确认的时点和金额

根据《国家税务总局关于确认企业所得税收入若干问题的通知》(国税函〔2008〕875号)文件规定,销售商品和提供劳务按以下时点确认收入:

(1) 销售商品采用托收承付方式的,在办妥托收手续时确认收入。

(2) 销售商品采取预收款方式的,在发出商品时确认收入。

(3) 销售商品需要安装和检验的,在购买方接受商品以及安装和检验完毕时确认收入。如果安装程序比较简单,可在发出商品时确认收入。

(4) 销售商品采用支付手续费方式委托代销的,在收到代销清单时确认收入。

(5) 安装费,应根据安装完工进度确认收入。安装工作是商品销售附带条件的,安装费在确认商品销售实现时确认收入。

(6) 宣传媒介的收费,应在相关的广告或商业行为出现于公众面前时确认收入。广告的制作费,应根据制作广告的完工进度确认收入。

(7) 软件费。为特定客户开发软件的收费,应根据开发的完工进度确认收入。

(8) 服务费。包含在商品售价内可区分的服务费,在提供服务的期间分期确认收入。

(9) 艺术表演、招待宴会和其他特殊活动的收费,在相关活动发生时确认收入。收费涉及几项活动的,预收的款项应合理分配给每项活动,分别确认收入。

(10) 会员费。申请入会或加入会员,只允许取得会籍,所有其他服务或商品都要另行收费的,在取得该会员费时确认收入。申请入会或加入会员后,会员在会员期内不再付费就可得到各种服务或商品,或者以低于非会员的价格销售商品或提供服务的,该会员费应在整个受益期内分期确认收入。

(11) 特许权费。属于提供设备和其他有形资产的特许权费,在交付资产或转移资产所有权时确认收入;属于提供初始及后续服务的特许权费,在提供服务时确认收入。

(12) 劳务费。长期为客户提供重复的劳务收取的劳务费,在相关劳务活动发生时确认收入。

收入准则(2006)和《企业所得税法》对销售货物和提供劳务收入确认的时点基本相同,新、旧收入准则对于租金收入和具有融资性质的延期收款销货收入确认的时点和金额与企业所得税法方面都可能会产生差异。

《企业会计准则》对收入确认采用完全的权责发生制基础。例如,对租金收入的确认,不论租金如何支付均按照租赁期间均匀确认收入,《企业所得税法实施条例》规定"租金收入"按照合同约定的承租人应付租金的日期确认收入的实现,国税函〔2010〕79号规定:企业提供固定资产、包装物或者其他有形资产的使用权取得的租金收入,在一般情况下应按交易合同或协议规定的承租人应付租金的日期确认收入的实现,但如果交易合同或协议中规定租赁期限跨年度,且租金提前一次性支付的,出租人可在租赁期内,分期均匀计入相关年度收入。出租方如为在我国境内设有机构场所且采取据实申报交纳企业所得税的非居民企业,也按本条规定执行。

【例4-3】 甲公司与乙公司签订房屋租赁合同。根据合同约定,甲公司于2016年11月1日起,将房屋出租给B公司,租赁期限为2年,租赁费共计120万元(每月5万元),并于租赁开始日一次性全部支付(假定不考虑所得税以外的相关税费)。

(1)甲公司的会计处理如下:

2016年11月1日预收款时:

借:银行存款　　　　　　　　　　　　　　　　　　　　　　　1 200 000
　　贷:预收账款　　　　　　　　　　　　　　　　　　　　　　　　　1 200 000

2016年确认租赁收入时:

借:预收账款　　　　　　　　　　　　　　　　　　　　　　　　100 000
　　贷:其他业务收入　　　　　　　　　　　　　　　　　　　　　　　100 000

2017年确认租赁收入时(每月确认5万元,年度60万元):

借:预收账款　　　　　　　　　　　　　　　　　　　　　　　　600 000
　　贷:其他业务收入　　　　　　　　　　　　　　　　　　　　　　　600 000

2018年确认租赁收入时:

借:预收账款　　　　　　　　　　　　　　　　　　　　　　　　500 000
　　贷:其他业务收入　　　　　　　　　　　　　　　　　　　　　　　500 000

(2)甲公司的税务处理如下:根据国税函〔2010〕79号规定,如果企业选择分期均匀计入相关年度收入,税法和会计确认的收入一致,不需要调整,如果税法上选择2016年一次申报120万元,则2016年纳税调增110万元,2017年纳税调减60万元,2018年纳税调减50万元。

【例4-4】 A公司与B公司签订房屋租赁合同。根据合同约定,A公司于2016年10月1日起,将房屋出租给B公司,租赁期限为2年。租赁费共计48万元(每月2万元),并于租赁到期日支付48万元(假定不考虑所得税以外的相关税费)。

(1)A公司的会计处理如下:

2016年确认收入时:

借:其他应收款　　　　　　　　　　　　　　　　　　　　　　　60 000
　　贷:其他业务收入　　　　　　　　　　　　　　　　　　　　　　　60 000

2017年确认收入时:

借:其他应收款　　　　　　　　　　　　　　　　　　　　　　　240 000
　　贷:其他业务收入　　　　　　　　　　　　　　　　　　　　　　　240 000

2018 年确认收入时：

借：银行存款　　　　　　　　　　　　　　　　　　　　　　　　480 000
　　贷：其他业务收入　　　　　　　　　　　　　　　　　　　　　180 000
　　　　其他应收款　　　　　　　　　　　　　　　　　　　　　　300 000

(2) 税务处理：2016 年，会计确认收入 6 万元，税法不确认收入，纳税调减 6 万元；2017 年，会计确认收入 24 万元，税法不确认收入，纳税调减 24 万元；2018 年，会计确认收入 18 万元，税法确认收入 48 万元，纳税调增 30 万元。

新、旧收入准则对具有融资性质的延期收款销货，要考虑资金的时间价值，在满足收入确认条件时，按合同金额的现值一次性确认收入，合同金额与确认收入的差额在合同期间内采用实际利率法摊销，计入当期损益。而根据《企业所得税法实施条例》规定，企业以分期收款方式销售货物的，按照合同约定的收款日期和合同的金额确认收入的实现，具体举例可参照第三章"长期应收款"项目涉税分析。

同时，由于新收入准则引入了更多的估计和判断，在收入确认的时点和金额方面可能产生新的税会差异，因此税务人员要注意随着新收入准则的实施，带来的税收风险。

(二) 营业收入的构成分析

企业经营的产品或服务的品种是否适合市场的需要，这对企业今后的生存和发展至关重要，企业的营业收入变动趋势是否符合市场环境变化，需要知道企业具体的经营范围和具体的收入构成，这需要结合财务报表附注中披露的经营范围和对"营业收入"的项目注释。

【例 4-5】 雅戈尔股份公司 2016 年度在企业财务报表的附注中披露的经营范围、营业收入和营业成本相关资料（见表 4-2）如下：

公司经营范围为：服装制造、技术咨询、房地产开发、项目投资、仓储运输、针纺织品、进出口业务、电力电量及热量的销售。

公司主要产品为"雅戈尔"系列衬衫、西服以及其他服饰；太阳城、香湖丹堤、长岛花园、御西湖(隐寓)、长风 8 号(雅仕名邸)、宁波紫玉花园(紫玉台花苑)、东海府(东海景花苑)、苏州紫玉花园、御玺园、明洲水乡邻里、都市南山、新东城(香湖湾二期)等房地产项目。

表 4-2　　　　　　　　　　营业收入与成本相关资料

单位：元

项目	本期发生额		上期发生额	
	收入	成本	收入	成本
主营业务	14 743 674 044.17	8 566 739 822.10	14 436 688 839.20	8 979 546 837.42
其他业务	151 325 348.30	112 767 343.89	90 703 796.10	49 331 326.09
合计	14 894 999 392.47	8 679 507 165.99	14 527 392 635.30	9 028 878 163.51

主营业务分行业、分产品、分地区情况如表 4-3 所示。

表 4-3 主营业务分行业、分产品、分地区情况

单位:万元

主营业务分行业情况						
分行业	营业收入	营业成本	毛利率	营业收入比上年增减	营业成本比上年增减	毛利率比上年增减
品牌服装	427 436.62	154 152.01	63.94%	0.97%	3.68%	减少 0.94 个百分点
地产开发	988 196.19	658 217.48	33.39%	4.21%	−3.06%	增加 5.00 个百分点
主营业务分产品情况						
分产品	营业收入	营业成本	毛利率	营业收入比上年增减	营业成本比上年增减	毛利率比上年增减
品牌衬衫	140 935.06	44 092.66	68.71%	1.18%	4.14%	减少 0.89 个百分点
品牌西服	86 033.35	34 910.45	59.42%	−0.87%	−5.16%	增加 1.83 个百分点
品牌裤子	62 766.88	21 126.90	66.34%	4.05%	8.40%	减少 1.35 个百分点
品牌上衣	129 146.26	50 536.04	60.87%	1.49%	10.05%	减少 3.04 个百分点
品牌其他	8 555.07	3 485.96	59.25%	−11.42%	−15.40%	增加 1.92 个百分点
主营业务分地区情况						
分地区	营业收入	营业成本	毛利率	营业收入比上年增减	营业成本比上年增减	毛利率比上年增减
品牌服装华东	222 303.95	78 661.43	64.62%	1.33%	3.86%	减少 2.62 个百分点
品牌服装华南	25 634.45	8 950.85	65.08%	1.06%	2.03%	减少 1.50 个百分点
品牌服装华北	45 464.84	19 442.52	57.24%	1.36%	6.67%	减少 6.24 个百分点
品牌服装华中	43 922.68	14 496.88	66.99%	−0.81%	3.94%	减少 1.91 个百分点
品牌服装东北	23 774.94	9 383.28	60.53%	−1.42%	−5.59%	减少 2.92 个百分点
品牌服装西北	20 507.91	7 501.71	63.42%	3.50%	7.54%	减少 4.13 个百分点
品牌服装西南	45 827.85	15 715.34	65.71%	0.76%	4.20%	减少 3.45 个百分点
地产开发宁波	642 307.18	497 004.81	22.62%	105.39%	108.89%	减少 1.30 个百分点
地产开发苏州	291 807.07	121 974.50	58.20%	48.84%	40.59%	增加 2.45 个百分点
地产开发上海	53 566.36	39 090.87	27.02%	−87.09%	−88.55%	增加 9.32 个百分点
地产开发杭州	515.58	147.30	71.43%	−97.91%	−98.86%	增加 24.03 个百分点

报告期内地产开发业务宁波区域、苏州区域营业收入较上年同期分别增长105.39%、48.84%的主要原因为:宁波区域都市南山、新东城、明洲一期集中交付,苏州区域太阳城四期、南超高层集中交付。

通过雅戈尔附注中披露的营业收入,可以看到雅戈尔的营业收入主要有服装的生产销售和房地产开发经营,企业的收入变动趋势应符合服装和房地产业的发展趋势,在服装和房地产行业景气度高的情况下,企业的营业收入一般也应该稳步增长,在服装和房地产

行业市场不景气的情况下,企业的收入出现下降也是正常的。

如果有的企业未提供报表附注,也应该通过企业的税务登记证了解企业的经营范围,了解企业会产生哪些方面的收入,企业是否按照收入的品种设置了收入核算明细账,企业对适用不同税率的收入是否分开核算,有没有把适用高税率的产品作为低税率的产品进行核算。

(三) 营业收入变动趋势分析

营业收入的变动趋势结合资产负债表中固定资产规模、应收应付账款的增减变动、现金流量表中"销售商品提供劳务收到的现金"分析。

总局的评估文件中讲到企业利润表中的营业收入是否真实,应结合资产负债表中应收、应付账款的增减变动,固定资产规模的增减变动以及现金流量表中"销售商品提供劳务收到的现金"作进一步分析。

如果企业资产负债表中应收应付账款大幅增加,而利润表中营业收入增长幅度很小或者是下降的,则企业可能存在隐瞒收入或多计成本费用的问题,应检查应收、应付账款明细账,关注它们的对应科目,并通过函证来落实企业真实的债权债务关系。

如果企业资产负债表中固定资产规模大幅增加,而利润表中营业收入增长幅度很小或者是下降的,则需要进一步了解增加的是什么样的固定资产,如果增加的是非生产用的固定资产,或者固定资产增加是评估增值引起的,由于它们对产能和销售没有影响,因此利润表中的收入没有大幅增加可能是正常的;如果增加的是生产用的固定资产,一定要看什么时候投入使用的,估算新增多少产能,并结合存货期末期初库存变动,推测利润表中的收入规模,如果企业存货期末与期初相比大幅增加,与新增产能相差不远,说明企业虽然产量上去了,但销售没有上去,利润表中收入没有大幅增加是正常的,如果存货期末与期初相比余额变化不大,或者还有所减少,说明企业新增产品应该是实现了销售或者有销售以外的其他用途,而企业利润表中的营业收入却没有上去,则需要进一步落实新增存货的去向,关注企业是否可能存在隐瞒收入的问题或存货有销售以外的其他用途。

现金流量表是连接资产负债表和利润表的一个桥梁,现金流量表的编表基础是收付实现制,我们可以以利润表中的"营业收入"为出发点,把权责发生制下的收入调整成现金流量表中的现金流入,并与现金流量表中"销售商品提供劳务收到的现金"比对,如果不等则注意可能存在的涉税问题。

(四) 企业营业收入的区域构成和营业收入中关联交易比重的分析

对收入区域构成的分析,有助于预计企业未来期间的收入状况,分析企业营业收入的区域构成主要包括:观察企业的营业收入主要是来源于国内还是国外;国内销售的部分主要集中在哪个部分;对企业尚未占领的领域是否有新的推进计划;企业产品的配置是否适应了消费者的偏好差异。如果企业申报的收入与预计的收入相差很远,要注意企业可能存在的涉税问题。

一些企业的营业收入主要来自与关联方的交易,对于这种收入应当慎重考虑,关联交易的价格可能是非公允的,是为了实现所在集团的整体利益,因此这种收入并不一定真实,税务人员应特别关注交易双方的实际税负是否相同,企业是否通过关联交易来转移利润,造成国家税款的减少。

二、营业成本

营业成本是指企业所销售商品或者所提供劳务的成本。营业成本分为主营业务成本和其他业务成本。

(一) 营业成本与营业收入的配比分析

检查营业收入与营业成本的匹配关系,关注企业是否存在操纵营业成本的问题。

营业收入与营业成本一般应该是同趋势变动,如果企业营业收入下降而营业成本上升,或者营业收入的下降幅度远远大于营业成本的下降幅度。要注意企业很可能存在少计收入多转成本的问题。税务检查人员应审核明细账与总账、报表是否相符;审核主营业务收入与主营业务成本等科目及其有关原始凭证,确认企业的经营收入与经营成本口径是否一致;税务人员还应关注企业发出存货的计价方法是否前后期一致,有无为了减少税收而随意改变计价方法。比如在物价持续上涨的情况下,在税收优惠期发出存货的计价方法采用先进先出法,在税收优惠期结束时改为加权平均法。同时,最好选择某种产品进行实际测试其成本计价方法的正确性,防止企业人为的、随意的根据需要结转成本并找出具体是哪些产品可能存在问题,对产品的成本项目作进一步分析。

(二) 产品成本项目构成分析

产品的成本项目一般主要包括直接材料、直接人工、制造费用三个项目。税务人员可以先关注各成本项目占总成本的比重是否合理。一般情况下,各成本项目的比重应该是相对稳定的。如果出现异动,或者构成不符合行业特点,应进一步落实可能存在的问题。

【例 4-6】 雅戈尔股份公司在企业财务报表的附注中披露的主要产品的构成项目如表 4-4 所示。

表 4-4　　　　　　　　　　成本构成信息

单位:元

分行业	成本构成项目	本期金额	本期占总成本比例	上年同期金额	上年同期占总成本比例	本期金额较上年同期变动比例
品牌服装	直接材料	100 815.65	65.40%	84 016.64	56.50%	19.99%
品牌服装	直接人工	43 314.00	28.10%	9 057.81	33.00%	−11.71%
品牌服装	费用	10 022.37	6.50%	15 606.97	10.50%	−35.78%
地产开发	土地费用	340 603.53	51.74%	338 214.31	49.81%	0.71%
地产开发	建安工程费	213 495.76	32.43%	226 355.91	33.34%	−5.68%
地产开发	基础设施费	44 434.80	6.75%	45 846.31	6.75%	−3.08%
地产开发	其他费用	59 736.32	9.07%	68 605.92	10.10%	−12.93%

从表 4-4 中可以看出报告期内品牌服装材料成本的增加高于人工费用的节流,直接材料费本期与上期相比,在成本中的比重上升 20% 左右,应关注其材料成本是否存在问题,而地产开发成本项目基本上变动很小。

税务检查人员还应分析比较近期各月主要产品生产成本的变动情况，对单位产品大幅上升或明显高于同业的产品，可以获取每个月的成本计算单，将各项主要费用及各产品的单位成本，采用分析性复核将其与预算数、上期数或上年同期数、同行业平均数比较，分析增减变动情况，对有异常变动的情形，查明原因，作出正确处理。一般来讲，在产品的原材料价格稳定、工艺流程没有改变、产品的重量、体积等方面都没有改变的情况下，企业单位产品的原材料费用应该是相对稳定的，如果企业某个月单位产品的原材料费用大幅上升，则企业这个月可能存在隐瞒产量的问题。例如，某个月某企业实际生产1 000件，但是在账上只入库500件，如果产品的原材料费用都在企业列支，则单位产品的原材料费用会是原来的2倍。对于直接人工，要看企业采用的是计时工资还是计件工资，如果是计件工资，要看成本计算单上的单位产品计件工资标准是否与前期一致或者变动不大；否则，企业可能存在多计人工成本的问题。对于计时工资，要注意与劳资部门、社保部门等相关部门核实生产工人的人数是否真实？工时标准是否合理和实际发放？对于制造费用，主要包括车间设备的折旧费、办公费、车间管理人员的工资和福利费等，它一般属于固定费用，与企业的产量关系不大，因此如果企业的产量变动不大的情况下，制造费用大幅上升，应具体检查制造费用明细账进一步落实。对于成本项目构成也可以结合企业的财务报表附注进行分析。

【例4-7】 某税务机关检查人员在税收检查过程中发现甲企业上年度存在隐瞒产量、账外销售的问题，经落实相关的销售成本尚未结转，请问是否可以按照甲产品上年度的平均单位成本扣除其销售成本？

不可以按照甲产品上年度的平均单位成本扣除其销售成本。因为企业上年度隐瞒产量，单位成本的计算不正确，应该看企业的人工成本是计时工资还是计件工资，如果是计时工资，则工资费用和制造费用是固定费用与产量没有关系，已经由完工入库的产品来承担了，因此能够扣除的产品成本是没有列支的材料成本，材料成本是否列支，需要关注单位产品的原材料费用是否异常；如果企业是计件工资，企业要刻意隐瞒产量的话，应该隐瞒产量的计件工资没有列支，企业能够扣除的是没有列支的材料成本和计件工资成本。

三、税金及附加

（一）了解企业涉及的税种及税率

【例4-8】 雅戈尔在2016年度财务报表的附注中披露的税种及税率如表4-5所示。

表4-5　　　　　　　　　　　税种及税率表

税种	计税依据	税率
增值税	按税法规定计算的销售货物和应税劳务收入为基础计算销项税额，在扣除当期允许抵扣的进项税额后，差额部分为应交增值税	17%、13%、11%、6%
消费税		

(续表)

税种	计税依据	税率
营业税	按应税营业收入计缴（自2016年5月1日起，营改增交纳增值税）	5%
城市维护建设税	按实际交纳的营业税、增值税计征	7%
企业所得税	按应纳税所得额计征	25%、16.5%
土地增值税	按转让房地产所取得的增值额和规定的税率计征	按超率累进税率30%～60%

纳税主体名称	企业所得税税率
新马服装国际有限公司	16.5%
雅戈尔(香港)实业有限公司	16.5%
粤纺贸易有限公司	16.5%
金愉贸易有限公司	16.5%

(1) 公司的子公司重庆雅戈尔服饰有限公司符合外商投资企业西部大开发减免税条件，根据财税〔2001〕202号文件规定，企业所得税税率为15%。

(2) 公司的子公司宁波雅盛园林景观有限公司园艺植物初加工业务符合财税〔2008〕149号文规定，享受企业所得税免税的优惠政策。

(3) 公司的子公司雅戈尔(珲春)有限公司符合《财政部海关总署国家税务总局关于深入实施西部大开发战略有关税收政策问题的通知》财税〔2011〕58号减免税条件，企业所得税税率为15%。

了解企业的税种及税率，目的是关注企业在不同税种之间划分是否正确，同税种不同税率之间的产品收入是否混淆，有无存在税率高的企业向税率低的企业转移利润。

(二) 与营业收入的配比分析

根据《增值税会计处理规定》(财会〔2016〕22号)，全面试行营业税改征增值税后，"营业税金及附加"科目名称调整为"税金及附加"科目，该科目核算企业经营活动发生的消费税、城市维护建设税、资源税、教育费附加及房产税、土地使用税、车船税、印花税等相关税费；利润表中的"营业税金及附加"项目调整为"税金及附加"项目。对于与收入相关的消费税、城市维护建设税、资源税、教育费附加，可以计算税金及附加与营业收入的比例，通过与同行业比较和趋势比较，发现企业是否可能存在涉税问题。但是要考虑营改增给企业带来的影响。由于增值税是价外税，不通过"税金及附加"科目核算，因此营改增以后，比例出现下降也是正常的。比如，对房地产、建安企业来讲，由于2016年5月1日营改增，2016年房地产、建安企业税金及附加与营业收入的比例与2015年出现下降是正常的，2017年与2016年相比出现下降也是正常的，而2017年以后应该会保持相对稳定，同时要结合固定资产、投资性房地产、无形资产的增减变动分析房产税、土地使用税、车船税是否可能存在问题。

四、销售费用

(一) 销售费用变动趋势的分析

分析各月销售费用与销售收入的变动趋势是否合理,对异常变动的情形,应追踪查明原因。

销售费用是企业为了扩大销售而发生的各种费用,应该与企业的营业收入密切相关,两者一般应该同趋势变动,如果企业的营业收入下降或增长很小而销售费用大幅上升,要注意企业可能存在少计收入,多计销售费用的问题,需要结合"A104000 期间费用"明细表,看是哪些项目增加引起的,对企业实施进一步检查。

(二) 销售费用中手续费、佣金的审核

审核企业发生的计入销售费用的手续费、佣金,是否符合税法的有关规定。

手续费是因他人代为办理有关事项而支付的相应报酬。佣金是指企业在销售业务发生时支付给中间人的报酬,中间人必须是有权从事中介服务的单位或个人,但不包括本企业的职工。手续费及佣金实质上是企业支付的符合一定条件的劳务报酬,在商业活动中普遍存在。对于手续费在会计上是据实列支的,而在税法上是有扣除标准的。

《财政部 国家税务总局关于企业手续费及佣金支出税前扣除政策的通知》(财税〔2009〕29 号)为规范企业所得税税前扣除,加强企业所得税管理,根据《中华人民共和国企业所得税法》和《中华人民共和国企业所得税法实施条例》有关规定,现将企业发生的手续费及佣金支出税前扣除政策问题通知如下:

(1) 企业发生与生产经营有关的手续费及佣金支出,不超过以下规定计算限额以内的部分,准予扣除;超过部分,不得扣除。

① 保险企业:财产保险企业按当年全部保费收入扣除退保金等后余额的 15%(含本数,下同)计算限额;人身保险企业按当年全部保费收入扣除退保金等后余额的 10%计算限额。

② 其他企业:按与具有合法经营资格中介服务机构或个人(不含交易双方及其雇员、代理人和代表人等)所签订服务协议或合同确认的收入金额的 5%计算限额。

(2) 企业应与具有合法经营资格中介服务企业或个人签订代办协议或合同,并按国家有关规定支付手续费及佣金。除委托个人代理外,企业以现金等非转账方式支付的手续费及佣金不得在税前扣除。企业为发行权益性证券支付给有关证券承销机构的手续费及佣金不得在税前扣除。

(3) 企业不得将手续费及佣金支出计入回扣、业务提成、返利、进场费等费用。

国家税务总局关于印发《房地产开发经营业务企业所得税处理办法》(国税发〔2009〕31 号)规定企业委托境外机构销售开发产品的,其支付境外机构的销售费用(含佣金或手续费)不超过委托销售收入 10%的部分,准予据实扣除。

《国家税务总局关于企业所得税应纳税所得额若干税务处理的公告》(国家税务总局公告 2012 年第 15 号)规定,从事代理服务、主营业务收入为手续费、佣金的企业(如证券、期货、保险代理等企业),其为取得该类收入而实际发生的营业成本(包括手续费及佣金支

出），准予在企业所得税前据实扣除。

根据《财政部　国家税务总局关于企业手续费及佣金支出税前扣除政策的通知》（财税〔2009〕29号）通知的精神，一般企业实际发生的手续费及佣金的税前扣除，必须满足以下条件：一是企业实际发生的；二是与企业的生产经营相关的；三是需要签订书面合同或协议；四是签订合同或协议的单位或个人应该具有"中介服务"的经营范围以及中介服务资格证书；五是签订合同或协议的单位或个人，不包括交易双方及其雇员、代理人和代表人等；六是支付的手续费及佣金数额，不得超过所签订服务协议或合同确认的收入金额的5%（不含房开企业及保险公司）；七是支付手续费及佣金的形式，除委托个人代理外，不得以现金等非转账方式支付。

【例4-9】 甲公司因历史原因有一些应收账款无法收回，委托某财务公司帮其催讨应收账款，甲公司付给财务公司催回款项的30%，请问这个是否符合财政部、国家税务总局《关于企业手续费及佣金支出税前扣除政策的通知》（财税〔2009〕29号）中所说的手续费和佣金内容，是否按5%的比例税前扣除？

国税总局的答复意见：根据财税〔2009〕29号中的第二条规定，"企业应与具有合法经营资格中介服务企业或个人签订代办协议或合同，并按国家有关规定支付手续费及佣金"，可见具有合法经营资格的中介服务企业或个人才是手续费和佣金的支付对象，如果该财务公司不具备上述合法经营资格，则不属于手续费或佣金支出。从总局的答复口径来看，财税〔2009〕29号文所规范的手续费和佣金并非适用所有的企业，"具有合法经营资格的中介服务企业或个人才是手续费和佣金的支付对象"。如果企业支付给其他企业或个人的手续费和佣金性质的支出，并非29号文所规范的行为，原则上是不受比例限制的。从企业所得税的法理上分析，企业实际发生、合理的与取得收入直接相关的支出都可以作为税前扣除的项目。

此外，对于手续费、佣金的税前扣除企业还必须要注意正确划分资本性支出和费用化支出，凡是应该计入固定资产、无形资产等相关资产的手续费及佣金支出，不得计入当期的销售费用而一次性税前扣除，必须按照《企业会计准则》规定，通过折旧、摊销等方式来分期扣除；企业必须如实核算收入与支出，不得将应该支付的手续费及佣金冲减服务协议或合同金额。

【例4-10】 某税务检查人员在对甲房地产企业税收检查时发现，该企业2016年5月18日通过竞拍方式取得土地一宗，用于开发商品房，其土地价款为5亿元，按照与拍卖公司签订的拍卖合同约定，该公司支付了土地拍卖佣金300万元给拍卖公司，并计入了2016年度的销售费用，该企业是否存在涉税问题？

《国家税务总局关于印发〈房地产开发经营业务企业所得税处理办法〉的通知》（国税发〔2009〕31号）第二十七条第（一）项规定：土地征用费及拆迁补偿费，是指为取得土地开发使用权（或开发权）而发生的各项费用，主要包括土地买价或出让金、大市政配套费、契税、耕地占用税、土地使用费、土地闲置费、土地变更用途和超面积补交的地价及相关税费、拆迁补偿支出、安置及动迁支出、回迁房建造支出、农作物补偿费、危房补偿费等。根据上述规定，房地产企业通过拍卖行竞拍取得土地使用权而支付给拍卖行的佣金，应计入

"开发成本——土地征用及拆迁补偿费",在将来转让开发产品时税前扣除,而不能作销售费用当期扣除。

【例 4-11】 某房地产开发企业与××营销代理公司签订了商品房委托代理销售合同,合同中约定销售总金额为 5 亿元,房地产公司支付销售佣金 1 000 万元(占合同金额的 2%)。房地产企业按照 4.9 亿元确认收入是否正确?

不正确,正确的处理方式是:房地产开发企业应按照 5 亿元确认销售收入,并按 5 亿元计算交纳增值税,按照 1 000 万元确认销售费用,并取得合规发票,在企业所得税前作佣金税前扣除,不允许企业以收抵支,如果企业以收抵支,这样会造成流转税少交或者不符合规定的佣金税前扣除。

(三) 销售费用中广告费、业务宣传费的审核

审核企业发生的计入销售费用的广告费、业务宣传费是否按照税法规定正确申报。

会计上对于广告费和业务宣传费是据实列支的,而企业所得税法规定符合条件的广告费和业务宣传费按照税法规定的比例限额扣除,超过扣除限额的部分可以向以后年度结转扣除。《企业所得税法实施条例》第四十四条规定:企业发生的符合条件的广告费和业务宣传费支出,除另有规定外,不超过当年销售(营业)收入 15% 的部分,准予扣除;超过部分,准予在以后年度结转扣除。一般企业计提广告费和业务宣传费的当年销售(营业)收入=主表第 1 行"营业收入"+A105010《视同销售和房地产开发企业特定业务纳税调整明细表》第 1 行第 1 列"视同销售营业收入",房地产企业在上述公式基础上还需要加上 A105010 第 23 行第 1 列"销售未完工产品的收入"减去 A105010 第 27 行第 1 列"销售未完工产品转完工产品确认的销售收入"。具体计算公式如表 4-6 所示。

表 4-6 相关计算公式

一般企业	房地产开发企业	筹办期广告费和业务宣传费
主营业务收入 其他业务收入 视同销售收入	完工开发产品销售收入 +未完开发产品销售收入 -未完工转完工开发产品销售收入 +其他业务收入 +视同销售收入	企业在筹建期间,发生的与筹办活动有关的广告费和业务宣传费支出,可按实际发生额计入企业筹办费,并按有关规定在税前扣除(国家税务总局公告 2012 年第 15 号第五条)

因此对于一般企业发生的广告费和业务宣传费,税务人员可以先将其与利润表第一行的营业收入相比,如果大于 15%,应进一步检查企业"A105010 视同销售和房地产开发企业特定业务纳税调整明细表",看企业是否申报视同销售收入或者有销售未完工产品的收入,如果没有申报视同销售收入或者有销售未完工产品的收入,说明企业的广告费和业务宣传费超标了,应检查企业"A105000 纳税调整项目明细表",看企业是否对广告费和业务宣传费支出进行了纳税调增,如果企业没调,则说明企业存在涉税问题。

《财政部 国家税务总局关于广告费和业务宣传费支出税前扣除政策的通知》(财税

〔2017〕41号)根据《中华人民共和国企业所得税法实施条例》(国务院令第512号)第四十四条规定,现就有关广告费和业务宣传费支出税前扣除政策通知如下:

(1) 对化妆品制造与销售、医药制造和饮料制造(不含酒类制造)企业发生的广告费和业务宣传费支出,不超过当年销售(营业)收入30%的部分,准予扣除;超过部分,准予在以后纳税年度结转扣除。

(2) 对签订广告费和业务宣传费分摊协议(以下简称分摊协议)的关联企业,其中一方发生的不超过当年销售(营业)收入税前扣除限额比例内的广告费和业务宣传费支出可以在本企业扣除,也可以将其中的部分或全部按照分摊协议归集至另一方扣除。另一方在计算本企业广告费和业务宣传费支出企业所得税税前扣除限额时,可将按照上述办法归集至本企业的广告费和业务宣传费不计算在内。

(3) 烟草企业的烟草广告费和业务宣传费支出,一律不得在计算应纳税所得额时扣除。

【例4-12】 A企业2017年发生广告费和业务宣传费用170万元(其中30万元为不允许扣除支出),以前年度累计结转广告费和业务宣传费90万元。与关联企业B签订广告费和业务宣传费分摊协议,协议约定由B企业将其50万元的广告费和业务宣传费分摊至A企业扣除。A企业主营业务收入1 000万元、其他业务收入150万元、视同销售收入80万元。B企业主营业务收入500万元,发生符合条件的广告费和业务宣传费50万元,与关联企业A签订广告费和业务宣传费分摊协议,协议约定将其50万元的广告费和业务宣传费分摊至A企业扣除。以前年度累计结转扣除的广告费和业务宣传费为0(A、B企业的广告费和业务宣传费扣除比例为15%)。

对签订广告费和业务宣传费分摊协议的关联企业,其中一方发生的不超过当年销售(营业)收入税前扣除限额比例内的广告费和业务宣传费支出可以在本企业扣除,也可以将其中的部分或全部按照分摊协议归集至另一方扣除。另一方在计算本企业广告费和业务宣传费支出企业所得税税前扣除限额时,可将按照上述办法归集至本企业的广告费和业务宣传费不计算在内。

B企业的扣除限额为$500 \times 15\% = 75$(万元),实际发生50万元,向签订分摊协议的关联方A企业分摊扣除支出50万元,由A企业进行扣除,且该分摊的扣除支出可不计算在A企业税前扣除限额内。

A企业广告费和业务宣传费税前扣除分析:

(1) 2017年度允许扣除的广告费和业务宣传费限额 $= (1\,000 + 150 + 80) \times 15\% = 1\,230 \times 15\% = 184.5$(万元)

(2) 不符合条件的30万元支出应全额调整增加。实际发生符合条件的支出为$170 - 30 = 140$(万元),可全额税前扣除,并可扣除以前年度结转的广告费44.5万元。

(3) 关联企业分摊入本企业扣除50万元,可全额扣除。

(4) 2017年应纳税调整:$30 - 50 - 44.5 = -64.5$(万元)。累计结转以后年度扣除$90 - 44.5 = 45.5$(万元)。

表 4-7　　　　　　　广告费和业务宣传费跨年度纳税调整明细表

单位：元

行次	项　　　目	金额
1	一、本年广告费和业务宣传费支出	1 700 000
2	减：不允许扣除的广告费和业务宣传费支出	300 000
3	二、本年符合条件的广告费和业务宣传费支出(1—2)	1 400 000
4	三、本年计算广告费和业务宣传费扣除限额的销售(营业)收入	12 300 000
5	税收规定扣除率	15%
6	四、本企业计算的广告费和业务宣传费扣除限额(4×5)	1 845 000
7	五、本年结转以后年度扣除额(3＞6，本行＝3-6；3≤6，本行＝0)	0
8	加：以前年度累计结转扣除额	900 000
9	减：本年扣除的以前年度结转额[3＞6，本行＝0；3≤6，本行＝8 或(6－3)孰小值]	445 000
10	六、按照分摊协议归集至其他关联方的广告费和业务宣传费(10≤3 或 6 孰小值)	0
11	按照分摊协议从其他关联方归集至本企业的广告费和业务宣传费	500 000
12	七、本年广告费和业务宣传费支出纳税调整金额(3＞6，本行＝2＋3－6＋10－11；3≤6，本行＝2＋10－11－9)	－645 000
13	八、累计结转以后年度扣除额(7＋8－9)	455 000

(四) 销售费用明细账的审核

审核销售费用明细账，确认是否剔除应计入材料采购成本的外地运杂费、向购货方收回的代垫费用等。根据《企业会计准则》规定，企业材料采购的外地运杂费应计入存货成本，在销货过程中代购货单位垫付的包装费、运杂费，借记"应收账款"科目，而不能作企业的费用列支。

五、管理费用

(一) 管理费用变动趋势分析

分析各月管理费用与销售收入的变动趋势是否合理，对异常变动的情形，应追踪查明原因。

管理费用是指企业为组织和管理企业生产经营所发生的各项费用，包括：企业筹建期间发生的开办费、董事会和行政管理部门在企业的经营管理中发生的或者应由企业统一负担的公司经费、工会经费、董事会费、诉讼费、业务招待费、财产保险费、研究费用等。管理费用与企业的营业收入密切相关，两者一般应该同趋势变动，如果企业的营业收入下降或增长很小而管理费用大幅上升，要注意企业可能存在少计收入、多计管理费用的问题，需要结合在"A104000 期间费用"明细表，具体了解是哪些项目造成了管理费用的增加，并进一步落实是否存在问题。

（二）对费用的真实性、合法性和合规性进行审核

（1）对发票进行严格审核，防止企业用假发票、废票入账，多扣成本，少交企业所得税。

（2）审查企业是否把不能全额扣除的费用计入其他科目，如将旅游费计入差旅费，少交企业所得税；将管理费用项目下的业务招待费计入会议费、办公费等。

（3）审查企业是否将赠送行为当作费用报销，如购礼品用于客户维护，少交增值税、个人所得税、企业所得税。

（4）审查招待费、会议费、培训费、差旅费、办公费等科目，看是否有企业股东或者高管的个人开支在企业列支，少交企业所得税。

（5）审查企业之间支付的管理费、企业内营业机构之间支付的租金、特许权使用费在企业所得税申报时是否进行了纳税调整。

（三）审查企业开办费的会计与税务处理是否正确

1. 开办费的会计处理

企业开办费是指企业在批准筹建之日起，到开始生产、经营（包括试生产、试营业）之日止期间（即筹建期间）发生的费用支出。根据《企业会计准则》规定，企业在筹建期间内发生的开办费，包括人员工资、办公费、培训费、差旅费、印刷费、注册登记费以及不计入固定资产价值的借款费用等在实际发生时，借记"管理费用——开办费"科目，贷记"银行存款"等科目。

2. 开办费的税务处理

《国家税务总局关于企业所得税若干税务事项衔接问题的通知》（国税函〔2009〕98号）规定，对企业所得税法实施以前年度企业未摊销完的开办费，2008年度可以一次性扣除。企业所得税法中开（筹）办费未明确列作长期待摊费用，企业可以在开始经营之日的当年一次性扣除，也可以按照《企业所得税法》有关长期待摊费用的处理规定处理，但一经选定，不得改变。

《关于贯彻落实企业所得税法若干税收问题的通知》（国税函〔2010〕79号）第七条中规定：企业自开始生产经营的年度，为开始计算企业损益的年度。企业从事生产经营之前进行筹办活动期间发生筹办费用支出，不得计算为当期的亏损，应按照《国家税务总局关于企业所得税若干税务事项衔接问题的通知》（国税函〔2009〕98号）第九条规定执行。

《国家税务总局关于企业所得税应纳税所得额若干税务处理问题的公告》（国家税务总局公告2012年第15号）第五条规定：企业在筹建期间，发生的与筹办活动有关的业务招待费支出，可按实际发生额的60%计入企业筹办费，并按有关规定在税前扣除；发生的广告费和业务宣传费，可按实际发生额计入企业筹办费，并按有关规定在税前扣除。

【例4-13】 甲企业执行《企业会计准则》，2016年10月开始筹建，筹建期6个月，2017年3月结束。2017年4月开始投产。2016年发生符合扣除规定开办费1 600万元，其中符合扣除规定业务招待费100万元。2017年取得收入2 000万元，成本800万元，税金及附加20万元，期间费用1 000万元（含符合扣除规定开办费400万元），其中符合规

定业务招待费120万元(含符合扣除规定开办费40万元),利润总额180万元。假定无其他纳税调整项目,开办费选择在开始经营之日的当年一次性扣除。2016年、2017年甲企业应如何纳税申报?

2016年度申报如下:

2016年可以计入开办费扣除的业务招待费60万元(100×60%),不得计入开办费扣除的业务招待费40万元(100×40%)。

A100000

表4-8 中华人民共和国企业所得税年度纳税申报表(A类)

单位:元

行次	类别	项 目	金额
1		一、营业收入(填写A101010\101020\103000)	
2		减:营业成本(填写A102010\102020\103000)	
3		营业税金及附加	
4		销售费用(填写A104000)	
5		管理费用(填写A104000)	−16 000 000
6	利润总额计算	财务费用(填写A104000)	
7		资产减值损失	
8		加:公允价值变动收益	
9		投资收益	
10		二、营业利润(1−2−3−4−5−6−7+8+9)	−16 000 000
11		加:营业外收入(填写A101010\101020\103000)	
12		减:营业外支出(填写A102010\102020\103000)	
13		三、利润总额(10+11−12)	−16 000 000
14		减:境外所得(填写A108010)	
15		加:纳税调整增加额(填写A105000)	16 000 000
16		减:纳税调整减少额(填写A105000)	
17		减:免税、减计收入及加计扣除(填写A107010)	
18	应纳税所得额计算	加:境外应税所得抵减境内亏损(填写A108000)	
19		四、纳税调整后所得(13−14+15−16−17+18)	0
20		减:所得减免(填写A107020)	
21		减:抵扣应纳税所得额(填写A107030)	
22		减:弥补以前年度亏损(填写A106000)	
23		五、应纳税所得额(19−20−21−22)	0

A105000

表 4-9 纳税调整项目明细表

单位：元

行次	项目	账载金额	税收金额	调增金额	调减金额
		1	2	3	4
1	一、收入类调整项目(2+3+4+5+6+7+8+10+11)	*	*		
2	（一）视同销售收入(填写 A105010)	*			*
3	（二）未按权责发生制原则确认的收入(填写 A105020)				
4	（三）投资收益(填写 A105030)				
5	（四）按权益法核算长期股权投资对初始投资成本调整确认收益	*	*	*	
6	（五）交易性金融资产初始投资调整	*	*		*
7	（六）公允价值变动净损益		*		
8	（七）不征税收入	*	*		
9	其中：专项用途财政性资金(填写 A105040)	*	*		
10	（八）销售折扣、折让和退回				
11	（九）其他				
12	二、扣除类调整项目(13+14+15+16+17+18+19+20+21+22+23+24+26+27+28+29)	*	*		
13	（一）视同销售成本(填写 A105010)	*		*	
14	（二）职工薪酬(填写 A105050)				
15	（三）业务招待费支出				*
16	（四）广告费和业务宣传费支出(填写 A105060)	*	*		
17	（五）捐赠支出(填写 A105070)				*
18	（六）利息支出				
19	（七）罚金、罚款和被没收财物的损失		*		*
20	（八）税收滞纳金、加收利息		*		
21	（九）赞助支出		*		*
22	（十）与未实现融资收益相关在当期确认的财务费用				

(续表)

行次	项　　目	账载金额 1	税收金额 2	调增金额 3	调减金额 4
23	(十一)佣金和手续费支出				*
24	(十二)不征税收入用于支出所形成的费用	*	*		*
25	其中:专项用途财政性资金用于支出所形成的费用(填写 A105040)	*	*		*
26	(十三)跨期扣除项目	-16 000 000	0	16 000 000	
27	(十四)与取得收入无关的支出		*		*
28	(十五)境外所得分摊的共同支出	*	*		*
29	(十六)其他				
30	三、资产类调整项目(31+32+33+34)	*	*		
31	(一)资产折旧、摊销(填写 A105080)				
32	(二)资产减值准备金		*		
33	(三)资产损失(填写 A105090)				
34	(四)其他				
35	四、特殊事项调整项目(36+37+38+39+40)	*	*		
36	(一)企业重组(填写 A105100)				
37	(二)政策性搬迁(填写 A105110)	*	*		
38	(三)特殊行业准备金(填写 A105120)				
39	(四)房地产开发企业特定业务计算的纳税调整额(填写 A105010)	*			
40	(五)其他	*	*		
41	五、特别纳税调整应税所得	*	*		
42	六、其他	*	*		
43	合计(1+12+30+35+41+42)	*	*		

2017 年度申报如下:

2017 年正常生产经营期间业务招待费支出 80 万元,按照生产经营期间业务招待费进行调整扣除,可以扣除 10 万元,应调增 70 万元;筹建期间业务招待费 40 万元,可以扣除 24 万元(40×60%),应调增 16 万元。可以在 2017 年一次性扣除的 2016 年的开办费 1 560 万元(1 600-40),应调减 1 560 万元,如表 4-10 所示。

A105000

表 4-10　　　　　　　　　　纳税调整项目明细表

行次	项目	账载金额 1	税收金额 2	调增金额 3	调减金额 4
1	一、收入类调整项目（2＋3＋…8＋10＋11）	*	*		
2	（一）视同销售收入（填写 A105010）	*			*
3	（二）未按权责发生制原则确认的收入（填写 A105020）				
4	（三）投资收益（填写 A105030）				
5	（四）按权益法核算长期股权投资对初始投资成本调整确认收益	*	*	*	
6	（五）交易性金融资产初始投资调整	*	*		*
7	（六）公允价值变动净损益		*		
8	（七）不征税收入	*			
9	其中：专项用途财政性资金（填写 A105040）	*	*		
10	（八）销售折扣、折让和退回				
11	（九）其他				
12	二、扣除类调整项目（13＋14＋…24＋26＋27＋28＋29＋30）	*	*		
13	（一）视同销售成本（填写 A105010）	*		*	
14	（二）职工薪酬（填写 A105050）				
15	（三）业务招待费支出	1 200 000	340 000	860 000	*
16	（四）广告费和业务宣传费支出（填写 A105060）	*	*		
17	（五）捐赠支出（填写 A105070）				
18	（六）利息支出				
19	（七）罚金、罚款和被没收财物的损失			*	*
20	（八）税收滞纳金、加收利息			*	*
21	（九）赞助支出			*	
22	（十）与未实现融资收益相关在当期确认的财务费用				
23	（十一）佣金和手续费支出				*

(续表)

行次	项目	账载金额 1	税收金额 2	调增金额 3	调减金额 4
24	(十二)不征税收入用于支出所形成的费用	*	*		*
25	其中:专项用途财政性资金用于支出所形成的费用(填写A105040)	*	*		*
26	(十三)跨期扣除项目		15 600 000		15 600 000
27	(十四)与取得收入无关的支出		*		*
28	(十五)境外所得分摊的共同支出	*	*		*
29	(十六)党组织工作经费				
30	(十七)其他				
31	三、资产类调整项目(32+33+34+35)	*	*		
32	(一)资产折旧、摊销(填写A105080)				
33	(二)资产减值准备金		*		
34	(三)资产损失(填写A105090)				
35	(四)其他				
36	四、特殊事项调整项目(37+38+…+42)	*	*		
37	(一)企业重组及递延纳税事项(填写A105100)				
38	(二)政策性搬迁(填写A105110)	*	*		
39	(三)特殊行业准备金(填写A105120)				
40	(四)房地产开发企业特定业务计算的纳税调整额(填写A105010)	*			
41	(五)有限合伙企业法人合伙方应分得的应纳税所得额				
42	(六)其他	*	*		
43	五、特别纳税调整应税所得	*	*		
44	六、其他	*	*		
45	合计(1+12+31+36+43+44)	*	*		

(四)审查业务招待费、研究费用等是否按照规定在企业所得税税前扣除

企业发生的与生产经营活动有关的业务招待费支出,按照发生额的60%扣除,但最高不得超过当年销售(营业)收入的5‰,因此只要企业在"A104000 期间费用"明细表中"业务招待费"有发生额,在"A105000 纳税调整项目明细表中"一定有纳税调增额,当然如果一个存在商业竞争的企业如果没有申报业务招待费,对企业来讲也不正常,需要进一步检查原始凭证,企业可能存在把"业务招待费"计入"办公费""差旅费"等其他项目的现象。

研究费用因为企业可以加计扣除,应结合"A107010 免税、减计收入及加计扣除优惠明细表""A107012 研发费用加计扣除优惠明细表"和研发支出明细账及相关会计凭证进行审核,审查企业的申报是否正确。

六、财务费用

财务费用是指企业为筹集生产经营所需资金等而发生的筹资费用,包括利息支出(减利息收入)、汇兑差额以及相关的手续费、企业发生的现金折扣或收到的现金折扣、未确认融资费用摊销、分期收款销售方式下"未实现融资收益"的摊销等。购建或生产满足资本化条件资产发生的应予资本化借款费用,在"在建工程""研发支出"等科目核算,不在"财务费用"科目核算。

(一)关注企业的融资方式

结合资产负债表中"短期借款""长期借款"进行分析,关注企业是否存在着金融企业以外的融资方式。

根据《企业所得税实施条例》规定,企业在生产经营活动中发生的下列利息支出,准予扣除:非金融企业向金融企业借款的利息支出、金融企业的各项存款利息支出和同业拆借利息支出、企业经批准发行债券的利息支出;非金融企业向非金融企业借款的利息支出,不超过按照金融企业同期同类贷款利率计算的数额的部分。鉴于目前我国对金融企业利率要求的具体情况,企业在按照合同要求首次支付利息并进行税前扣除时,应提供"金融企业的同期同类贷款利率情况说明",以证明其利息支出的合理性。国家税务总局2011年第34号公告"金融企业的同期同类贷款利率情况说明"中,应包括在签订该借款合同当时,本省任何一家金融企业提供同期同类贷款利率情况。该金融企业应为经政府有关部门批准成立的可以从事贷款业务的企业,包括银行、财务公司、信托公司等金融机构。"同期同类贷款利率"是指在贷款期限、贷款金额、贷款担保以及企业信誉等条件基本相同下,金融企业提供贷款的利率。既可以是金融企业公布的同期同类平均利率,也可以是金融企业对某些企业提供的实际贷款利率。

由于一般的企业没有资格发行债券,所以基本上报表中的应付债券余额为0,我们可以用利润表中的财务费用÷[(短期借款、长期借款期初余额+短期借款、长期借款期末余额)÷2]计算企业的资金成本率,如果基本上等于银行平均贷款利率,说明分子、分母口径一致,财务费用是付给金融企业的,企业的借款主要也来源于金融企业,如果资金成本率明显高于银行贷款利率,说明分子、分母口径不同,只要是费用化的利息,会计上都计入了"财务费用",而分母中只包含了与金融企业的借款,因此会造成利率超标,要注意结合"其他应付款""长期应付款"项目作进一步检查。

如果是与企业的借款,要关注企业之间是否存在关联关系,如果企业之间没有关联关系,企业的借款利息在不超过同期银行贷款利率的部分可以扣除,如果是关联方的借款应按照《关于企业关联方利息支出税前扣除标准有关税收政策问题的通知》(财税〔2008〕第121号)规定关联方债权性投资与其权益性投资比例,在比例之内的关联方借款实际支付的利息,只要没有超过同期银行贷款利息的可以据实列支,但如果超过比例之外如无其他证据证明相关交易是符合独立交易性原则的,其超过部分不得在发生当期和以后各期扣除。如果企业存在着与自然人借款的问题,根据《关于企业向自然人借款的利息支出企业所得税税前扣除问题的通知》(国税函〔2009〕777号)税前扣除,企业向股东或其他与企业有关联关系的自然人借款的利息支出,应根据《中华人民共和国企业所得税法》(以下简称税法)第四十六条及《财政部、国家税务总局关于企业关联方利息支出税前扣除标准有关税收政策问题的通知》(财税〔2008〕121号)规定的条件,计算企业所得税扣除额。企业向除第一条规定以外的内部职工或其他人员借款的利息支出,其借款情况同时符合以下条件的,其利息支出在不超过按照金融企业同期同类贷款利率计算的数额的部分,根据《企业所得税法》第八条和《企业所得税法实施条例》第二十七条规定,准予扣除。

(二)关注企业是否存在着应该资本化的利息,计入了财务费用

根据《企业所得税条例》规定,企业为购置、建造固定资产、无形资产和经过12个月以上的建造才能达到预定可销售状态的存货发生借款的,在有关资产购置、建造期间发生的合理的借款费用,应当作为资本性支出计入有关资产的成本,并依照《企业所得税实施条例》的规定扣除。因此如果企业资产负债表中在建工程项目、长期借款项目有余额,要关注企业是否存在着把应该资本化的利息费用化。

【例4-14】 某税务检查人员在对甲重机公司2017年的企业所得税检查时,取得的2017年度财务报表如表4-11至表4-13所示。

表4-11　　　　　　　　　　　　资产负债表

编制单位:甲重机公司　　　　2017年12月31日　　　　　　　　　　单位:元

资产	期末余额	年初余额	负债和所有者权益(或股东权益)	期末余额	年初余额
流动资产:			流动负债		
货币资金	564 434.05	533 540.72	短期借款	62 000 000.00	52 000 000.00
以公允价值计量且其变动计入当期损益的金融资产			以公允价值计量且其变动计入当期损益的金融负债		
衍生金融资产			衍生金融负债		
应收票据	2 636 736.40	8 360 000.00	应付票据	10 000 000.00	13 800 000.00

(续表)

资产	期末余额	年初余额	负债和所有者权益(或股东权益)	期末余额	年初余额
应收账款	15 168 022.19	8 907 679.20	应付账款	29 253 833.75	17 938 496.12
预付款项	7 194 406.26	16 852 163.83	预收款项	25 302 190.70	40 030 503.07
应收利息			应付职工薪酬		1 026 910.30
应收股利			应交税费	−302 142.19	−4 018 326.01
其他应收款	8 938 644.35	7 198 493.46	应付利息		
存货	36 999 953.53	39 831 839.64	应付股利		
划分为持有待售的资产			其他应付款	606 453.59	1 405 649.00
一年内到期的非流动资产			划分持有待售的负债		
其他流动资产			一年内到期的非流动负债		
流动资产合计	71 502 196.78	81 683 716.85	其他流动负债		
非流动资产：			流动负债合计	126 860 335.85	122 183 232.48
可供出售金融资产			非流动负债：		
持有至到期投资			长期借款	6 000 000.00	5 000 000.00
长期应收款			应付债券		
长期股权投资			其中:优先股		
投资性房地产			永续债		
固定资产	74 405 569.16	25 931 196.14	长期应付款		
在建工程	547 007.50	40 879 326.73	专项应付款		
工程物资			预计负债		
固定资产清理			递延收益		
生产性生物资产			递延所得税负债		
油气资产			其他非流动负债		
无形资产	8 289 172.14	8 881 295.88	非流动负债合计	6 000 000.00	5 000 000.00
开发支出			负债合计	132 860 335.85	127 183 232.48
商誉			所有者权益(或股东权益)：		

(续表)

资产	期末余额	年初余额	负债和所有者权益(或股东权益)	期末余额	年初余额
长期待摊费用	18 424.61	66 551.22	实收资本(或股本)	50 310 000.00	50 310 000.00
递延所得税资产			其他权益工具		
其他非流动资产			其中:优先股		
非流动资产合计	83 260 173.41	75 758 369.97	永续债		
			资本公积		
			减:库存股		
			其他综合收益		
			盈余公积		
			未分配利润	−28 407 965.66	−20 051 145.66
			所有者权益(或股东)合计	21 902 034.34	30 258 854.34
资产总计	154 762 370.19	157 442 086.82	负债和所有者权益(或股东权益)总计	154 762 370.19	157 442 086.82

表 4-12　　　　　　　　　　利润表

编制单位:甲重机公司　　　　　　2017 年　　　　　　　　　单位:元

项 目	本期金额	上期金额
一、营业收入	78 567 966.93	75 567 946.72
减:营业成本	63 843 418.24	59 843 413.36
税金及附加	181.93	165.43
销售费用	13 585 600.67	12 685 900.48
管理费用	8 077 840.01	8 297 826.07
财务费用(收益以"−"号填列)	4 892 022.78	4 867 066.54
资产减值损失		
加:公允价值变动收益(损失以"−"号填列)		
投资收益(损失以"−"号填列)		
其中:对联企业和合营企业的投资收益		
资产处置收益(损失以"−"号填列)		

(续表)

项　目	本期金额	上期金额
其他收益		
二、营业利润(亏损以"-"号填列)	-11 831 096.70	-10 126 425.16
加:营业外收入	3 460 407.00	5 370 400.00
减:营业外支出	36 238.36	5 658 754.25
三、利润总额(亏损以"-"号填列)	-8 356 820.00	-10 414 779.41
减:所得税费用		
四、净利润(净亏损以"-"号填列)	-8 356 820.00	-10 414 779.41
(一)持续经营净利润(净亏损以"-"号填列)	-8 356 820.00	-10 414 779.41
(二)终止经营净利润(净亏损以"-"号填列)		
五、其他综合收益:		
(一)以后会计期间不能重分类进损益的其他综合收益		
1. 括重新计量设定受益计划净负债或净资产导致的变动的税后净额		
2. 按照权益法核算的在被投资单位以后会计期间不能重分类进损益的其他综合收益中所享有的份额的税后净额		
……		
(二)以后会计期间在满足规定条件时将重分类进损益的其他综合收益		
1. 按照权益法核算的在被投资单位以后会计期间在满足规定条件时将重分类进损益的其他综合收益中所享有的份额的税后净额		
2. 可供出售金融资产公允价值变动形成的利得或损失的税后净额		
3. 持有至到期投资重分类为可供出售金融资产形成的利得或损失的税后净额		
4. 现金流量套期工具产生的利得或损失中属于有效套期的部分的税后净额		
5. 外币财务报表折算差额的税后净额		
……		
其他综合收益税后净额		
六、综合收益总额	-8 356 820.00	-10 414 779.41
七、每股收益		
(一)基本每股收益	-0.17	-0.21
(二)稀释每股收益		

表 4-13 现金流量表

编制单位:甲重机公司　　　　　　　2017 年度　　　　　　　单位:元

项　目	本期数
一、经营活动产生的现金流量:	
销售商品、提供劳务收到的现金	71 659 129.55
收到的税费返还	
收到其他与经营活动有关的现金	814 653.00
经营活动现金流入小计	72 473 782.55
购买商品、接受劳务支付的现金	52 813 436.93
支付给职工以及为职工支付的现金	10 317 421.55
支付的各项税费	129 859.90
支付其他与经营活动有关的现金	12 971 959.94
经营活动现金流出小计	76 232 678.32
经营活动产生的现金流量净额	−3 758 895.77
二、投资活动产生的现金流量:	
收回投资收到的现金	
取得投资收益收到的现金	
处置固定资产、无形资产和其他长期资产收回的现金净额	
处置子公司及其他营业单位收到的现金净额	
收到其他与投资活动有关的现金	3 000 000.00
投资活动现金流入小计	3 000 000.00
购建固定资产、无形资产和其他长期资产支付的现金	4 851 728.84
投资支付的现金	
取得子公司及其他营业单位支付的现金净额	
支付其他与投资活动有关的现金	
投资活动现金流出小计	4 851 728.84
投资活动产生的现金流量净额	−1 851 728.84
三、筹资活动产生的现金流量:	
吸收投资收到的现金	
取得借款收到的现金	63 000 000.00
收到其他与筹资活动有关的现金	
筹资活动现金流入小计	63 000 000.00
偿还债务支付的现金	53 000 000.00
分配股利、利润或偿付利息支付的现金	4 892 022.78
支付其他与筹资活动有关的现金	
筹资活动现金流出小计	57 892 022.78
筹资活动产生的现金流量净额	5 107 977.22

(续表)

项 目	本期数
四、汇率变动对现金及现金等价物的影响	
五、现金及现金等价物净增加额	−502 647.39
加：期初现金及现金等价物余额	533 540.72
六、期末现金及现金等价物余额	30 893.33

说明：检查中未取得企业上年度现金流量表数据。

税务检查人员在税收检查中发现该企业在资产负债表中"在建工程"和"长期借款"都有余额，于是怀疑企业有可能存在应该资本化的利息费用化的问题，接着审阅了利润表和现金流量表，发现企业现金流量表中"分配股利、利润或偿付利息支付的现金"与利润表中的"财务费用"相等，企业当期由于亏损未发放股利，说明企业当期支付的利息全部费用化，进一步检查相关科目和记账凭证，落实企业确实存在企业有长期借款用于在建工程，在建工程未到达预定用途前的利息费用计入了财务费用。

（三）关注企业的汇兑损失会计与税务处理是否正确

根据《企业所得税条例》规定，企业在货币交易中，以及纳税年度终了时将人民币以外的货币性资产、负债按照期末即期人民币汇率中间价折算为人民币时产生的汇兑损失，除已经计入有关资产成本以及与向所有者进行利润分配相关的部分外，准予扣除。

【例 4-15】 甲企业 2016 年度 3 月 15 日宣告分配 2015 年度现金股利 100 000 美元，假定股利宣告日美元对人民的汇率为 6.55，5 月 12 日企业股利实际发放日美元对人民的汇率为 6.75，企业的相关会计处理如下：

股利宣告日：

借：利润分配——分给投资者的利润	655 500
贷：应付股利	655 500

股利发放日：

借：应付股利	655 500
财务费用	20 000
贷：银行存款	675 500

并在 2016 年度企业所得税申报表中，申报了汇兑损失，请问该企业的会计处理是否正确？

该企业的会计处理和税务处理不正确，企业利润分配过程中发生的汇兑损失应该计入"利润分配——未分配利润"减少企业所有者权益，不应该计入财务费用，根据《企业所得税条例》规定也不允许税前扣除，因此企业也存在申报错误。

七、资产减值损失

（一）资产减值损失的会计处理

1. 金融资产减值准备

（1）金融资产包括持有至到期投资、贷款和应收款项以及可供出售金融资产，但不包括采用权益法核算的长期股权投资和对子公司的长期股权投资。金融资产分为四类:第一类以公允价值计量,而且其变动计入当期损益的金融资产。它包括交易性的金融资产和指定为以公允价值计量而且其变动计入当期损益的金融资产。这一类金融资产在期末不存在计提减值的问题,因为它的期末始终是按照期末现行市价来作调整的。第二类金融资产就是持有至到期的投资,主要是指债权投资。第三类金融资产是贷款和应收款项。第四类金融资产是指可供出售金融资产。企业应当在资产负债表日对上述第二类至第四类金融资产的账面价值进行检查,有客观证据表明该金融资产发生减值的,应当将其账面价值减记至预计未来现金流量(不包括尚未发生的未来信用损失)现值,减记的金额确认为资产减值损失,计入当期损益。

借:资产减值损失
　　贷:坏账准备、持有至到期减值准备等

(2) 持有至到期投资、贷款和应收款项等以摊余成本计量的金融资产确认减值损失后,如有客观证据表明该金融资产价值已恢复,且客观上与确认该损失后发生的事项有关(如债务人的信用评级已提高等),原确认的减值损失应予以转回,计入当期损益,但是,该转回后的账面价值不应当超过假定不计提减值准备情况下该金融资产在转回日的摊余成本。持有至到期投资、贷款和应收款项等金融资产确认减值损失后,利息收入应当按照确定减值损失时对未来现金流量进行折现采用的折现率作为利率计算确认。

借:坏账准备、持有至到期减值准备等
　　贷:资产减值损失

2. 存货跌价准备

资产负债表日,存货应当按照成本与可变现净值孰低计量。期末存货成本高于其可变现净值,应当计提存货跌价准备,计入当期损益。以前减记存货价值的影响因素已经消失的,减记的金额应当予以恢复,并在原已计提的存货跌价准备金额内转回,转回的金额计入当期损益。

【例 4-16】 某企业采用成本与可变现净值孰低法对甲存货进行期末计价。2017 年年末,甲存货的账面成本为 105 000 元,由于本年以来甲存货的市价持续下跌,并在可预见的将来无回升的希望。根据资产负债表日状况确定的甲存货的可变现净值为 95 000元,"存货跌价准备"科目余额为 0。

应计提的存货跌价准备=105 000-95 000=10 000(元)

借:资产减值损失——计提的存货跌价准备　　　　　　　　10 000
　　贷:存货跌价准备　　　　　　　　　　　　　　　　　　　　10 000

假设 2018 年年末,甲存货的种类、数量、账面成本和已计提的存货跌价准备均未发生变化,甲存货的可变现净值为 97 000 元,计算出应计提的存货跌价准备为 8 000 元(105 000-97 000)。由于甲存货已计提存货跌价准备 10 000 元,因此,应冲减已计提的存货跌价准备 2 000 元。

借：存货跌价准备　　　　　　　　　　　　　　　　　　　　　2 000
　　贷：资产减值损失——计提的存货跌价准备　　　　　　　　　2 000

3. 长期股权投资、固定资产、无形资产等减值准备

企业对子公司、合营企业及联营企业的长期股权投资在资产负债表日存在可能发生减值的迹象时，其可收回金额低于账面价值的，应当将该长期股权投资的账面价值减记至可收回金额，减记的金额确认为减值损失，计入当期损益，同时计提相应的资产减值准备。长期股权投资减值损失一经确认，在以后会计期间不得转回。

固定资产、无形资产在资产负债表日存在可能发生减值的迹象时，其可收回金额低于账面价值的，企业应当将该固定资产的账面价值减记至可收回金额，减记的金额确认为减值损失，计入当期损益，同时计提相应的资产减值准备。资产的账面价值是指资产成本扣减累计折旧（或累计摊销）和累计减值准备后的金额。固定资产计提了减值准备后，固定资产账面价值为抵减了计提的固定资产减值准备后的金额，因此，在以后会计期间对该固定资产计提折旧时，应当以固定资产的账面价值（扣除预计净残值）为基础计提每期的折旧额。固定资产、无形资产减值准备一经确认，在以后会计期间不得转回。资产报废、出售、对外投资、以非货币性资产交换方式换出、通过债务重组抵偿债务等符合资产终止确认条件的，企业应当将相关资产减值准备予以转销。

（二）资产减值损失的税务处理

《企业所得税法》规定未经核准的资产减值准备不得在企业所得税税前扣除。《中华人民共和国企业所得税法实施条例》第五十五条规定："企业所得税法第十条第（七）项所称未经核定的准备金支出，是指不符合国务院财政、税务主管部门规定的各项资产减值准备、风险准备等准备金支出。"

截至目前，财政部和国家税务总局出台的文件共规定了四大类 17 项准备金可以按照规定在企业所得税税前进行扣除：

第一大类证券行业，可税前扣除的准备金有 6 项，其中证券类准备金有 3 项，具体为证券交易所风险基金、证券结算风险基金、证券投资者保护基金；期货类准备金也有 3 项，具体为期货交易所风险准备金、期货公司风险准备金、期货投资者保障基金。

第二大类金融企业，可税前扣除的准备金有 3 项，具体为金融企业一般贷款损失准备金、金融企业涉农贷款损失准备金、中小企业贷款损失准备金。

第三大类保险公司，可税前扣除的准备金有 6 项，具体为保险保障基金、未到期责任准备金、寿险责任准备金、长期健康责任准备金、未决赔偿准备金、巨灾风险准备金。

第四大类中小企业信用担保机构，可税前扣除的准备金有 2 项，具体为担保赔偿准备金、计提未到期责任准备金。

因此如果企业利润表中资产减值损失有发生额，应检查"资产减值损失"科目，如该科目本期有借方发生额，应按计提减值损失的资产类别分别进行分析，凡不符合税法规定扣除的或超过税法规定扣除比例的要关注企业在"A105000 纳税调整项目明细表"中是否进行了纳税调增；如该科目本期有贷方发生额，应仔细审查记账凭证和原始凭证，并向以前年度追溯，凡在以前年度作纳税调增在本期转回的减值损失，要关注企业在"A105000

纳税调整项目明细表"中是否进行了纳税调减。同时要注意企业的固定资产、无形资产计提减值准备以后会造成账面价值和计税基础的不一致,要注意企"A105080 资产、折旧摊销明细表"中是否进行了折旧摊销的调整。

八、公允价值变动收益

(一) 公允价值变动损益的会计处理

公允价值变动收益根据"公允价值变动损益"科目的发生额分析填列,"公允价值变动损益"核算企业交易性金融资产、交易性金融负债,以及采用公允价值模式计量的投资性房地产、衍生工具、套期保值业务等公允价值变动形成的应计入当期损益的利得或损失。指定为以公允价值计量且其变动计入当期损益的金融资产或金融负债公允价值变动形成的应计入当期损益的利得或损失,也在"公允价值变动损益"科目核算。

资产负债表日,企业交易性金融资产、投资性房地产公允价值高于其账面余额的差额,借记"交易性金融资产——公允价值变动"或者"投资性房地产——公允价值变动"科目,贷记"公允价值变动损益"科目;公允价值低于其账面余额的差额作相反的会计分录。资产负债表日,交易性金融负债的公允价值高于其账面余额的差额,借记"公允价值变动损益"科目,贷记"交易性金融负债"科目;公允价值低于其账面余额的差额作相反的会计分录。

出售、处置交易性金融资产或者交易性金融负债时,要注意把持有期间的公允价值变动损益转到投资收益,处置投资性房地产时,要注意把持有期间的公允价值变动损益转到其他业务成本。

(二) 公允价值变动损益的税务处理

企业所得税法规定企业的各项资产,包括固定资产、生物资产、无形资产、长期待摊费用、投资资产、存货等,以历史成本为计税基础。前款所称历史成本,是指企业取得该项资产时实际发生的支出。因此企业以公允价值计量的资产其公允价值不计入当期应纳税所得额。因此企业利润表中"公允价值变动收益"有发生额,要结合企业所得税年度纳税申报表"A105000 纳税调整项目明细表",关注企业在申报表中是否进行了纳税调整,企业是否确认了递延所得税资产或递延所得税负债。

九、投资收益

(一) 结合资产负债中"以公允价值计量且其变动计入当期损益的金融资产""可供出售金融资产""持有至到期投资""长期股权投资"进行分析

如果企业资产负债表中投资资产有余额,而利润表中没有"投资收益",要关注企业是否存在隐瞒投资收益的问题,如果企业资产负债表中投资资产减少,而利润表中投资收益的发生额为 0,要关注企业是否可能存在隐瞒投资转让所得。

【例 4-17】 某国税局评估人员在对和平公司进行纳税评估时,发现其 2015 年 12 月份资产负债表的长期股权投资期初有余额 35 100 000 元,期末余额为 0,利润表中资产减值损失的发生额为 0,由此推断企业可能存在股权转让的问题,但是利润表中投资收益的发生额为0,于是进一步检查企业的长期股权投资明细账和相关会计凭证,发现企业当期按照长期股权投资的账面价值转让了对子公司的股权投资,而子公司盈利情况很好,股权投资评估的公允价值在 50 000 000 万元,该企业就该股权投资的转让所得补交了企业所得税。

(二) 注意"其中:对联营企业合营企业的投资收益"

企业的投资收益包括利息收入、股利收入、股权和债权的转让价差,在《企业会计准则》的报表中要单列"对联营企业合营企业的投资收益",是因为在《企业会计准则》下对联营企业合营企业的长期股权投资采用权益法核算,企业权益法核算的投资收益,是根据被投资企业的净损益乘以持股比例计算的,并不是实际分配的,如果被投资企业的报表未经过审计,则会影响其可靠性,同时由于税法上的投资收益是按实际分配的,因此还要关注其纳税申报是否正确。

【例4-18】 某税务检查人员在对2016年度甲电机股份有限公司进行税收检查时,取得的部分财务报表和申报表资料如表4-14至表4-17所示。

表4-14　　　　　　　　　　　　资产负债表

纳税人名称:甲电机股份有限公司　　　2016年12月31日　　　　　　　　　　　单位:元

资产	期末余额	年初余额	负债和所有者权益(或股东权益)	期末余额	年初余额
流动资产			流动负债		
货币资金	693 089 021.54	1 753 639 350.96	短期借款	1 843 000 000.00	1 195 000 000.00
以公允价值计量且其变动计入当期损益的金融资产			以公允价值计量且其变动计入当期损益的金融负债		
应收票据	321 466 859.19	161 648 735.35	应付票据	611 537 160.31	1 314 535 011.97
应收账款	2 993 992 367.42	2 184 667 320.93	应付账款	916 495 869.58	1 154 896 981.25
预付款项	72 750 585.63	156 549 046.03	预收款项	136 083 725.31	253 213 358.55
应收利息	821 159.31	4 010 230.40	应付职工薪酬	62 037 996.63	29 090 107.75
应收股利			应交税费	52 895 670.05	64 082 323.11
其他应收款	86 378 978.77	144 132 813.13	应付利息	39 614 173.23	31 874 763.67
存货	1 628 991 883.46	1 502 634 412.28	应付股利		
一年内到期的非流动资产			其他应付款	38 627 018.99	43 109 631.67
其他流动资产			一年内到期的非流动负债	182 375 089.75	251 479 423.00
流动资产合计	5 797 490 855.32	5 907 281 909.08	其他流动负债		

（续表）

资产	期末余额	年初余额	负债和所有者权益（或股东权益）	期末余额	年初余额
非流动资产			流动负债合计	3 882 666 703.85	4 337 281 600.97
可供出售金融资产			非流动负债		
持有至到期投资			长期借款	680 000 000.00	375 000 000.00
长期应收款			应付债券	942 603 611.00	939 862 708.00
长期股权投资	1 454 221 086.00	1 417 112 778.93	长期应付款	146 225 140.93	206 612 263.38
投资性房地产			专项应付款		
固定资产	909 102 975.19	891 123 279.52	预计负债	5 991 968.30	7 183 978.59
在建工程	109 582 923.27	97 228 104.74	递延所得税负债		
工程物资			其他非流动负债	68 520 067.28	30 835 901.11
固定资产清理			非流动负债合计	1 843 340 787.51	1 559 494 851.08
生产性生物资产			负债合计	5 726 007 491.36	5 896 776 452.05
油气资产			所有者权益（或股东权益）		
无形资产	61 138 898.95	4 150 824.43	实收资本（或股本）	608 484 542.00	608 484 542.00
开发支出			资本公积	1 212 107 147.09	1 212 107 147.09
商誉			减：库存股		
长期待摊费用			其他综合收益	0	0
递延所得税资产	22 040 632.63	20 814 174.90	盈余公积	169 472 694.36	134 752 596.89
其他非流动资产			未分配利润	637 505 496.55	485 590 333.57
非流动资产合计	2 556 086 516.04	2 430 429 162.52	所有者权益（或股东权益）合计	2 627 569 880.00	2 440 934 619.55
资产总计	8 353 577 371.36	8 337 711 071.60	负债和所有者权益（或股东权益）总计	8 353 577 371.36	8 337 711 071.60

表 4-15　　　　　　　　　　　　　　　利润表

纳税人名称:甲电机股份有限公司　　　2016 年　　　　　　　　　　　　单位:元

项　目	行次	本期金额	上期金额
一、营业收入	1	3 484 681 115.55	3 945 599 819.54
减:营业成本	2	2 639 099 868.59	3 196 045 216.96
税金及附加	3	13 924 221.53	16 136 828.55
销售费用	4	157 279 940.38	168 958 761.95
管理费用	5	210 424 286.96	207 120 456.88
财务费用	6	220 267 593.05	147 454 013.62
资产减值损失	7	−931 858.41	16 648 118.10
加:公允价值变动收益(损失以"—"号填列)	8		
投资收益(损失以"—"号填列)	9	678 307.07	10 881 187.09
其中:对联营企业和合营企业的投资收益	10	678 307.07	10 881 187.09
二、营业利润(亏损以"—"号填列)	11	245 295 370.52	204 117 610.57
加:营业外收入	12	46 221 405.31	28 634 119.11
减:营业外支出	13	394 061.47	1 615 193.38
其中:非流动资产处置损失	14		
三、利润总额(亏损总额以"—"号填列)	15	291 122 714.36	231 136 536.30
减:所得税费用	16	43 638 999.71	31 702 020.78
四、净利润(净亏损以"—"号填列)	17	247 483 714.65	199 434 515.52

表 4-16　　　　　　　　　　　　　　　现金流量表

纳税人名称:甲电机股份有限公司　　　2016 年　　　　　　　　　　　　单位:元

项　目	行次	本期金额	上期金额
一、经营活动产生的现金流量	1		
销售商品、提供劳务收到的现金	2	2 164 108 325.28	3 703 125 401.00
收到的税费返还	3	57 114.40	
收到其他与经营活动有关的资金	4	201 922 454.12	16 454 721.00
经营活动现金流入小计	5	2 366 087 893.80	3 719 580 122.00
购买商品、接受劳务支付的现金	6	2 497 438 365.73	3 682 845 394.00
支付给职工以及为职工支付的现金	7	466 237 761.88	478 076 414.00
支付的各项税费	8	167 527 072.16	174 080 565.00
支付其他与经营活动有关的现金	9	350 166 667.11	369 268 938.00
经营活动现金流出小计	10	3 481 369 866.88	4 704 271 311.00

（续表）

项　　目	行次	本期金额	上期金额
经营活动产生的现金流量净额	11	−1 115 281 973.08	−984 691 189.00
二、投资活动产生的现金流量	12		
收回投资收到的现金	13		
取得投资收益收到的现金	14		
处置固定资产、无形资产和其他长期资产收回的现金净额	15	5 912 400.00	2 178 177.00
处置子公司及其他营业单位收到的现金净额	16		
收到其他与投资活动有关的现金	17		17 490 249.00
投资活动现金流入小计	18	5 912 400.00	19 668 426.00
购建固定资产、无形资产和其他长期资产所支付的现金	19	113 682 316.10	92 223 670.00
投资支付的现金	20		
取得子公司及其他营业单位支付的现金净额	21	36 530 000.00	730 929 998.00
支付其他与投资活动有关的现金	22	-	
投资活动现金流出小计	23	150 212 316.10	823 153 668.00
投资活动产生的现金流量净额	24	−144 299 916.10	−803 485 242.00
三、筹资活动所产生的现金流量	25		
吸收投资收到的现金	26		
取得借款收到的现金	27	2 636 600 000.00	2 109 564 000.00
收到其他与筹资活动有关的现金	28		1 241 000 000.00
筹资活动现金流入小计	29	2 636 600 000.00	3 350 564 000.00
偿还债务支付的现金	30	1 726 000 000.00	1 201 564 000.00
分配股利、利润或偿付利息支付的现金	31	286 894 338.93	122 376 110.00
支付其他与筹资活动有关的现金	32	111 420 451.73	34 651 690.00
筹资活动现金流出小计	33	2 124 314 790.66	1 358 591 800.00
筹资活动产生的现金流量净额	34	512 285 209.34	1 991 972 200.00
四、汇率变动对现金及现金等价物的影响	35		
五、现金及现金等价物净增加额	36	−747 296 679.84	203 795 769.00
加：期初现金及现金等价物余额	37	1 201 139 170.00	997 343 401.00
六、期末现金及现金等价物余额	38	453 842 490.16	1 201 139 170.00

A105000

表 4-17　　　　　　　　　　　　纳税调整项目明细表

单位:元

行次	项 目	账载金额	税收金额	调增金额	调减金额
		1	2	3	4
1	一、收入类调整项目(2+3+4+5+6+7+8+10+11)	*	*		
2	(一)视同销售收入(填写 A105010)	*			*
3	(二)未按权责发生制原则确认的收入(填写 A105020)				
4	(三)投资收益(填写 A105030)				
5	(四)按权益法核算长期股权投资对初始投资成本调整确认收益	*	*	*	
6	(五)交易性金融资产初始投资调整	*	*		*
7	(六)公允价值变动净损益		*		
8	(七)不征税收入	*	*		
9	其中:专项用途财政性资金(填写 A105040)	*	*		
10	(八)销售折扣、折让和退回				
11	(九)其他				
12	二、扣除类调整项目(13+14+15+16+17+18+19+20+21+22+23+24+26+27+28+29)	*	*	3 412 164.44	
13	(一)视同销售成本(填写 A105010)	*		*	
14	(二)职工薪酬(填写 A105050)	345 455 558.25	345 455 558.25		
15	(三)业务招待费支出	8 530 411.09	5 118 246.65	3 412 164.44	*
16	(四)广告费和业务宣传费支出(填写 A105060)	*	*		

(续表)

行次	项 目	账载金额 1	税收金额 2	调增金额 3	调减金额 4
17	（五）捐赠支出（填写A105070）				*
18	（六）利息支出	216 440 059.00	216 440 059.00		
19	（七）罚金、罚款和被没收财物的损失		*		*
20	（八）税收滞纳金、加收利息		*		*
21	（九）赞助支出		*		*
22	（十）与未实现融资收益相关在当期确认的财务费用				
23	（十一）佣金和手续费支出				*
24	（十二）不征税收入用于支出所形成的费用	*	*		*
25	其中：专项用途财政性资金用于支出所形成的费用（填写A105040）	*	*		*
26	（十三）跨期扣除项目				
27	（十四）与取得收入无关的支出		*		*
28	（十五）境外所得分摊的共同支出	*	*		*
29	（十六）其他				
30	三、资产类调整项目（31＋32＋33＋34）	*	*		
31	（一）资产折旧、摊销（填写A105080）				
32	（二）资产减值准备金		*		931 858.41
33	（三）资产损失（填写A105090）	671 000.11	671 000.11		
34	（四）其他				
35	四、特殊事项调整项目（36＋37＋38＋39＋40）	*	*		

(续表)

行次	项目	账载金额 1	税收金额 2	调增金额 3	调减金额 4
36	（一）企业重组（填写A105100）				
37	（二）政策性搬迁（填写A105110）	*	*		
38	（三）特殊行业准备金（填写A105120）				
39	（四）房地产开发企业特定业务计算的纳税调整额（填写A105010）	*			
40	（五）其他	*	*		
41	五、特别纳税调整应税所得	*	*		
42	六、其他	*	*	17 641 895.72	
43	合计(1+12+30+35+41+42)	*	*	21 054 060.16	931 858.41

检查人员发现该企业利润表中"其中：对联营企业和合营企业的投资收益"有678 307.07元，但是企业现金流量表中"取得投资收益收到的现金"为0，说明投资方没有收到现金股利；同时企业资产负债表中"应收股利"的期末余额为0，说明被投资企业本期未宣告分红，税法上的投资收益应该为0，而会计上的投资收益为678 307.07元，为了落实企业申报是否正确，进一步检查了企业所得税年度纳税申报表"A105000纳税调整项目明细表"，未发现有"投资收益"的调减，因此调减企业2016年度的所得额678 307.07元。

十、资产处置收益

"资产处置收益"项目，反映企业出售划分为持有待售的非流动资产（金融工具、长期股权投资和投资性房地产除外）或处置组时确认的处置利得或损失，以及处置未划分为持有待售的固定资产、在建工程、生产性生物资产及无形资产而产生的处置利得或损失。债务重组中因处置非流动资产产生的利得或损失和非货币性资产交换产生的利得或损失也包括在本项目内。该项目应根据在损益类科目新设置的"资产处置损益"科目的发生额分析填列；如为处置损失，以"－"号填列。

如果企业当期利润表中该项目有发生额，说明企业当期有处置固定资产、无形资产、在建工程、生产性生物资产的业务或者有将上述非流动资产用于非货币性资产交换或者债务重组事项，由于这些业务对企业来讲都属于重大事项，所以在企业的财务报表中需要单列，但是由于2017版企业所得税年度纳税申报表并未作出相应的调整，在企业所得税申报表主表和收入明细表附表中都没有该报表项目，所以税务人员应关注企业在所得税申报表中企业是否对该项目并入了营业外收支填列;否则,企业所得税申报可能存在问题。

十一、其他收益

2017年5月财政部修订印发了《企业会计准则第16号——政府补助》(财会〔2017〕15号)。该准则规定,与企业日常活动相关的政府补助,应当按照经济业务实质,计入其他收益或冲减相关成本费用。与企业日常活动无关的政府补助,应当计入营业外收支。因此,利润表中的"其他收益"项目反映与日常活动相关,但不宜确认收入或冲减成本费用的政府补助。由于政府补助会计与税法差异较大,检查人员一定要重点关注其企业所得税申报是否正确。

(一)政府补助的会计处理

政府补助分为与资产相关的政府补助和与收益相关的政府补助。

第一,与收益相关的政府补助,应当分情况按照以下规定进行会计处理:

(1)用于补偿企业以后期间的相关成本费用或损失的,确认为递延收益,并在确认相关成本费用或损失的期间,计入当期损益或冲减相关成本。

(2)用于补偿企业已发生的相关成本费用或损失的,直接计入当期损益或冲减相关成本。

第二,与资产相关的政府补助,应当冲减相关资产的账面价值或确认为递延收益。与资产相关的政府补助确认为递延收益的,应当在相关资产使用寿命内按照合理、系统的方法分期计入损益。按照名义金额计量的政府补助,直接计入当期损益。相关资产在使用寿命结束前被出售、转让、报废或发生毁损的,应当将尚未分配的相关递延收益余额转入资产处置当期的损益。

(二)政府补助的税务处理

第一,如果该项政府补助不符合税法不征税收入的条件,则需要根据《企业所得税法实施条例》第二十二条规定:作为企业取得的补贴收入,纳入企业的收入总额征收企业所得税。

会计处理作为政府补助,而税法规定要作为补贴收入,会计处理和税法规定之间可能存在确认收入时间上的不一致。企业在收到政府补助时会计上根据权责发生制可能直接计入当期损益,也可能先计入递延收益,然后在发生费用化支出或资产折旧、摊销的期间转入其他收益等损益类科目。税法上要求企业在收到补贴收入时计入当期收入总额。

【例4-19】某企业2017年收到政府补助120万元(与收益相关),不符合不征税收入的条件,当年发生费用化支出30万元,并结转其他收益300 000元。企业的会计处理如下:

收到政府补助时:

借:银行存款   1 200 000

    贷:递延收益   1 200 000

发生支出时：

借：管理费用　　　　　　　　　　　　　　　　　　　　　　　　300 000
　贷：银行存款　　　　　　　　　　　　　　　　　　　　　　　　　　300 000

分摊递延收益，结转其他收益时：

借：递延收益　　　　　　　　　　　　　　　　　　　　　　　　300 000
　贷：其他收益　　　　　　　　　　　　　　　　　　　　　　　　　　300 000

企业2017年在企业所得税申报表中应该如何进行处理？

会计上确认收入30万元，税收上确认收入120万元，纳税调增90万元，如表4-18所示。

A105020

表4-18　　　　　　　未按权责发生制确认收入纳税调整明细表

单位：元

项目	合同金额（交易金额）	账载金额		税收金额		纳税调整金额
		本年	累计	本年	累计	
	1	2	3	4	5	6(4－2)
三、政府补助递延收入（10＋11＋12）	1 200 000	300 000	300 000	1 200 000	1 200 000	900 000
（一）与收益相关的政府补助	1 200 000	300 000	300 000	1 200 000	1 200 000	900 000
（二）与资产相关的政府补助						
（三）其他						
四、其他未按权责发生制确认收入						
合计(1＋5＋9＋13)						

2018年该企业又发生费用化支出40万元，并结转其他收益40万元。企业的会计处理如下：

发生支出时：

借：管理费用　　　　　　　　　　　　　　　　　　　　　　　　400 000
　贷：银行存款　　　　　　　　　　　　　　　　　　　　　　　　　　400 000

分摊递延收益，结转其他收益时：

借：递延收益　　　　　　　　　　　　　　　　　　　　　　　　400 000
　贷：其他收益　　　　　　　　　　　　　　　　　　　　　　　　　　400 000

2018年企业所得税年度申报应该如何处理？

会计上确认收入 400 000 元，税收上确认收入为 0，纳税调减 400 000 元，如表 4-19 所示。

A105020

表 4-19   未按权责发生制确认收入纳税调整明细表

单位：元

项目	合同金额（交易金额）	账载金额		税收金额		纳税调整金额
		本年	累计	本年	累计	
	1	2	3	4	5	6(4－2)
三、政府补助递延收入(10＋11＋12)	1 200 000	400 000	700 000	0	1 200 000	－400 000
（一）与收益相关的政府补助	1 200 000	400 000	700 000	0	1 200 000	－400 000
（二）与资产相关的政府补助						
（三）其他						
四、其他未按权责发生制确认收入						
合计(1＋5＋9＋13)						

第二，如果该政府补助符合不征税收入条件且企业作为不征税收入处理的，那么应该按照不征税收入进行管理。

《企业所得税法》第七条规定，收入总额中的下列收入为不征税收入：一是财政拨款；二是依法收取并纳入财政管理的行政事业性收费、政府性基金；三是国务院规定的其他不征税收入。

《企业所得税法实施条例》第二十六条规定，国务院规定的其他不征税收入，是指企业取得的，由国务院财政、税务主管部门规定专项用途并经国务院批准的财政性资金。

《企业所得税法实施条例》二十八条规定，企业的不征税收入用于支出所形成的费用或者财产，不得扣除或者计算对应的折旧摊销扣除。

《财政部　国家税务总局关于专项用途财政性资金企业所得税处理问题的通知》（财税〔2011〕70 号）规定，专项用途财政性资金可以作为不征税收入处理的三个条件：一是企业需要提供规定专项用途的资金拨付文件；二是有专门的资金管理办法；三是对资金单独进行核算。

《国家税务总局关于企业所得税应纳税所得额若干问题的公告》（国家税务总局公告 2014 年第 29 号）规定，第一条第（二）项对企业取得政府无偿划入的非货币性资产，如果符合不征税收入的条件，可以作为不征税收入处理。该条款把专项用途财政性资金作为不征税收入的范围，由单纯的货币资金扩大到了非货币性资产。

对于不征税收入，一方面要注意会计上确认的政府补助收入要纳税调减，另一方面要注意不征税收入发生的费用或者资产的折旧摊销不允许税前扣除。

【例 4-20】 甲企业于 2017 年 4 月向政府有关部门提交了 500 万元的补助申请,作为对其购置环保设备的补贴。2017 年 5 月 15 日,甲企业收到政府补助 500 万元,与日常活动相关,符合企业所得税法上不征税收入的条件,2017 年 6 月 15 日甲企业购入不需要安装环保设备,实际成本为 800 万元,使用寿命 10 年,采用直线法计提折旧,不考虑净残值。

根据新《企业会计准则第 16 号——政府补助》规定,企业的会计处理有总额法和净额法两种。

(1) 净额法。

收到补助时:

借:银行存款　　　　　　　　　　　　　　　　　　　　　　　　5 000 000
　　贷:递延收益　　　　　　　　　　　　　　　　　　　　　　　　　5 000 000

购买设备时:

借:固定资产　　　　　　　　　　　　　　　　　　　　　　　　8 000 000
　　贷:银行存款　　　　　　　　　　　　　　　　　　　　　　　　　8 000 000

借:递延收益　　　　　　　　　　　　　　　　　　　　　　　　5 000 000
　　贷:固定资产　　　　　　　　　　　　　　　　　　　　　　　　　5 000 000

2017 年计提折旧时:

借:制造费用　　　　　　　　　　　　　　　　　　　　　　　　　150 000
　　贷:累计折旧　　　　　　　　　　　　　　　　　　　　　　　　　　150 000

(2) 总额法。

收到补助时:

借:银行存款　　　　　　　　　　　　　　　　　　　　　　　　5 000 000
　　贷:递延收益　　　　　　　　　　　　　　　　　　　　　　　　　5 000 000

购买设备时:

借:固定资产　　　　　　　　　　　　　　　　　　　　　　　　8 000 000
　　贷:银行存款　　　　　　　　　　　　　　　　　　　　　　　　　8 000 000

2017 年计提折旧,分摊递延收益时:

借:制造费用　　　　　　　　　　　　　　　　　　　　　　　　　400 000
　　贷:累计折旧　　　　　　　　　　　　　　　　　　　　　　　　　　400 000

借:递延收益　　　　　　　　　　　　　　　　　　　　　　　　　250 000
　　贷:其他收益　　　　　　　　　　　　　　　　　　　　　　　　　　250 000

如果企业选择的是净额法会计处理,会计与税法是一致的,如果企业选择的是总额法会计处理,则需要在企业所得税申报表中进行纳税调整,如表 4-20 至表 4-23 所示。

A105040
表 4-20

专项用途财政性资金纳税调整明细表

单位:元

行次	项目	取得年度	财政性资金	其中:符合不征税收入条件的财政性资金		以前年度支出情况					本年支出情况			本年结余情况		
				金额	其中:计入本年损益的金额	前5年度	前4年度	前3年度	前2年度	前1年度	支出金额	其中:费用化支出金额	结余金额	其中:上缴财政金额	应计入本年应税收入金额
			2	3	4	5	6	7	8	9	10	11	12	13	14
1	前五年度	2011													
2	前四年度	2012				*									
3	前三年度	2013				*	*								
4	前二年度	2014				*	*	*							
5	前一年度	2015				*	*	*	*						
6	本年	2016	5 000 000	5 000 000	250 000	*	*	*	*	*	5 000 000	0	0	0	0
7	合计	*	5 000 000	5 000 000	250 000	*	*	*	*	*	5 000 000	0	0	0	0

247

A105080

表 4-21　　　　　　　　　资产折旧、摊销情况及纳税调整明细表

单位：元

行次	项目	账载金额		税收金额						纳税调整金额
		资产原值	本年折旧、摊销额	累计折旧、摊销额	资产计税基础	税收折旧金额	享受加速折旧政策的资产按税收一般规定计算的折旧、摊销额	加速折旧统计额	累计折旧、摊销额	
		1	2	3	4	5	6	7	8	9
1	一、固定资产(2＋3＋4＋5＋6＋7)									
2	（一）房屋、建筑物									
3	（二）飞机、火车、轮船、机器、机械和其他生产设备	8 000 000	400 000	400 000	3 000 000	150 000	0	0	150 000	250 000

A105000

表 4-22　　　　　　　　　纳税调整项目明细表

单位：元

行次	项　目	账载金额	税收金额	调增金额	调减金额
		1	2	3	4
1	一、收入类调整项目(2＋3＋…8＋10＋11)	*	*		
2	（一）视同销售收入(填写 A105010)	*			*
3	（二）未按权责发生制原则确认的收入(填写 A105020)				
4	（三）投资收益(填写 A105030)				
5	（四）按权益法核算长期股权投资对初始投资成本调整确认收益	*	*	*	
6	（五）交易性金融资产初始投资调整	*			*
7	（六）公允价值变动净损益				
8	（七）不征税收入	*			
9	其中：专项用途财政性资金(填写 A105040)	*	*		250 000
10	（八）销售折扣、折让和退回				
11	（九）其他				
12	二、扣除类调整项目(13＋14＋…24＋26＋27＋28＋29＋30)	*	*		

（续表）

行次	项 目	账载金额	税收金额	调增金额	调减金额
		1	2	3	4
13	（一）视同销售成本(填写 A105010)	＊		＊	
14	（二）职工薪酬(填写 A105050)				
15	（三）业务招待费支出				＊
16	（四）广告费和业务宣传费支出(填写 A105060)	＊	＊		
17	（五）捐赠支出(填写 A105070)				
18	（六）利息支出				
19	（七）罚金、罚款和被没收财物的损失		＊		＊
20	（八）税收滞纳金、加收利息		＊		＊
21	（九）赞助支出		＊		＊
22	（十）与未实现融资收益相关在当期确认的财务费用				
23	（十一）佣金和手续费支出				＊
24	（十二）不征税收入用于支出所形成的费用	＊	＊		＊
25	其中:专项用途财政性资金用于支出所形成的费用(填写 A105040)	＊	＊		＊
26	（十三）跨期扣除项目				
27	（十四）与取得收入无关的支出		＊		＊
28	（十五）境外所得分摊的共同支出	＊	＊		＊
29	（十六）党组织工作经费				
30	（十七）其他				
31	三、资产类调整项目(32＋33＋34＋35)	＊	＊		
32	（一）资产折旧、摊销(填写 A105080)			250 000	
33	（二）资产减值准备金		＊		
34	（三）资产损失(填写 A105090)				
35	（四）其他				
36	四、特殊事项调整项目(37＋38＋…＋42)	＊	＊		
37	（一）企业重组及递延纳税事项(填写 A105100)				
38	（二）政策性搬迁(填写 A105110)	＊	＊		
39	（三）特殊行业准备金(填写 A105120)				
40	（四）房地产开发企业特定业务计算的纳税调整额(填写 A105010)	＊			

（续表）

行次	项 目	账载金额 1	税收金额 2	调增金额 3	调减金额 4
41	（五）有限合伙企业法人合伙方应分得的应纳税所得额				
42	（六）其他	※	※		
43	五、特别纳税调整应税所得	※	※		
44	六、其他	※	※		
45	合计（1＋12＋31＋36＋43＋44）	※	※		

十二、营业外收支

营业外收入是指企业发生的与其日常活动无直接关系的各项利得。营业外收入主要包括：非流动资产处置利得、政府补助、盘盈利得、捐赠利得、非货币性资产交换利得、债务重组利得、无法支付的应付款等。企业具体有哪些利得，财务报表中没有明细列示，可以结合企业所得税申报表"A101010 一般企业收入明细表"，如表4-23所示。

表4-23 一般企业收入明细表

16	二、营业外收入（17＋18＋19＋20＋21＋22＋23＋24＋25＋26）	
17	（一）非流动资产处置利得	
18	（二）非货币性资产交换利得	
19	（三）债务重组利得	
20	（四）政府补助利得	
21	（五）盘盈利得	
22	（六）捐赠利得	
23	（七）罚没利得	
24	（八）确实无法偿付的应付款项	
25	（九）汇兑收益	
26	（十）其他	

从表4-23中，检查人员可以了解企业是否存在非货币性资产交换、债务重组、政府补助等特殊业务，并进一步关注企业的会计处理和纳税申报是否正确。

营业外支出是指企业发生的与企业业务经营无直接关系的各种支出，如固定资产盘亏、非常损失、捐赠支出、罚款、滞纳金等，有很多项目是不能在企业所得税税前扣除的，因此如果企业利润表中营业外支出金额比较大，可以结合企业所得税申报表"A102010 一般企业成本支出明细表"，了解具体有什么支出，如表4-24所示。

表 4-24　　　　　　　　一般企业成本支出明细表

16	二、营业外支出(17＋18＋19＋20＋21＋22＋23＋24＋25＋26)	
17	（一）非流动资产处置损失	
18	（二）非货币性资产交换损失	
19	（三）债务重组损失	
20	（四）非常损失	
21	（五）捐赠支出	
22	（六）赞助支出	
23	（七）罚没支出	
24	（八）坏账损失	
25	（九）无法收回的债券股权投资损失	
26	（十）其他	

对营业外支出项目进行核查的重点是核实企业各种被没收财产损失、赞助支出、税收滞纳金、罚金、罚款等不能在企业所得税前扣除的项目在申报时是否进行了纳税调整。公益救济性捐赠支出的程序和金额是否合法；企业发生的各项损失是否真实准确，是否按相关规定向主管税务机关进行申报扣除。

第二节　利润表结构分析

企业的利润总额构成可以分成经营利润、非经营利润和投资收益三部分。一般情况下企业的经营利润应该是占利润总额最大的，是最稳定的利润来源；投资收益与企业的投资规模和被投资企业的盈利能力密切相关；非经营性利润来源于非日常经营活动，一般占的比重不会很大，如果公司的利润主要来源于非经常项目，则公司的发展是畸形的，是不可能长久的，公司的主要资源没有为公司带来利益。利润表结构分析的目的一是分析企业的持续获利能力和税源变动情况，二是找出结构异常的项目作为税收检查重点。

一、企业利润构成分析

【例 4-21】　甲公司的经营范围有服装的生产和销售、房地产开发经营和股权投资，2017 年度的利润表 4-25 所示。

表 4-25　　　　　　　　利润表

甲公司　　　　　　　　2017 年度　　　　　　　　　　　　　单位：元

项　目	本期金额	上期金额
一、营业收入	7 033 897 109.56	6 127 939 180.67
减：营业成本	4 539 462 810.69	3 904 280 180.43
税金及附加	151 668 464.17	134 605 615.91

(续表)

项　目	本期金额	上期金额
销售费用	781 777 281.41	682 751 994.84
管理费用	50 688 482.45	327 264 281.61
财务费用(收益以"一"号填列)	100 403 024.87	84 960 894.79
资产减值损失	22 158 436.15	35 248 071.53
加:公允价值变动收益(损失以"一"号填列)		
投资收益(损失以"一"号填列)	2 754 226 713.54	52 854 854.84
其中:对联企业和合营企业的投资收益		
资产处置收益(损失以"一"号填列)		
其他收益		
二、营业利润(亏损以"一"号填列)	3 641 965 323.36	1 011 682 996.4
加:营业外收入	90 690 743.82	184 160 235.42
减:营业外支出	42 613 877.36	39 632 411.48
三、利润总额(亏损以"一"号填列)	3 690 042 189.82	1 156 210 820.34
减:所得税费用	1 040 709 907.56	274 338 022.67
四、净利润(净亏损以"一"号填列)	2 649 332 282.26	881 872 797.67
(一)持续经营净利润(净亏损以"一"号填列)	2 649 332 282.26	881 872 797.67
(二)终止经营净利润(净亏损以"一"号填列)		
五、其他综合收益:		
(一)以后会计期间不能重分类进损益的其他综合收益		
1. 括重新计量设定受益计划净负债或净资产导致的变动的税后净额		
2. 按照权益法核算的在被投资单位以后会计期间不能重分类进损益的其他综合收益中所享有的份额的税后净额		
(二)以后会计期间在满足规定条件时将重分类进损益的其他综合收益		
1. 按照权益法核算的在被投资单位以后会计期间在满足规定条件时将重分类进损益的其他综合收益中所享有的份额的税后净额		
2. 可供出售金融资产公允价值变动形成的利得或损失的税后净额	542 547 543.34	62 846 584.25
3. 持有至到期投资重分类为可供出售金融资产形成的利得或损失的税后净额		

（续表）

项目	本期金额	上期金额
4. 现金流量套期工具产生的利得或损失中属于有效套期的部分的税后净额		
5. 外币财务报表折算差额的税后净额		
其他综合收益税后净额	542 547 543.34	62 846 584.25
六、综合收益总额	3 191 879 825.6	944 719 381.92
七、每股收益		
（一）基本每股收益	1.06	0.35
（二）稀释每股收益		

2017年度：

该企业的经营利润＝营业收入－营业成本－税金及附加－销售费用－管理费用－财务费用
　　　　　　　　－资产减值损失＋公允价值变动收益（减损失）
　　　　　　＝6 127 939 180.67－3 904 280 180.43－134 605 615.91－682 751 994.84
　　　　　　　－327 264 281.61－84 960 894.79－35 248 071.53
　　　　　　＝958 828 141.56（元）

非经营利润＝营业外收入－营业外支出＝184 160 235.42－39 632 411.48＝144 527 823.94（元）
经营性利润占利润总额的比例＝958 828 141.56÷1 156 210 820.34＝82.93%
投资收益占利润总额的比例＝52 854 854.84÷1 156 210 820.34＝4.57%
非经营利润占利润总额的比例＝144 527 823.94÷1 156 210 820.34＝12.5%

2016年度：

该企业的经营利润＝营业收入－营业成本－税金及附加－销售费用－管理费用－财务费用
　　　　　　　　－资产减值损失＋公允价值变动收益（减损失）
　　　　　　＝7 033 897 109.56－4 539 462 810.69－151 668 464.17－781 777 281.41
　　　　　　　－550 688 482.45－100 403 024.87－22 158 436.15
　　　　　　＝887 738 609.82（元）

非经营利润＝营业外收入－营业外支出＝90 690 743.82－42 613 877.36＝48 076 866.46（元）
经营利润占利润总额的比例＝887 738 609.82÷3 690 042 189.82＝24.06%
投资收益占利润总额的比例＝2 754 226 713.54÷3 690 042 189.82＝74.64%
非经营利润占利润总额的比例＝48 076 866.46÷3 690 042 189.82＝1.3%

　　从表4-25可以看出甲公司2016年度的利润总额中经营性利润占的比重最大，其次是非经营性利润，投资收益的比重很小；2017年度企业的利润总额大幅上升，而经营性利润还下降了71 089 531.74元，利润的主要来源是投资收益，投资收益占到了利润总额的74.64%，经过进一步了解，其投资收益2017年巨额增长的原因是公司转让上市股票带来的巨额的投资收益，但是由于我国证券市场不稳定，所以企业2018年以后年度持续增长的可能性比较小，因此在证券市场不景气的情况下，2018年及以后年度企业出现业绩下降也是正常的。

二、收入结构分析

企业收入包括经营性收入和非经营性收入。经营性收入包括主营业务收入和其他业务收入。经常性收入具有可持续性、可再生性及稳定性；在非营业活动中取得的非经常性收入，包括营业外收入、投资损益、补贴收入等。非经常性收入具有偶然性、间断性。因此，通过分析经常性收入或非经常性收入在总收入中的占比，就可评价企业的经营风险和可持续发展能力。经常性收入的比重越大，说明非经常性收入比重越小，企业可持续发展能力越强，经营风险越小。但在进行收入结构分析时，不仅要重视收入的量，更要关注收入的质量。收入的本质是经济利益流入，而经济利益流入的主要形式就是现金的回收。因此，要判断企业收入的品质与有效性，还须结合现金流量表进行分析。

【例 4-22】 乙公司是一家食品加工企业，其收入结构如表 4-26 所示。

表 4-26　　　　　　　　　　　　收入结构表

单位：元

项目	2017 年		2016 年	
	金额	比重	金额	比重
营业收入	12 545 200.85	6.67%	15 252 527.54	90.69%
投资收益	0	0	0	0
营业外收入	175 454 258	93.33%	1 565 858.25	9.31%
合计	187 999 458.85	100%	16 818 385.79	100%

从表 4-26 可以看出，乙公司 2017 年与 2016 年相比虽然收入大幅增加，但是其营业收入是下降的，营业收入只占到收入总额的 6.67%，而营外收入占到了收入总额的 93.33%，通过进一步了解，企业的营业外收入中有 1.7 亿元来源于债务重组收益，企业由于经营不善连续亏损，不能偿还到期债务，为了与别的企业重组成功，债权人豁免的债务记入了营业外收入，但这是一次性的，是一种偶然所得，所以企业 2018 年及以后年度如果收入总额与 2017 年相比大幅下降不能说明企业一定有隐瞒收入的问题。

三、成本结构分析

企业总成本主要由营业成本、税金及附加、期间费用、营业外支出等构成。正常情况下营业成本在企业成本费用中占绝大部分，其他项目，特别是营业外支出的金额会比较小。

【例 4-23】 承［例 4-22］，甲公司的成本结构如表 4-27 所示。

表 4-27　　　　　　　　　　　甲公司成本结构表

单位:元

项目	2017 年		2016 年	
	金额	比重	金额	比重
营业成本	4 539 462 810.69	73.35%	3 904 280 180.43	74.96%
税金及附加	151 668 464.17	2.45%	134 605 615.91	2.58%
期间费用	1 432 868 788.73	23.15%	1 094 977 171.24	21.03%
资产减值损失	22 158 436.15	0.36%	35 248 071.53	0.68%
营业外支出	42 613 877.36	0.69%	39 632 411.48	0.75%
合计	6 188 772 377.1	100%	5 208 743 450.59	100%

从表 4-27 可以看出,甲公司 2016 年、2017 年度各项成本占总成本的比例比较稳定,营业成本占总成本的比重最高达到 70% 左右,其次是期间费用占到总成本的 20% 左右,营业外支出和资产减值损失的金额很小,企业的成本结构是比较正常的。如果企业的利润表中期间费用或者营业外支出占成本的比值很高,要注意企业可能存在涉税风险。

【例 4-24】某天然气输送企业的 2016 年度的利润表如表 4-28 所示。

表 4-28　　　　　　　　　　　　利润表

单位:元

项目	行次	本期金额	上期金额
一、营业收入	1	69 419 910.92	69 682 003.46
减:营业成本	2	21 297 845.11	20 023 240.99
税金及附加	3	1 805 351.41	2 341 115.16
销售费用	4	0.00	0.00
管理费用	5	6 111 127.71	25 023 495.99
财务费用	6	40 415 278.25	14 734 346.05
资产减值损失	7	−1 313 291.51	841 729.84
加:公允价值变动收益(损失以"一"号填列)	8		
投资收益(损失以"一"号填列)	9	439 609 572.69	
其中:对联营企业和合营企业的投资收益	10		
二、营业利润(亏损以"一"号填列)	11	440 713 172.64	6 718 075.43
加:营业外收入	12	2 083 410.12	
减:营业外支出	13	8 351.10	
其中:非流动资产处置损失	14		
三、利润总额(亏损总额以"一"号填列)	15	442 788 231.66	6 718 075.43
减:所得税费用	16	1 248 795.36	1 679 518.86
四、净利润(净亏损以"一"号填列)	17	441 539 436.30	5 038 556.57

该企业2016年的利润表中财务费用的金额达到4 000多万元,远远超过了营业成本和期间费用,后结合企业当年的资产负债表,发现企业其他应付款的平均余额达到4亿元左右,因此该企业的融资方式和利息费用应该作为税收检查的重点。

第三节　利润表财务比率分析

通过企业利润表财务比率分析,一方面可以了解企业的盈利能力和发展趋势,另一方面可以结合国家税务总局《纳税评估管理办法(试行)》中的纳税评估指标,分析企业可能存在的涉税风险。为了便于说明,本节财务比率将以白云公司为例进行计算分析,白云公司是一家生产销售空调、电扇等家用电器的企业,税务检查人员在税收检查中取得该公司2016年度的利润表数据如表4-29所示。

表4-29　　　　　　　　　　利润表
编制单位:白云公司　　　　　2016年　　　　　　　　　　　单位:元

项　目	上年数	本年数
一、营业收入	108 576 547.80	119 224 257.48
减:营业成本	86 543 217.68	98 587 020.99
税金及附加	8 567 584.82	8 147 446.06
销售费用	5 623 258.31	6 683 922.91
管理费用	4 523 010.28	5 410 078.49
财务费用	185 687.20	274 141.18
资产减值损失	0.00	0.00
加:公允价值变动收益(损失以"-"号填列)	0.00	0.00
投资收益(损失以"-"号填列)	0.00	0.00
二、营业利润(亏损以"-"号填列)	3 133 789.51	121 647.85
加:营业外收入	3 022 500.25	9 323 902.44
减:营业外支出	284 756.23	1 705 000.00
三、利润总额	5 871 533.53	7 740 550.29
减:所得税费用	1 585 314.05	1 780 326.57
三、净利润	4 286 219.48	5 960 223.72

一、企业盈利能力指标分析

(一) 毛利率

毛利率的计算公式如下:

　　毛利率=(营业收入-营业成本)÷营业收入

　　2016年毛利率=(119 224 257.48-98 587 020.99)÷119 224 257.48=17.31%

　　2015年毛利率=(108 576 547.80-86 543 217.68)÷108 576 547.80=20.29%

该企业 2016 年与 2015 年相比毛利率出现了下降 要注意该企业是否可能存在少计收入、多计成本的问题。

(二) 销售净利率

销售净利率的计算公式如下：

销售净利率＝净利润÷销售收入
2016 年销售净利率＝5 960 223.72÷119 224 257.48＝5.00%
2015 年销售净利率＝4 286 219.48÷108 576 547.80＝3.95%

该企业 2016 年与 2015 年相比毛利率出现了下降，但是销售净利率出现了上升，主要是由于营业外收入大幅增长引起的，要注意企业利润的稳定性，并且注意是否涉及政府补助。

(三) 营业利润占利润总额的比重

营业利润占利润总额的比重的计算公式如下：

营业利润占利润总额的比重＝营业利润÷利润总额
2016 年营业利润占利润总额的比重＝121 647.85÷7 740,550.29＝1.57%
2015 年营业利润占利润总额的比重＝3 133 789.51÷5 871 533.53＝53.37%

该企业 2016 年营业利润占利润总额的比例出现大幅下降，要注意企业利润的稳定性和可持续经营能力。

二、利润表评估指标分析

(一) 收入、成本费用和利润变动率分析

1. 营业收入(成本)变动率

营业收入(成本)变动率的计算公式如下：

营业收入(成本)变动率＝[本期营业收入(成本)－基期营业收入(成本)]÷基期营业收入(成本)×100%
营业收入变动率＝(本期营业收入－基期营业收入)÷基期营业收入×100%
　　　　　　＝(119 224 257.48－108 576 547.80)÷108 576 547.80×100%＝9.81%
营业成本变动率＝(本期营业成本－基期营业成本)÷基期营业成本×100%
　　　　　　＝(98 587 020.99－86 543 217.68)÷86 543 217.68×100%＝13.92%

如果营业收入(成本)变动率超出预警值范围，则企业可能存在少计收入和多列成本、扩大税前扣除范围等问题，需运用其他指标进一步分析。

2. 营业费用变动率

营业费用变动率的计算公式如下：

营业费用变动率＝(本期营业费用－基期营业费用)÷基期营业费用×100%
销售费用变动率＝(6 683 922.91－5 623 258.31)÷5 623 258.31×100%＝18.86%
管理费用变动率＝(5 410 078.49－4 523 010.28)÷4 523 010.28×100%＝19.61%
财务费用变动率＝(274 141.18－185 687.20)÷185 687.20×100%＝47.64%

与预警值相比，如相差较大，则企业可能存在多列期间费用的问题。

3. 营业利润变动率

营业利润变动率的计算公式如下：

营业利润变动率＝(本期营业利润－基期营业利润)÷基期营业利润×100%

营业利润变动率＝(121 647.85－3 133 789.51)÷3 133 789.51×100%＝－96.12%

上述指标若与预警值相比相差较大，则企业可能存在多结转成本费用或不计、少计收入问题。

4. 营业外收支增减额

营业外收入增减额与基期相比减少较多，可能存在隐瞒营业外收入问题。营业外支出增减额与基期相比支出增加较多，可能存在将不符合规定支出列入营业外支出。

营业外收支增减额的计算公式如下：

营业外收入增减额＝9 323 902.44－3 022 500.25＝6 301 402.19

营业外支出增减额＝1 705 000.00－284 756.23＝1 420 243.77

(二) 收入、成本费用指标的配比分析

1. 营业收入变动率与营业利润变动率配比分析

正常情况下，两者基本同步增长，如果营业收入的增长幅度远远高于营业利润的增长幅度，或者在两者都下降的情况下，营业利润的下降幅度远远超过了营业收入的下降幅度，或者营业收入上升但营业利润下降，则企业可能存在少计收入、多列成本费用、扩大税前扣除范围等问题。

该企业营业收入变动率为9.81%，营业利润变动率为－96.12%，两者不同步，企业可能存在少计收入、多列成本费用、扩大税前扣除范围等问题。

2. 营业收入变动率与营业成本变动率配比分析

正常情况下两者基本同步增长，如果营业成本的增长幅度远远高于营业收入的增长幅度，或者在两者都下降的情况下，营业收入的下降幅度远远超过了营业成本的下降幅度，或者营业收入下降但营业成本上升，则企业可能存在少计收入、多列成本费用、扩大税前扣除范围等问题。

该企业营业收入的增长幅度9.81%，营业成本的增长幅度13.92%，营业成本的增长幅度超过收入的增长幅度，企业可能存在少计收入、多列成本费用、扩大税前扣除范围等问题。

3. 营业收入变动率与期间费用变动率配比分析

正常情况下，两者基本同步增长。如果期间费用的增长幅度远远高于营业收入的增长幅度，或者期间费用大幅上升而营业收入下降，或者两者都下降的情况下，营业收入的下降幅度远远超过了期间费用的下降幅度，则企业可能存在少计收入、多列成本费用、扩大税前扣除范围等问题。

该企业营业收入的增长幅度为9.81%，销售费用的增长幅度为18.86%，管理费用的增长幅度为19.61%，财务费用的增长幅度为47.64%，期间费用的增长幅度远远高于营业收入的增长幅度，企业可能存在少计收入、多列成本费用、扩大税前扣除范围等问题。

4. 税金及附加与营业收入的比

税金及附加与营业收入的比的计算公式如下:

2016年税金及附加与营业收入的比=8 147 446.06÷119 224 257.48=6.83%
2015年税金及附加与营业收入的比=8 567 584.82÷108 576 547.80=7.89%

该企业2016年与2015年相比税金及附加与营业收入的比出现下降,企业可能存在少计收入、多列成本费用、少交税金的问题。

4. 营业成本变动率与营业利润变动率配比分析

当两者比值大于1,都为正时,可能存在多列成本的问题;前者为正,后者为负时,视为异常,可能存在多列成本、扩大税前扣除范围等问题。

该企业营业成本变动率为正,营业利润变动率为负,企业可能存在多列成本、扩大税前扣除范围等问题。

第五章 现金流量表涉税风险分析

第一节 现金流量表主要项目涉税风险分析

一、经营活动的现金流量

(一) 销售商品、提供劳务收到的现金

企业销售商品、提供劳务收到的现金包含企业当期销售当期收现,企业收到前期销货款以及预收以后的销货款,企业销售商品提供劳务收到的现金可以利润表中的权责发生制下的"营业收入"为出发点,调整为收付实现制下的现金流量,如果企业调整以后的数据与企业现金流量表中的数据相符,则企业存在问题的可能性不大,如果不符,则需要进一步落实资金流,函证往来账户,推测企业的收入规模。其具体调整公式如下:

销售商品提供劳务收到的现金=主营业务收入+其他业务收入(一般指的是销售材料、提供劳务)+本期销项税发生额-应收账款(票据)的增加数+应收账款(票据)的减少数+预收账款的增加数-预收账款的减少数-应收项的意外减少(指的是不兑现的应收项减少,主要包括:坏账的发生;票据贴现造成的借记财务费用额;非现金抵账等)+收回以前的坏账。

【例5-1】某税务检查人员2016年在对甲公司纳税检查时,取得的财务报表数据和有关资料如下:应收账款:年初100万元,年末120万元;应收票据:年初40万元,年末20万元;预收账款:年初80万元,年末90万元;营业收入6 000万元;企业当期申报的增值税(销项)1 020万元;企业当期申报坏账损失8万元,应收票据贴现使"财务费用"科目发生借方发生额2万元;收到客户用11.7万元商品(货款10万元,增值税1.7万元)抵偿前欠账款13万元。

根据公式,该检查人员计算甲公司销售商品提供劳务收到的现金=6 000+1 020-20+20+10-8-2-13=7 007(万元),但该公司现金流量表中销售商品提供劳务收到的现金为8 109万元,与计算的数据相差1 000多万元,因此怀疑企业可能存在隐瞒收入的问题,后通过与银行对账、函证往来,并检查企业相关账户和凭证,落实了企业隐瞒收入的问题。

(二) 收到的税费返还

企业收到的税费返还反映企业收到返还的增值税、消费税、企业所得税等,如果企业现金流量表中"收到的税费返还"有发生额,要结合利润表中的"营业外收入"和"其他收益"进行分析,如果利润表中"营业外收入"和"其他收益"的发生额小于"收到的税费返还",则企业可能存在隐瞒收入的问题。

【例5-2】 税务人员张某在对乙公司2016年度进行纳税检查时发现,该企业现金流量表中"收到的税费返还"有发生额358 000元,但是利润表中营业外收入的发生额为125 674.8元,其他收益没有发生额,因此怀疑企业可能存在账上隐瞒收入的问题,后进一步检查发现,该企业利润表中的营业外收入是当期固定资产的处置净收益,企业收到的税费返还358 000元计入了资本公积,企业存在账上隐瞒收入的问题。

(三) 收到与其他经营活动有关的现金

企业收到的与其他经营活动有关的现金包括:企业收到的经营租赁的租金、违约金、罚款收入、逾期未退还出租和出借包装物没收的押金、流动资产损失中由个人赔偿的现金收入等,该项目应结合"其他业务收入""营业外收入""其他应收款"以及"其他应付款"进行分析,通过逻辑关系来发现企业是否可能存在隐瞒收入的问题。

(四) 购进商品、接受劳务支付的现金

企业购进商品接受劳务支付的现金包含本期购进本期付现,本期支付前期的购货款以及预付以后的购货款,以利润表中的"营业成本"为出发点,调整为收付实现制下的资金流,其具体推导公式如下:

购进商品、接受劳务支付的现金=(存货期末余额−期初余额)+主营业务成本+其他业务成本(对应存货减少的部分,如销售材料结转的成本)+存货的意外减少(指的是未对应"主营业务成本"和"其他业务成本"的存货减少部分,如管理部门、在建工程领用材料)−应付账款(票据)的增加数+应付账款(票据)的减少数+(预付账款的期末余额−期初余额)+本期进项税发生额−存货的意外增加(指的是非购买渠道造成的存货增加,如折旧计入制造费用的部分;应付职工薪酬计入"生产成本"或"制造费用"的部分)。

这里需注意的是,存货的期初、期末余额在报表中是无法找到的,需根据以下公式去推导:

$$存货的期末余额-期初余额=\left(\begin{array}{c}存货的期\\末净额\end{array}-\begin{array}{c}存货的期\\初净额\end{array}\right)+\left(\begin{array}{c}存货跌价准备\\的期末余额\end{array}-\begin{array}{c}存货跌价准备\\的期初余额\end{array}\right)$$

【例5-3】 某企业2016年有关资料如下:

(1) 应付账款:年初100万元,年末120万元。

(2) 应付票据:年初40万元,年末20万元。

(3) 预付账款:年初80万元,年末90万元。

(4) 营业成本4 000万元;存货项目的年初数100万元,年末数80万元。

(5) 应交税费——应交增值税(进项税额)600万元。

(6) 其他资料如下:用固定资产偿还应付账款10万元,生产成本中直接工资项目含有本期发生的直接生产工人工资费用100万元,本期制造费用发生额为60万元(其中消

耗的物料为5万元),工程领用的本企业产品10万元。根据上述资料,计算购买商品接受劳务支付的现金。

购进商品接受劳务支付的现金＝4 000＋600－20＋20＋10－20－10－155＋10＝4 435(万元)

检查人员可以通过公式计算的数据与企业现金流量表中"购进商品、接受劳务支付的现金"比对,并通过一定的调整,发现企业是否可能存在虚增成本的问题。

(五) 支付给职工以及为职工支付的现金

该项目反映以货币形式实际支付给生产经营人员的职工薪酬,可以根据该项目计算企业平均的货币形式的职工薪酬与企业前期相比或者与同行业相比看是否合理,可以拿该项目的发生额与应付职工薪酬的贷方发生额核对,如果该项目的发生额小于应付职工薪酬的贷方发生额,说明该企业可能存在着提取但没有实际发放的职工薪酬或非货币性福利等,要进一步关注企业的税务处理是否正确。

(六) 支付的各项税费

计算本期支付的各项税费与利润表中营业收入的比与上期数据或同行业数据比较,如果本期的比值明显偏低,则企业本期可能存在着少交税的问题,需要进一步落实。

二、投资活动的现金流量

(一) 收回投资收到的现金

收回投资收到的现金包含股权、债权转让,债权到期收回收到的资金流,如果现金流量表中该项目有资金流,说明企业发生了上述经济业务,应检查企业利润表中是否有投资收益,如果企业利润表中投资收益无发生额,则企业可能存在隐瞒投资收益的问题。

(二) 取得投资收益收到的现金

取得投资收益所收到的现金反映企业收到的现金股利和债券的利息收入。如果企业现金流量表中该项目有发生额,但是利润表中投资收益没有发生额,要注意企业可能存在隐瞒投资收益的问题。

【例5-4】 某税务检查小组在对大华粮油公司2016年度进行税务稽查时,取得的财务报表数据资料如表5-1至表5-3所示。

表5-1　　　　　　　　　　资产负债表(简表)

单位:元

资　产	行次	期末余额	年初余额
流动资产:	1		
货币资金	2	174 739 794.95	1 092 898.30
以公允价值计量且其变动计入当期损益的金融资产	3	0.00	0.00
应收票据	4	0.00	29 297 616.40
应收账款	5	137 715 054.97	174 987 390.41
预付款项	6	0.00	0.00

(续表)

资　产	行次	期末余额	年初余额
应收股利	7	0.00	0.00
应收利息	8	0.00	0.00
其他应收款	9	3 051 724.76	6 704 150.90
存货	10	47 322 798.05	49 080 212.29
一年内到期的非流动资产	11	0.00	0.00
其他流动资产	12	12 961 054.67	13 308 556.63
流动资产合计	13	375 790 427.4	274 470 824.93
非流动资产：	14		
可供出售金融资产	15	0.00	0.00
持有至到期投资	16	0.00	0.00
长期应收款	17	0.00	0.00
长期股权投资	18	0.00	0.00
投资性房地产	19	0.00	0.00
固定资产	20	51 462 390.85	53 464 281.52
在建工程	21	591 866.31	39 610.00
工程物资	22	0.00	0.00
固定资产清理	23	0.00	0.00
生产性生物资产	24	0.00	0.00
油气资产	25	0.00	0.00
无形资产	26	19 484 476.54	20 042 953.90
开发支出	27	0.00	0.00
商誉	28	0.00	0.00
长期待摊费用	29	0.00	0.00
递延所得税资产	30	0.00	1 207 814.41
其他非流动资产	31	0.00	0.00
非流动资产合计	32	71 538 733.70	74 754 659.83
资产总计	33	447 329 161.1	349 225 484.76

表 5-2　　　　　　　　　　利润表(简表)

单位：元

项　目	行　次	本期金额
一、营业收入	1	847 896 480.12
营业成本	2	844 855 020.74

(续表)

项 目	行 次	本期金额
税金及附加	3	106 309.18
营业费用(销售费用)	4	5 630 572.12
管理费用	5	13 669 192.50
财务费用	6	−6 527 479.02
资产减值损失	7	1 038 534.56
加:公允价值变动收益(损失以"—"号填列)	8	0.00
投资收益(损失以"—"号填列)	9	0.00
二、营业利润(亏损以"—"号填列)	11	−10 875 669.96

表 5-3　　　　　　　　　　现金流量表(局部)

单位:元

项目	行次	本期金额
二、投资活动产生的现金流量:	12	
收回投资所收到的现金	13	1 456 861 905.39
取得投资收益收到的现金	14	486 694.17
处置固定资产、无形资产和其他长期资产收回的现金净额	15	0.00
处置子公司及其他经营单位收回的现金净额	16	0.00
收到其他与投资活动有关的现金	17	0.00
投资活动现金流入小计	18	1 457 348 599.56
购建固定资产、无形资产和其他长期资产支付的现金	19	3 326 439.01
投资支付的现金	20	1 456 514 403.43
取得子公司及其他营业单位支付的现金净额	21	0.00
支付其他与投资活动有关的现金	22	0.00
投资活动现金流出小计	23	1 459 840 842.44
投资活动产生的现金流量净额	24	−2 492 242.88

从大华粮油公司的资产负债表来看,该企业"以公允价值计量且其变动计入当期损益的金融资产""可供出售金融资产""持有至到期投资""长期股权投资"的期初期末余额为0,利润表上的投资收益为0,如果企业只提供两张表,我们会认为企业因为没有投资业务,利润表中没有投资收益是正常的,不会发现疑点。但是企业现金流量表中投资活动的现金流入中反映"收回投资收到的现金"1 456 861 905.39 元和"取得投资收益收到的现金"486 694.17 元,"收回投资收到的现金"反映企业有股权和债权转让或债权到期收回,"取得投资收益收到的现金"反映股权和债权持有期间收到的现金股利和利息收入,当然股权和债权不可能凭空转让或收回,企业投资活动的现金流出中反映"投资支付的现金"

1 456 514 403.43元,通过现金流量表分析我们可以发现企业年度中间有对外投资和收回投资业务,并且有价差30多万元,而且在投资持有期间收到了现金股利和利息收入48万多元,企业很可能存在隐瞒投资收益的问题,后稽查人员通过检查相关科目和凭证落实了企业确实存在隐瞒投资收益的问题。

(三) 处置固定资产、无形资产和其他长期资产收回的现金净额

如果企业现金流量表中处置固定资产、无形资产和其他长期资产收回的现金净额有发生额,说明企业有固定资产、无形资产和其他长期资产处置业务,要结合企业利润表中资产处置收益和营业外收支进行分析,关注企业非流动资产的处置损益计算是否正确,如果企业资产负债表中固定资产、无形资产和其他长期资产大幅减少,而现金流量表中该项目没有发生额,要注意企业可能存在着隐瞒收入的问题或者非流动资产有销售以外的其他用途。

(四) 处置子公司及其他经营单位收回的现金净额

企业现金流量表中处置子公司及其他经营单位收回的现金净额有发生额,说明企业有股权转让业务,要结合企业利润表中的投资收益,注意股权转让所得或损失计算是否正确。

(五) 购建固定资产、无形资产和其他长期资产支付的现金

企业购建固定资产、无形资产和其他长期资产支付的现金可以与资产负债表中固定资产、无形资产和其他长期资产的增加数进行比对,如果固定资产、无形资产和其他长期资产的增加数大于现金流量表中该项目的发生额,要注意企业非流动资产存在着非付现方式的来源渠道,要进一步关注企业取得的非流动资产计税基础与账面价值是否一致,如果不一致,要关注后续的折旧、摊销税前扣除问题。

(六) 投资支付的现金和取得子公司及其他营业单位支付的现金净额

企业现金流量表中投资支付的现金有发生额,说明企业存在着对外投资的业务,要注意企业利润表中是否有投资收益,如果资产负债表中"以公允价值计量且其变动计入当期损益的金融资产""可供出售金融资产""持有至到期投资""长期股权投资"的增加数大于现金流量表中投资支付的现金和取得子公司及其他营业单位支付的现金净额,要注意企业很可能存在着非货币性资产对外投资的业务。

三、筹资活动的现金流量

(一) 吸收投资收到的现金

企业吸收投资收到的现金可以与资产负债表中"实收资本""资本公积""应付债券"核对,关注企业资本金的来源渠道,如果企业实收资本的增加数大于现金流量表中"吸收投资收到的现金",说明企业很可能存在着接受非货币性资产投资、债务转股份等特殊业务,需要结合报表项目之间的逻辑关系进一步分析。

【例5-5】 2017年某市国税局对红星商场2016年度的企业所得税进行纳税评估,红星商场成立于2009年,所属行业日用百货零售业,经营范围:百货,针纺织品,五金交电,文教用品,日用杂货,劳防用品,金银饰品(零售),附设分支机构,预包装食品,酒类批发、

零售,实业投资,物业管理。企业执行的是企业会计准则,发出存货的计价方法采用先进先出法,固定资产的折旧年限和方法与税法规定一致,企业2016年的资产负债表和现金流量表如表5-4和表5-5所示。

表 5-4 资产负债表

编制单位:红星商场　　　　　　　　　2016年12月31日　　　　　　　　　　单位:元

资　产	年初数	期末数	负债及所有者权益	年初数	期末数
流动资产:			流动负债:		
货币资金	27 568 740.27	41 796 892.86	短期借款	36 500 000.00	40 000 000.00
以公允价值计量且其变动计入当期损益的金融资产	15 000 000.00	14 500 000.00	以公允价值计量且其变动计入当期损益的金融负债	0.00	0.00
应收票据	0.00	0.00	应付票据	0.00	0.00
应收股利	0.00	0.00	应付账款	18 535 151.40	9 415 048.00
应收利息	0.00	0.00	预收款项	12 535 650.40	18 415 056.00
应收账款	2 422 112.84	3 597 414.72	应付职工薪酬	5 310 745.94	7 332 343.02
其他应收款	−3 500 874.00	20 009 780.00	应交税费	3 312 246.46	5 113 541.86
预付款项	12 417 795.64	9 857 495.04	应付利息	0.00	0.00
存货	59 977 812.89	35 826 624.67	应付股利	0.00	0.00
一年内到期的非流动资产	0.00	0.00	其他应付款	24 274 715.15	4 931 197.10
其他流动资产	0.00	0.00	一年内到期的非流动负债	0.00	0.00
流动资产合计	113 885 587.64	125 588 207.29	其他流动负债	0.00	0.00
非流动资产:			流动负债合计	100 468 509.35	85 207 177.98
可供出售金融资产	0.00	0.00			
持有至到期投资	0.00	0.00	非流动负债:		
长期应收款	0.00	0.00	长期借款	18 000 000.00	18 000 000.00
长期股权投资	8 000 000.00	21 540 000.00	应付债券	0.00	0.00
投资性房地产	0.00	0.00	长期应付款	24 898 740.78	21 848 233.47
固定资产	132 693 186.82	97 969 489.20	专项应付款	0.00	0.00
在建工程	24 015 364.60	42 015 364.60	预计负债	8 500 000.00	12 500 000.00
工程物资	0.00	0.00	递延所得税负债	0.00	0.00

(续表)

资产	年初数	期末数	负债及所有者权益	年初数	期末数
固定资产清理	0.00	−3 500 000.00	其他非流动负债	0.00	0.00
生产性生物资产	0.00	0.00	非流动负债合计	51 398 740.78	52 348 233.47
油气资产	0.00	0.00	负债合计	151 867 250.13	137 555 411.45
无形资产	0.00	0.00	所有者权益（或股东权益）：		
开发支出	0.00	0.00	实收资本（或股本）	50 000 000.00	70 000 000.00
商誉	10 000 000.00	8 000 000.00	资本公积	62 229 187.00	62 229 187.00
长期待摊费用	8 399 498.78	0.00	其他综合收益		
递延所得税资产	2 125 000.00	2 125 000.00	盈余公积	15 027 433.06	15 027 433.06
其他非流动资产	0.00	0.00	未分配利润	19 994 767.65	8 926 029.58
非流动资产合计	185 233 050.20	168 149 853.80	所有者权益（或股东权益）合计	147 251 387.71	156 182 649.64
资产总计	299 118 637.84	293 738 061.09	负债及所有者权益总计	299 118 637.84	293 738 061.09
资产总计	299 118 637.84	293 738 061.09	负债及所有者权益总计	299 118 637.84	293 738 061.09

表 5-5　　　　　　　　　　　　现金流量表

编制单位：红星商场　　　　　　2016 年　　　　　　　　　　　　单位：元

项　目	本期金额	上期金额
一、经营活动产生的现金流量		
销售商品、提供劳务收到的现金	403 735 591.27	398 761 859.67
收到的税费返还	0.00	0.00
收到其他与经营活动有关的现金	25 380 024.75	1 956 415.90
经营活动现金流入小计	429 115 616.02	400 718 275.57
购买商品、接受劳务支付的现金	358 823 285.71	345 430 546.10
支付给职工及为职工支付的现金	16 539 915.82	10 191 199.69
支付的各项税费	5 853 824.95	8 098 203.44

(续表)

项 目	本期金额	上期金额
支付其他与经营活动有关的现金	28 982 031.94	24 365 842.80
经营活动现金流出小计	410 199 058.42	388 085 792.03
经营活动产生的现金流量净额	18 916 557.60	12 632 483.54
二、投资活动产生的现金流量		
收回投资收到的现金		
取得投资收益收到的现金	3 150 000.00	350 000.00
处置固定资产、无形资产和其他长期资产收回的现金净额	0.00	5 232 227
收到其他与投资活动有关的现金	0.00	0.00
投资活动现金流入小计	3 150 000.00	5 582 227.00
购建固定资产、无形资产和其他长期资产支付的现金	1 293 336.29	8 680 973.83
投资支付的现金	5 500 000.00	0.00
支付其他与投资活动有关的现金	0.00	0.00
投资活动现金流出小计	6 793 336.29	8 680 973.83
投资活动产生的现金流量净额	−3 643 336.29	−3 098 746.83
三、筹资活动产生的现金流量		
吸收投资收到的现金	0.00	0.00
借款收到的现金	20 000 000.00	35 000 000.00
收到其他与筹资活动有关的现金	0.00	0.00
筹资活动现金流入小计	200 000 000.00	35 000 000.00
偿还债务支付的现金	16 500 000.00	38 000 000.00
分配股利、利润或偿付利息支付的现金	4 545 068.72	7 856 540.30
支付其他与筹资活动有关的现金	0.00	0.00
筹资活动现金流出小计	21 045 068.72	45 856 540.30
筹资活动产生的现金流量净额	−1 045 068.72	−10 856 540.30
四、汇率变动对现金及现金等价物的影响	0.00	0.00
五、现金及现金等价物净增加额	14 228 152.59	1 322 803.59
加：期初现金及现金等价物的余额	27 568 740.27	26 245 936.68
六、现金及现金等价物的期末余额	41 796 892.86	27 568 740.27

税务检查人员发现该企业的资产负债表中"实收资本"年末与年初相比增加 2 000 万元左右，但是现金流量表中"吸收投资所收到的现金"为 0，说明企业股东没有投入货币资金，企业的存货、固定资产等其他非货币性资产期末比期初相比中间有限，接受非货币性资产投资的可能性很小，企业的资本公积、盈余公积没有改变，企业转股的可能性很小，另企业的其他应付款减少 2 000 万元左右，企业可能存在债转股的问题，后经过实地核查，企业确实存在着 2 000 万元左右的其他应付款转作资本的问题。对于债转股的业务根据财税〔2009〕59 号《财政部 国家税务总局关于企业重组业务企业所得税处理若干问题的通知》企业发生债权转股权业务，对债务清偿和股权投资两项业务暂不确认有关债务清偿所得或损失，股权投资的计税基础以原债权的计税基础确定。企业的其他相关所得税事项保持不变。因为其他应付款的余额较大比应付账款的余额还大，税务人员还应该进一步落实"其他应付款"的期初余额是怎么来的，是否存在隐瞒收入或者与其他企业借款的问题，同时要注意企业股权结构变动引起的实际控制人和关联方的变化。

(二) 取得借款所收到的现金和偿还债务支付的现金

企业借款收到的现金主要反映企业从金融企业取得的借款，可以根据资产负债表中"短期借款""长期借款"的期初余额＋取得借款所收到的现金－偿还债务所支付的现金与资产负债表中"短期借款""长期借款"的期末余额比对是否相符，如果不符要注意企业可能存在着金融企业以外的借款方式。

(三) 分配股利、利润或偿付利息支付的现金

分配股利、利润或偿付利息支付的现金包括分红支出和付息支出，用该项目金额减去分红支出就是全部的付息支出，企业当期支付的利息不管是费用化还是资本化，都作为筹资活动的现金流出，用付息支出与利润表中的财务费用相比。如果两者相等，则说明企业支付的利息全部费用化了，如果企业有在建工程，要注意企业有可能存在把应该资本化的利息费用化的问题。

(四) 支付其他与筹资活动有关的现金

本项目反映企业除上述各项目外，支付的其他与筹资活动有关的现金，如以发行股票、债券等方式筹集资金而由企业直接支付的审计、咨询等费用，融资租赁各期支付的现金、以分期付款方式购建固定资产、无形资产等各期支付的现金等。其他与筹资活动有关的现金，如果价值较大的，应单列项目反映。该项目金额较大的，可以了解企业是否存在上述业务，并关注相关的税收问题。

第二节　现金流量表结构分析

现金流量表结构分析是指将现金流表中某一项目的数字作基数，再计算出该项目各组成部分占总体的百分比，以分析各项目的具体构成，从而揭示现金流量表中各个相对作用和总体结构关系。下面以红禾公司的现金流量表为例进行结构分析，红禾公司的现金流量表如表 5-6 所示。

表 5-6　　　　　　　　　　　　　现金流量表

编制单位：红禾公司　　　　　　　　2016 年　　　　　　　　　　　单位：万元

项　目	
一、经营活动产生的现金流量：	
销售商品、提供劳务收到的现金	1 941 841
收到的税费返还	14 024
收到其他与经营活动有关的现金	53 486
经营活动现金流入小计	2 009 351
购买商品、接受劳务支付的现金	1 500 253
支付给职工以及为职工支付的现金	148 827
支付的各项税费	85 715
支付其他与经营活动有关的现金	200 533
经营活动现金流出小计	1 935 328
经营活动产生的现金流量净额	74 023
二、投资活动产生的现金流量：	
收回投资收到的现金	27 672
取得投资收益收到的现金	
处置固定资产、无形资产和其他长期资产收回的现金净额	2 155
处置子公司及其他营业单位收到的现金净额	
收到其他与投资活动有关的现金	12 298
投资活动现金流入小计	42 125
购建固定资产、无形资产和其他长期资产支付的现金	98 845
投资支付的现金	18 166
取得子公司及其他营业单位支付的现金净额	
支付其他与投资活动有关的现金	4 926
投资活动现金流出小计	121 937
投资活动产生的现金流量净额	−79 812
三、筹资活动产生的现金流量：	
吸收投资收到的现金	11 657
取得借款收到的现金	585 431
收到其他与筹资活动有关的现金	36
筹资活动现金流入小计	597 124
偿还债务支付的现金	173 642
分配股利、利润或偿付利息支付的现金	156 094

(续表)

项　目	
支付其他与筹资活动有关的现金	3 493
筹资活动现金流出小计	333 229
筹资活动产生的现金流量净额	263 895
四、汇率变动对现金及现金等价物的影响	−184
五、现金及现金等价物净增加额	257 922

一、现金流入结构分析

现金流入结构分为总流入结构和内部流入结构。总流入结构是反映企业经营活动的现金流入量、投资活动的现金流入量和筹资活动的现金流入量分别占现金总流入量的比重。内部流入结构反映的是经营活动、投资活动、筹资活动等各项业务活动现金流入中具体项目的构成情况。现金流入结构分析可以明确企业的现金究竟来自何方，增加现金流入应在哪些方面采取措施等。红禾公司的现金流入结构如表5-7所示。

表5-7　　　　　　　　　　现金流入结构表

单位：万元

项　目	金额	结构百分比
一、经营活动的现金流入	2 009 351	75.86%
其中：销售商品、提供劳务收到的现金	1 941 841	96.64%
收到的税费返回	14 024	0.70%
收到与其他经营活动有关的现金流入	53 486	2.66%
二、投资活动的现金流入	42 125	1.59%
其中：收回投资收到的现金流入	27 672	65.60%
处置固定资产、无形资产和其他长期资产收回现金净额	2 155	5.10%
收到与其他投资活动有关的现金流入	12 298	29.30%
三、筹资活动的现金流入	597 124	22.54%
其中：吸收投资收到的现金	11 657	1.95%
取得借款收到的现金	585 431	98.04%
收到与其他与筹资活动有关的现金流入	36	0.01%
现金流入合计	2 648 600	100.00%

公司2016年流入总量约为26.486亿元，其中经营活动现金流入量、投资活动现金流入量和筹资活动现金流入量所占比重分别为75.86%、1.59%和22.54%。可见企业的现金流入量主要是由经营活动产生的。经营活动的现金流入量中销售商品、提供劳务收到的现金占到了96.64%，是最主要的来源渠道，投资活动的现金流入量中收回投资的现金

流占到了 65.60%，筹资活动的现金流入量中取得借款收到的现金占到了 98.04%，说明了企业借款是最主要的资金来源。

二、现金流出结构分析

现金流出结构分为总流出结构和内部流出结构。现金总流出结构是反映企业经营活动的现金流出量、投资活动的现金流出量和筹资活动的现金流出量分别在全部现金流出量中所占的比重。内部现金流出结构反映的是经营活动、投资活动和筹资活动等各项业务活动现金流出中具体项目的构成情况。现金流出结构可以表明企业的现金究竟流向何方，要节约开支应从哪些方面入手。红禾公司的现金流出结构如表 5-8 所示。

表 5-8　　　　　　　　　　　现金流出结构表

单位：万元

项　目	金额	结构百分比
一、经营活动的现金流出	1 935 328	80.96%
其中：购买商品、接受劳务支付的现金	1 500 253	77.52%
支付给职工以及为职工支付的现金	148 827	7.69%
支付的各项税费	85 715	4.43%
支付的其他与经营活动有关的现金	200 533	10.36%
二、投资活动的现金流出	121 937	5.10%
其中：投资支付的现金	18 166	14.90%
购建固定资产、无形资产和其他长期资产支付的现金	98 845	81.06%
支付的其他与投资活动有关的现金	4 926	4.04%
三、筹资活动的现金流出	333 229	13.94%
其中：偿还债务支付的现金	173 642	52.11%
分配股利、利润和偿付利息所支付的现金	156 094	46.84%
支付的与其他筹资有关的现金	3 493	1.05%
现金支出合计	2 390 494	100.00%

红禾公司 2016 年现金流出总量约为 23.90 亿元，其中经营活动现金流出量、投资活动现金流出量和筹资活动现金流出量分别为 80.96%、5.1% 和 13.94%。可见，在现金流出总量中经营活动现金流出量所占的比重最大，筹资活动现金流出量所占比重次之。在经营活动现金流出量当中购买商品、接受劳务支付的现金占 77.52%，比重最大，支付给职工以及为职工支付的现金和支付的各项税费项目占全部现金流出结构分别为 7.69% 和 4.43%。投资活动的现金流出量主要用于购建长期资产，购建固定资产、无形资产和其他长期资产支付的现金占到了投资活动现金流出量的 81.06%，筹资活动的现金流出量主要用于偿还债务和分红、付息，当期偿还债务支付的现金占全部现金流出量的比重为 52.11%，分配股利、利润和偿付利息所支付的现金占筹资活动现金流出量的比重为

46.84%。

红禾公司的现金净流量结构如表 5-9 所示。

表 5-9 现金净流量结构表

单位:万元

项　目	金额	结构百分比
经营活动现金净流量	74 023	28.7
投资活动现金净流量	−79 812	−30.94
筹资活动现金净流量	263 895	102.32
汇率变动的影响	−184	−0.07
现金净流量合计	257 922	100

红禾公司 2016 年现金净流量增加了 257 922 元,经营活动的现金流量有所增加,说明企业经营活动的现金流量能够以收抵支有所剩余,但是由于投资活动的现金流出量巨大,企业需要通过筹资来满足企业扩张的要求,因此红禾公司要注意资金的使用效果,要注意过度扩张可能带来的负面影响。

对于现金流量表结构合理性分析应与企业所处的阶段相联系,对于初创期的企业来说,流入结构中筹资占绝大部分;流出结构中投资占绝大部分;在发展期经营活动流入增加,筹资活动现金流入已经下降,但还占一定份额,投资活动现金流出大幅度下降,但小额投资仍在继续;在成熟期,占现金流入流出绝大部分的是经营活动现金流量,筹资活动现金流出正在增加,因为大量债务到了还本付息期,分红比例也在提高,而投资支出基本停止,投资活动流入大量增加;在衰退期,经营萎缩,经营活动现金流量大大减少,企业必须调整经营方向,否则将进入财务困难状况。因此我们可以通过现金流量表,了解企业所处的生命周期,判断企业的发展前景,如果我们知道企业所处的发展阶段,又可以判断企业的资金流是否存在问题。

第三节　现金流量表财务比率分析

现金流量表财务比率分析主要包括企业收益质量分析和企业偿债能力分析。

一、企业收益质量分析

1. 销售收现率

销售收现率的计算公式如下:

销售收现率＝销售商品提供劳务收到的现金÷营业收入×100%

若该指标数值等于 1,说明企业的销售在当年已全部收现,为无风险收入;若该指标数值大于 1,说明企业不仅已将当年的销售全部收现,而且还回笼了部分以往年度的欠款和存在预收款,为高质量收益;但是税务人员要注意企业是否存在隐瞒收入和销售挂账,若该指标数值小于1,说明当年销售中仍有部分货款没有在年内回笼或以非现金形式回笼,反映企业仍存在收益上的风险。一旦货款在今后的某一时间成为坏账损失,则收益中的潜在风险就变成了现实。

2. 现金获利能力

现金获利能力的计算公式如下:

$$现金获利能力＝年度实现的净利润÷经营活动的净流量$$

该比率反映企业每实现1元的经营活动现金净流量所实现的收现性利润额,用于衡量经营活动现金流量的获利能力。该指标如果与同行业或以前年度相比明显偏低,要注意企业可能存在隐瞒收入,多计成本费用的问题。

二、偿债能力指标

1. 现金流动负债比率

现金(包括现金等价物)是衡量公司资产流动性的基本标准。公司持有现金的重要目的之一是为了偿债和支付,现金流动负债比率是衡量上市公司偿还短期债务能力的一个重要指标。其计算公式如下:

$$现金流动负债比率＝现金及现金等价物余额÷流动负债期末合计$$

该指标越高,反映企业的短期偿债能力越强。

2. 现金到期债务比率

这一比率反映公司偿还本期到期债务的能力。其计算公式如下:

$$现金到期债务比率＝经营活动现金流量净额÷到期债务额$$

它的基本原理是公司的债务很大程度上要由经营活动产生的现金净流量进行偿还,借新债、还旧债是既难于操作又有风险,而投资活动无法保证总是有现金的净流入,这一比率也突出了经营活动对公司的重要性。

公式中使用"经营活动现金流量净额"可以排除其他资金来源(如借款)偿还债务的情况,而专门衡量通过经营创造资金独立偿还债务的能力,并能反映持续经营和再举债的能力。

公式中"到期债务额"通常是指那些即将到期而必须用现金偿还的债务,一般有应付票据、银行或其他金融机构短期借款、到期的应付债券和到期的长期借款等,它根据本期期末资产负债表上有关项目的期末数确定。

3. 现金负债总额比率

该比率主要用于衡量公司用经营活动产生的现金净额偿还全部债务的能力。其计算公式如下:

$$现金负债总额比率＝经营活动产生的现金流量净额÷全部债务$$

公式中的"全部负债"包括流动负债和长期负债。必须指出的是,公司可根据自身情况选择一些确实需要偿还的债务项目列入"全部负债"之内。这一比率越高,说明公司举借债务的能力越强。

  无论是现金到期债务比率还是现金负债总额比率,都有一个前提条件,即经营活动产生的现金净流量需大于0,如果小于等于0,就谈不上用经营活动产生的现金净流量还债的问题,自然这两个比率也失去了意义。

课后练习

一、单选题

1. 交易性金融资产的转让净收益在企业利润表中体现为（　　）。
   A. 公允价值变动损益　　　　　　B. 其他收益
   C. 投资收益　　　　　　　　　　D. 营业外收入

2. 甲工业企业期末"原材料"科目余额为100万元，"生产成本"科目余额为70万元，"材料成本差异"科目贷方余额为5万元，"库存商品"科目余额为150万元，"工程物资"科目余额为200万元。则甲工业企业期末资产负债表中"存货"项目的金额为（　　）万元。
   A. 245　　　　B. 315　　　　C. 325　　　　D. 515

3. 企业支付的购建固定资产的资本化的利息属于（　　）产生的现金流量。
   A. 经营活动　　B. 投资活动　　C. 筹资活动　　D. 以上都不是

4. 下列各项业务中会影响资产负债率的是（　　）。
   A. 从银行贷款偿还到期贷款　　　B. 收回应收账款
   C. 接受所有者以固定资产进行的投资　　D. 以现金购买有价证券

5. 企业购买股票作为交易性金融资产，所支付的价款中包含的已宣告但尚未领取的现金股利，在现金流量表中应列示的项目是（　　）。
   A. 支付其他与经营活动有关的现金　　B. 投资所支付的现金
   C. 分配利息、股利所支付的现金　　　D. 支付其他与投资活动有关的现金

6. 税务人员如果想了解企业的成长能力，预测未来的税源变动情况，他应该考核的指标是（　　）。
   A. 资产周转率　　　　　　　　　B. 净资产收益率
   C. 销售增长率　　　　　　　　　D. 存货周转率

7. 税务人员如果想了解企业的短期支付能力，他应该考核的指标是（　　）。
   A. 资产周转率　　　　　　　　　B. 资产负债率
   C. 流动比率　　　　　　　　　　D. 净资产收益率

8. 下列资产负债表项目中，可直接根据有关总账余额填列的是（　　）。
   A. 货币资金　　B. 短期借款　　C. 存货　　　　D. 应收账款

9. 企业期末"预付账款"科目若有贷方余额,应将其记入资产负债表中的(　　)项目。

　　A."应收账款"　　B."预收款项"　　C."应付账款"　　D."其他应付款"

10. 某企业 2014 年 4 月 1 日从银行借入期限为 3 年的长期借款 800 万元,编制 2016 年 12 月 31 日资产负债表时,此项借款应填入的报表项目是(　　)。

　　A."短期借款"　　　　　　　　B."长期借款"
　　C."其他长期负债"　　　　　　D."一年内到期的非流动负债"

11. 某公司 2016 年营业收入为 30 000 万元,营业成本为 20 000 万元,税金及附加为 300 万元,销售费用为 1 000 万元,管理费用为 1 500 万元,财务费用为 350 万元,资产减值损失为 100 万元,公允价值变动收益为 100 万元,投资收益为 250 万元,营业外收入为 250 万元,营业外支出为 25 万元。则该公司 2016 年的营业利润为(　　)万元。

　　A. 6 800　　　　B. 7 000　　　　C. 7 100　　　　D. 7 125

12. 甲企业本期支付离退休人员工资 30 万元,支付离退休人员活动费 5 万元,支付在建工程人员工资 6 万元;支付广告费 200 万元,支付生产车间经营租金 25 万元,支付本企业财产保险费 60 万元;支付业务招待费 2 万元;执行法院判决,支付购买商品的欠款 500 万元,支付合同违约金 8 万元;发生坏账 10 万元;支付利息 56 万元;支付购买股票款 90 万元。上述支出中,现金流量表"支付其他与经营活动有关的现金"项目列示的金额是(　　)万元。

　　A. 330　　　　B. 830　　　　C. 305　　　　D. 130

13. 在对企业进行税收分析时,与企业所得税联系最密切的财务资料是(　　)。

　　A. 资产负债表　　　　　　　B. 利润表
　　C. 会计报表附注　　　　　　D. 现金流量表

14. 企业取得的用于补偿已发生费用的与日常经营活动无关的政府补贴,反映在利润表的(　　)项目。

　　A."营业收入"　　B."营业成本"　　C."营业外收入"　　D."其他收益"

15. 税务人员要分析企业的资金流,则需要看(　　)。

　　A. 资产负债表　　　　　　　B. 利润表
　　C. 所有者权益变动表　　　　D. 现金流量表

16. 按照《企业会计准则》的规定,预付账款科目若有贷方余额,应将其记入资产负债表中的(　　)项目。

　　A."应收账款"　　B."预收款项"　　C."应付账款"　　D."其他应付款"

17. 按照《企业会计准则》的规定,"应收账款"科目若有贷方余额,应将其记入资产负债表中的(　　)项目。

　　A."应收票据"　　B."预收款项"　　C."应付账款"　　D."其他应付款"

18. 按照《企业会计准则》的规定,"预收账款"科目若有借方余额,应将其记入资产负债表中的(　　)项目。

　　A."应收账款"　　B."预收款项"　　C."应付账款"　　D."其他应付款"

19. 按照《企业会计准则》的规定,"应付账款"科目若有借方余额,应将其记入资产负债表中的( )项目。
   A. "应收票据" B. "预收款项"
   C. "预付款项" D. "其他应付款"

20. 某企业2×13年12月31日无形资产账户余额为500万元,"累计摊销"科目余额为300万元。该企业2×13年12月31日资产负债表中无形资产项目的金额为( )万元。
   A. 500 B. 300 C. 400 D. 200

二、多选题

1. 下列交易或事项产生的现金流量中,属于投资活动产生的现金流量有( )。
   A. 为购建固定资产支付的耕地占用税
   B. 为购建固定资产支付的已资本化的利息费用
   C. 因火灾造成固定资产损失而收到的保险赔款
   D. 最后一次支付分期付款购入固定资产的价款

2. 根据《企业会计准则》规定,企业的财务报表包括( )。
   A. 资产负债表 B. 利润表
   C. 现金流量表 D. 所有者权益变动表

3. 资产负债表的"长期应收款"项目应根据( )相关总账或明细账的期末余额填列。
   A. 长期应收款 B. 未实现融资收益
   C. 未确认融资费用 D. 坏账准备
   E. 其他应收款

4. 下列会计事项中,可能影响企业当期利润表中营业利润的有( )。
   A. 技术研究阶段发生的研究人员工资
   B. 计提存货跌价准备
   C. 对外出租投资性房地产获得的收入
   D. 持有待售资产的损益
   E. 盘盈的固定资产

5. 现金流量表中收回投资收到的现金不包括( )。
   A. 处置无形资产收到的现金
   B. 出售交易性金融资产收到的现金
   C. 转让长期股权投资收到的现金
   D. 收回应收股利而收到的现金

6. 下列交易或事项产生的现金流量中,属于筹资活动产生的现金流量的有( )。
   A. 为购建固定资产支付的耕地占用税
   B. 为购建固定资产支付的已资本化的利息费用

C. 因火灾造成固定资产损失而收到的保险赔款

D. 最后一次支付分期付款购入固定资产的价款

7. 企业利润表中的税金及附加项目反映的有（　　）。

A. 消费税　　　　　　　　　　B. 城市维护建设税

C. 企业所得税　　　　　　　　D. 土地使用税

8. 下列各项中，影响营业利润项目的有（　　）。

A. 已销商品成本　　　　　　　B. 原材料销售收入

C. 供出售金融资产公允价值上升　D. 转让股票所得收益

9. 企业存货周转率较上年有所加快，而企业的销售收入则负增长，可能存在的问题有（　　）。

A. 企业隐瞒了收入　　　　　　B. 企业虚增了成本

C. 企业资金周转困难　　　　　D. 企业现金收取率下降

10. 财务报表分析的基本方法有（　　）。

A. 差额分析法　　　　　　　　B. 因素分析法

C. 比率分析法　　　　　　　　D. 比较分析法

11. 在对企业的财务报表进行分析时，如果财务报表显示，企业的资产规模很大，但货币资金较小，不能与之配套，形成此现象的可能原因有（　　）。

A. 企业的经营方式决定的　　　B. 企业有账外资金流转，想少交税

C. 企业为了节约成本　　　　　D. 企业的行业特点决定的

12. 在对企业的资产负债表进行分析时，如果财务报表显示，企业的固定资产远远大于其流动资产规模所要求的数量，可能存在的问题有（　　）。

A. 企业的生产经营能力有闲置

B. 企业处于停产半停产状态

C. 流动资金不足

D. 一部分流动资产没有入账，企业隐瞒了销售收入想少交税

13. 在对企业的经营情况进行分析时，如果其财务报表显示，企业长期以来经营收入很小，负债规模很大，企业可能存在的问题有（　　）。

A. 企业有对外投资行为　　　　B. 企业有在建项目

C. 企业正在扩大规模　　　　　D. 企业隐瞒了销售收入

14. 在对企业的经营情况进行分析时，如果其销售毛利率同比上升20％，而销售净利润率下降了10％，企业可能存在的情况有（　　）。

A. 企业期间费用开支加大　　　B. 企业虚列了费用

C. 企业营业外支出较大　　　　D. 企业少交了税收

15. 在对小企业的经营情况进行分析时，如果其营业收入变动率为15％，成本费用变动率为25％，企业可能存在的情况有（　　）。

A. 企业经营成本下降　　　　　B. 企业经营成本上升

C. 企业隐瞒了营业收入　　　　D. 企业虚列了成本

16. 如果企业的营业收入变动率为10%,营业成本变动率为25%,企业可能存在的情况有( )。
   A. 企业期间费用下降　　　　　　B. 企业期间费用上升
   C. 企业隐瞒了营业收入　　　　　　D. 企业虚列了成本

17. 张某在检查某企业的利润表时,对利润表上的主营业务收入是否正常,应结合( )因素进行分析。
   A. 固定资产的增减变动率　　　　　B. 应收账款的增减变动率
   C. 应付账款的增减变动率　　　　　D. 其他应收款的增减变动率

18. 营业收入是利润表的一个项目,包括的内容有( )。
   A. 生产企业销售自产的产品取得的收入
   B. 出租固定资产取得的收入
   C. 生产企业销售生产用原材料取得的收入
   D. 生产企业对客户违反合同规定收取的收入

19. 下列各项中,属于企业筹资活动产生的现金流量的有( )。
   A. 在建工程取得的长期借款
   B. 支付经营租赁的租金
   C. 将收到的投资人投入的资金存入银行
   D. 以本企业自产的产品来偿还某公司的债券

20. 下列各项中,属于我国现金流量表中现金的有( )。
   A. 不能随时支取的定期存款　　　　B. 银行汇票存款
   C. 库存现金　　　　　　　　　　　D. 银行本票存款

三、判断题

1. 税务人员张某在审查甲企业报送的财务报表资料时,发现企业资产负债表上的固定资产年末比年初大幅增长,但是企业利润表上的营业收入却增长幅度很小,因此张某认为甲企业一定有隐瞒收入的问题。( )

2. 税务人员王某分析甲企业的短期偿债能力时,发现甲企业的流动比率低于2,认为甲企业的短期偿债能力一定存在问题。( )

3. 企业收到的股票股利,不作账务处理。( )

4. 企业为减少本年度亏损而调减计提资产减值准备金额,体现了会计核算的谨慎性原则。( )

5. 在权益法下,被投资企业接受捐赠,投资企业也要增加长期股权投资的账面价值。( )

6. 存货周转率越高反映企业的盈利能力越强。( )

7. 资产负债表中的交易性金融资产按照成本与市价孰低法计量。( )

8. 企业资产负债表中长期股权投资大幅增加,而企业现金流量表中投资所支付的现金和取得子公司及其他营业单位支付的现金为0,说明企业可能存在着非货币性资产对

外投资的问题。( )

9. 企业利润表中的营业收入是否正常,应结合企业固定资产的规模进行分析。( )

10.《企业会计准则》下企业的财务报表至少应当包括:资产负债表、利润表、现金流量表、应交增值税明细表。( )

11. 企业的利润表是计算企业所得税的基础。( )

12. 企业资产负债表中的长期借款项目是根据"长期借款"总账科目余额填列。
( )

13. 企业交纳的增值税应在利润表的"税金及附加"项目中反映。( )

14. 在《企业会计准则》下,企业资产负债表中的"无形资产"项目应根据"无形资产"科目的期末余额减去"累计摊销"科目的期末余额后的金额填列。( )

15. 资产负债表年初数栏内各项数字,应根据上年年末资产负债表期末数栏内所列数字填列。如果本年度资产负债表规定的各个项目的名称和内容同上年度不相一致,可直接把上年年末资产负债表各项目的名称和数字填入本表年初数栏内。( )

16. 企业利润表里的投资收益与现金流量表中取得投资收益收到的现金应该相等,如果不等则企业存在涉税问题。( )

17. 企业利润表里的营业利润项目,反映企业当期开展日常生产经营活动实现的利润。投资不属于企业的营业活动,所以投资收益或损失不属于营业利润,但是属于企业所得税的计税范围。( )

18. 企业以非货币性资产抵偿债务不属于现金流量表主表反映的内容。( )

19. 企业支付的购建固定资产的借款利息,在现金流量表中分配股利、利润或偿付利息所支付的现金项目反映。( )

20. 财务报表附注包括对财务报表重要项目的构成及其增减变动原因与数额进行详细、具体的说明。( )

四、综合题

(一)甲公司是一家房地产企业,该企业2014年、2015年的资产负债表结构如表课后练习-1所示。

表课后练习-1　　　　　　　　甲公司资产负债表结构

单位:万元

项目	2014年—金额	2014年—百分比	2015年—金额	2015年—百分比	差异—金额	差异—增减百分比
流动资产:	0	0	0	0	0	0
货币资金	3 414.881 1	6.24%	11 376.275	9.51%	7 961.393 9	233.14%
公允价值计量且其变动计入当期损益的金融资产	0	0	0	0	0	0
应收票据	0	0	0	0	0	0

(续表)

项目	2014年－金额	2014年－百分比	2015年－金额	2015年－百分比	差异－金额	差异－增减百分比
应收账款	−12.942 7	−0.02%	−83.330 8	−0.07%	−70.388 1	543.84%
预付款项	356.16	0.65%	11 449.354 3	9.57%	11 093.194 3	3 114.67%
应收股利	0	0	0	0	0	
应收利息	0	0	0	0	0	
其他应收款	258.854 7	0.47%	8 985.818	7.51%	8 726.963 3	3 371.38%
存货	50 651.537 5	92.50%	87 698.449 7	73.32%	37 046.912 2	73.14%
其他流动资产	0	0	0	0	0	
流动资产合计	54 668.490 5	99.84%	119 426.566 2	99.84%	64 758.075 7	118.46%
非流动资产：	0	0	0	0	0	
可供出售金融资产	0	0	0	0	0	
持有至到期投资	0	0	0	0	0	
长期应收款	0	0	0	0	0	
长期股权投资	0	0	50	0.04%	50	100%
投资性房地产	0	0	0	0	0	
固定资产原价	88.179 2	0.16%	130.787 7	0.11%	42.608 5	48.32%
减:累计折旧	2.550 8	0	14.977 4	0.01%	12.426 6	487.16%
固定资产净值	85.628 4	0.16%	115.810 3	0.10%	30.181 9	35.25%
减:固定资产减值准备	0	0	0	0	0	
固定资产净额	85.628 4	0.16%	115.810 3	0.10%	30.1819	35.25%
在建工程	0	0	0	0	0	
工程物资	0	0	0	0	0	
固定资产清理	0	0	0	0	0	
生产性生物资产	0	0	0	0	0	
油气资产	0	0	0	0	0	
无形资产	0	0	0	0	0	
其中:土地使用权	0	0	0	0	0	
开发支出	0	0	0	0	0	
长期待摊费用	0	0	0	0	0	
递延所得税资产	2.912 1	0	20.832 7	0.02%	17.920 6	615.38%
其他非流动资产	0	0	0	0	0	
非流动资产合计	88.540 5	0.16%	186.643	0.16%	98.102 5	110.80%
资产总计	54 757.031	100%	119 613.209 3	100%	64 856.178 3	118.44%
流动负债：	0	0	0	0	0	

(续表)

项目	2014年—金额	2014年—百分比	2015年—金额	2015年—百分比	差异—金额	差异—增减百分比
短期借款	0	0	0	0	0	
以公允价值计量且其变动计入当期损益的金融负债	0	0	0	0	0	
应付票据	0	0	0	0	0	
应付账款	0.376 5	0	49.823 5	0.04%	49.447	13 133.33%
预收款项	0	0	47 999.213 9	40.13%	47 999.213 9	100%
应付职工薪酬	1.450 9	0	23.105 1	0.02%	21.654 2	1 492.47%
应交税费	0.677 3	0	−4 579.466 5	−3.83%	−4 580.143 8	−676 235.61%
应付利息	0	0	0	0	0	
应付股利	0	0	0	0	0	
其他应付款	46 780.418 7	85.44%	63 373.008 3	52.98%	16 592.589 6	35.47%
一年内到期的非流动负债	0	0	0	0	0	
其他流动负债	0	0	0	0	0	
流动负债合计	46 782.923 4	85.44%	106 865.684 3	89.34%	60 082.760 9	128.43%
非流动负债:	0	0	0	0	0	
长期借款	0	0	0	0	0	
应付债券	0	0	0	0	0	
长期应付款	0	0	0	0	0	
专项应付款	0	0	0	0	0	
预计负债	0	0	0	0	0	
递延所得税负债	0	0	0	0	0	
其他非流动负债	0	0	0	0	0	
非流动负债合计	0	0	0	0	0	
负债合计	46 782.923 4	85.44%	106 865.684 3	89.34%	60 082.760 9	128.43%
所有者权益(或股东权益):	0		0		0	
实收资本(股本)	8 400	15.34%	10 000	8.36%	1 600	19.05%
资本公积	0	0	0	0	0	
减:库存股	0	0	0	0	0	
盈余公积	0	0	274.752 5	0.23%	274.752 5	100%
未分配利润	−425.892 3	−0.78%	2 472.772 4	2.07%	2 898.664 7	−680.61%
所有者权益合计	7 974.107 7	14.56%	12 747.524 9	10.66%	4 773.417 2	59.86%
负债及所有者权益总计	54 757.031	100%	119 613.209 3	100%	64 856.178 3	118.44%

要求:请分析该企业资产、负债、所有者权益的结构是否合理,以及可能存在的涉税问题。

（二）大运公司是一家从事天然气输送的企业，该企业会计核算执行的是《企业会计准则》，企业的长期股权投资采用成本法核算，固定资产的折旧方法、年限与税法规定一致，该企业2016年财务报表如表课后练习-2和表课后练习-3所示。

表课后练习-2　　　　　　　　　　资产负债表

编制单位：大运公司　　　　　　　2016年12月31日　　　　　　　　　　　　　　单位：元

资产	期末余额	年初余额	负债及所有者权益	期末余额	年初余额
流动资产：			流动负债：		
货币资金	66 822 099.41	184 319 356.48	短期借款	200 000 000.00	120 000 000.00
以公允价值计量且其变动计入当期损益的金融资产			以公允价值计量且其变动计入当期损益的金融负债		
应收票据	20 000 000.00		应付票据		
应收账款	842 854.58	2 868 791.65	应付账款	4 135 930.05	3 803 606.60
预付款项			预收款项		90 900 344.08
应收利息			应付职工薪酬	458 542.82	766 910.34
应收股利	438 000 000.00		应交税费	933 423.76	380 541.35
其他应收款	759 508 865.27	536 666 595.89	应付利息	5 706 300.87	1 749 452.05
存货	110 157.50	110 157.50	应付股利	379 240 251.96	9 240 251.96
一年内到期的非流动资产			其他应付款	504 788 297.92	279 636 987.30
其他流动资产	1 884 534.95	558 616.91	一年内到期的非流动负债		17 270 000.00
流动资产合计	1 287 168 511.71	724 523 518.43	其他流动负债	200 000 000.00	300 000 000.00
非流动资产：			流动负债合计	1 295 262 747.38	823 748 093.68
可供出售金融资产			非流动负债：		
持有至到期投资			长期借款	51 970 000.00	60 000 000.00
长期应收款			应付债券		
长期股权投资	932 295 958.13	890 595 958.13	长期应付款		
投资性房地产			专项应付款		
固定资产	228 323 545.47	240 604 307.25	预计负债		
在建工程	635 985.00	1 284 086.10	递延所得税负债		
工程物资			其他非流动负债		
固定资产清理			非流动负债合计	51 970 000.00	60 000 000.00
生产性生物资产			负债合计	1 347 232 747.38	883 748 093.68
油气资产			所有者权益（或股东权益）：		
无形资产	3 993 288.14	4 088 104.34	实收资本（或股本）	549 396 700.00	549 396 700.00

284

(续表)

资产	期末余额	年初余额	负债及所有者权益	期末余额	年初余额
开发支出			资本公积	407 400 016.43	407 400 016.43
商誉			减:库存股		
长期待摊费用			其他综合收益		
递延所得税资产	75 329.51	403 652.41	盈余公积	77 846 315.43	33 606 204.40
其他非流动资产		55 107 227.31	未分配利润	70 616 838.72	42 455 839.46
非流动资产合计	1 165 324 106.25	1 192 083 335.54	所有者权益(或股东权益)合计	1 105 259 870.58	1 032 858 760.29
资产总计	2 452 492 617.96	1 916 606 853.97	负债和所有者权益(或股东权益)总计	2 452 492 617.96	1 916 606 853.97

表课后练习-3　　　　　　　　　利润表

编制单位:大运公司　　　　　2016年　　　　　　　　　　　单位:元

项　　目	行次	本期金额	上期金额
一、营业收入	1	69 419 910.92	69 682 003.46
减:营业成本	2	21 297 845.11	20 023 240.99
税金及附加	3	1 805 351.41	2 341 115.16
销售费用	4	0.00	0.00
管理费用	5	6 111 127.71	25 023 495.99
财务费用	6	40 415 278.25	14 734 346.05
资产减值损失	7	−1 313 291.51	841 729.84
加:公允价值变动收益(损失以"−"号填列)	8		
投资收益(损失以"−"号填列)	9	439 609 572.69	
其中:对联营企业和合营企业的投资收益	10		
二、营业利润(亏损以"−"号填列)	11	440 713 172.64	6 718 075.43
加:营业外收入	12	2 083 410.12	
减:营业外支出	13	8 351.10	
其中:非流动资产处置损失	14		
三、利润总额(亏损总额以"−"号填列)	15	442 788 231.66	6 718 075.43
减:所得税费用	16	1 248 795.36	1 679 518.86
四、净利润(净亏损以"−"号填列)	17	441 539 436.30	5 038 556.57

要求(请分析并回答以下问题):

1. 大运天然气输送企业与甲公司的资产规模相近,但甲公司营业收入是大运公司的5倍多,是否大运公司一定存在隐瞒收入的问题?

2. 分析该企业流动资产项目中存货所占的比重是否一定存在问题?

3. 企业应收股利的余额是否正常？分析被投资企业巨额分红的目的可能是什么？

4. 其他应收款的比重是否合理？可能存在的问题是什么？

5. 企业的预收账款可能存在的问题是什么？

6. 其他应付款的结构是否合理，分析企业是否可能存在着与非金融企业借款的问题？

（三）大华粮油工业有限公司（简称"大华粮油"）为增值税一般纳税人，主要生产和销售粮油制品，企业会计核算采用《企业会计准则》，企业发出存货成本的结转采用先进先出法，企业适用的增值税税率为17%，企业所得税税率为25%。企业固定资产的折旧年限和方法与税法规定一致，企业的企业所得税核算采用资产负债表债务法。该企业2016年财务报表如表课后练习-4至表课后练习-6所示。

表课后练习-4　　　　　　　　　资产负债表

编制单位：大华粮油　　　　　2016年12月31日　　　　　　　　　　单位：元

资产	期末余额	年初余额	负债及所有者权益（或股东权益）	期末余额	年初余额
流动资产：			流动负债：		
货币资金	164 863 250.95	1 092 898.30	短期借款		
以公允价值计量且其变动计入当期损益的金融资产			以公允价值计量且其变动计入当期损益的金融负债		
应收票据		29 297 616.40	应付票据		
应收账款	57 715 054.97	74 987 390.41	应付账款	234 411 271.72	110 770 959.93
预付款项			预收款项	7 028 888.15	7 669 241.80
应收股利			应付职工薪酬	3 999 815.21	2 905 760.20
应收利息			应交税费	−3 341 830.67	1 035 066.93
其他应收款	116 012 779.43	120 012 707.53	应付利息		
存货	47 199 342.05	49 080 212.29	应付股利		
一年内到期的非流动资产			其他应付款	1 060 032.92	1 011 940.02
其他流动资产			一年内到期的非流动负债		
流动资产合计	385 790 427.40	274 470 824.93	其他流动负债		
非流动资产：			流动负债合计	243 158 177.33	123 392 968.88
可供出售金融资产			非流动负债：		
持有至到期投资			长期借款		
长期应收款			应付债券		
长期股权投资			长期应付款		
投资性房地产			专项应付款		
固定资产	69 362 390.85	53 464 281.52	预计负债	2 789 625.63	532 450.06

(续表)

资产	期末余额	年初余额	负债及所有者权益(或股东权益)	期末余额	年初余额
在建工程	43 866.31	39 61	递延所得税负债		
工程物资			其他非流动负债		
固定资产清理	−352 00		非流动负债合计		
生产性生物资产			负债合计	245 947 802.96	123 925 418.94
油气资产			所有者权益(或股东权益):		
无形资产	2 484 476.54	20 042 953.90	实收资本(或股本)	51 700 00	51 700 00
开发支出			资本公积	66 078 599.49	66 078 599.49
商誉			减:库存股		
长期待摊费用			其他综合收益		
递延所得税资产		1 207 814.41	盈余公积	11 362 495.96	11 362 495.96
其他非流动资产			未分配利润	82 240 262.69	96 158 970.37
非流动资产合计	71 538 733.70	74 754 659.83	所有者权益合计	211 381 358.14	225 300 065.82
资产总计	457 329 161.10	349 225 484.76	负债和所有者权益总计	457 329 161.10	349 225 484.76

表课后练习-5　　　　　　　　　　利润表

编制单位:大华粮油　　　　　　2016 年　　　　　　　　　　单位:元

项　目	本期金额	上期金额
一、营业收入	847 896 480.12	1 053 432 495.25
营业成本	844 855 020.74	1 045 569 239.48
税金及附加	106 309.18	511 530.83
销售费用	5 630 572.12	6 188 864.82
管理费用	13 669 192.50	13 233 837.79
财务费用	−6 527 479.02	−24 821 178.58
资产减值损失	2 246 348.97	805 604.41
加:公允价值变动收益(损失以"−"号填列)	0.00	0.00
投资收益(损失以"−"号填列)	0.00	0.00
其中:对联营企业和合营企业的投资收益	0.00	0.00
二、营业利润(亏损以"−"号填列)	−12 083 484.37	11 944 596.50
加:营业外收入	185 149.22	484 373.38
减:营业外支出	20 372.53	112 754.57
其中:非流动资产处置损失	0.00	0.00

(续表)

项目	本期金额	上期金额
三、利润总额（亏损总额以"－"号填列）	－11 918 707.68	12 316 215.31
减：所得税费用	0.00	3 222 831.52
四、净利润（净亏损以"－"号填列）	－11 918 707.68	9 093 383.79

表课后练习-6　　　　　　　　　　现金流量表

编制单位：大华粮油　　　　　　　2016年　　　　　　　　　　　　单位：元

项目	本期金额	上期金额
一、经营活动产生的现金流量：		
销售商品、提供劳务收到的现金	1 014 461 556.76	1 077 005 433.99
收到的税费返还	0.00	0.00
收到其他与经营活动有关的现金	5 874 486.77	54 745 040.04
经营活动现金流入小计	1 020 336 043.53	1 131 750 474.03
购买商品、接收劳务支付的现金	816 782 288.49	1 107 912 354.48
支付给职工以及为职工支付的现金	19 664 324.08	16 469 117.18
支付的各项税费	4 036 998.86	10 192 181.54
支付其他与经营活动有关的现金	3 789 507.15	54 316 357.22
经营活动产生的现金流出小计	844 073 118.58	1 188 890 010.42
经营活动产生的现金流量净额	176 062 924.95	－57 139 536.39
二、投资活动产生的现金流量：		
收回投资所收到的现金	1 456 861 905.39	926 604 300.00
取得投资收益所收到的现金	486 694.17	373 291.95
处置固定资产、无形资产和其他长期资产收回的现金净额	0.00	450.00
处置子公司及其他经营单位收回的现金净额	0.00	0.00
收到其他与投资活动有关的现金	0.00	0.00
投资活动现金流入小计	1 457 348 599.56	926 978 041.95
购建固定资产、无形资产和其他长期资产支付的现金	3 326 439.01	6 826 387.32
投资支付的现金	1 456 514 403.43	908 389 914.20
取得子公司及其他营业单位支付的现金净额	0.00	0.00
支付其他与投资活动有关的现金	0.00	0.00
投资活动现金流出小计	1 459 840 842.44	915 216 301.52
投资活动产生的现金流量净额	－2 492 242.88	11 761 740.43

(续表)

项 目	本期金额	上期金额
三、筹资活动产生的现金流量：		
吸收投资收到的现金	0.00	0.00
取得借款收到的现金	0.00	0.00
收到其他与筹资活动有关的现金	0.00	0.00
筹资活动现金流入小计	0.00	0.00
偿还债务所支付的现金	0.00	0.00
分配股利、利润或偿付利息支付的现金	0.00	0.00
支付其他与筹资活动有关的现金	0.00	0.00
筹资活动现金流出小计	0.00	0.00
筹资活动产生的现金流量净额	0.00	0.00
四、汇率变动对现金及现金等价物的影响	−329.42	−26.90
五、现金及现金等价物净增加额	173 770 352.65	−45 377 822.86
加：期初现金及现金等价物余额	1 092 898.30	46 470 721.16
六、期末现金及现金等价物余额	174 663 250.95	1 092 898.30

要求：请根据以上企业资料和财务报表，对报表项目和财务指标进行分析，指出企业2016年度可能存在的企业所得税风险点，并指出进一步的核查思路（可不进行具体计算，只要说明问题）。

（四）白云电机股份有限公司系于2007年12月1日在中华人民共和国注册成立的股份有限公司。经营范围为：生产、销售发电机、交直流电动机、特种电机、矿用电机车、电动轮自卸车、轻轨车、电气成套设备、变压器、互感器、风力和太阳能发电成套设备；开发、研制地铁车辆、混合动力汽车。白云电机股份有限公司为增值税一般纳税人，增值税税率为17%，企业所得税税率为25%，会计核算采用《企业会计准则》，某市国税局在对该公司2017年度所得税汇算清缴时，取得的财务报表资料和企业所得税申报资料部分内容如表课后练习-7至表课后练习-11所示。

表课后练习-7　　　　　　　　资产负债表

编制单位：白云电机股份有限公司　　　2017年12月31日　　　　　　　　单位：元

资产	期末余额	年初余额	负债及所有者权益（或股东权益）	期末余额	年初余额
流动资产：			流动负债：		
货币资金	453 842 490.16	1 253 639 350.96	短期借款	1 910 000 000.00	1 386 000 000.00
以公允价值计量且其变动计入当期损益的金融资产	67 000 000.00		以公允价值计量且其变动计入当期损益的金融负债		

(续表)

资产	期末余额	年初余额	负债及所有者权益(或股东权益)	期末余额	年初余额
衍生金融资产			衍生金融负债		
应收票据	560 713 390.57	303 872 132.46	应付票据	11 21 537 160.31	1 214 535 011.45
应收账款	2 926 992 367.42	223 7167 501.89	应付账款	436 495 869.54	1 054 896 981.25
预付款项	72 750 585.63	14 325 648.92	预收款项	336 083 725.31	253 213 358.55
应收利息	821 159.31	4 010 230.40	应付职工薪酬	82 037 996.50	60 650 464.4
应收股利			应交税费	52 895 670.05	64 082 323.11
其他应收款	86 378 978.77	144 132 813.13	应付利息	40 614 173.48	31 874 763.67
存货	1 918 991 883.46	2 202 634 412.28	应付股利		
划分为持有待售的资产			其他应付款	39 627 018.86	43 209 630.50
一年内到期的非流动资产			划分持有待售的负债		
其他流动资产			一年内到期的非流动负债	172 375 084.75	191 479 423.00
流动资产合计	6 087 490 855.32	6 159 782 090.04	其他流动负债		
非流动资产:			流动负债合计	4 191 666 698.8	4 299 941 955.93
可供出售金融资产			非流动负债:		
持有至到期投资			长期借款	380 000 000.00	375 000 000.00
长期应收款			应付债券	942 603 500.00	909 852 700.00
长期股权投资	1 664 221 086.00	1 317 112 778.56	其中:优先股		
投资性房地产			永续债		
固定资产	1 009 102 975.19	891 123 279.52	长期应付款	344 225 140.93	206 612 263.38
在建工程	9 582 923.27	97 228 104.74	专项应付款		
工程物资			预计负债	10 791 968.60	7 283 978.65
固定资产清理			递延收益		
生产性生物资产			递延所得税负债		
油气资产			其他非流动负债	172 396 762.448	49 484 743.66
无形资产	87 273 073.85	4 150 824.43	非流动负债合计	1 850 017 371.978	1 548 233 685.69
开发支出			负债合计	6 041 684 070.778	5 848 175 641.62
商誉			所有者权益(或股东权益):		
长期待摊费用	1 226 457.73	20 814 174.90	实收资本(或股本)	708 585 000.00	708 585 000.00
递延所得税资产			其他权益工具		
其他非流动资产			其中:优先股		
非流动资产合计	2 771406 516.04	2 330 429 162.15	永续债		

(续表)

资产	期末余额	年初余额	负债及所有者权益(或股东权益)	期末余额	年初余额
			资本公积	1 312 107 680.50	1 312 107 680.50
			减:库存股		
			其他综合收益		
			盈余公积	158 775 123.53	135 752 596.50
			未分配利润	637 745 496.55	485 590 333.57
			所有者权益(或股东)合计	2 817 213 300.58	2 642 035 610.57
资产总计	8 858 897 371.36	8 490 211 252.19	负债和所有者权益(或股东权益)总计	8 858 897 371.36	8 490 211 252.19

表课后练习-8　　　　　　　　　利润表

编制单位:白云电机股份有限公司　　　2017年　　　　　　　　单位:元

项　目	本期金额	上期金额
一、营业收入	3 584 781 115.60	3 945 599 819.54
减:营业成本	2 739 099 868.59	3 196 045 216.96
税金及附加	13 924 221.53	16 136 828.55
销售费用	157 279 940.38	168 958 761.95
管理费用	220 424 286.96	207 120 456.88
财务费用(收益以"－"号填列)	220 267 593.05	147 454 013.62
资产减值损失	931 858.41	16 648 118.10
加:公允价值变动收益(损失以"－"号填列)	－13 000 000.00	
投资收益(损失以"－"号填列)	－890 000.00	10 881 187.09
其中:对联企业和合营企业的投资收益	－890 000.00	10 881 187.09
资产处置收益(损失以"－"号填列)		
其他收益		
二、营业利润(亏损以"－"号填列)	218 963 346.68	204 117 610.57
加:营业外收入	88 001 405.26	28 634 119.11
减:营业外支出	1 394 061.47	1 615 193.38
三、利润总额(亏损以"－"号填列)	305 570 690.47	231 136 536.30
减:所得税费用	75 345 420.15	31 702 020.78
四、净利润(净亏损以"－"号填列)	230 225 270.32	199 434 515.52
(一)持续经营净利润(净亏损以"－"号填列)	230 225 270.32	199 434 515.52
(二)终止经营净利润(净亏损以"－"号填列)		

(续表)

项　目	本期金额	上期金额
五、其他综合收益：		
（一）以后会计期间不能重分类进损益的其他综合收益		
1. 括重新计量设定受益计划净负债或净资产导致的变动的税后净额		
2. 按照权益法核算的在被投资单位以后会计期间不能重分类进损益的其他综合收益中所享有的份额的税后净额		
……		
（二）以后会计期间在满足规定条件时将重分类进损益的其他综合收益		
1. 按照权益法核算的在被投资单位以后会计期间在满足规定条件时将重分类进损益的其他综合收益中所享有的份额的税后净额		
2. 可供出售金融资产公允价值变动形成的利得或损失的税后净额		
3. 持有至到期投资重分类为可供出售金融资产形成的利得或损失的税后净额		
4. 现金流量套期工具产生的利得或损失中属于有效套期的部分的税后净额		
5. 外币财务报表折算差额的税后净额		
……		
其他综合收益税后净额		
六、综合收益总额	232 625 270.32	199 434 515.52
七、每股收益		
（一）基本每股收益	0.32	0.28
（二）稀释每股收益		

表课后练习-9　　　　　　　　现金流量表

编制单位：白云电机股份有限公司　　　　2017 年　　　　　　　　　　　　单位：元

项　目	本期金额	上期金额
一、经营活动产生的现金流量		
销售商品、提供劳务收到的现金	2 163 108 325.28	3 703 125 401.00
收到的税费返还	1 057 114.40	
收到其他与经营活动有关的资金	201 922 454.12	16 454 721.00
经营活动现金流入小计	2 366 087 893.80	3 719 580 122.00

(续表)

项　目	本期金额	上期金额
购买商品、接受劳务支付的现金	2 497 438 365.73	3 682 845 394.00
支付给职工以及为职工支付的现金	466 237 761.88	478 076 414.00
支付的各项税费	167 527 072.16	174 080 565.00
支付其他与经营活动有关的现金	350 166 667.11	369 268 938.00
经营活动现金流出小计	3 481 369 866.88	4 704 271 311.00
经营活动产生的现金流量净额	−1 115 281 973.08	−984 691 189.00
二、投资活动产生的现金流量		
收回投资收到的现金		
取得投资收益收到的现金		
处置固定资产、无形资产和其他长期资产收回的现金净额	15 912 400.00	2 178 177.00
处置子公司及其他营业单位收到的现金净额		
收到其他与投资活动有关的现金		17 490 249.00
投资活动现金流入小计	15 912 400.00	19 668 426.00
购建固定资产、无形资产和其他长期资产所支付的现金	43 582 316.10	92 223 670.00
投资支付的现金	80 100 000.00	
取得子公司及其他营业单位支付的现金净额	36 530 000.00	730 929 998.00
支付其他与投资活动有关的现金		
投资活动现金流出小计	160 212 316.10	823 153 668.00
投资活动产生的现金流量净额	−144 299 916.10	−803 485 242.00
三、筹资活动所产生的现金流量		
吸收投资收到的现金		
取得借款收到的现金	2 636 600 000.00	2 109 564 000.00
收到其他与筹资活动有关的现金		1 241 000 000.00
筹资活动现金流入小计	2 636 600 000.00	3 350 564 000.00
偿还债务支付的现金	1 726 000 000.00	1 201 564 000.00
分配股利、利润或偿付利息支付的现金	286 894 338.93	122 376 110.00
支付其他与筹资活动有关的现金	163 920 632.69	34 651 690.00
筹资活动现金流出小计	2 176 814 971.62	1 358 591 800.00
筹资活动产生的现金流量净额	459 785 028.38	1 991 972 200.00
四、汇率变动对现金及现金等价物的影响		
五、现金及现金等价物净增加额	−799 796 860.8	203 795 769.00
加：期初现金及现金等价物余额	1 253 639 350.96	1 049 843 581.96
六、期末现金及现金等价物余额	453 842 490.16	1 253 639 350.96

表课后练习-10　　中华人民共和国企业所得税年度纳税申报表(A类)

行次	类别	项　　目	金　　额
1	利润总额计算	一、营业收入(填写 A101010\101020\103000)	3 584 781 115.60
2		减:营业成本(填写 A102010\102020\103000)	2 739 099 868.59
3		税金及附加	13 924 221.53
4		销售费用(填写 A104000)	157 279 940.38
5		管理费用(填写 A104000)	220 424 286.96
6		财务费用(填写 A104000)	220 267 593.05
7		资产减值损失	931 858.41
8		加:公允价值变动收益	−13 000 000.00
9		投资收益	−890 000.00
10		二、营业利润(1−2−3−4−5−6−7+8+9)	218 963 346.68
11		加:营业外收入(填写 A101010\101020\103000)	88 001 405.26
12		减:营业外支出(填写 A102010\102020\103000)	1 394 061.47
13		三、利润总额(10+11−12)	305 570 690.47
14	应纳税所得额计算	减:境外所得(填写 A108010)	
15		加:纳税调整增加额(填写 A105000)	3 412 164.44
16		减:纳税调整减少额(填写 A105000)	600 000.00
17		减:免税、减计收入及加计扣除(填写 A107010)	7 001 174.30
18		加:境外应税所得抵减境内亏损(填写 A108000)	
19		四、纳税调整后所得(13−14+15−16−17+18)	301 381 680.61
20		减:所得减免(填写 A107020)	
21		减:抵扣应纳税所得额(填写 A107030)	
22		减:弥补以前年度亏损(填写 A106000)	
23		五、应纳税所得额(19−20−21−22)	
24	应纳税额计算	税率(25%)	0.25
25		六、应纳所得税额(23×24)	75 345 420.15
26		减:减免所得税额(填写 A107040)	
27		减:抵免所得税额(填写 A107050)	
28		七、应纳税额(25−26−27)	75 345 420.15
29		加:境外所得应纳所得税额(填写 A108000)	
30		减:境外所得抵免所得税额(填写 A108000)	
31		八、实际应纳所得税额(28+29−30)	75 345 420.15
32		减:本年累计实际已预缴的所得税额	58 000 000.00

(续表)

行次	类别	项 目	金 额
33	应纳税额计算	九、本年应补(退)所得税额(31－32)	17 345 420.15
34		其中:总机构分摊本年应补(退)所得税额(填写A109000)	
35		财政集中分配本年应补(退)所得税额(填写A109000)	
36		总机构主体生产经营部门分摊本年应补(退)所得税额(填写A109000)	

表课后练习-11　　　　　　　　　纳税调整项目明细表

单位:元

行次	项 目	账载金额	税收金额	调增金额	调减金额
		1	2	3	4
1	一、收入类调整项目(2+3+…8+10+11)	*	*		
2	(一)视同销售收入(填写A105010)	*			*
3	(二)未按权责发生制原则确认的收入(填写A105020)				
4	(三)投资收益(填写A105030)				
5	(四)按权益法核算长期股权投资对初始投资成本调整确认收益	*	*	*	
6	(五)交易性金融资产初始投资调整	*	*		*
7	(六)公允价值变动净损益		*		
8	(七)不征税收入	*	*		
9	其中:专项用途财政性资金(填写A105040)	*	*		600 000.00
10	(八)销售折扣、折让和退回				
11	(九)其他				
12	二、扣除类调整项目(13+14+…24+26+27+28+29+30)	*	*		

(续表)

行次	项 目	账载金额	税收金额	调增金额	调减金额
		1	2	3	4
13	(一)视同销售成本(填写A105010)	*		*	
14	(二)职工薪酬(填写A105050)	494 183 454.94	494 183 454.94		
15	(三)业务招待费支出	8 530 411.09	5 118 246.65	3 412 164.44	*
16	(四)广告费和业务宣传费支出(填写A105060)				
17	(五)捐赠支出(填写A105070)	*	*		
18	(六)利息支出	216 440 059.00	216 440 059.00		
19	(七)罚金、罚款和被没收财物的损失				*
20	(八)税收滞纳金、加收利息		*		*
21	(九)赞助支出		*		*
22	(十)与未实现融资收益相关在当期确认的财务费用				
23	(十一)佣金和手续费支出				*
24	(十二)不征税收入用于支出所形成的费用	*	*		*
25	其中:专项用途财政性资金用于支出所形成的费用(填写A105040)	*	*		*
26	(十三)跨期扣除项目				
27	(十四)与取得收入无关的支出		*		*
28	(十五)境外所得分摊的共同支出	*	*		*
29	(十六)党组织工作经费				
30	(十七)其他				
31	三、资产类调整项目(32+33+34+35)	*	*		

(续表)

行次	项 目	账载金额 1	税收金额 2	调增金额 3	调减金额 4
32	(一)资产折旧、摊销(填写 A105080)				
33	(二)资产减值准备金		*		
34	(三)资产损失(填写 A105090)				
35	(四)其他				
36	四、特殊事项调整项目(37+38+…+42)	*	*		
37	(一)企业重组及递延纳税事项(填写 A105100)				
38	(二)政策性搬迁(填写 A105110)	*	*		
39	(三)特殊行业准备金(填写 A105120)				
40	(四)房地产开发企业特定业务计算的纳税调整额(填写 A105010)	*			
41	(五)有限合伙企业法人合伙方应分得的应纳税所得额				
42	(六)其他	*	*		
43	五、特别纳税调整应税所得	*	*		
44	六、其他	*	*		
45	合计(1+12+31+36+43+44)	*	*	3 412 164.44	600 000.00

要求:通过财务报表之间以及财务报表与企业所得税申报表之间的逻辑关系,运用涉税分析的方法,找出企业可能存在的涉税问题。

课后练习参考答案

一、单选题

1. C 2. B 3. C 4. C 5. D 6. C 7. C 8. B 9. C 10. D 11. C 12. A 13. B 14. C 15. D 16. C 17. B 18. A 19. C 20. D

二、多选题

1. AC 2. ABCD 3. ABD 4. ABCD 5. AD 6. BD 7. ABD 8. ABD 9. AB 10. BCD 11. ABD 12. ABCD 13. ABCD 14. ABD 15. BCD 16. CD 17. ABC 18. ABC 19. AC 20. BCD

三、判断题

1. × 2. × 3. √ 4. × 5. √ 6. × 7. × 8. √ 9. √ 10. × 11. √ 12. × 13. × 14. × 15. × 16. × 17. × 18. √ 19. √ 20. √

四、综合题

（一）该企业2014年、2015年非流动资产占总资产的比重为0.16%，流动资产占总资产的比重为99.84%，2014年流动资产中存货占总资产的比重为92.5%，货币资金为6.24%，其他流动资产项目占的比重很小，2015年流动资产中存货占总资产的比重为73.32%，货币资金为9.51%，预付款为9.57%，其他应收款为为7.51%，从该企业的资产分布情况来看，基本符合房地产企业的特征，但是2015年存货的比重出现大幅下降，预付款项和其他应收款的比重大幅增加，要注意查企业的资金流，看企业预付款是否合理，其他应收款余额比较大要注意企业是否存在关联方资金往来的问题。

该企业2014年流动负债占负债和所有者权益的比重为85.44%，其中其他应付款占负债和所有者权益的比重为85.43%，其他负债类项目的比重很小，结构很不合理，要注意企业是否存在与金融企业以外的融资方式，而且如果企业存在与关联方的借款的话，企业的其他应付款4亿元左右，而所有者权益只有8 000万元左右，超过了债资比2∶1，要注意企业的利息扣除不仅不能超过同期同类贷款利率，借款本金还不能超过所有者权益的2倍。该企业2015年流动负债占负债和所有者权益的比重为89.34%，其中预收款项占40.13%，其他应付款占52.98%，应交税费占－3.83 %，其他负债类项目占的比重很小，其他应付款虽然比重下降，但是绝对数还在增加，因此还要继续关注企业的融资方式和利息扣除，企业的预收款项所占比重出现大幅上升，可能是由于企业随着开发产品完工程度的增加，取得了预收许可证，而取得的预售收入，企业的应交税费出现负数是正常的。因为根据税法规定，企业收到预收购房款时就要预交营业税(2016年5月1日以后要预交增值税)，按土地增值税的预征率和预计毛利预征土地增值税和企业所得税，因此应根据预收账款的增加数并结合企业应交税费的预交数，关注企业是否对相应的税款进行了预交。

该企业2014年所有者权益占总资产的比为14.56%,其中实收资本占总资产的比为15.34%,未分配利润占总资产的比为-0.78%,说明企业的总资产中负债占到了80%以上,企业的财务状况比较糟糕,企业的未分配利润为负数,到2014年期初该企业累计亏损了-425.892 3万,该企业2015年所有者权益占总资产的比为10.66%,其中实收资本占总资产的比为8.36%,未分配利润和盈余公积占总资产的比为2.3%,企业在2015年虽然实现了盈利,实收资本、未分配利润和盈余公积比2014年绝对数实现了增长,但是由于2015年预收账款和其他应付款增长额巨大,还是带来了所有者权益所占比重的下降。

(二)1. 不一定有隐瞒收入的问题,因为该企业非流动资产中固定资产的规模只有2亿元左右,而长期股权投资有9亿元左右,长期股权投资不属于经营性资产,不会产生营业收入。

2. 不一定存在问题,因为存货是企业为了生产销售所储备的物资,包括原材料、库存商品、在产品、周转材料等,因为该企业属于运输业不生产和销售产品,因此存货的余额比较小可能也是正常的。

3. 企业的应收股利余额巨大不正常,因为一般情况下,被投资企业年度中间宣告分红,年度中间会进行支付,如果被投资企业没有能力分红,一般不会宣告股利,因此绝大部分企业报表中应收股利年初和年末的余额为0,而这个企业的应收股利占到了长期股权投资的40%左右。被投资企业巨额分红的目的可能是为了帮助投资企业做利润,或者不久后企业会进行股权转让,为了降低投资企业的股权转让定价,降低股权转让的税负,应进一步关注后续的股权转让问题。

4. 其他应收款的比重不合理,因为其他应收款反映销售和提供劳务以外的其他应收未收的款项,一般会比应收账款的余额小,而该企业应其他应收款有7亿多元占到了流动资产的60%左右,企业可能存在的问题是关联方借款的问题或隐瞒收入的问题。

5. 企业预收款余额变动异常,期初有余额9 000多万元,期末没有余额,同时企业可能存在着预收账款减少,未做收入的问题,因为企业资产负债表中预收账款减少9 000多万元,而利润表中的营业收入只有6 900多万元。

6. 企业的其他应付款余额巨大,不合理,企业可能存在着与非金融企业借款的问题,因为用企业利润表上的财务费用除以资产负债表上的平均借款总额利率接近20%,如果企业的借款都是来源于金融企业,应该没有这么高的利率,因此企业很可能存在与非金融企业借款的问题。

(三)1. 资产负债表中货币资金的期末余额小于现金流量表中现金及现金等价物的期末余额,应进一步检查"库存现金""银行存款""其他货币资金"科目,并了解企业是否存在现金等价物,如果企业没有现金等价物,或者有,但是调了以后还不等,则企业可能存在现金收入未入账的问题。

2. 资产负债表中投资资产没有期初、期末余额,但现金流量表中投资支付的现金1 456 514 403.43元,收回投资所收到的现金1 456 861 905.39元说明企业当期有对外投资和转让投资业务,两者相差34 7501.96元,同时企业现金流量表上有取得投资收益所收到的现金486 694.17元,而企业资产负债表上"应收股利""应收利息"没有期初余额,这反映企业当期有收到投资持有期间的利息、股利收入。但企业利润表上的投资收益为0,企业很可能存在隐瞒投资收益的问题。应进一步检查"交易性金融资产""可供出售金融资产""持有至到期投资""长期股权投资""投资收益"等科目,关注企业是否存在隐瞒收入的问题。

3. 企业资产负债表中其他应收款的余额比应收账款和存货的余额大的多,占流动资产的比重很大,从结构来看很不合理,要注意企业是否存在关联方资金借款的问题。应进一步检查"其他应收款""财务费用"科目落实企业是否存在关联企业借款的问题,是否按照独立企业之间收取了利息收入。

4. 企业固定资产的增加数大于现金流量表上"购建固定资产、无形资产和其他长期资产所支付的现金",要注意企业新增固定资产除了付现支出,是否还有其他的来源渠道,应进一步检查"固定资产"科目,注意企业是否存在接受捐赠未作收入的问题,并且取得时固定资产的入账价值和计税基础是否相等,如果不等,企业在申报表中是否进行了折旧费用的调整。

5. 企业的固定资产清理出现负数,应进一步检查"固定资产清理"科目,落实企业的固定资产是否处置完毕,如果处置完毕企业存在少计收入的问题。

6. 企业的无形资产大幅减少,现金流量表中"处置固定资产、无形资产和其他长期资产所收回的现金净额"为0,应检查"无形资产"科目,注意企业可能存在隐瞒收入的问题,或者无形资产有销售以外的其他用途。

7. 递延所得税资产为什么期末余额为0,应检查"递延所得税资产"科目,了解调减的具体项目什么,是否应该转回?本期期末是否存在暂时性的差异未作调整。

8. 应付账款本期大幅增加的原因是什么?企业有1亿多元的货币资金为什么不进行支付,应进一步检查"应付账款",关注企业是否存在无法支付的应付账款未转收入或虚增成本的问题。

9. 企业的应付职工薪酬年末余额比年初余额多,应进一步检查"应付职工薪酬"科目,关注企业提了没有实际发放的工资薪酬在2016年所得税汇算清缴前是否实际支付,如果没有支付应注意在企业所得税申报表是否进行了调增,否则企业存在多扣费用的问题。

10. 企业预计负债的期末余额大于期初余额,应检查"预计负债"科目,要注意预计损失不能税前扣除,要关注企业是否在企业所得税申报表进行了纳税调增。

11. 资产负债表期末未分配利润与期初未分配利润的差额为什么与利润表上的亏损额为什么不等,需要进一步检查"利润分配"科目。

12. 本期利润表中的营业收入与上期相比下降2亿元左右,应检查"主营业务收入"和"其他业务收入"科目,企业可能存在隐瞒收入的问题。

13. 本期毛利率有上期的0.75%下降为本期的0.35%,下降幅度将近50%,企业可能存在少计收入、多计成本费用的问题,应进一步检查"主营业务收入""其他业务收入""主营业务成本""其他业务成本"科目。

14. 税金及附加与营业收入的比出现大幅下降,应检查"主营业务收入""其他业务收入""税金及附加""应交税费"科目,关注企业可能存在少交税的问题。

15. 企业的资产负债表中的货币资金期末比初大幅增加,利润表上的利息收入与上期相比大幅下降,应检查货币资金和"财务费用",关注企业是否存在可能少计利息收入的问题。

16. 企业利润表上有资产减值损失2 246 348.97元,应进一步检查"资产减值损失"科目,并关注企业在企业所得税申报表是否进行了纳税调增,如果未作调增,则企业存在扩大税前扣除范围的问题。

17. 利润表上的所得税费用为0,说明企业没有确认当期和递延所得税费用,没有对暂时性的差异进行调整。

18. 现金流量表中本期支付的税费与上期相比出现大幅下降,企业可能存在少交企业所得税的问题,应检查收入、费用类科目,企业可能存在少计收入、多计成本费用的问题。

(四)1. 货币资金期末与期初相比大幅减少,利润表上的收入本期也出现下降,企业可能存在现金收入未入账的情况。

2. 企业资产负债表中新增"以公允价值计量且其变动计入当期损益的金融资产",但是申报表中没有"交易性金融资产初始投资成本的调整"。

3. 资产负债表中期末有"以公允价值计量且其变动计入当期损益的金融资产",在利润表中"公允价值变动损失"13 000 000元,但是在所得税纳税调整项目明细表"公允价值变动净损益"没有纳税调整额。

4. 应收账款、应收票据的增长幅度较大,而利润表上的收入有所下降。

5. 企业的存货减少，但是利润表中的营业收入有所下降。

6. 长期股权投资增加数大于现金流量表中"投资支付的现金""取得子公司及其他营业单位支付的现金净额"，注意企业是否存在非货币性资产对外投资的问题。

7. 企业固定资产、无形资产的增加数大于现金流量表中"购建固定资产、无形资产和其他长期资产所支付的现金"，要关注固定资产、无形资产的来源渠道。

8. 长期待摊费用大幅减少，注意长期待摊费用的摊销期是否存在问题。

9. 企业递延所得税资产没有余额，企业是否没有对暂时性的差异进行纳税调整。

10. 企业的应付账款大幅减少，但是现金流量表中"购买商品、接受劳务支付的现金"还有所减少，要注意企业是否可能存在债务重组业务。

11. 企业的预收款项大幅增加，要注意企业是否存在销售挂账的问题。

12. 应付职工薪酬期末余额大于期初余额，关注其提取未发的职工薪酬在企业所得税汇算清缴前是否实际支付，企业所得税申报表中也未体现应付职工薪酬的纳税调整。

13. 预计负债年末余额大于年初余额，说明企业本期有预计损失，但在企业所得税申报表纳税调整项目明细表没有反映预计负债的调整。

14. 企业的长期应付款有余额并且增加一个 1 个多亿，要注意企业是否存在分期付款购买固定资产、融资租赁固定资产等业务，如果有，要关注其中的纳税调整。

15. 企业本期收入下降，但是管理费用上升，企业可能存在多计管理费用的问题。

16. 企业收入的下降幅度超过了销售费用的下降幅度，关注企业可能存在多计销售费用的问题。

17. 利润表上的资产减值损失发生额 931 858.41 元，但是在企业所得税申报表纳税调整项目明细表没有进行纳税调整。

18. 企业利润表上的投资收益是对联营企业、合营企业的投资收益，对联营企业、合营企业的长期股权投资是在《企业会计准则》下用权益法核算的，按权益法核算的投资收益是按照被投资企业盈利或者亏损算出来的，而被投资企业的亏损不允许在投资企业弥补，但是申报表中未看到投资收益的纳税调整。

19. 企业利润表中的所得税费用与企业所得税申报表中的应交企业所得税相等，说明企业没有对暂时性的差异进行纳税调整，要注意存在的涉税问题。

20. 企业现金流量表中有收到的税费返回，但是利润表中没有"其他收益"，企业是否可能存在隐瞒收入的问题。

21. 企业现金流量表中有"处置固定资产、无形资产和其他长期资产收回的现金净额"，但是利润表中没有"资产处置收益"，企业是否可能存在隐瞒收入的问题。

22. 在企业所得税申报表纳税调整项目明细表中企业对 600 000 元的不征税收入进行了调减，但是企业没有对不征税收入发生的费用或形成的资产折旧摊销进行调整。

23. 企业所得税申报表主表 17 行，免税、减计收入及加计扣除调减了 7 001 174.30 元，应关注企业是否符合税收优惠的条件。

主要参考文献

[1] 高金平. 公司重组业务的会计及税务处理——资本结构调整中增资扩股、减资、股权转让、股票分割、缩股业务[J]. 中国税务,2009(12):25-26.

[2] 张利群,刘志耕. 预收账款多背后有文章. 中华会计网校(aacc.com/new/253_725_/2009_9_17_su99679294871990023770.shtml?gg=bbsseo). 2009-09-17.

[3] http://www.caishui360.com/e/action/ShowInfo.php?classid=11&id=1285 国家税务总局公告2015年第40号解读,资产(股权)划转企业所得税征管问题. 中华财税之家. 2015-07-21.

[4] 江涛,刘志耕. 企业接受政府或股东划入资产的财税处理. 中华会计网(http://www.chinaacc.com/tansuo/wenyuan/hu1509117251.shtml),2015-09-11.

[5] 彭怀文,何成实. 企业会计准则和税法差异分析与纳税调整(案例版)[M]. 北京:经济科学出版社,2016.